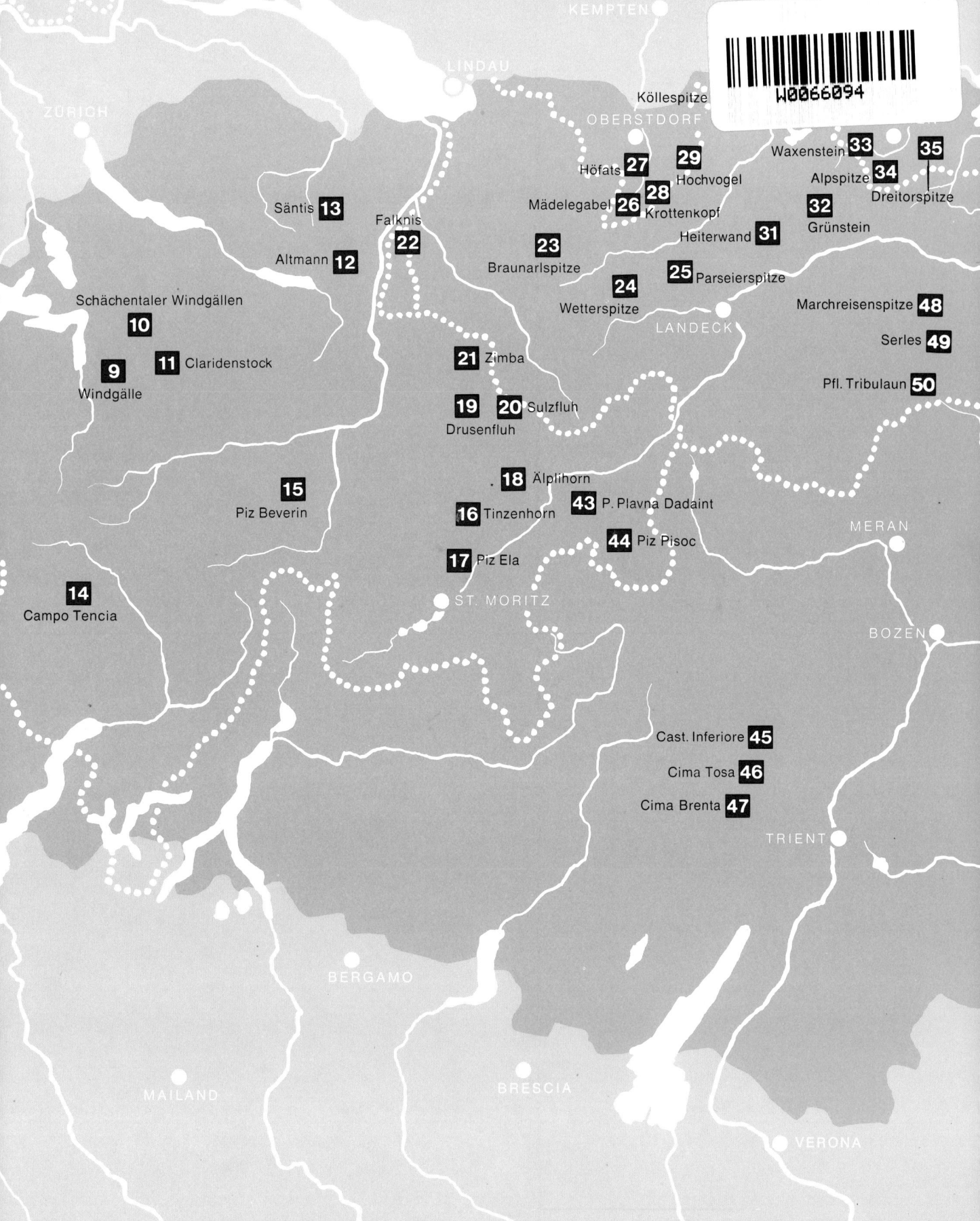

KEMPTEN

LINDAU

ZURICH

Köllespitze

OBERSTDORF

Höfats **27** **29** Waxenstein **33** **35**

Hochvogel Alpspitze **34**

28 Dreitorspitze

Mädelegabel **26** Krottenkopf **32**

Säntis **13** Grünstein

Falknis Heiterwand **31**

Altmann **12** **22** **23**

Braunarlspitze **25** Parseierspitze

Schächentaler Windgällen **24**

10 Wetterspitze Marchreisenspitze **48**

LANDECK

9 **11** Claridenstock Serles **49**

Windgälle **21** Zimba Pfl. Tribulaun **50**

19 **20** Sulzfluh

Drusenfluh

15 **18** Älplihorn MERAN

Piz Beverin **16** Tinzenhorn **43** P. Plavna Dadaint

17 Piz Ela **44** Piz Pisoc

14 ST. MORITZ BOZEN

Campo Tencia

Cast. Inferiore **45**

Cima Tosa **46**

Cima Brenta **47**

TRIENT

BERGAMO

MAILAND BRESCIA

VERONA

Von Walter Pause im BLV:

Berg Heil — 100 schöne Bergtouren in den Alpen
Von Hütte zu Hütte — 100 alpine Höhenwege und Übergänge
Klassische Alpengipfel — 100 Touren in Granit und Eis
Wandern bergab — 100 schöne Abstiegswege in den Alpen
Im leichten Fels — 100 einfache Kletterführen in den Alpen
Im schweren Fels — 100 Genußklettereien in den Alpen
Im extremen Fels — 100 Kletterführen in den Alpen
Ski Heil — Die 100 schönsten Skipisten der Alpen
Abseits der Piste — 100 stille Skitouren in den Alpen
Skiparadies Schweiz — Die großen Skistationen
Münchner Hausberge
Münchner Skiberge

Walter Pause

BLV Verlagsgesellschaft
München Bern Wien

Im Kalkfels der Alpen

100 klassische Gipfeltouren
in den Kalkalpen

Fünfte, neubearbeitete Auflage

Ein besonderes Verdienst um das Gelingen dieses Buches haben sich durch wichtige Hinweise die Herren Dr. Adolf Kreiner, Turin, Dölf Reist, Interlaken, und Hans Volkart, Buchs, erworben. Mein Freund Hubert Peterka aus Wien erleichterte mir durch Mitarbeit und kritische Einsprüche die Planung der hier vorliegenden 100 Touren im Kalkfels der Alpen; Frau Gabriele Neumann aus München hat die 100 Anstiegsskizzen nicht ohne grafischen Witz angefertigt. Ihnen allen, aber auch meinem bewährten Freund und Mitarbeiter Franz Thorbecke aus Lindau, gilt an dieser Stelle mein Dank! WALTER PAUSE

Erläuterungen der Kurzangaben in den Überschriften der Touren siehe Seite 208.

Die Bergsteigerei unserer Zeit darf nicht an ihren Auswüchsen gemessen werden. Man muß immer wieder die große Zahl jener Menschen sehen, die jeden Sommer — ohne Zeugen, ohne Beifall und ohne Stoppuhr — in der Einsamkeit und Strenge des Hochgebirges ihrer Passion leben. Ob sie ihre Gipfel über steile Wände oder fromme Steige erreichen, ist gleichgültig: Alle verdammen die Trägheit, alle loben Mühsal und Gefahr. Mag es dabei Eigenbrötler und Narren geben, insgesamt bilden diese Bergsteiger immer noch eine mutige Vorhut der Menschlichkeit; und wie alle wesentlichen Minoritäten unserer Gesellschaft, wie Krankenschwestern, Hausmusiker, Büchernarren oder tätige Christen, schützen sie uns ein wenig vor der Sintflut der Gewöhnlichkeit.

Walter Pause

Im Kalkfels der Alpen

Dem »Eis und Granit« des Zentralalpenkammes mit seinen Gipfelhöhen bis 4810 Meter und der strengen Region seiner gewaltigen Gletscherflanken stehen die aus Kalkgestein gebauten Randgebirge gegenüber. Gipfelhöhen zwischen 1800 und 3000 Meter, dazu einige wenige kleine Gletscher und Firnböden bieten in diesen Kalkgebirgen eine weniger gefahrenreiche, eine mildere und leichtere Dimension des Bergsteigens an. Diesen Kalkgebirgen von den Julischen und Karnischen Alpen bis zu den Dolomiten im Süden und von Dachstein und Totem Gebirge bis zu Karwendel, Wetterstein, Lechtaler und Allgäuer Alpen, Alpstein und Savoyer Vorbergen im Norden, dazu einigen wenigen »Kalkinseln« im Urgestein von Graubünden, Tessin und Dauphiné ist dieser Band gewidmet. Er bietet wieder 100 Gipfelfahrten, zumeist die Normalwege oder beliebte und in diesem Sinne klassische Überschreitungen, stellt sie in Bild, Text, Skizze und Daten als interessante Anregung dar — ohne den Führer ersetzen zu wollen. Die Benützung der hier stets genau verzeichneten Führerwerke ist bei der Planung der vorgeschlagenen Kalktouren eine selbstverständliche Voraussetzung.
Wie es dem Wesen und der Struktur des Kalkgesteins entspricht, stellen die 100 Bergtouren dieses Bandes hauptsächlich Kletterfahrten dar, bei denen man »mit Händen und Füßen« am Fels steigt = klettert! Nur ein Drittel der 100 Touren bewegt sich auf markierten Wegen und (teils gesicherten) Steiganlagen, zwei Drittel setzen unbedingt klettertechnische Bewährung voraus, auch wenn die Schwierigkeiten nach der offiziellen Alpenskala bei etwa 50 Touren den Grad II (mäßig schwierig) nicht übersteigen. Bei nur 14 Touren ist mit ziemlich schwieriger (III) Kletterei zu rechnen; die zwei schwierigsten Fahrten unter meinen 100 Vorschlägen sind Piz Ela (Überschreitung III und IV, normal III) und Kingspitz (III). Bei 6 Touren sind vor der Kalkführe kleinere Gletscher zu begehen: Tour Sallière, Windgälle, evtl. Campo Tencia, Torstein, Dachstein und Cima Tosa. In 2 Fällen — Hochkalter und Monte Cristallo — kann anstelle des Eisweges der Felsweg gewählt werden.
Eine genaue Übersicht der in diesem Band dargestellten Kalktouren steht am Anfang des Schlußkapitels »Bergsteigen im Kalkfels der Alpen« auf den Seiten 208—210. Dort kann man sich auch über die Bedeutung meiner drei Schwierigkeitswertungen im Obertitel jeder Tour informieren, die sich nicht mit den Wertungen der offiziellen Alpenskala decken, da sich letztere nur auf die klettertechnischen Anforderungen bezieht. Alle Wertungen, vor allem bei Touren in größere Höhen, sind natürlich stets als relative Werte zu begreifen: Große Höhe, Wetterlage, Struktur bzw. Brüchigkeit oder Festigkeit des Kalkgesteins, Beschaffenheit der Firnrinnen und -flecken, Länge der Tour, die eigene Erfahrung, das eigene Orientierungsvermögen und die persönliche Leistungsfähigkeit können eine »relativ leichte« Tour zu einer schwierigen machen — und umgekehrt.

WALTER PAUSE

Inhalt

1 Mont Aiguille 2097 m

Kalksäule in der Dauphiné — 1492 auf Befehl erklettert

TALORT St. Michel-les-Portes, 900 m, 40 km südlich Grenoble (mit Kfz auf der Route Nationale 75 bis 4 km vor Monestier-de-Clermont)

STÜTZPUNKT Altes Auberge in St. Michel, seit 1972 geschlossen! — Dafür nagelneue unbewirtschaftete. Hütte im Wald bei Fontaines Rousses! Siehe Karte! Tour aber leicht in 1 Tag ab St. Michel möglich; Auffahrt mit Kfz bis 1350 m Höhe möglich. Hier auch Zeltplatz. — Ab St. Michel 2½ Std., ab Zeltplatz 1¼ Std. bis zum Einstieg, vor dem Col de l'Aupet immer links haltend durch Wald und Sandreiße zum Wandsockel. Einstiegshöhe etwa 1760 m, deutlich rot markiert

AUFSTIEG (wie Abstieg) Am rot markierten Normalweg (VN = Voie normale) in NW-Wand. Vor dem richtigen Einstieg, ganz links, passiert man den auffallend rot markierten Einstieg zur nicht gesicherten »Voie des Cheminées tubulaires« (nicht schwieriger als Normalweg, doch auch mit Abseilhaken, teilweise sehr exponiert). Am richtigen Einstieg zum Normalweg steht man erst, wenn man, etwa in der Mitte der Nordwand, einige massive Abseilringe über sich entdeckt, dazu rote Markierung! Kletterzeit knapp 3 Std. für den Aufstieg (Schw.-Grad II), 2 Std. für den Abstieg

GESCHICHTE 1. Ersteigung Antoine de Ville und Gefährten, 1492, auf Befehl König Karls VIII. · 1834 2. Ersteigung durch Schäfer Jean Liotard

FÜHRER Escalades du Vercors et de la Chartreuse / Serge Coupé (Paris) · Carte de France/Vercors

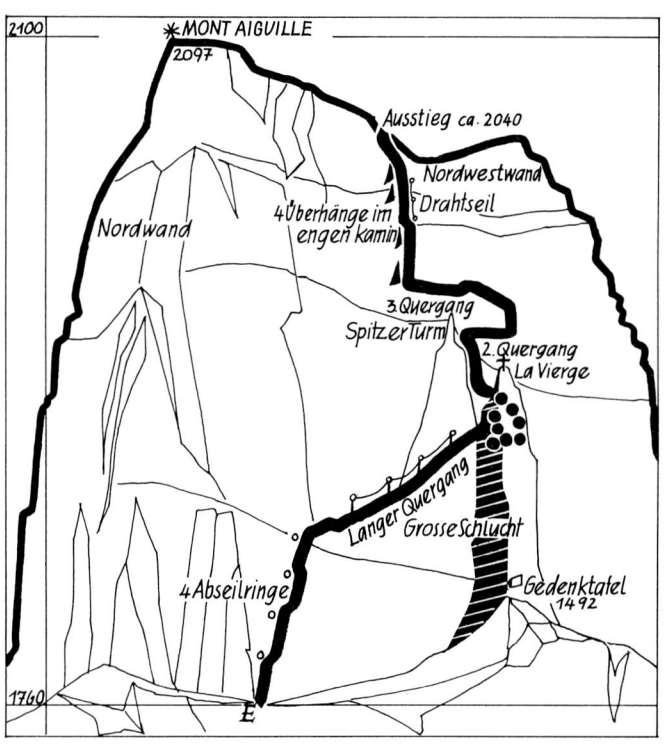

1492 — das Jahr der Entdeckung Amerikas — wurde auch das Jahr der ersten Klettertour »mit künstlichen Mitteln«: Auf Befehl von König Karl VIII. hatte Hauptmann Antoine de Ville mit zehn Jägern, einem Abbé, einem Notar und einem »königlichen Leiterträger« den »Mons Inaccessibilis« — den unersteigbaren Berg — zu ersteigen. Man blieb gleich sechs Tage auf der Gipfelwiese, las eine Messe, errichtete drei Kreuze, machte das Ereignis notariell und stieg erst dann wieder ab. Auf den Spuren jenes königlichen Leiterträgers bin auch ich mit Turiner Freunden 1965 auf diesem Monot Aiguille gewesen, einem der »Sieben Wunder der Dauphiné«, bei dessen Anblick von Osten her man wahrhaftig erschrickt. Glücklicherweise entdeckt man beim Näherkommen eine scharze Schlucht zwischen Nordwand und der angelehnten Felssäule der Vierge. Diese Schlucht erreicht man, indem man vom Einstieg her erst kurze vier Seillängen gerade emporklettert, nämlich von einem dicken Abseilring zum anderen, worauf man nach rechts aufwärts recht exponiert, jedoch mehrfach an einem Drahtseil, etwa 150 m in jene Schlucht hinüberqueren kann. Hier guter Rastplatz. Es folgen 6 m Abstieg jenseits eines Durchschlupfes, dann ein gerader Anstieg auf der gegenüberliegenden Seite. Nun nach links aufsteigend in die steile Flanke eines spitzen Turmes und, dem griesligen Schluchtgrund links ausweichend, zu einem zweiten kürzeren Quergang nach rechts, etwa 40 m lang. Nun 15 m gerade empor, Quergang nach links zurück, etwa 60 m lang, dann Einstieg in den langen, von vier Überhängen durchsetzten, ziemlich schmalen und engen Kamin, der zum Ausstieg führt. Kaminhöhe etwa 100 m; Erster Überhang leicht, zweiter und dritter schwierig (dazu glatter abgeschliffener Fels), aber teilweise Drahtseil; 12 m unterm Kaminende Ausstieg nach links, bei Nebel heikel auf steilen Grasstufen — dann steht man auf der langen grünen Gipfelwiese, einem schrägen Fußballplatz, der die gewaltige Felssäule mit ihren bis zu 900 m hohen Wänden krönt. Die Kletterhöhe am Normalweg beträgt gute 300 m. Gemsen gibt es keine auf der Gipfelwiese, ich kann's beschwören, aber wir sahen eine dicke, silberfarbene Maus, und schon deren Herkunft gab uns Rätsel auf. — Die nicht gesicherte »Voie des Cheminées tubulaires« ist technisch kaum schwieriger als der Normalweg (III), stellenweise recht ausgesetzt, viel schöner als Führe, mit mehreren Abseilringen gespickt. — der kuriose Kalkberg wird am eindrucksvollsten von Süden, also von Gap her, erreicht durch die einsame, von auffallenden Querriegeln markierte Hochlandschaft von Trièves: unversehrtes Bergland, stille arme Dörfer, unerschöpflich weites Hinterland. Wer mit dem Kfz kommt und im Wirtshaus von St. Michel-les-Portes kein Quartier mehr bekommt, fährt am besten bis zum letzten Heustadel hinauf, wo man improvisierend zelten kann.

Blick von Nordost auf den Mont Aiguille, einen kühnen Kalkobelisk im Vercors unweit Grenoble, 1492 erstmals erstiegen. Rechts unterm Wandsockel der Col de l'Aupet

2 Grand Pic de Rochebrune 3324 m

Elegante Kalkpyramide zwischen Durance und Po-Ebene

TALORT Briançon, 1321 m, an der Route Nationale Nr. 91. 2½ Std. westlich von Turin, 1 Std. westlich von Oulx, dicht westlich unterm Col du Mt. Genèvre. Oder 2½ Std. ab Grenoble über Col du Lautaret, 2058 m

STÜTZPUNKTE Die Almen von Les Fonts, 2057 m, im Talschluß der Vallée Cerveyrette. Bis hierher mit Kfz ab Briançon über Cervières. Nur Heulager, Schlafsäcke mitführen! Märchenhafte Flora bis 3000 m! Biwakschachtel des CAI geplant!

ANSTIEG Der hier dargestellte Ostanstieg auf das wuchtige cottische Matterhorn zwischen Sestrières und Col d'Izoard (im Haupttext genau erklärt) benützt ab Les Fonts Steigspuren und uralte Militärwege, die zum Südostgrat emporführen (2 Std.); dieser Grat wird aber erst kurz vor dem Gipfelstock erreicht in 4–5 Std. · Abstieg ca. 3 Std.

HINWEISE Eispickel ist sehr wichtig, da die Ostflanke des weit südlich liegenden Alpengipfels entsprechend der Gipfelhöhe von 3324 m oft schneebedeckte Felspartien bietet. Seil! Vorsicht!

GESCHICHTE Ersersteiger unbekannt!

FÜHRER / KARTEN Guides Bleus/Dauphiné (Hachette), Seite 546 (hier wird nur der West-(Normal-)Anstieg behandelt · Beste Karte für Ostanstieg: Carte de l'Institut Géographique National, Briançon Nr. 8

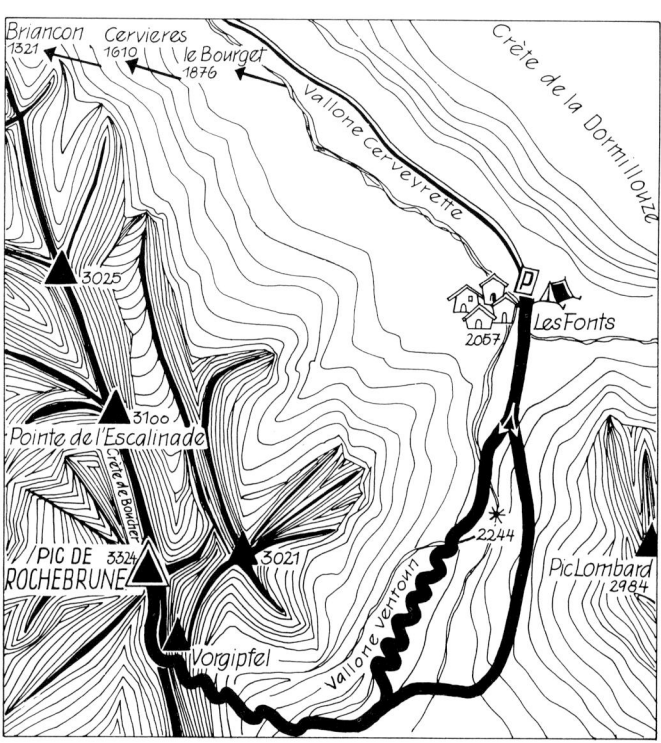

Wer bei unguten Eisverhältnissen in den Dauphiné-Bergen bei Briançon nicht untätig bleiben will, und wen es nach einigen Nächten in überfüllten Hochgebirgshütten nach einem stillen Refugium verlangt, der soll einmal von Osten her auf den Grand Pic de Rochebrune steigen, einen 3324 m hohen Kalkberg, weltläufigen Skifahrern wohlbekannt als Hintergrundkulisse von Sestrières, wenn man vom Fraitève südwestwärts schaut. Vom Gipfel dieser überaus eleganten Pyramide schaut man über die Po-Ebene hinweg bis zum Monte Rosa, gleichermaßen faszinierend der Blick auf die hohe Nachbarschaft: auf den beherrschenden Monviso im Osten und auf die Riesenhäupter der Dauphiné im Nordwesten, uns unmittelbar gegenüber: Barre des Ecrins, Mont Pelvoux und Meije. Der Abstecher lohnt, man betritt ein noch menschenleeres Hochgebirgsland von ansehnlichen Dimensionen, an dem die alpinistische »Erschließung« eben erst beginnt. Zunächst fährt man von Briançon in Richtung Col d'Izoard, zweigt aber schon in Cervières, 1610 m, scharf nach links ab, um auf einem schmalen Almsträßchen recht kurvenreich ins lange Hochtal von Cerveyrette zu gelangen: ein Tal der Stille, der Härte und der menschlichen Armut. Man nächtigt im Zelt bei den letzten Hütten von Les Fonts, 2057 m, oder auch im Heu und in Schlafsäcken. Anderntags halte man sich in aller Frühe genau südlich, überquere die Brücke des großen Baches und steige ins enge Vallone Ventoun hinauf. Um sich oben die vielen engen Kehren zu ersparen, kann man auch gleich beim Abmarsch höher in die Westflanke des Pic Lombard zielen, wo in etwa 2300 m Höhe wieder ein kleiner Bachlauf (in Westrichtung steigend) zu überqueren ist. Nun steigt man ziemlich steil, zuerst schrofige Hänge, dann Steigspuren und alte Militärwege benützend, zu den Schuttreißen empor, die vom Südostgrat des Grand Pic de Rochebrune herabkommen (2 Std. ab Les Fonts). Wichtig ist nun, daß man den türmereichen Felsgrat nicht sofort angeht, sondern ihn erst nordwestwärts auf breiten, meist firnbedeckten Bändern unterläuft, bis man dicht vor dem Gipfelstock, unter einem gewaltigen Gratturm stehend (dem Vorgipfel), links oben einen kleinen, relativ leicht erreichbaren Sattel entdeckt. Dieser Sattel wird über Schrofenbänder (Vorsicht bei Firnbelag!) erstiegen. Ab hier führt leichte bis mittelschwere Kletterei, erst in der Süd-, dann in der Ostflanke des breiten steilen Rückens zum Gipfel. Wichtig: Der gewaltige, turmartige Vorgipfel wird beim Anstieg umgangen und keinesfalls erklettert! Der Abstieg in die letzte Scharte würde äußerste Schwierigkeiten bieten. Gesamtzeit ab Les Fonts 4 bis 5 Std., Zeit des Abstieges auf dem gleichen Weg 2½ Std. Bei klarem Wetter schaut man weit in die nahe Po-Ebene hinaus und tief hinein in die Cottischen Alpen. Der Monviso beherrscht einsam und hoch die nächste Umgebung!

10

Blick von Nordosten, von der Cime de Fournier oberhalb des Col de Bousson, gegen
die Ostflanke des Grand Pic de Rochebrune, 3324 m. Der Ostanstieg bewegt sich in
der Flanke links unterhalb des Gipfelstockes, im Bild als weißes Firndreieck erkennbar
(nach herbstlichem Neuschneefall). Der einsame hohe Kalkberg über einem — bis 3000 m
Höhe — blumenreichen Hochtal wird jetzt viel begangen: Aber als sich Walter Bonatti
am idealen Kletterfels des Grand Pic de Rochebrune versuchte, da kletterte er an einem
einsamen, kaum bekannten Gipfel.

11

3 Pyramides Calcaires 2689 und 2726 m

Kalkkapriolen unterm Montblanc

TALORTE Courmayeur, 1224 m · Entrèves, 1306 m (für beide Orte Station Pré-St. Didier im oberen Aostatal). Beide durch den neuen Montblanctunnel in 30 Minuten ab Chamonix erreichbar... Dieses bis vor kurzem völlig vereinsamte Val Veni wurde neuerdings, von einem italienischen Autokonzern gesteuert und gestiftet, als Talzentrum eines riesigen Pistenzirkus (im Bild links die Zielhänge) ausgebaut und verbaut.

STÜTZPUNKT Rif. Elisabetta (Soldini Montanaro), ca. 2250 m, an den Hochalmen von Tramouail im oberen Val Veni, 1½., unter dem wichtigen Übergang des Col de la Seigne ins Val d'Isère. 50 Plätze, gut bewirtschaftet. Mit Kfz bis dicht unter die Hütte.

AUFSTIEG Am langen Nordostgrat (II, wenige Stellen III—) · Abstieg am gleichen Weg oder über den kleinen Col des Pyramides Calcaires, 2618 m, zwischen beiden Gipfeln, und durch das Vallée d'Estellette zur Hütte zurück (I). Aufstiegszeit am Nordostgrat 1½—2 Std., Aufstiegszeit am Abstiegsweg etwa 1½—2 Std., Normalabstieg 1½ Std.

GESCHICHTE Erstersteiger unbekannt, vermutlich Hirten · 1. Ersteigung Nordostgrat Frau Wilson, Frl. Mozzis und R. Carr, J. H. Hicks und W. Wilson, 6. 8. 1894 · 1. Ersteigung Südgrat Edouard Pennard, 1961

FÜHRER / KARTEN Guida dei Monti d'Italia, Vol. I / R. Chabod - L. Grivel, S. Saglio · Carte Touring Club Italiano, Gruppe del Monte Bianco

»Wer wird denn angesichts der höchsten Alpengipfel auf eine unbedeutende Kalkzinne klettern?« meinte ein guter Freund. Ein anderer saß vier Tage auf der Turiner Hütte am Montblanc gefangen und weitere drei Tage am Rif. Elisabetta überm Val Veni, oben schneite, unten regnete es, der Kalkfels an den Pyramides Calcaires aber war binnen Stunden abgetrocknet, und was lag nun näher, als sich diese tolldreiste Kapriole zu leisten und dicht unterm Montblancgipfel kleine Kalkberge zu ersteigen! Deshalb stehen sie hier in diesem Buch, zwei Kalkpyramiden, die eine verwegene Laune der Schöpfung mitten in den höchsten, jüngsten und ungebrochensten Granit der Alpen gesetzt hat, dicht unter den bedeutenden Col de la Seigne, dicht an Courmayeur, an den Montblanctunnel und direkt vor die Hüttentür des schönen neuen Rif. Elisabetta... Die beiden Kalkberge, lächerliche 2689 und 2726 m hoch, stehen im Talschluß des Val Veni als halbe Ausläufer der 3465 m hohen Petite Aiguille des Glaciers, die den letzten Urgesteinsgipfel im großen Südgrat Montblanc—Dôme du Goûter—Aig. du Bionnassay—Aig. de Trélatête—Aig. des Glaciers bildet. Ein etwa 2500 m hoher Sattel trennt den Kalk vom Urgestein, der winzige, 2618 m hohe Colle della Piramidi Calcaree trennt die beiden Gipfel voneinander (siehe Bild). Der einfachste Anstieg führt von der Hüttentür nach rechts (westlich) ins Vallone d'Estellette, bis man nach links in die große Geröllmulde abzweigen kann (Trittspuren), die auf den erwähnten Colle zwischen den beiden Kalkbergen führt. Von hier ist der höhere Gipfel, 2726 m, in leichter Gratkletterei zu erreichen, der niedrigere, 2689 m, durch eine kleine, steile Geröllrinne: Beide Touren sind unschwierig (I) und in 1½ Std. ab Hütte zu machen. Nicht sehr viel mehr erfordert die Überkletterung des fast einen Kilometer langen und teilweise scharfen Nordostgrates auf den Punkt 2689: In gut 2 Std. überwindet man diesen ausgesetzten und doch nur mäßig schwierigen Kalkgrat (II), der freilich auch einige schwierige Stellen (—III) aufweist. Auch der steile Südgrat, der gegen die Alpe Lex Blanche kurz unterm Col de la Seigne herabzieht und erst 1961 (?) erstmals begangen wurde, dürfte nur mäßig schwierig bis schwierig sein, was nach der Alpenskala dem Grad II bzw. III entspricht. Vom (gewiß einsamen) Gipfel dieser beiden Kalkberge lugt man über den Col de la Seigne hinweg auf die Skiberge über Val d'Isère, was freilich nicht so bezwingend ist wie der Anblick der nahen Aiguille Noire. Auch das theatralische Finale, das der bis in den Talboden reichende Miagegletscher im Val Veni veranstaltet, nimmt man mit großer Ehrfurcht zur Kenntnis. Bei trübem Wetter und schlechten Verhältnissen im hohen Montblanc-Eis muß man sich an den Aiguilles Calcaires als »Erschließer« versuchen: Da gibt es nämlich noch allerlei unbegangene Kalkwände.

Ausblick vom Lac Combal unter der Zunge des Miagegletschers im Val Veni gegen Südwesten auf die Pyramides Calcaires. Links darunter der Col de la Seigne, rechts oben der Sockel des Südwestgrates der Petite Aiguille des Glaciers, 3465 m. Das gut sichtbare Rif. Elisabetta steht unmittelbar unterm Aufschwung des 1 km langen Nordostgrates der beiden Kalkpyramiden.

13

4 La Tour Sallière 3219 m

Eis- und Kalkpyramide überm Lac de Salanfe

TALORTE Für den Nordanstieg: Champéry, 1053 m, im Val d'Illiez (mit Kfz von Monthey im Rhonetal abzweigen) · Für den Südanstieg: Le Châtelard, 1126 m, Grenzdorf im Trienttal zwischen Martigny und Chamonix

STÜTZPUNKTE Cabane de Susanfe, SAC, 2102 m, unterm Col de Susanfe (bew.); 3½ Std. von Champéry oder 3 Std. von Grand Paradis, 1110 m, etwas südlich oberhalb von Champéry · Südseite: Cantine-Refuge de Barberine, 1914 m, am großen Barberine-Stausee überm Trienttal (privat, bew.); von Le Châtelard Funiculaire bis 1780 m, dann 1¼ Std.!

AUFSTIEG In jedem Fall (von Süden monotoner, von Norden interessanter) bis unter den Col de la Tour Sallière, von Norden große, von Süden kurze Gletscherbegehung. Dann leichtester Anstieg, Route 706, Südflanke und Südostgrat (Arête d'Emaney), sehr schön, mäßig schwierig, II, meist unschwierig! · Schönster Anstieg: Routenverbindung 714 + 712, von Norden über den Glacier du Mont Ruan zum Col du Dôme, 3035 m, und über den Nordgrat, bei guten Verhältnissen mäßig schwierig, II! · Abstieg jeweils am Aufstiegsweg. Zeit Cabane de Susanfe — Gipfel 4—4½ Std. Anstieg Barberine—Gipfel 4 Std.

BESONDERER HINWEIS Ein herrlicher, aber ein strenger, steiler Gipfel. Bei nicht sehr guten Verhältnissen bedeutende Schwierigkeiten! Hochalpine Ausrüstung, Ausdauer und Erfahrung vonnöten

GESCHICHTE 1. Ersteigung durch unbekannte Alpinisten um 1870

FÜHRER / KARTEN Guide des Préalpes Franco-Suisses, SAC, 1964 · Schweizer Landeskarten, Blatt 272, St. Maurice, und Blatt 282, Martigny

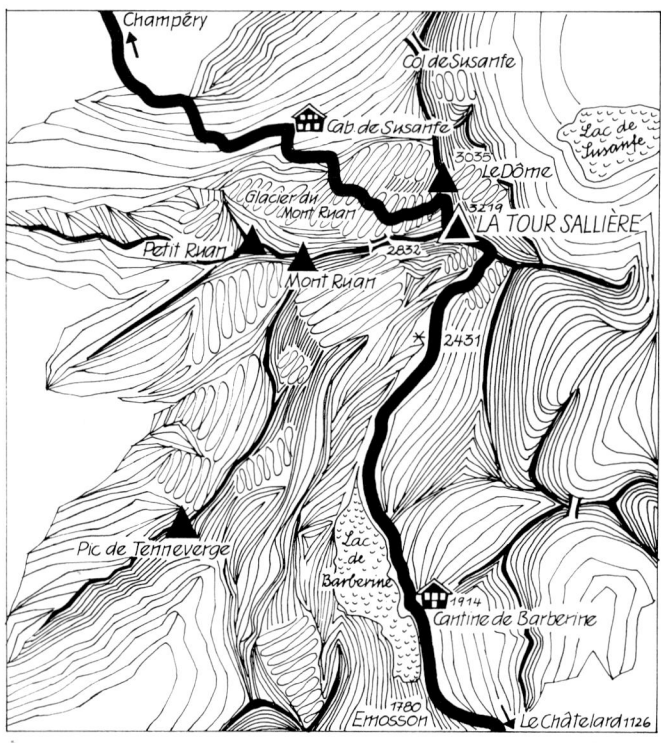

Dents du Midi und Tour Sallière, die höchsten Gipfel im großen Kalkgebirge zwischen Genfer See, Arve und Rhonetal — unterm Montblancstock natürlich nicht viel mehr als ein Vorgebirge —, sind recht unterschiedliche Bergsteigerziele. Die Dents du Midi sind der reine Klettergarten, denn die Sonne trocknet ihre Südwände, ihr einziger Gletscher hat rein dekorativen Charakter — anders die Tour Sallière: Diese auf allen Seiten eisumlagerte Kalkpyramide hat strengen hochalpinen Charakter, und obwohl ihr Gipfel um einige Meter niedriger ist als der der Haute Cime, ist sie um vieles ernster zu nehmen. Wer ihren Gipfel betritt, hat die Aiguilles Dorées, Aiguille du Chardonnet, Aiguille Verte und Grand Combin gegenüber, schaut gleichzeitig zum Genfer-See-Becken und ins Rhonetal hinab — die beide 2800 Meter tiefer liegen... Am schnellsten kommt man vom Süden her auf diesen Gipfel (aber von Norden her ist's interessanter): Man fährt von Le Châtelard, an der vielbefahrenen Autostraße von Martigny nach Chamonix gelegen, mit dem Funiculaire hinauf nach Emosson, 1780 m, und rennt von da in einer Stunde zur Cantine-Refuge am Barberine-Stausee. Anderntags steigt man bei zunehmend großartigen Ausblicken auf die Montblancgruppe nordwärts gegen den Col de la Tour Sallière auf, doch nicht weit, denn schon unterm Punkt 2431 der Landeskarte schwenkt man rechts ab und ersteigt genau nach dem SAC-Führer (siehe Route 706) über Gletschereis und Felsabbrüche den oberen Südostgrat (genannt Arête d'Emaney). Dies ist der leichteste Weg zum Gipfel, ab Hütte etwa 4 Std. — Der interessantere Weg, freilich auch etwas schwieriger (aber doch nur mäßig schwierig, II), ist der von Norden, also aus dem Val d'Illiez über die nahe dem Col de Susanfe gelegene Cabane de Susanfe (viel besucht!). Dieser Anstieg führt großenteils über den Glacier du Mont Ruan (meist gute Trasse), und zwar in knapp 2½ Std. bis dicht unter der Col de la Tour Sallière, 2832 m (bis hierher Route 703); unterm Col schwenkt man gemäß Route 714 östlich ab und steigt über steile Firnhänge hinauf zur engen Scharte des Col du Dôme, 3035 m. Hier wird nach Route 712 der Nordgrat begangen, eine mäßig schwierige, schöne Kletterei, bei der man, etwas leichter, im oberen Teil in die Westflanke ausweichen kann. Es versteht sich, daß die Tour Sallière, schon ihrer Höhe und ihrer großen Gletscherbedeckung wegen, ein ernstes Bergsteigerziel ist: Man muß, komme was mag, beste Verhältnisse haben, wenn man nicht die Fähigkeiten eines extremen Hochalpinisten besitzt. Im übrigen gibt es im Kalkfels wohl kaum ein schöneres Abenteuer als die 2-Tage-Überschreitung der Tour Sallière von Norden nach Süden, beginnend unter den Wänden der Dents du Midi, endigend in einem langen Abstieg zum Barberine-Stausee — immerzu den mächtigsten Gipfelstock der Alpen vor Augen.

14

Die Tour Sallière, 3219 m, vom Col de Susanfe, 2494 m, also von Norden gesehen.
Links die ungeheure Ostwand des »Grand Revers«, über 1000 m hoch. Links oben ein
Stück des Südostgrates (»Arête d'Emaney«), der beim Normalanstieg von Süden her
im oberen Teil begangen wird. Rechts im Hintergrund der Mont Ruan, 3053 m, unter
dem man von der Cabane de Susanfe zum Col de la Tour Sallière aufsteigt

5 La Cathédrale 3160 m

Ein Dom aus Kalk — 2800 Meter überm Rhonetal

TALORTE AP Salvan, 927 m, über der Trientschlucht, 20 Autominuten von Martigny. Ab hier mit Kfz auf Bergsträßchen noch bis Alpe Van d'en Haut, 1371 m · EP Champéry, 1053 m, im Val d'Illiez

STÜTZPUNKTE Auberge de Salanfe, 1950 m, am Südsockel der Dents du Midi, nördlich vom Stausee (privat, bew.); knapp 2 Std. ab Van d'en Haut · Cabane de Susanfe, 2102 m, SAC, 1 Gehstunde unterm Col de Susanfe, 2494 m (bew.); 3½ Std. von Champéry

AUFSTIEG (wie Abstieg) Südwestgrat ab Fenêtre de Soi (schwierig, III, eine Stelle sehr schwierig, IV) oder Südostflanke (mäßig schwierig, II) oder durch das Südostcouloir (mäßig schwierig, II). Aufstieg je 4½ Std., Abstieg zu den Hütten je 2½—3 Std.

BESONDERE HINWEISE Das Kalkgebirge der Dents du Midi ist ein beliebtes Kletterrevier der Westschweiz. Idealer Fels! Hier eine Auswahl der drei schönsten Anstiege! Südwestgrat nur für erstklassige Kletterer. Kurze Gletscherbegehung vor dem Einstieg!

GESCHICHTE Südwestgrat: 1. Begehung E. Weber, W. Bigler und C. Lecomte, 12. 8. 1928 · Südwestflanke: 1. Begehung E. R. Blanchet und Führer F. Veillon, 20. 7. 1911 · Südwestcouloir: 1. Begehung A. Wagnon und E. Jacottet mit Führer F. Fournier, 31. 8. 1881

FÜHRER / KARTEN Guide des Préalpes Franco-Suisses, SAC, 1964 (mit guten Kletterskizzen) · Schweizer Landeskarte, Blatt 272, St. Maurice, und Blatt 282, Martigny

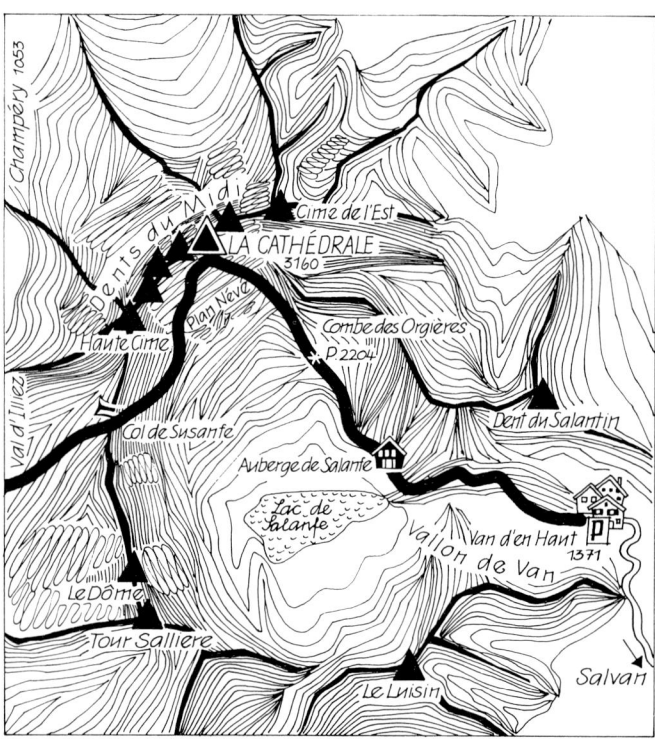

Zwischen Genfer See, dem Arvetal und dem mittleren Rhonetal bei St. Maurice erheben sich die französischschweizer Voralpen, ein Kalkgebirge, das im Osten über Martigny, Champéry und der Trientschlucht mit einem knappen Dutzend Dreitausender aufwarten kann: die Dents du Midi mit sieben Gipfeln, dazu Tour Sallière und Mont Ruan. Tour Sallière und Mont Ruan stehen unmittelbar den Urgesteinsriesen des Montblanc gegenüber, Trientbach und Col des Montets sind die Grenze. Die ganze »Suisse romande«, die Kletterfreunde aus den Städten am Genfer See vor allem pilgern hinauf zu den Kalkburgen der Dents du Midi mit ihrem festen, griffigen Fels und den Traumkanzeln ihrer aussichtsreichen Gipfel. 2800 Meter überragen die Gipfel der Dents du Midi das nur 6 Kilometer vom höchsten Gipfel (Haute Cime) entfernte Rhonetal. Ich schlage hier eine Überschreitung vor, die auch »müden« Bergsteigern gefallen sollte: denn man kann jetzt von Martigny über Salvan bis zum Almdorf Van d'en Haut auf 1371 m Höhe mit dem Kfz auffahren, und von hier steigt man in einem wundervollen Hochtal nur noch kurze 2 Std. zum Auberge de Salanfe auf. Anderntags geht man, den ausgezeichneten SAC-Führer bei der Hand, genau nördlich über Punkt 2204 der Landeskarte, links unterm Combe des Orgières vorbei, hinauf zum »Plan Névé«, dem Firnparkett der Dents du Midi, und überschreitet es (frühmorgens besser mit Eispickel) in Richtung auf das Fenêtre de Soi, 3009 m, das ist die Scharte links, also westlich unter dem Kalkdom der Cathédrale. Unser Bild deutet die wahre Schönheit dieses Berges nur kümmerlich an! Man wird begeistert sein, wenn man sich ihm nähert. Gute Kletterer sollten sich jetzt an den sehr schönen, sehr festen, aber auch sehr ausgesetzten Südwestgrat wagen, eine großartige Kletterei, schwierig (III), mit einer sehr schwierigen Stelle (IV) an einem auffallenden 12-Meter-Riß, der zur großen Geröllterrasse führt. Fünf Abseilstellen mit vorhandenen Haken erleichtern den Abstieg! — Wer sich den Grat nicht zutraut, sollte bei guten Verhältnissen die Route 662 des SAC-Führers durch die Südostflanke begehen, von Terrasse zu Terrasse, nur mäßig schwierig (II) und nach der Anstiegsskizze im Führer relativ leicht zu finden. Ein dritter Anstieg für im Eis erfahrene Bergsteiger führt — nur bei guten Firnverhältnissen! — durch das Eiscouloir unter der Scharte zwischen Cathédrale und Forteresse, in deren Mitte die »nadelspitze« Aiguillette Delez aufsteigt; das steile Firncouloir muß freilich des möglichen Steinschlages wegen frühzeitig durchstiegen werden, man erreicht schon vor dem Ausstieg zur Scharte linker Hand den Fels und steigt über diesen am Nordostgrat zum höchsten Punkt auf (mäßig schwierig, II). Unser Berg hat keine schwache Stelle für Nichtkletterer! Die müssen sich an die Haute Cime, 3257 m, halten, den Hauptgipfel der Gruppe.

Aufblick vom Eisboden des Plan Névé — oberhalb des Lac de Salanfe — gegen die prächtig gestufte Südwand von La Cathédrale, 3160 m, einem Hauptgipfel der Dents du Midi überm Rhoneknie. Ganz rechts die Cime de l'Est.

17

6 Grand Muveran 3061 m

Hohe Kalktribüne über dem Rhoneknie

TALORTE Pont de Nant, 1253 m, auf der Nordseite des Massivs; von Bex im Rhonetal, 428 m, auf Sträßchen über Frenières, 869 m, bis Les Plans, 1095 m (Parkmöglichkeit), dann zu Fuß in 40 Minuten · Oder Ovronnaz, 1332 m, in der Südflanke des Massivs; von Leytron, 483 m, im Rhonetal auf Bergsträßchen mit Kfz erreichbar

STÜTZPUNKT Cabane Rambert, SAC, 2585 m, 50 Meter südlich unter dem Grat der Frête de Sailles, das ist der Südgrat des Grand Muveran. Aufstieg von Pont de Nant über die Alp La Larze auf schlechtmarkiertem, aber vielbenütztem Steig in 3–4 Std. (Vorsicht bei harten Firnresten in nordseitigen Rinnen!) — oder von Ovronnaz in guten 3½ Std. über die Alp de Saille auf gutem Weg. Hütte bewartet vom 15. 6.–15. 9., 44 Plätze, Verpflegung möglich, gut besucht

AUFSTIEG (wie Abstieg) Normalweg durch die Südflanke über Crête à Morez, einem Südausläufer des Ostgipfels, 2 Std. ab Hütte. Abstieg zur Hütte 1½ Std.

BESONDERE HINWEISE Die Schwierigkeiten dieses vielbegangenen Weges sind nicht klettertechnischer Natur; der Steig wäre leicht ohne die meist vorhandenen, am frühen Morgen beinharten Firnflecken in der doch recht steilen Südflanke. Eispickel meist unerläßlich! Leichtsinn undiskutabel!

FÜHRER / KARTEN Guide des Alpes Vaudoises SAC (Kriens, 1946) · Schweizer Landeskarte, Blatt 272, St. Maurice, 1: 50 000

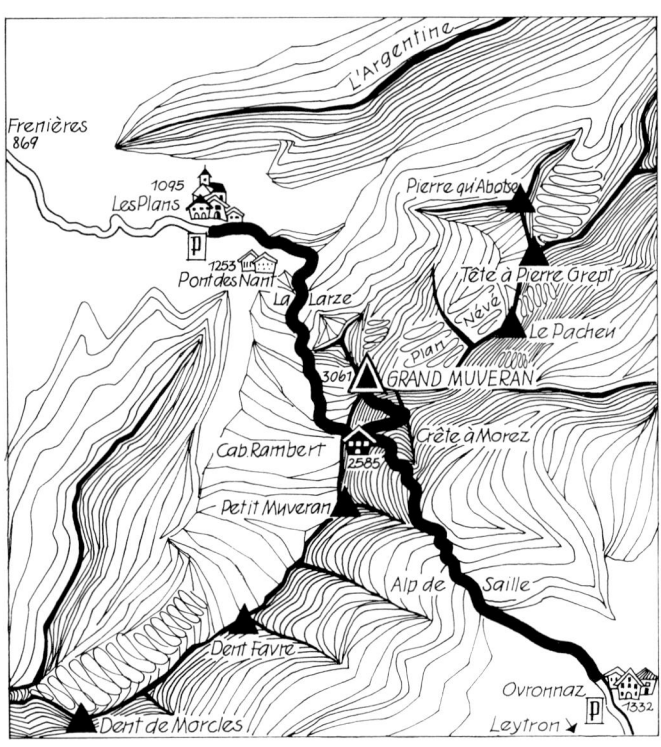

An die Westlichen Berner Alpen um Wildstrubel und Wildhorn schließt sich nördlich der Rhone, ihr ganzes scharfes Knie füllend, die Gruppe der Waadtländer Alpen an: ein aus hellen Kalken gebautes, aus scharfen Graten, türmereichen Gipfelburgen und allenthalben eingelagerten Firntüchern bestehendes Bergsteigerrevier besonderer Art. Noch die übergletscherten Diablerets nördlich überm Pas de Cheville sind Urgesteinszone, hier aber hat sich noch einmal später Kalk stark gemacht, und die Namen der Berge sprechen für sich selber: Argentine, Pierre qu'Abotse, Dent de Morcles, Haut de Cry sind Lieblingsberge vieler Bergsteiger aus Genf, Lausanne, Montreux und Martigny. Auch der Grand Muveran, der einzige Dreitausender unter diesen Waadtländer Kalkgipfeln: Er lebt vom Ruhm des schönsten Aussichtsberges an der unteren Schweizer Rhone. Ein Blick auf die Schweizer Landeskarte sagt genug: An seinem Gipfel hat man die Dents du Midi vor sich, ganz dicht gegenüber am anderen Rhoneufer, ebenso den Grand Combin mit seiner Nachbarschaft, vor allem aber die westlichen Walliser Eisriesen um Montblanc de Cheillon, Weißhorn, Dent Blanche und Dent d'Hérens, dazu alle hohen Berge um den Montblanc mit Aiguille d'Argentière, Mont Dolent und Aiguille Verte voran. Man kann sich kaum satt sehen, schaut ohne wandenke Knie aus über 3000 m Höhe um sich, der Aufstieg von der Cabane Rambert dauerte ja kaum 2 Stunden! — Die meisten, wohl vom Genfer See ankommenden Besucher des Grand Muveran fahren aus dem Rhonetal bei Bex hinauf bis Les Plans oder Pont de Nant und steigen dann gute 3 Std. in der schrofigen Nordwestflanke zur Hütte. Wer von Süden kommt, wird von Leytron bis Ovronnaz aufzufahren versuchen, um dann — ohne die Firnschikanen der Nordflanke — auf gutem Weg in ebenfalls 3 Std. zur Hütte zu steigen. Von der prachtvoll gelegenen Cabane Rambert aus steigt man anderntags recht früh erst ostwärts den Steig gegen die Felsrippe der Crête à Morez (Bild, genaue Mitte) hinauf, und zwar stets mit dem Eispickel, denn die steilen Firntafeln am Weg erheischen Vorsicht! Auch höher oben, wenn wir uns wieder nordwärts gewandt haben und über Felsabsätzen und Abbrüchen dahinsteigen, bleibt die Pickelsicherung an Firnflecken erstes Gebot. Man wende sich am Crête à Morez keinesfalls zu früh nach links, sondern bleibe am Steig bzw. auf den Wegspuren! Die Route führt nicht durch die auffallenden, meist firnbedeckten Schuttabsätze, sondern oberhalb durch die Felsen! Einmal ist eine breite, kaminartige Rinne, links von einem gelblichen Turm flankiert, zu passieren, dreißig Meter höher aber erreicht man, nordwestlich aufsteigend, die Gipfelzone. Hier nehme man sich bei gutem Wetter die Landeskarte vor, um das einzigartige Riesengemälde aus seinen herrlichen Details zu begreifen: Wallis, Montblanc, Rhonetal, Diablerets.

Blick von Punkt 2508 (genau von Süden) auf die große Südflanke des Grand Muveran, 3061 m, den einzigen Dreitausender der Waadtländer Alpen im großen Rhoneknie zwischen St. Maurice, Martigny und Riddes. In genauer Bildmitte die vom Ostgipfel (Bildmitte ganz oben) ablaufende »Crête à Morez«, von der aus sich der von links kommende Anstiegsweg wieder gegen Westen wendet, um oberhalb der Firnbänder (in der rechten oberen Südwand) weit nach links und dann kurz nach rechts auf den Hauptgipfel zu ziehen. Dieser Hauptgipfel (links oben) wirkt auf unserem Bild niedriger als der (nähere) Ostgipfel, ist aber höher.

7 Lobhörner-Überschreitung

Fünf Kalkpilze unter den Berner Eisgipfeln

TALORTE Zweilütschinen, 654 m, bzw. Isenfluh, 1084 m (Fahrstraße bis Isenfluh)

STÜTZPUNKT Bergheim Suls-Lobhorn der SAC-Sektion Lauterbrunnen, 1955 m, am Sulsseeli. (Anstieg ab Isenfluh durch Guferwald und über Alp Suls, 1955 m, 2½ Std. Auf Alp Suls einfache Nächtigung auf Heu möglich.)

ÜBERSCHREITUNG Von Ost nach West über sechs Gipfel, 5–6 Std., schwierige Kletterei nur für erfahrene Kletterer, mehrfaches Abseilen erforderlich: dennoch ausgesprochene Genußkletterei in festem Kalkgestein. Besonders schön im Herbst, als Abschiedstour vom Bergsommer. · Anstieg von der SAC-Hütte bzw. der Alp Suls bis zum Einstieg etwa 1½ Std. Rückkehr vom Ausstieg zum Rucksackdepot am Einstieg unter den Südwänden hindurch, einfach. Hauptreiz dieser Genußkletterei: das fortgesetzte Gegenüber vieler großer Berner Eiswände

GESCHICHTLICHE ANGABEN Unbekannt! Es gibt auch keinen Führer. Genaue Beschreibung der Traversierung durch den Autor dieses Buches (dank Aushilfe der SAC-Sektion Interlaken!) erhältlich! Vorzüglich die Landeskarte der Schweiz, Blatt 254, Interlaken

BILD Anstieg auf die markante Zipfelmütze, den vierten der sechs Kalktürme der Lobhörner oberhalb Lauterbrunnen. Der besondere Reiz dieser Kalkkletterei beruht auf dem unmittelbaren Gegenüber der berühmten Berner Eiswände.

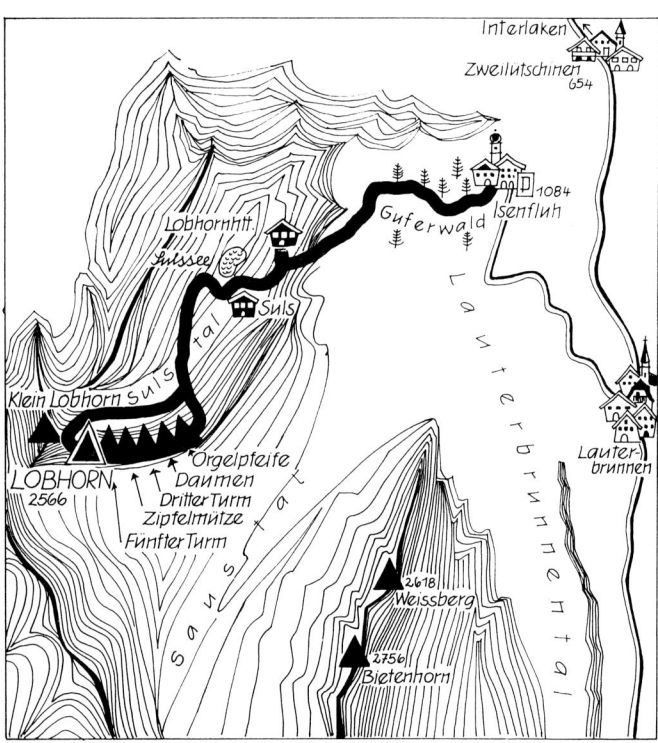

Hoch überm berühmten Lauterbrunner Tal und unmittelbar gegenüber den berühmten Eiswänden entwachsen dem Berner Urgestein sechs kuriose Kalkpilze: Lobhörner genannt und bekannt fast nur den Kletterern der Innerschweiz. Die einfache Überschreitung dieser Kalkspitze von Ost nach West bringt guten Kletterern eine einzigartige Genußkletterei ein, deren Schwierigkeiten man nach der Alpenskala mit II–IV einstufen darf. Man beginnt das Unternehmen im 1084 m hochgelegenen Isenfluh, das mit Kfz ab Lauterbrunnen erreicht wird; der Anstieg durch den Guferwald und über die Alp Suls zur kleinen SAC-Hütte auf 1955 m Höhe erfordert 2½ Std. Von hier zum Einstieg sind noch einmal gute 1½ Stunden fällig. Man steigt am Ostfuß ein, wo man auch den Rucksack läßt. Der erste Turm, die »Orgelpfeife«, eine luftige Kanten- und Wandkletterei, ist eine Fleißaufgabe, man kann sie sich ersparen. Aber von der ersten Scharte auf den kühnen Daumen, erst in der Ost-, dann in der Nordseite, das gehört zum Programm. Daumenhöhe aus der Scharte etwa 15 m. Der Abstieg erfolgt mittels Abseilen in die Daumenscharte (12 Meter). Nun aus der Scharte leicht südwärts absteigend zum Einstieg auf den Dritten Turm: über ein abdrängendes Wandstück mittels Schulterstand in eine große Nische, dann durch einen Kamin bzw. Riß auf den Gipfel. Der Übergang in die folgende Scharte und auch der Aufstieg auf die markante, stark nach Norden überhängende Zipfelmütze werden ohne sonderliche Schwierigkeiten geklettert. Erst im Abstieg von der Zipfelmütze-Westkante wartet genußreiche Freikletterei oder auch interessantes Abseilen. Ein teilweise scharfer Grat führt zum Fünften Turm; von dort südlich durch ein Couloir, dann rechts über Bänder steigt man in die letzte Einsattelung ab und begeht den sehr reizvollen Grataufschwung zum letzten Gipfel, dem eigentlichen Großen Lobhorn (erst auf Grasbändern, dann in einem 40 m hohen Couloir). Man rastet in 2566 m Höhe, sucht in einer Felsnische nach dem Gipfelbuch, schaut südwärts auf das hohe Berner Eis — dann führen große Abseilstellen (mehrere Abseilringe!) auf der Westseite hinab ins Plattenjoch Groß-Klein-Lobhorn. Die Felsinsel des Klein-Lobhorns bietet eine letzte schöne Rastgelegenheit. Da man sich geschunden hat, verdoppelt sich der Genuß am Schauen. Endlich schleppt man ein Herz voller dicker Superlative unter den Südwänden hin zum Rucksackdepot und schlendert über die Weideflächen der Sulsalp wieder talwärts. — Die Lobhörner-Überschreitung gilt unter den guten Innerschweizer Bergsteigern als eine zwar oft recht ausgesetzte, aber doch »unbeschwerliche« Genußkletterei; die Schwierigkeitsgrade wechseln ab zwischen II–IV! Sie wird zuweilen schon im späten Frühjahr, öfter aber im späten und spätesten Herbst unternommen — als stiller Abschied vom Bergsommer.

8 Kingspitz 2621 m

Das königliche Profil unter den Engelhörnern

TALORTE Meiringen, 595 m, im Haslital (von Thun—Interlaken oder Luzern—Brünig) · Kaltenbrunnersäge, 1208 m (Wirtshaus im Reichenbachtal an der Straße Meiringen—Rosenlaui) · Rosenlauibad, 1328 m

STÜTZPUNKT Engelhornhütte, AACB Bern, 1901 m, auf Nesselbalm am Eingang ins Ochsental (60 Personen, nicht ständig bewartet); 2 Std. von Kaltenbrunnersäge, 1½—2 Std. von Rosenlauibad

AUFSTIEG (wie Abstieg) am Normalweg vom Ochsensattel, 2299 m, durch das Couloir der Westflanke, 4 Std. Kletterei leicht bis mittelschwer (II—III). Bei Nässe Abseilstellen! Einige Meter Abseilschlingen, zwei Felshaken und Karabinerhaken für unvorhergesehene Fälle mitführen! Die Kletterei in absolut festem Fels gilt als besonders reizvoll

GESCHICHTE 1. Besteigung H. S. King mit Ambros Supersaxo und Anton Anthamatten, 13. 8. 1887

FÜHRER / KARTEN Engelhornführer des Akademischen Alpenklubs Bern (A. Franke/Bern). Unersetzbarer Führer mit ausgezeichneten Skizzen (S. 62/63)! · Schweizer Landeskarte, Blatt 255, dazu Blatt 254

BILD Blick vom Anstieg zum Klein-Simelistock auf die Nordostwände von Kingspitz (links oben), Kastor und Pollux. Ganz rechts am Bildrand der Ochsensattel (tiefster Einschnitt nicht mehr ganz sichtbar). Vorn in der Tiefe das Ochsental. Wir klettern vom Ochsensattel hinter Kastor und Pollux herum und gelangen nach Durchsteigung des großen Westcouloirs auf den obersten Teil des Westgrates, von dem wir im Bild nur ein stark verkürztes Stück (rechts unterm Gipfel) sehen

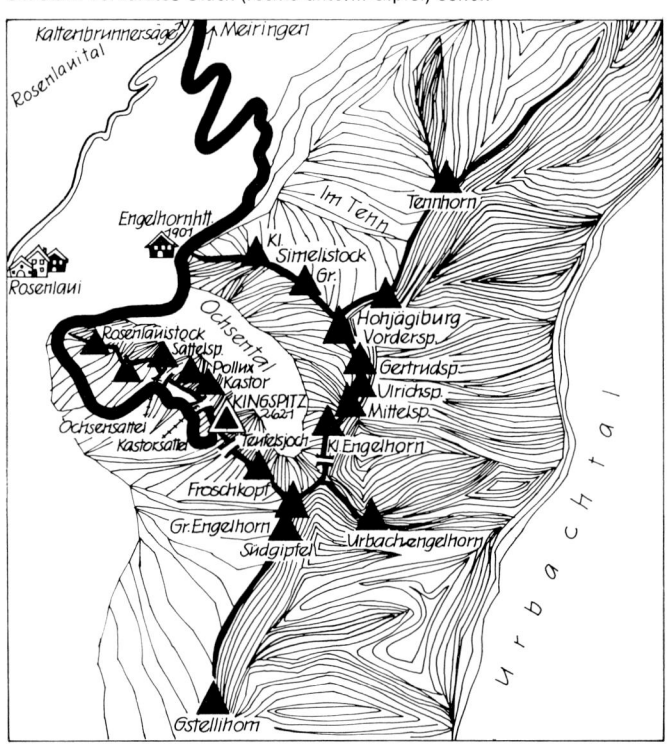

Das große Berner Eis und Urgestein zwischen Rhonetal und Thun-Brienzer-Seenplatte stellt sich dem von Luzern über den Brünigpaß ankommenden Bergfreund — originell untertreibend — mit einer Gruppe kühn modellierter Kalkgipfel vor: Das sind die Engelhörner überm Hasli- und Rosenlauital. Alle zusammen bilden einen wilden weißen Hochgrat in Nord-Süd-Richtung vom Tennhorn bis zum Gstellihorn (das anschließende Dossenhorn ist schon Urgestein), gipfelreich, vielfach verschartet und zersägt, der nach Nordwesten, das großartige Ochsental mit der Hütte umrahmend, zwei kräftige Seitenarme ansetzt. Der südliche Ast, am Groß-Engelhorn abzweigend und den Froschkopf mit 2674 m als höchsten Gipfel präsentierend, trägt den Namen »Kingspitzgruppe«, und der Kingspitz ist zu Recht sein beherrschender Gipfel. Die höchsten Zinnen dieser Kingspitzgruppe fallen zum Ochsental mit gewaltigen, nahezu senkrechten Plattenwänden ab (Bild), die Gipfel scheinen unerreichbar, aber die steilgestellte Schichtung der Kalktafeln mit ihren vielen Rissen, Kaminen, Bändern und Einsattelungen machen das Klettern zu einem hohen Vergnügen: An den Südanstiegen findet man sogar treppenartige Stufen, weil hier die Schichtköpfe nach oben auslaufen. — Der Kingspitz gehört den guten wie den extremen Kletterern: Schon der Normalweg, meist als Abstiegsweg benützt, bedeutet Genußkletterei (II—III); der steile Südostgrat (IV) gilt als klassische Kalkkletterei; die gewaltige Ochsentalwand (Bild) aber verlangt auf der direkten Führe (VI) allerhöchste Anforderungen. — Bei unserem Anstieg durch das große Couloir der Westflanke gilt es von der wundervoll gelegenen Engelhornhütte aus zunächst den Ochsensattel zwischen Sattelspitze und Pollux zu erreichen: Man umrundet dabei ansteigend den Rosenlauistock und gelangt in der Westflanke über Schönbidemli auf Bändern und durch Rinnen in gut 1½ Std. in den Sattel. Ab hier geht es erst absteigend unter die Westkante des Pollux, dann jenseits durch das von den Zwillingen herabziehende Couloir bis zu einem kleinen Sattel, von ihm unter den Nordwestabstürzen des Kastor-Westgrates durch und über eine steile griffige Platte auf den Ausläufer des Grates. Jetzt führt ein Band horizontal in das große, glatte, ausgewaschene Westcouloir, das vom Kastorsattel herabkommt; darin empor, meist in Rissen am südlichen Rand (bei Nässe heikel, im Abstieg abseilen!), in einen großen Trichter. Ab hier schräg rechts über gute Stufen und Schrofen zur plattigen Gipfelwand und von ihrem Sockel durch eine rote Rinne rechts aufwärts zum Westgrat und über dessen Stufen zum Gipfel. 2 bis 2½ Std. vom Ochsensattel! Es mag lächerlich erscheinen, von der Aussicht zu sprechen, aber sie ist nun einmal einzigartig: Wellhorn, Wetterhorn, Rosenhorn und, schockierend nah, das Berner Eisrevier . .

9 Große Windgälle 3188 m

Kalkriese über Maderaner- und Schächental

TALORTE Amsteg im Reußtal (Gotthardstraße), 519 m, am Eingang des Maderanertales · Bristen, 782 m, am Straßenende im Maderanertal (Bus und Kfz von Amsteg). Ab hier kleine Seilbahn bis Höhe 1255 m, dicht unter Golzern (kleines Gasthaus am See)

STÜTZPUNKT Windgällenhütte, AACZ, 2032 m, oberhalb der Stäfelalp in der Südostflanke der Großen Windgälle (offen, bewartet). Etwa 3–4 Std. ab Bristen oder 2½ Std. ab Golzern. Die Hütte ist an schönen Wochenenden meist überfüllt. Weg markiert, siehe SAC-Führer!

AUFSTIEG (wie Abstieg) Normalroute in der Ostflanke über den Stäfelfirn (Gletscher) — Randkluft! — und das Ostcouloir, 4 Std. ab Hütte

BESONDERER HINWEIS Diese technisch nur mäßig schwierige Hochtour sollte möglichst im Vor- bzw. Hochsommer unternommen werden, solange der Übertritt an der Randspalte noch nicht problematisch ist und das schuttgefüllte, gestufte Couloir weniger Steinschlaggefahr birgt. Eispickel wichtig! Man befrage den Hüttenwart über die Verhältnisse im Couloir! Der Aufenthalt am Gipfel ist bei Sicht aufregend interessant!

GESCHICHTE 1. Ersteigung durch die Ostflanke G. Hoffmann mit J. M. und Melchior Tresch am 31. 8. 1848

FÜHRER / KARTEN SAC-Führer Urner Alpen, Band 1 · Schweizer Landeskarte, Blatt 246, Klausenpaß. Für Anmarsch evtl. zusätzlich Blatt 256, Disentis

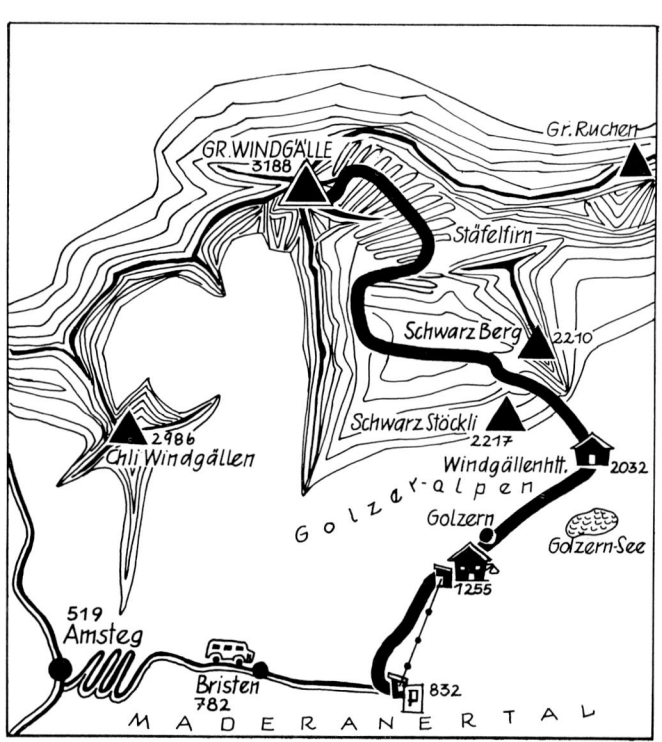

Man erblickt sie an klaren Tagen schon vom Zürichsee aus, diese massige Kalksäule, von deren Gipfel man volle 2700 Meter hinab ins nahe Reußtal schaut. Ihrem Gipfel gelten die weitaus meisten Besuche in der großen Kalkkette nordwärts des Maderanertales von Klein-Windgällen über Groß-Ruchen, Scherhorn, Claridenstock bis hinaus zum Gemsfairenstock überm Glarner Land: alles helle Kalkinseln im dunklen Schweizer Urgestein, alle hoch genug, um Gletscher zu tragen oder gar Riesengletschern zu entwachsen wie der Claridenstock überm Klausenpaß. Übrigens, nicht zu vergessen: Vom Klausenpaß sieht man die Große Windgälle im Profil, eine alles überragende, schmale Felssäule mit einer 1000-Meter-Nordwand . . . Man fährt von Amsteg mit dem Bus bis Bristen, 782 m, im Maderanertal, mit eigenem Wagen bis zur kleinen Seilbahnstation, 832 m, hinter Bristen; das Kabinchen bringt einen 400 Höhenmeter hinauf zu den Almböden von Golzern, nahe am kleinen schönen Golzernsee. Den lassen wir aber rechts unten liegen, wenn wir auf schmalen Pfaden erst steil nordwärts empor, dann mehr östlich zu einem gut sichtbaren Steinmann steigen. Vom Steinmann halten wir uns erst an die Mulde des Stäfelbaches (im Abstieg herrliche Brausebäder), dann nördlich, genau der Markierung folgend, gegen die kleine SAC-Hütte zu. Das macht nur 2½ Std. ab Golzern-Seilbahn, aber reichliche 5 Std. in der Heidelbeerenzeit! Andertags geht es so früh als irgend möglich (die meist überfüllte Hütte erleichtert frühes Aufbrechen ungemein) nordwestlich zwischen Schwarz-Stöckli und Schwarz-Berg hinauf gegen die mächtigen Steilwände der Windgälle, bis der Stäfelfirn erreicht ist. Die untere Steilstufe dieses in die Windgällen-Ostflanke eingelagerten Gletschers überwindet man nach links ausholend, die obere, indem man nach rechts gegen den Hölenstöck ausweicht. Dann geht es gerade und steil hinauf gegen das die ganze Ostflanke durchziehende Couloir; es wird an einem Felskopf am oberen rechten Firnrand betreten. Bei ausgeaperter Randspalte im späteren Sommer muß man, etwas schwieriger, ganz rechts über glatte Platten an der Wand des Nordostgrates einsteigen! Im vielfach schuttreichen Couloir stellt sich uns bald ein kastellartiger Felsturm entgegen, den wir links (südlich) auf schmalen Leisten umlisten müssen. Hinter dem Turm folgen meist schuttbedeckte, also steinschlaggefährdete Platten, nach deren Passage man rechts einem Schuttrücken zusteuert und über diesen die dritte, oberste Steilstufe des Couloirs erreicht. Dann führen Spuren in einen flachen Sattel des Nordostgrates, über den wir leicht den nahen Ostgipfel erreichen (4 Std. ab Hütte). Der nur 1,5 m höhere Westgipfel ist vom Ostgipfel durch eine 25 m tiefe Scharte getrennt; bei trockenen Felsen ist der Übergang nicht schwierig. Vom Gipfel frappierend instruktiver Überblick der Urner Alpen!

Flugaufnahme von Norden über das Schächental hinweg auf die Große Windgälle mit ihrer massigen Nordwand. Rechts, genau unterm Zentrum der flachen Wolke, der Nordostgrat, auf den wir in den letzten Metern nach dem großen Couloir aussteigen. Dieser Grat ist oftmals, weil mit 4–5 m auskragenden Schneewächten besetzt, mit Vorsicht anzugehen. Links im Hintergrund ein instruktives Gesamtbild des Oberalpstockes, 3327 m, jenseits des Maderanertales.

10 Schächentaler Windgällen 2763 und 2747 m

Kalktafeln über der Klausenpaßstraße

TALORT Urigen, 1276 m, an der Klausenpaßstraße im Schächental, mit Kfz 25 Fahrminuten von Altdorf am Vierwaldstätter-See-Ende

STÜTZPUNKT Keine Hütte! Evtl. Heulager in den Hütten des »Mettener Butzli«, 1966 m, 2¼ Std. oberhalb von Urigen

AUFSTIEG UND ABSTIEG Überschreitung von West nach Ost. Aufstieg zum Alplertor, 2448 m, anschließend Nordwestgrat. Abstieg über Südostkante, Schulter und Unteres Südband. Gesamtzeit ab Urigen und zurück etwa 9—10 Std., ab »Mettener Butzli« etwa 6—7 Std. Der Fels ist in der oberen Region fest, weiter unten stellenweise etwas brüchig

SCHWIERIGKEIT Die Schächentaler Windgällen sind Kletterberge! Die Schwierigkeiten dürften nach der Alpenskala mäßig schwierig bis schwierig (II bis III) sein. Die Überschreitung ist außerordentlich interessant und schön, vielfach leiten Spuren früherer Begeher weiter

GESCHICHTE 1. Ersteigung Fr. Huber mit A. Imholz-Brunneler, 1883

FÜHRER / KARTEN SAC-Führer Urner Alpen, Band 1 · Schweizer Landeskarte, Blatt 246, Klausenpaß, 1: 50 000

BILD Blick von Süden über das Schächental hinweg auf die Schächentaler Windgällen in den östlichen Urner Alpen. Links das Alplertor, an dem der Nordwestgrat ansetzt. Rechts unter dem Doppelgipfel die Südostkante, darunter die beiden auffallenden, geröllbedeckten Südbänder

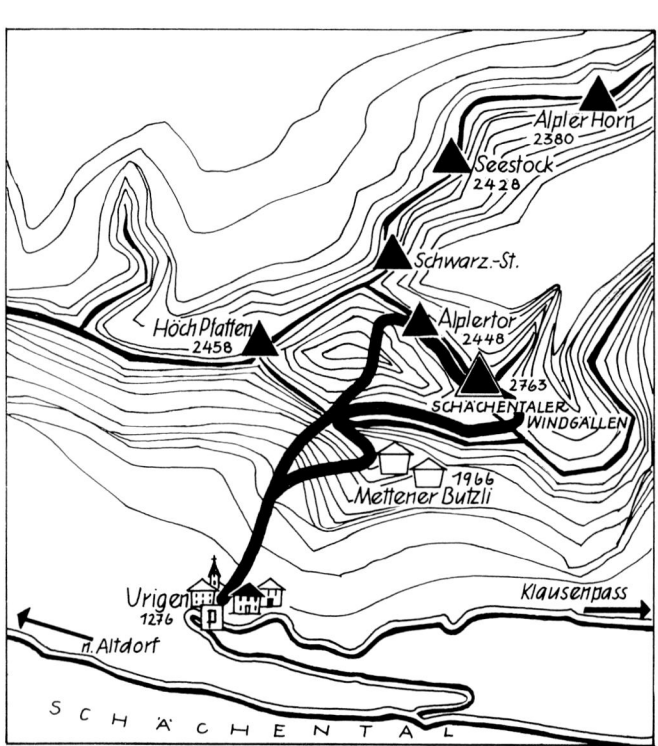

In den Urner Alpen um den Vierwaldstätter See findet sich nicht nur das feste rauhe Urgestein (Protogin) des Salbitschijen, des Gletschhorns oder des Piz Giuv, es gibt auch Kalkgesteine dort, und Kalke der verschiedensten Provenienzen reichen quer durch die östlichen Urner Alpen bis zum Glarner Tödi. Hervorstechende »Kalkinseln« in den Urner Alpen sind südlich des Schächentales Große Windgälle, Groß-Düssi und Claridenstock nördlich davon dominieren die beiden Schächentaler Windgällen. Wer vom Südende des Vierwaldstätter Sees bei Altdorf östlich zur Klausenpaßstraße einschwenkt, kann schon in guten 20 Minuten oben in Urigen sein, in 1276 m Höhe an der ersten großen Haarnadelkurve der alten Paßstraße. Hier hat man anderntags bei Morgengrauen aufzubrechen, um während unserer Überschreitung nicht in Zeitnot zu kommen. Man steigt von Urigen nordwärts steil hinauf (der SAC-Führer ist dabei unentbehrlich!) zu den Hütten des »Mettener Butzli«, 1966 m (2 Std.), und auf Geröll nordöstlich weiter, bis man in kurzer leichter Kletterei das breite Band erreichen kann, das nordwestlich zu neuen Schutthängen führt: Über diese Hänge, dicht unter den Windgällenwänden hindurch, gelangt man bis unters Alplertor, 2448 m. Der Nordwestgrat wird 100 m östlich eines ihn überm Alplertor bekrönenden 3 m hohen Türmchens in der rauhen Südwestwand angegangen, und zwar in einer kaminartigen Rinne. (Links halten, einen nach rechts führenden Kamin liegenlassen!) Von der erreichten Scharte aus wird der erste Gratabbruch nordseitig umklettert, der zweite durch einen Riß (mit Block) in einem 5 m hohen Wändchen (schwierig, aber auch nordöstlich zu umgehen). Dem folgenden Gendarm wird rechts ausgewichen, die folgende größte Gratstufe kann schwierig direkt erklettert werden oder leichter südwestlich umgangen werden. Der weitere Gratweg zum ungewöhnlich aussichtsreichen Gipfel ist dann leicht. Gegenüber glänzt das Eis um Claridenstock und Scherhorn, ganz nahe, über dem Chammlijoch, reckt sich der Tödi (3614 m) empor. — Beim Abstieg an der Südostkante bleibt man zuerst direkt an der Kante, klettert dann eine abschüssige Plattenrampe am südlichen Rand ab und hält sich unterhalb einer Steilrinne an die alten Trittspuren, die den Fels bis zur Schulter, meist nördlich traversierend, auf Bändern und Stufen überwinden. Man läuft die Schulter fast eben hinauf bis zu ihrem östlichen Ende, klettert hier aus einer Mulde 5 m steil in eine Geröllsenke ab und nimmt dann Gegenkurs: steigt die untere der beiden großen Südwandterrassen ab, die hier beide zusammentreffen. Man präge sich den Verlauf dieses unteren Südwandbandes schon beim Aufstieg ein! Das mächtige Band führt wieder zurück zum »Mettener Butzli«, wobei das Zickzack des Aufstieges (siehe Skizze im SAC-Führer, Seite 53) absteigend ganz genau wiederholt werden muß.

11 Claridenstock 3268 m

Über die »Eiswand« vom Klausenpaß

TALORTE Linthal, 662 m, auf der Glarner Seite der Klausenpaßstraße. Altdorf, 447 m, auf der Urner Seite des Passes an der Gotthardstraße (Vierwaldstätter See)

STÜTZPUNKT Gasthaus auf der Klausenpaßhöhe, 1948 m (priv.), Bus von beiden Seiten zur Paßhöhe. Weitere Gasthöfe im Urner Boden. Neue Hütte überm Griess am Gemsfairenstock-Sockel!

AUFSTIEG (wie Abstieg) Über die Nordflanke, Ruch-Stöckli, Eiswand und Chammlijoch zum Westgrat, etwa 4–4½ Std. ab Paßhöhe. Für erfahrene Hochtouristen bietet sich in Verbindung mit dieser Tour der Übergang zur Claridenhütte (Abstieg nach Linthal), zur Planurahütte (Tödi-Westwand) und zur Hüfihütte (Abstieg ins Maderanertal bzw. Groß-Düssi, Klein- und Groß-Scherhorn, Chalchschijen) an: In jedem Fall nur bei guten Firnverhältnissen und guter Sicht, weil weite Gletscherpassagen! Eispickel, Steigeisen usw. unerläßlich!

GESCHICHTE 1. Ersteigung von Norden: A. Brun, F. Weber und H. Pfister, 1890, über die damals 30–40 m hohe Eiswand

FÜHRER / KARTEN SAC-Führer Glarner Alpen · Schweizer Landeskarte, Blatt 246, Klausenpaß

BILD Blick von der Alp Zingel auf den bis zum Gipfel übergletscherten Claridenstock. Rechts am Bildrand der zum Chammlijoch führende Nordsporn (unser Aufstiegsweg) mit der nicht mehr sichtbaren »Eiswand«, einer einst gefürchteten, inzwischen leichter begehbaren Eisnase im schmalen Grat.

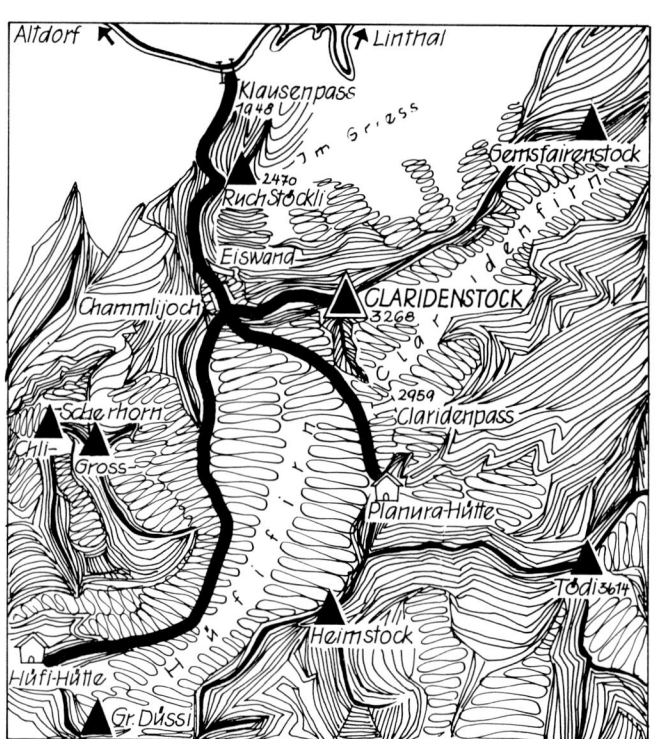

Wer je über den alten Klausenpaß fuhr und von der Paßhöhe aus Touren machte, und wären es nur Wanderungen unter Clariden- und Gemsfairenstock gewesen, und wer je von Linthal unter der Eiskappe des Tödi hindurch zur Clariden- oder Planurahütte stieg oder vom Maderanertal über die Hüfihütte zum Claridenpaß, der mag mir recht geben: Ein Bergsteigerleben reicht nicht aus, die Fülle des Großen und Schönen zu bergen, die hier, wo Urner und Glarner Berge zusammenstoßen, in Form und Farbe ausgebreitet ist. Es kommt hinzu: Die ganzen Ostalpen kennen kaum so stille Hüttenanstiege wie die eben erwähnten ... Man gehe nur einmal, gut ausgeschlafen und richtig ausgerüstet, von der Klausenpaßhöhe, 1948 m, auf den Claridenstock, keine Affäre! Spätestens am Ruch-(auch Rau-)Stöckli, auf 2470 m Höhe, hat man eine Urwelt in vollkommener Stille erreicht. Der Anstieg ist alles andere als langweilig, denn am Ruch-Stöckli stehen wir auf der Schulter eines mächtigen Felsrückens, der rechts und links steil in tiefe Gletschergruben abbricht; dieser Chammlirücken verengt sich nun immer mehr, je höher wir kommen, bis wir nach mehreren anregenden Absätzen auf eine schmale Gratschneide geraten und vor eine — Eiswand, die unterste Eisnase des Gletschers. Sie ist berühmt, die Erstersteiger hackten hier 4 Std.! Aber jetzt ist sie schon sehr zurückgegangen, und die einst senkrechte, gut 30 m hohe Eismauer kann heute mit Pickel und Steigeisen relativ leicht überwunden werden. Von dieser »Eiswand« weg verbreitert sich der Kamm wieder, man steigt auf Gletscherboden zum nahen Chammlijoch, 3026 m, und kann sich nach links (östlich) dem Westgrat des Claridenstockes zuwenden — oder auch nicht: denn manch einer, der die Kammschneide erklommen hat, erstarrt vor dem ungeheuren Ausblick gegen Süden — auf das mächtige Eismeer des Hüfifirns, auf das massige Bollwerk des 3614 m hohen Tödi mit seiner blendenden Eiskappe, auf Heimstock, Düssistock, Oberalpstock ... Man muß übrigens nicht unbedingt ganz aufs Chammlijoch hinauf, man kann schon vorher links abschwenken und sich auf Firn dem Westgrat nähern; der Grat ist lang, zuweilen weicht man rechts oder links aus, gibt aber acht auf die Wächten im oberen Teil. Auf der Gipfelkuppe stehend, mag man sich meiner ersten Sätze erinnern und Ziele für viele Jahre aussuchen: Gipfel, Täler, Grate, Hochmulden, Firne, Bergseen, grüne Kanzeln — niemals wird man dieser Region überdrüssig werden! Auch wenn sie dort, wie jetzt im Urner Boden, aus Bergwassern Strom machen: Man gehe ins weltverlorene Grieß hinein, zum Gemsfairenstock hinauf oder in irgendeines der von der Klausenpaßstraße südwärts führenden Seitentäler, überall trifft man auf jene Einsamkeit, die uns in den Ostalpen bald vollkommen abhanden gekommen ist. Dabei sind Zürich, Luzern und St. Gallen so nahe ...

12 Altmann 2436 m

Überschreitung: Lisengrat—Schaffhauserkamin

TALORTE Wasserauen, 868 m, im Norden (Endstation der Appenzeller Bahn) · Wildhaus, 1090 m, im Süden (Postbus von Buchs SG oder Neßlau) · Schwägalp, 1352 m (Postbus von Urnäsch, Talstation der Säntisbahn). — Brülisau, 922 m, im Osten, Bergbahn zum Hohen Kasten

STÜTZPUNKT Berggasthaus am Rotsteinpaß, 2120 m, dicht nordwestlich unterm Altmann. Aufstiege dorthin: 1. Von Wasserauen über Seealpsee, Schrennenweg, Meglisalp (Nächtigung möglich) in 5 Std. 2. Von Wildhaus über Alp Thurwis, Schafboden in 4 Std. 3. Von Schwägalp mit Schwebebahn oder über Chammhalde (Tour 13) auf den Säntis. Ab hier über Lisengrat auf gesichertem Steig 1½ Std.

AUFSTIEG Der Normalweg von Norden über Lisengrat und Rotsteinpaß führt auf teilweise gesichertem Steig durch die Flyschwand in 1½ Std. zum Altmanngipfel (leicht, I—II), Zeit 1½ Std.

GESCHICHTE 1. Ersteigung C. F. Fröhlich mit Huber und Looser, 1825 · 1. Begehung Schaffhauserkamin: David Stockar aus Schaffhausen mit Führer Feurer 1890

FÜHRER / KARTEN Säntis-Führer von Lüthi/Egloff/Kleine/Schatz (Fehr, St. Gallen) · Landeskarte der Schweiz, Blatt 227, Appenzell, 1: 50 000

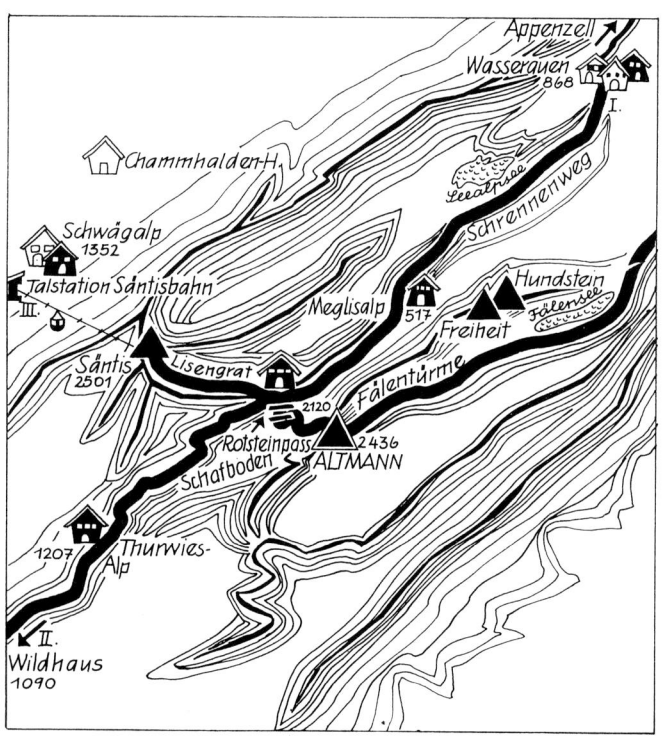

Das Alpsteingebirge zwischen Appenzeller Land und Toggenburg ist der Klettergarten der Ostschweiz: Die Kreuzberge, Hundstein und Freiheit, die Widderalpstöcke und der Altmann lehren dem begeisterten Kletterschüler das Fürchten — und geben ihm zugleich einen einzigartigen Anschauungsunterricht in alpiner Geologie. Denn ob er mag oder nicht, er muß sich immerfort Gedanken machen über die verwegenen, ja (wörtlich genommen) verrückten Schwingungen der aus Kalktafeln bestehenden Erdoberfläche. Und dann diese fröhliche Unordnung! An den acht Kreuzbergen stehen die Kalkschichten senkrecht wie Orgelpfeifen, an der Stauberenkanzel oder am Altmann biegen sie sich zu Wellen... Der zweithöchste Gipfel dieses kuriosen Alpsteingebirges, der Altmann, kann zunächst auf harmlosem Klettersteig vom Rotsteinpaß her bestiegen werden: Das ist der Normalweg durch die Flyschwand, kaum mäßig schwierig, etwas luftig, aber kurz, 1½ Std. — Tief, tief unten der Rheinboden, südwärts die fromm aneinandergereihten Sieben Churfirsten, das Eisdach des Tödi und 1000 Bündner, Glarner und Berner Gipfel. — Zum Abstieg durch den sogenannten Schaffhauserkamin zwischen Ostgrat und Südostkamin noch einen Tip: erst vom Gipfel auf dem Ostgrat bis zur Scharte vor dem obersten Gratkopf! Hier erst wird der Grat nach Süden verlassen. Man hält sich im Kaminbereich immer links der Hauptrinne und klettert über mehrere Absätze und an durchwegs gut begehbaren Seitenrippen abwärts bis in einen Felstrichter, unter dem eine 5 m hohe Stufe das einzige ernsthafte Hindernis darstellt. Durch einen Riß wird die Stufe bezwungen, dann geht es in steilem Gelände hinab in den Rässeggsattel überm Zwinglipaß — Der schönste Abstiegsweg führt von hier nach Brülisau—Weißbad, und zwar unter den Fälentürmen, unter Hundstein und Freiheit durch zum felsumschatteten Fälensee, auf den der lieblichere Sämtisersee folgt. Dann geht's hinaus ins hügelige Appenzeller Land, unter kleine Menschen, die mit viel Mutterwitz nach »Größe« streben. — Zurück zum Altmann-Gipfel: es gibt ja eine Auswahl feiner Abstiege!... Läßt man den »Schaffhauserkamin« sein, so wartet auf uns nördlich der Abstieg zum Rotsteinpaß (zu den Schübli's) und der exponierte Steig unter der Meglisalp zum Seealpsee hinab — »Schrennenweg« genannt. Nicht ganz so aufregend, aber auch exponiert wäre ab Rotsteinpaß die Passage des Lisengrates bis zum Großen Schnee und der Abstieg von hier ostwärts, aufregend durch die schmale Wagenlücke, hinab zur Mesmeralp und zum Seealpsee... Oder auch der stille Umweg Wagenlücke—Mesmeralp—Altenalp (unter den senkrechten Altenalptürmen hindurch) bis zur Ebenalp hinaus. — Wen es aber südwärts treibt und nach der höchsten Stille, der steige vom Rotsteinpaß südwestwärts hinab bis vor die Thurwisalpe und ab hier links hinab durchs Gamplüt.

Ein sehr interessantes Flugfoto vom südlichen Alpstein: im Vordergrund der Doppelgipfel des Altmann über dem Rotsteinpaß (mit Hütte, rechts unten am Bildrand). Vom höheren linken Altmanngipfel sehen wir die besonnte Ostkante mit dem rißartigen »Schaffhauserkamin« absinken. Knapp außerhalb des linken unteren Bildrandes ist der Zwinglipaß. In Bildmitte sind die Sieben Churfirsten aufmarschiert, am Horizont lassen sich unter dem Kommando des weißhäuptigen Tödi die Glarner Alpen sehen.

13 Säntis 2501 m

Von Chammhalden über den Girenspitz

TALORT Schwägalp, 1352 m, nordwestlich des Säntis (Postbus von Urnäsch und Neßlau). Zugleich Talstation der Schwebebahn

STÜTZPUNKT Chammhaldenhütte, SAC, 1394 m (evtl. Schlüssel auf Schwägalp erbitten), 25 Minuten nördlich oberhalb der Häuser von Schwägalp

AUFSTIEG Von der Chammhalde durch die Nordwestabdachung des mächtigen Säntismassivs in den Hühnerbergsattel (rot markiert, bis hierher wenig schwierig, I–II), dann über den Girenspitz (grün markiert, schwierig, II) zum Säntis. Etwa 3½ Std. ab Chammhaldenhütte. Der Girenspitz kann auch etwas leichter umgangen werden · Abstieg über Großen Schnee–Meglisalp–Seealpsee nach Wasserauen, 4 Std., oder Schwebebahn. — Eispickel unentbehrlich bis August! — Bei unsicherem Wetter oder im Vorsommer (wenn zuviel Firnreste in den Wänden!) nur die einfachen »Normalwege« benützen!

BESONDERER HINWEIS Die hier vorgeschlagene Aufstiegsroute durch die Nordwestflanke des Säntis kann sehr heikel sein, wenn noch harter Altschnee liegt, bei Neuschnee oder Vereisung ist sie gefährlich bzw. unmöglich! Eine Tour nur für erfahrene, trittsichere Bergsteiger! —

FÜHRER / KARTEN Führer Säntis-Gebiet von Lüthi/Egloff/Kleine/Schatz (Fehr/St. Gallen) · Schweizer Landeskarte, Blatt 227, Appenzell

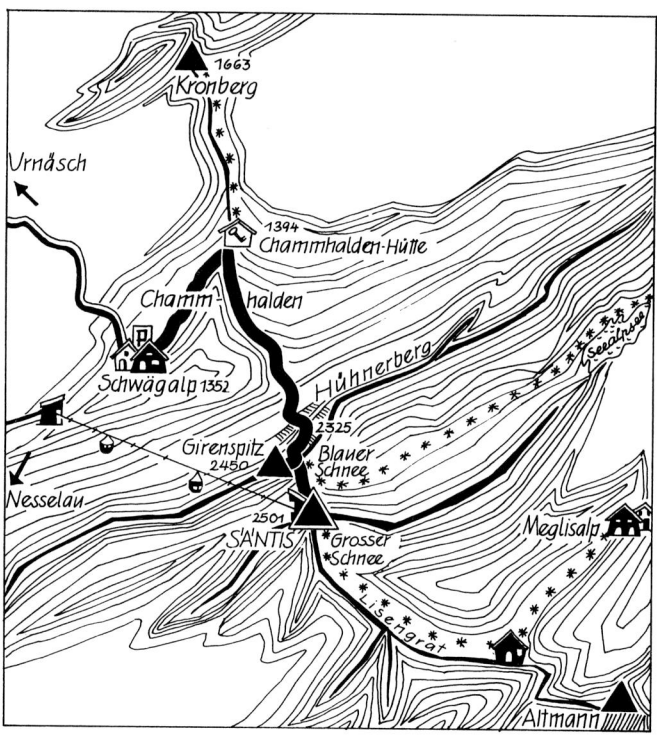

Der Säntis, höchster Gipfel im Schweizer Alpstein, vom Bodensee her als massiver Klotz über dem Appenzeller Land zu erkennen, trägt seit 1882 ein Observatorium und seit 1935 die Gipfelstation einer Schwebebahn. Der tüchtige Bergsteiger läßt sich seine Passion auch hier nicht verderben, er nächtigt auf der kleinen Chammhaldenhütte dicht oberhalb Schwägalp und steigt eben von Chammhalden durch die Nordwestflanke und über den Girenspitz auf. Ist er fremd im Land, so bummle er am Abend zuvor auf den Kronberg, 1663 m, 1½ Std. nördlich der Hütte, und studiere von hier aus die Wand: Hier kann er die Route ganz genau einsehen! — Anderntags dann — falls kein Neuschnee liegt und keine Vereisung der Felsen zu befürchten ist — steige er von der Hütte weg über den ganzen langen Zug der Chammhalden direkt auf die Wand zu und klettere dann steil durch Runsen und über Rasen- und Felsbänder, mehr oder weniger in der Fallinie, hinauf bis zu dem breit ausladenden Rasen- und Geröllband unterhalb einer mächtigen Felsbarriere. Ein großer Steilhang wird noch aufwärts bis an die Felsen begangen, wo sich eine Gedenktafel befindet für verunglückte Bergsteiger aus St. Gallen (bis hierher 2 Std.). Links neben der Tafel ist der eigentliche Einstieg. Über Schutt, Blöcke und Felsabsätze geht es, meist auf gut erkennbaren alten Spuren, rasch aufwärts. Ein markantes Band leitet dann nach rechts in ein Couloir, in dem der ganze Aufschwung vollends überwunden wird. Nun weiter über Schutt und steilen Rasen (Vorsicht bei Nässe!) in den Hühnerbergsattel, 2325 m, nordöstlich unter dem Felsaufbau des Girenspitz. Bis hierher war rot markiert. Wollen wir den etwas schwierigeren Girenspitz (II) überschreiten, dann halten wir uns an die grüne Markierung, die nun, teils dem Grat entlang, teils auf der Südseite oder in der Nordwand auf den Gipfel führt, 2450 m. Von hier geht es in wenigen Minuten über den Südrücken hinab in den Girensattel und jenseits über eine steile, mit Drahtseilen gesicherte Felstreppe zum Säntisgipfel. 3½ Std.! — Wer den schwierigeren Girenspitz nicht überklettern will, der steige vom Hühnerbergsattel etwas ab bis zum Blauen Schnee und nehme von hier aus den Girensattel. — Für den Abstieg bieten sich verschiedene Varianten an, man studiere dazu den Säntis-Führer. Man kann mit der Schwebebahn nach Schwägalp gelangen. Man kann sich aber auch ein alpines Erlebnis sichern: Dazu verhilft uns der großartige Abstieg vom Säntis über das Firnfeld des Großen Schnee hinab zur Meglisalp oder über den Blauen Schnee direkt hinunter bis zum Seealpsee und weiter nach Wasserauen zur Appenzeller Bahn (4 Std.). Man könnte aber auch unsere Tour 12 anvisieren und vom Säntis über den luftigen, vielfach mit Drahtseilen und Stiften gesicherten Steig am Lisengrat bis zum Berggasthaus am Rotsteinpaß laufen: gute 1½ Std. etwa.

Luftbild des Säntismassivs, von Westen gesehen. Unten die Seilbahnstation zum Gipfel auf Schwägalp. Links Mitte am Bildrand steigen wir am grünen Kamm der »Chammhalden« ein und durchsteigen das Gewänd diagonal nach rechts oben auf Girenspitz und Säntisgipfel in Bildmitte. Rechts oben hinterm Säntis-Gipfelstock der Altmann.

33

14 Campo Tencia 3072 m

In Kalk und Eis zwischen Tessin und Maggia

TALORTE AP Dalpe, 1202 m, bei Faido im Tessin (Bus von der Station Rodi-Fiesso, 942 m, der Gotthardbahn-Südrampe) · EP Prato, 742 m, im Val Lavizzara (Bus nach Bignasco bzw. nach Locarno)

STÜTZPUNKT Campo-Tencia-Hütte, SAC, 2142 m (offen, 35 Plätze), im obersten Val Piumogna, oberhalb der Alpe di Crozlina, 1982 m. 4 Std. von Rodi-Fiesso, 3 Std. von Dalpe

AUFSTIEG Nordflanke aus dem Val Piumogna, über den großen Croz-linagletscher (im späteren Sommer sehr zerrissen), ab Hütte 3 Std.; bei schlechten Eisverhältnissen Nordflanke zur großen Rinne und über den Ostgrat, 3½ Std. ab Hütte · Abstieg über Nordgrat und Bocchetta di Crozlina nach Süden ins schöne Val Prato, am Ende durch Kastanien-wälder nach Prato im Val Lavizzara (4 Std., da 2330 m Höhendifferenz vom Gipfel!)

GESCHICHTE 1. Ersteigung durch G. Studer, Dr. W. Lindt und Aebi mit P. Sulzer und Caveng, 4. 8. 1867 · 1. Ersteigung über den größeren Crozlinagletscher, D. W. Freshfield mit Devouassourd, 5. 9. 1873

FÜHRER / KARTEN SAC-Führer Tessiner Alpen, Seite 379 · Schweizer Landeskarte, Blatt 266, Leventina

BILD Aufblick aus dem Val Piumogna, einem Seitental des Tessin auf der Höhe von Faido, gegen das Massiv der Campo Tencia, 3072 m. Im Vordergrund erreicht man die kleine SAC-Hütte. Unter dem Gipfelstock der kleine Crozlinagletscher.

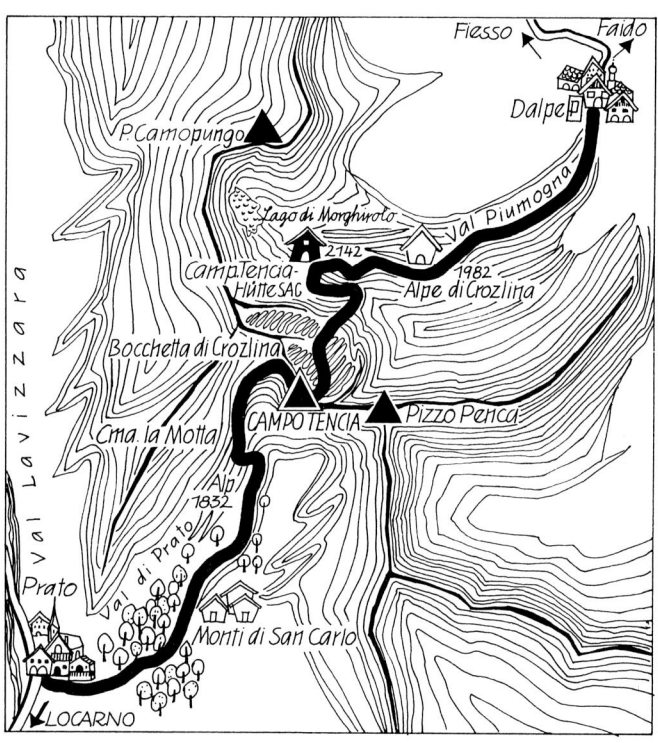

Wen Schlechtwetter aus den nördlichen Zentral-alpen vertreibt, der findet zwischen Gotthardpaß und Locarno einen herrlichen hochalpinen Flucht-weg: die Campo Tencia, höchste Erhebung der Tessiner Alpen zwischen dem von Autos überflute-ten Tal des Tessin und den stillen Kastanienwäldern im Tal der Maggia. Hier scheint die Sonne lieber als jenseits des Hauptkammes... Diese unter alpinen Fachleuten beliebte Campo Tencia verdenkt ihren Ruhm der großartigen Fernsicht, die man von ihrem Gipfel aus hat: auf Monte Rosa, auf Berner, Urner und Bündner Alpen bis zur Bernina. Die Hütte des SAC wird auf rauhen Wegen durch das Val Piu-mogna erreicht, dessen Felsberge (aus Kalk) amphi-theatralisch um die Alpe di Crozlina und die ober-halb stehende Hütte aufgebaut sind. Wer schon früh-morgens zur Hütte aufsteigt, vergesse nicht den Abstecher zum Lago di Morghirolo, 40 Minuten ober-halb der Hütte unterm Pizzo Camopungo, 2713 m, um mir von dort eine schöne Aufnahme der Nord-flanke der Campo Tencia zu senden... Für den Auf-stieg zur Campo Tencia gibt es zwei Routen, die beide in der Hütte auf einem Foto eingezeichnet sind! — Variante 1 über den Gletscher (im frühen Sommer): Von der Hütte südlich zu dem vom Glet-scher kommenden Bach und dort über ihn hinweg, wo über einen Schutthang die oberhalb der Alp Crozlina liegende Felsterrasse gut erstiegen werden kann. Von der Terrasse über Moränenschutt und steile, begraste Felsstufen, etwas südwestwärts haltend, bis auf die Felsrippe hinauf, die den großen vom kleinen Crozlinagletscherchen trennt. Über diese Rippe empor, bis der größere Gletscher zur Linken betreten werden kann. Nun direkt auf ihm oder später auf dem Nordgrat zum Gipfel. 3 Std. — Variante 2 durch die große Rinne und über den Ost-grat: Im Spätsommer, wenn der Gletscher schlecht zu begehen ist, steigt man von der erwähnten Fels-terrasse südostwärts leicht ansteigend unter der zwischen Campo Tencia und Pizzo Penca herab-ziehenden Rippe durch bis zur großen Rinne nord-westlich des Pizzo Penca. Durch diese Rinne steigt man hinauf in die flache Grateinsenkung westlich des Pizzo Penca und folgt dort dem Grat — zum Teil nach Süden ausweichend — zur Bocchetta di Campo Tencia und zum Gipfel. 3½ Std. — Beim Abstieg nach Süden verfolgt man erst den Nordgrat bis zur Bocchetta di Crozlina, dann wendet man sich ent-schlossen gegen Süden hinab in das an Naturschön-heiten überreiche Val Prato. Man steigt, immer auf leichten Pfadspuren, steil hinunter im hintersten Tal-grund. An der Hüttengruppe von Monti di San Carlo haben Sie mit Sicherheit einen perfekten Knie-schnackler, denn Sie sind bereits über 2000 Höhen-meter vom Gipfel her (steil) abgestiegen. Bevor Sie zu jammern beginnen, denken Sie bitte an die Ka-stanienwälder, die Sie nach kurzer Zeit empfangen!

15 Piz Beverin 2997 m

Herrscher über Domleschg und Schams

TALORT Ober-Tschappina, 1577 m, am südlichen Heinzenberg unterm Glaspaß. Mit Bus zu erreichen von der Schnellzugstation Thusis, 700 m, im Domleschg. Kfz bis Ober-Tschappina über Flerden und Urmein

STÜTZPUNKT Gasthaus auf dem Glaspaß, 1846 m (Sommerbewirtschaftung) (20 Betten und Heulager). Der Glaspaß trennt den langgestreckten Heinzenberg vom Massiv des Piz Beverin im Süden. 1½ Std. von Ober-Tschappina

AUFSTIEG Vom Glaspaß über Westflanke und Nordwestgrat (Bild) (leicht für Geübte), 3½ Std. · Abstieg in der Ostflanke über die Alp digl Oberst ins Schams nach Mathon (Bus nach Zillis und Thusis), bis Mathon, 3–4 Std. mit Verweilpausen

BESONDERE HINWEISE Ideale Zeit gegen Ende Juni und Anfang Juli, in der Hochblüte der Alpenflora (deshalb die lange Abstiegszeit). Trittsicherheit vonnöten, da in der Gipfelzone viel faules, feuchtes oder rutschiges Schiefergestein!

FÜHRER / KARTEN SAC-Führer Bündner Alpen, Band 2, Seite 352 · Schweizer Landeskarte, Blatt 257, Safiental

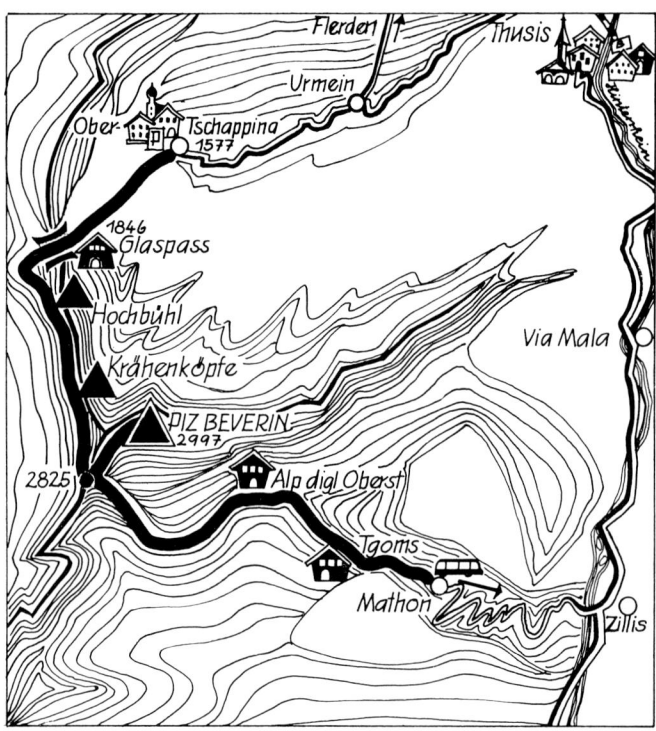

Inmitten des stilleren Bündner Oberlandes, ostwärts vom Hinterrhein mit seiner düsteren Via Mala, westwärts vom sanfteren Safiental begrenzt, regiert der Piz Severin als souveräner Herrscher — ein Aussichtsberg ohnegleichen. Dazu so weit abgelegen vom Autogetümmel um Rheintäler und Engadin, daß man stets im sicheren Geleit hochalpiner Einsamkeit steigt und wandert. Genau genommen ist er nur der südliche und wildere Teil des zwischen Rheinwaldkerbe (unterm Splügenpaß) und Vorderrhein stehenden Kammes, den der Glaspaß, 1846 m, mit Entschiedenheit trennt: der nördliche Teil des grünen Heinzenberges ist ein einziger frommer Bergwanderrücken, der sich mit knapp 2200 m Höhe zufrieden gibt. — Wir könnten — denn übernachtet werden muß vor diesem Bergriesen allemal in Bergnähe — auch von Osten her bis Mathon, 1527 m, auffahren und dann auf der Alpe Tumpriv, 2190 m, oder Oberst, 2184 m, nächtigen. In jedem Falle betreten wir den Gipfelgrat (Südwestkamm) etwa unter der oberen Bildmitte (also 40 Minuten unterhalb des Gipfels). Aber wir haben hier den Glaspaß im Norden sowohl zur Nächtigung als auch als Startplatz vorgesehen und beginnen also in 1846 m die Besteigung dieses mächtigen Vierkants aus Kalkgestein, dem freilich nicht wenig schieferige, also zuweilen schlüpfrige Decken aufliegen. Man steigt als bergerfahrener Mann ohne Schwierigkeiten: die könnten allein vom schlüpfrigen Gestein kommen ... Den Glaspaß haben wir uns übrigens von Ober-Tschappina, 1577 m (Bus ab Schnellzugstation Thusis) in einem stillen bequemen Abendspaziergang erwandert. Anderntags nehmen wir das Weglein, das vom Glaspaß rechts unterm Hochbühl in der Westflanke der Krähenköpfe und später in der riesigen, 1000 m gegen das Carnusatal abfallenden Westwand des Piz Beverin südwärts ansteigt. Das immer gut erkennbare Weglein führt durch zahlreiche Runsen und oft auf schlechtem Schiefergestein unter dem Gipfel durch bis zum Südwestgrat, den man bei Punkt 2825 m betritt. Hier wendet man sich wieder nach Norden und steigt in der östlichen Flanke des Gipfelgrates, wiederum über viel Schieferschutt oder Firn, leicht zum Gipfel hinauf. Den Gipfelblick, berühmt in der ganzen Ostschweiz, studiere man in einer die ganze Schweiz umfassenden Karte. Es lohnt sich. Es lohnt sich auch, den Abstiegsweg nicht am Anstiegsweg zu nehmen, sondern von Punkt 2825 aus ostwärts zur Alp digl Oberst abzusteigen, also den Südostsporn des Gipfels am Sockel überschreitend. Hier gelangt man an die Vegetationsgrenze, hier kann man Rast an Rast fügen, bevor man über Tgoms, möglichst immer am selben Rücken bleibend, nach Mathon absteigt. — Zum Bus hinab zur Via Mala ...

Der Piz Beverin zwischen Safiental und Via Mala (Hinterrheintal) ist hier mit seiner Westflanke zu sehen. Der Nordwestgrat (links oben, hier mit den Krähenköpfen) senkt sich (links, außerhalb des Fotos), in den Glaspaß ab, von dessen Berghaus aus wir aufbrechen. Der Südwestgrat (oben rechts) zieht über den Schottensee (2523 m) zum Bruschghorn, 3043 m und lädt zu einem gewaltigen Bündner »Spaziergang« ein. Im rechten unteren Bildeck fließt der grüne Schuttstrom in den Ort Safien-Platz ab.

37

16 Tinzenhorn 3197 m

Überschreitung Nordostwand (Normalweg) — Westgrat

TALORTE AP Filisur, 1032 m, oder Bergün, 1367 m, beide Stationen an der Albulabahn. Mit Kfz von Tiefencastel oder vom Engadin über den Albulapaß · EP Tinizong (Tinzen), 1232 m, im Oberhalbstein an der Julierpaßstraße (Bus nach Tiefencastel und Chur)

STÜTZPUNKT Elahütte, SAC, 2250 m, nördlich unterm Elapaß, meist unbewartet, offen. Gute 3 Std. ab Filisur durchs Val Spadlatscha; gute 3 Std. ab Bergün über Uglix

AUFSTIEG In der Nordostflanke über »Dom« (Frühstücksplatz, bis hierher ohne Seil), dann in der Nordostwand; viele Steigspuren, Führe etwas verwickelt, SAC-Führer studieren! Meist nur mäßig schwierig (II), 3½—4 Std. ab Elahütte · Abstieg: Über den Westgrat, mäßig schwierig (II), verwickelte Wegführung, genau nach SAC-Führer gehen, 4 Std. bis ins Tal nach Tinizong. Das auf Schiefer aufliegende Dolomitgestein von Tinzenhorn und Piz Ela ist meist erst in der oberen Anstiegshälfte fest und zuverlässig. Man halte sich genau an den SAC-Führer!

GESCHICHTE 1. Ersteigung D. W. Freshfield mit Fr. Devouassoud und E. Hauser mit Peter Jenny und Alex. Flury, 7. 8. 1866 (in der NO-Flanke)

FÜHRER / KARTEN SAC-Führer Bündner Alpen, Band 6, Albula · Schweizer Landeskarte, Blatt 258, Bergün

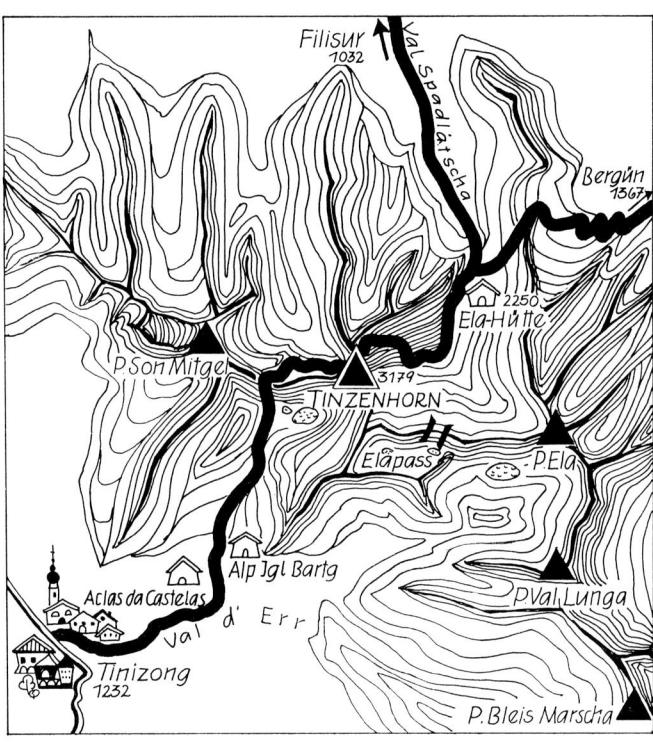

Das im Vergleich zu den Kletterbergen unserer ostalpinen Kalkalpen recht hohe Tinzenhorn zwischen Julierpaßstraße und Bergün besitzt, von Norden (Bild) her gesehen, den hornähnlichen Aufbau des Matterhorns — weshalb es auch prompt als »Matterhorn des Albulaberge« ins Gerede gekommen ist. Der auf Schiefergründen aufsitzende Kalkberg ist ein reiner Kletterberg, an dem auch die Normalführe durch die Nordostwand erstens gefunden werden muß und zweitens mäßige Schwierigkeiten aufweist. Die Kletterei kann bis zur Felsbastion des »Dom«, dem Frühstücksplatz, dennoch ohne Seil durchgeführt werden; ab hier legen aber auch erfahrene Kletterer das Seil an. Der Normalaufstieg von der Elahütte führt zuerst am Weglein zum Elapaß bis südlich des Bot Radont, dann nördlich zu dem Einschnitt, der nordwestlich des Bot liegt. Nun über Rasen, dann über Geröll und im Zickzack steil auf Bänderreihen durch die Schrofenwand aufwärts bis unter die aus dem Nordostkamm aufragende Felsbastion des »Dom«. Nun, angeseilt, links auf einem Band unter den Domfelsen durch und leicht ansteigend in eine Mulde östlich des Grates, die bei erster sich bietender Gelegenheit rechts aufwärts verlassen wird. Dadurch kommt man auf den eigentlichen Gipfelgrat. Dieser Grat wird nun in hübscher Kletterei mit wenigen Abweichungen bis zum Gipfel verfolgt, eine hohe Stufe wird direkt erklettert oder leichter nördlich auf Felsbändchen umgangen. Aus der letzten Einsenkung auf den scharfen Gipfelgrat, dann im Halbbogen zum höchsten Punkt: Man wundere sich nicht, wenn man unterwegs auf Firnreste stößt! — Beim Abstieg begeht man zunächst den Westgrat bis zur Südspitze, steigt hier weiter auf der westlich abbiegenden Kante ab, verläßt sie aber bald nach rechts, um den weiteren Weg auf Geröllbändern, später durch Couloirs, auf Schuttbändern und an Rippen zu suchen, immer etwas nördlicher haltend und doch parallel zum Westgrat gehend. Hat man die Scharte vor dem Verbindungsgrat zum Piz Michel erreicht, so überwindet man einige Zacken und Grathöcker (meist auf der Nordseite umgehend) und steigt dicht vor dem markanten Roten Turm südlich durch ein Couloir zu den Geröllhalden nordöstlich der Terrasse des Lai da Tigiel ab. Ab hier ist alles nur noch harmloser, aber landschaftlich doch großartiger Abstiegsweg: Man passiert die Alp Tigiel und die Aclas da Castelas, gelangt ins Val d'Err und kommt dergestalt in den nicht mehr ganz lautlosen Bereich der Julierpaßstraße und nach Tinizong. — Die Überschreitung kann ausdauernden Bergsteigern sehr empfohlen werden: Die Höhendifferenzen sind zwar bedeutend, die Tour also anstrengend, aber man wandert und klettert in einer relativen Einsamkeit, die nur Schweizer Überfluß an großer schöner Bergwelt gewährleisten kann. Abstiegshöhe fast 2000 m!

Blick auf das Tinzenhorn (Corn da Tinizong) mit seiner wuchtigen Südwand über der Tigielalpe. Links die Westflanke, leichte Kletterei (II) bei verwickelter Wegführung; rechts ein knapper Einblick in unseren Aufstieg durch die Nordostflanke (Grad II), ab Elahütte SAC, die am rechten Bildrand tief jenseits der Blockscharte liegt. Der Piz Ela schließt rechts (außerhalb des Bildrandes) an. Ganz links oben am Horizont erkennen wir Drusenfluh und Sulzfluh, rechts oben die Fluchthörner. Man studiere neben diesem Bild auch das folgende vom Piz Ela (samt Nachbar Tinzenhorn).

17 Piz Ela 3340 m

Überschreitung Südostgrat—Westgrat

TALORTE Filisur, 1032 m, oder Bergün, 1367 m, beide Stationen der Albulabahn. Mit Kfz von Chur über Tiefencastel oder vom Engadin über den Albulapaß schnell erreichbar

STÜTZPUNKT Elahütte, SAC, 2250 m, nördlich unterm Elapaß, meist unbewartet, offen. Gute 3 Std. ab Filisur durch das schöne Val Spadlatscha oder gute 3 Std. ab Bergün über Uglix

AUFSTIEG Aus der unteren Südflanke auf den Südostgrat, luftige prächtige Kletterei, meist schwierig (III), eine Stelle sehr schwierig (IV), gute 6 Std. ab Hütte · Abstieg: Vom Westgipfel über den Westgrat, über viele Bänder und Stufen, Ausstieg 100 m nördlich der Elascharte (siehe SAC-Führer, Seite 286), höchstens schwierig (—III), meist leichter. Diese unsere Abstiegsroute wird am Morgen auch gerne für den Aufstieg benutzt. Achtung auf Steinschlag! Orientierung nicht immer einfach! Gesamtzeit für die Überschreitung 10 Std.! Früher Aufbruch unerläßlich!

GESCHICHTE 1. Ersteigung Alex. Flury, Peter und Georg Jenny, am 17. 7. 1865

FÜHRER / KARTEN SAC-Führer Bündner Alpen, Band 6, Albula · Schweizer Landeskarte, Blatt 258, Bergün

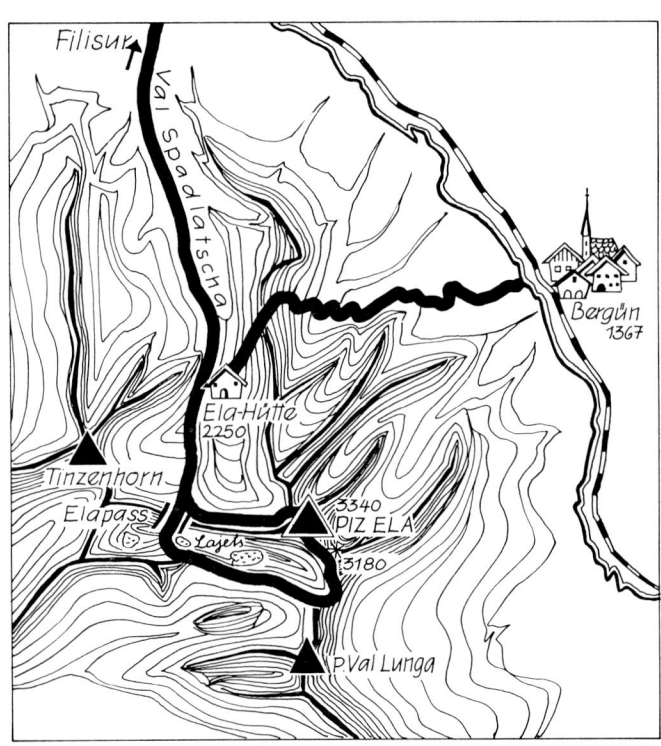

Der höchste Gipfel der Bergünerstöcke, der 3340 m hohe Piz Ela, bildet zusammen mit Tinzenhorn und Piz Mitgel eine festungsartige Kalkgruppe inmitten des Bündner Granits und seinen ruhigen alten Formen. Erst wenn man durch kleine Seitentäler aufsteigt, entdeckt man die imponierenden, hoch aufragenden Hörner über ihren mauergleichen Flanken. Der Piz Ela ist natürlich ein reiner Kletterberg, nichts für Bergwanderer! Der leichteste Weg, am meisten benützt, verläuft dicht am Westgrat und ist mäßig schwierig, an wenigen Stellen schwierig. Wir benützen diesen Westgratweg als Abstiegsführe. Für den Anstieg haben wir den interessanteren Südostgrat ausgewählt, der schwierig ist (III) mit einer IVer-Stelle. — Der Weg zum Einstieg ist sehr lang! Zunächst geht es von der einsam gelegenen Elahütte auf nicht immer gut sichtbarem Steig zum Elapaß und jenseits bis zu den kleinen Seelein (Lajets) hinab, die südlich umgangen werden. Denn auf der Nordseite ist ein unübersichtliches, anstrengend zu querendes Blöckefeld. Nun hinauf zur Fuorcla Tschitta, 2831 m, und östlich, einige Felszacken umgehend, zum Einstieg in die Südflanke (2¹/₂—3 Std.!). Durch Rinnen und über Schuttbänder (Vorsicht auf nachfolgende Partien!) klettern wir hart östlich der schwach ausgeprägten Kante zwischen Südwest- und Südostwand aufwärts bis zu einem Band unterhalb Punkt 3180, das westwärts bis zu einer Kanzel verfolgt wird. Von hier steigt man gerade aufwärts zu dem langen Grat, der nun in zügiger, prächtiger und zum Teil recht luftiger Kletterei bis zum Gipfel verfolgt wird: ab Hütte 5—6 Std.! Bevor wir den Gipfel erreichen, haben wir freilich noch eine IVer-Stelle zu überwinden: Nocht vor dem zweiten großen Aufschwung, schon in Gipfelnähe, sehen wir ein grotesk aussehendes Felsgebilde vor uns. Wir müssen auf der Südseite dieses merkwürdigen Gendarmen erst absteigen bis unmittelbar an den Steilaufschwung, der die »Fora d'Ela«, das berühmte Elaloch, birgt — ein großes Loch mitten im Felsberg, 30 m unter dem Grat, durch das die Sonne nur einmal im Jahr, am 14. März, bis nach Bergün hinab scheint. Die erwähnte IVer-Stelle überwindet den Aufschwung zuerst gerade hinauf; dann östlich ausweichen, bis man in einer schrägen Rinne wieder zum Grat emporklettern kann. — Im Abstieg haben wir uns den Westgrat vorgenommen, der meist als Aufstiegsweg benutzt wird. Wir steigen erst zum Westgipfel hinüber und verlassen ihn dann gegen Südwest über gut gestuften Fels. Man bleibe immer ganz nahe der Kante des Westgrates, wobei man ungewöhnliche, nämlich aufregend schauerliche Einblicke in die naßkalte, jähe Pfeilerschlucht »genießt«. Der Ausstieg aus den Westgratfelsen erfolgt etwa 100 m nördlich der Elascharte. Erst über recht steiles Geröll, dann über Grasrücken geht es dann zur Elahütte hinab (3 Std. ab Gipfel) und von dort ins Tal.

Tinzenhorn (links) und Piz Ela, von Westen gesehen, mit ihren Süd- bzw. Südwestwänden, in der Mitte verbunden durch den Paß d'Ela. Beim Piz Ela sieht man auch noch in die Südostflanke hinein. In der Mitte, genau überm Paß d'Ela, erkennt man einen dritten Bündner Riesen: den Piz Kesch. Wir kommen bei unserem Anstieg am Paß d'Ela in die Südflanke, umwandern den Ela-Stock nach rechts, also östlich und klettern dann durch die Südostwand und über den Nordostgrat zum Gipfel. Der Abstieg erfolgt vom Gipfelgrat her über den hier sehr gut einsehbaren Westgrat (den vier markante Pfeiler tragen), wobei man in der unteren Gratregion schon nordwärts abbiegt (beschattet), also den Paß d'Ela nicht mehr berührt.

18 Älplihorn 3009 m

Zwischen Monstein und Sertig-Dörfli

TALORTE Davos, 1540 m · Sertig-Dörfli, 1861 m (Gasthof, Postbus von Davos) · Evtl. Monstein, 1626 m, im Landwassertal (Postbus von gleichnamiger Bahnstation)

STÜTZPUNKTE Einfache Gasthäuser in Sertig-Dörfli oder Monstein. Nächtigung nicht unbedingt nötig, da Tagestour!

AUFSTIEG Über den Nordgrat (mäßig schwierig, II), 3½–4½ Std. ab Tal · Abstieg über den Süd- und Südostgrat (leicht I) zum Bärentälifürggli, 2745 m, und westwärts nach Monstein, 2½ Std., oder nach Sertig-Dörfli ostwärts hinab, gute 2–3 Std.

HINWEIS Das Älplihorn bei Davos gilt als besonders interessanter Aussichtsberg inmitten der Bündner Alpen, auch die Alpenflora in seinen Talflanken verdient ein Augenmerk!

GESCHICHTE 1. touristische Besteigung durch Pfarrer Hauri und Genossen im Jahr 1878. Vermutlich schon früher durch Hirten und Gemsjäger erstiegen

FÜHRER / KARTEN SAC-Führer Bündner Alpen, Albula, Band 6 · Landeskarte der Schweiz, Blatt 258, Bergün

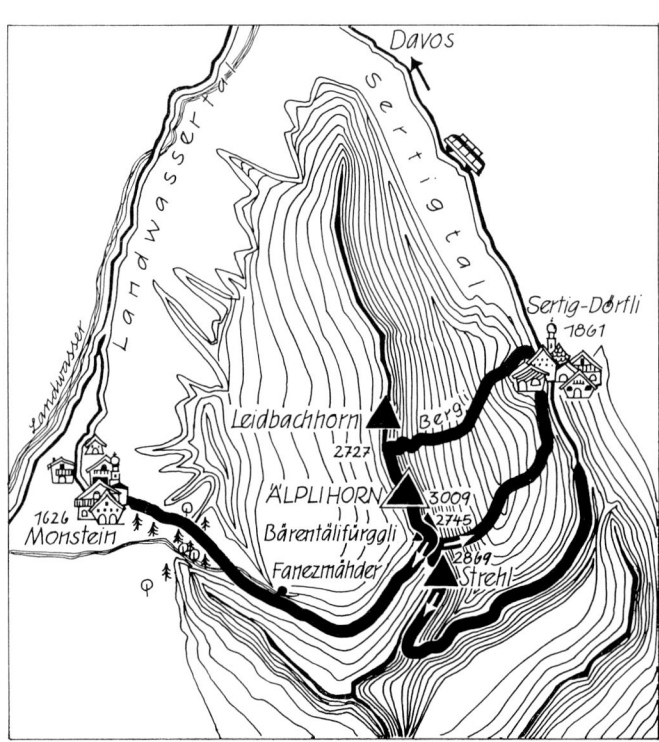

Das Älplihorn bei Davos, immerhin ein richtiger Dreitausender, ist der höchste Gipfel der Monsteinerkette, genauer: des langen Monsteiner Dolomitgrates zwischen Landwasser- und Sertigtal. Der Dolomitkalk ist freilich nur Blende, denn er ist dem Untergrund aus harten Gneisen aufgeschoben. Immerhin gibt sich das Älplihorn als Kalkberg, und wir nützen dies auch bei der Besteigung, indem wir den Nordgrat im Aufstieg und den etwas leichteren Süd- und Südostgrat im Abstieg begehen. Dazu müssen wir aber erst einmal vom Sommerdorf Sertig, 1861 m, westwärts hoch hinauf auf Hirtenspuren in die breite Mulde des Bergli und von dort über Geröll und einige steilere Schrofen in die Gratsenke zwischen Leidbachhorn und Älplihorn auf 2727 m Höhe; von dieser Scharte aus sind wir schnell an dem luftigen Blockgrat, der höchst genußreich bis fast zum Gipfel erklettert wird. Lediglich kurz vor dem Gipfel hat man einmal in die Westflanke auszuweichen. Der Gipfel besteht aus zwei Spitzen, die durch eine felsige Scharte getrennt sind: Hier haben wir ausreichend Zeit, ein Skiparadies von Weltruhm im nackten Sommerkleid zu studieren oder aber südwärts den wuchtigen Stock des Piz Kesch zu bewundern, dazu den eleganten Piz Ela und natürlich die Eiskanten der Berninagruppe. — Den Übergang vom Nord- zum Südgipfel bewältigen wir, indem wir westwärts kurz absteigen und durch einen kurzen Kamin zum Südgipfel klettern. — Nun warten Südgrat und Südostgrat auf unseren Besuch. Der felsigere Südgrat, ohnehin kaum mäßig schwierig, eher als leicht einzustufen, kann direkt abgeklettert oder auf Schuttbändern der Westseite passiert werden. Am Südostgrat weichen die Kalkfelsen immer mehr dem Kalkschutt, später folgen Schrofen; zuletzt steigen wir an einem Schuttkamm zum 2745 m hohen Bärentälifürggli ab und müssen uns nun entscheiden, ob wir nach rechts ins Landwassertal absteigen wollen oder nach links zurück zum Sertig-Dörfli. Beide Abstiege sind landschaftlich eindrucksvoll. Der nach Sertig-Dörfli ist steiler und ganz und gar trocken. Der nach Monstein im Landwassertal ist flacher, und wir werden vom Fanezmähder an von einem kleinen Bergbach begleitet. Bis zum Sertig-Dörfli gibt's keinen Wald, oberhalb Monstein aber steigen wir durch eine kurze Waldzone ab. — Auf Seite 440 des hier erwähnten SAC-Führers findet man eine gute An- bzw. Abstiegsskizze der Sertigflanke des Älplihorns. Wem — als Freund des Kletterns — das Älplihorn nicht ausreicht, der kann vom Bärentälifürggli gleich weiter über den Strehl, 2869 m, klettern: Hier erwarten ihn am Nordgrat zwar mehr Schrofen und Schutt als Felsen, aber jenseits des Gipfels (an dem wir die Firnbecken des Gletscher-Ducan unmittelbar gegenüber entdecken) an dem interessant gezackten Plattengrat finden wir einen Klettergrat mit allerlei hübschen Gendarmen, Stufen, Rinnen und Kanten.

Blick aus dem Flugzeug (von Südosten) auf das Älplihorn bei Davos mit dem felsigen Gipfelkamm. Rechts verschneit der Nordgrat, links oben unser Abstiegsgrat (Südostgrat).

19 Drusenfluh 2830 m

Durch die »Imhofmulde« und über den Westgrat

TALORTE Tschagguns im Montafon, 684 m · Latschau, 1000 m, westlich oberhalb Tschagguns mit Talstation der Golmerbahn (bis Golm-Bergstation, 1890 m, führend!)

STÜTZPUNKT Lindauer Hütte, 1744 m, DAV, an der oberen Sporeralm im oberen Gauertal. 4 Std. ab Tschagguns oder 2½ Std. ab Latschau oder 1½ Std. ab Golm

AUFSTIEG (wie Abstieg) Von Norden durch »Imhofmulde«, Zudrellband und Westgrat (mäßig schwierig, II), 3–3½ Std. Dieser Aufstieg (er dürfte als Hauptanstieg gelten) verlangt Klettergewandtheit und vor allem Orientierungssinn. Am Westgrat geht man auf der Staatsgrenze Österreich–Schweiz! Etwas leichterer Anstieg: durch die Schweizermulde auf den Westgrat (I–II)

GESCHICHTE 1. Ersteigung Führer Ch. Zudrell, 14. 8. 1870 (Imhofmulde und Westgrat). Am Gipfelblock eingemeißelt »C. Z. 70«! 1. touristische Ersteigung K. Blodig und E. Sohm, 14. 8. 1888

FÜHRER / KARTEN AV-Führer Rätikon/Flaig · FB-Karte, Blatt 37, Rätikon–Silvretta–Ferwall, 1: 100 000 · Besser: Landeskarte der Schweiz, Blatt 238, Montafon, 1: 50 000 · Evtl. zusätzlich Landeskarte der Schweiz, Blatt 1157, Sulzfluh, 1: 25 000

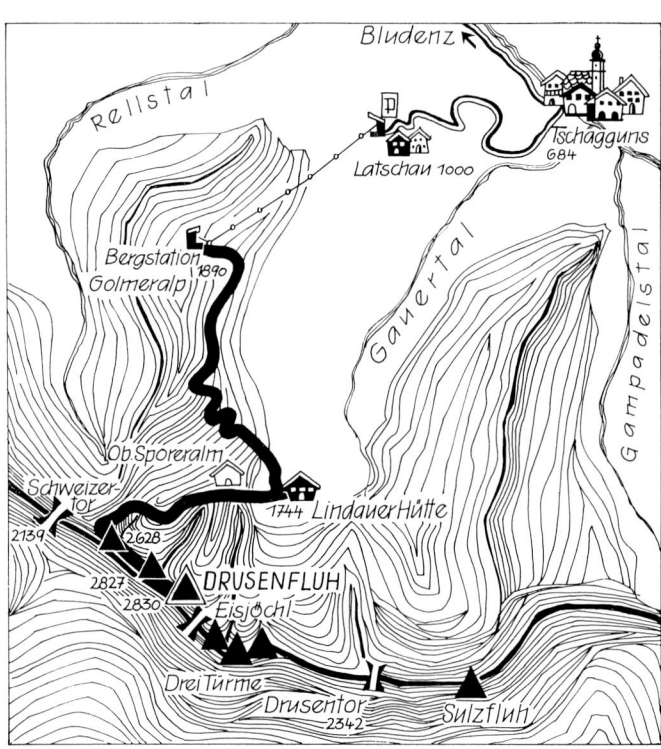

Die Drusenfluh steht im Zentrum jenes mächtigen Kalkmassivs zwischen Montafon und Prätigau, das in Wahrheit nur den westlichen Auftakt darstellt zur wesentlich höheren Urgesteinskette der Silvretta. Dieses Zentrum entwickelt sich zwischen Schweizertor, 2139 m, und Drusentor, 2342 m, und wird in der genauen Mitte vom scharfen Einriß des Eisjöchls, 2638 m, gespalten: Westwärts dieses Grenzkammes ragt die Drusenfluh, ostwärts streben die Drei Türme empor. Südwestwärts fällt in 500–600 m hohen Steilwänden die berühmte »Fluh« ab, eine plattige, an der Drusenfluh gestufte, an den Drei Türmen fast ungebrochene Kalkmauer, durch die eine Anzahl schwieriger und äußerst schwieriger Kletterführen zieht. – Die Nordflanke der Kalkkette zwischen Schweizer- und Drusentor fällt weniger steil ab und wird von mehreren auffallenden, meist tief eingerissenen Furchen und Felskaren gespalten. Durch die unten abbrechende Felsfurche der Imhofmulde führt unser Weg zum Westgrat der Drusenfluh. Aus dem Almboden der Lindauer Hütte — und damit, nach Blodig, aus einem der großartigsten Talschlüsse der Nördlichen Kalkalpen — steigen wir auf dem Schweizerweg (zum Schweizertor) genau westwärts, bis wir unterhalb des Roten Ecks an einen riesigen, von wuchtigen roten Blöcken markierten Geröllkegel kommen; hier rechts empor zu dem breiten grünen Band unter den hellen Platten und von dessen westlichem Ende über die hellen Platten selbst hinauf, dann auf Bändern und Grasstufen hin und her, bis man nach rechts die wasserführende Auslaufrinne des Ostarmes der Imhofmulde erreicht hat. Neben den Wassern gerade empor, zuweilen über steile Stufen und im östlichen Arm über Geröll, Steilplatten und oft auch Firnreste in die Imhofmulde selbst. Sie wird bis ins obere rechte Eck durchquert, bis man auf nackten Felsstufen und Bändern den Imhofsattel erreicht hat. Von hier leicht über den plattigen Rücken und Schutt auf den Westgrat. Die folgende Gratwanderung ist äußerst reizvoll, immer wieder wird man den Einblick in die aufregend steil abfallenden Südwestwände genießen — bis man plötzlich vor dem mächtig überhängenden Brataufschwung steht. Hier weicht man nach rechts auf das Zudrellband aus, das, braun und erdig, etwa 60 m ansteigend in die Südwand hinausführt; dann klettert man kurz vor einer kleinen Kanzel nach links über einen Riß in eine gelbe Rinne und links eines Überhanges in einer Verschneidung (schwierigste Stelle!) wieder zum Grat hinauf. Nun etwa 100 m aufwärts, bis wir über eine Geröllstufe die Schlucht zwischen beiden Gipfeltürmen erreicht haben. Rechts durch einen Schluf (Fenster) und nun ostwärts gerade hinauf zum Hauptgipfel und vor eine unermeßliche Aussicht, falls man gutes Wetter hat ... Der großen Höhe wegen ist bei Nebel und Schlechtwettereinbruch höchste Vorsicht (und Klettergewandtheit) vonnöten!

Ein Prachtgemälde der kompletten Drusenfluh, aus der Luft und von Südsüdwest fotografiert: links das Schweizertor, rechts hart am Bildrand das Drusentor. Darüber, von der Sonne markiert, die Drei Türme ... Im Vordergrund der grüne Schweizer Hurscher, von Sandströmen geplagt. Links der Boden der Tamuntalpe unterm Schweizertor. Die schwierigste extreme Kletterroute dieser Wandflucht ist in Fallinie des von drei Kalksäulen markierten Großen Drusenturms zu erproben: Grad VI, A2 (Pfeilerhöhe 500 m).

45

20 Sulzfluh 2817 m

Kalkklotz zwischen Montafon und Prätigau

TALORT Tschagguns im Montafon, 684 m (25 Autominuten südöstlich von Bludenz)

STÜTZPUNKT Tilisunahütte, 2209 m, überm Tilisunasee, nordöstlich des Gipfelstockes, ÖAV (bew.). 5 Std. von Tschagguns durch das Gampadelstal. Oder 2½ Std. ab Lift-Bergstation oberhalb Grabs

AUFSTIEG (wie Abstieg) Von Osten auf dem Normalweg durch das große Karrenfeld und über den kleinen Sporergletscher zum Gipfel, 1½ bis 2 Std. ab Hütte · Abstieg zur Hütte 1¼–1½ Std. Leicht für trittsichere Geher und bei sicherem Wetter. Grenzgipfel zwischen Schweiz und Österreich mit ungewöhnlich umfassender Aussicht. (Im Spätwinter ein großartiger Skiberg für ausdauernde Skibergsteiger mit 2000 Metern Abfahrtshöhe!)

GESCHICHTE 1. Ersteigung Pfarrer J. B. Catain und L. Pool, 1782!

FÜHRER / KARTEN AV-Führer Rätikon/Flaig · FB-Wanderkarte, Blatt 37, Rätikon/Silvretta, 1: 100 000 · Landeskarte der Schweiz, Blatt 238, Montafon, 1: 50 000 (allen anderen vorzuziehen!) · Landeskarte der Schweiz, Blatt 1157, Sulzfluh, 1: 25 000

BILD Blick von Westen – über das Drusentor des Vordergrundes hinweg – auf das Gipfelmassiv der Sulzfluh und ihren Wandabbruch gegen die Garschinafurgge (rechts). Die Tilisunahütte liegt jenseits und unterhalb des mehrgipfligen grünen Dammes links am Bildrand. Links oben schaut das Gipfelblatt der Weißplatte heraus.

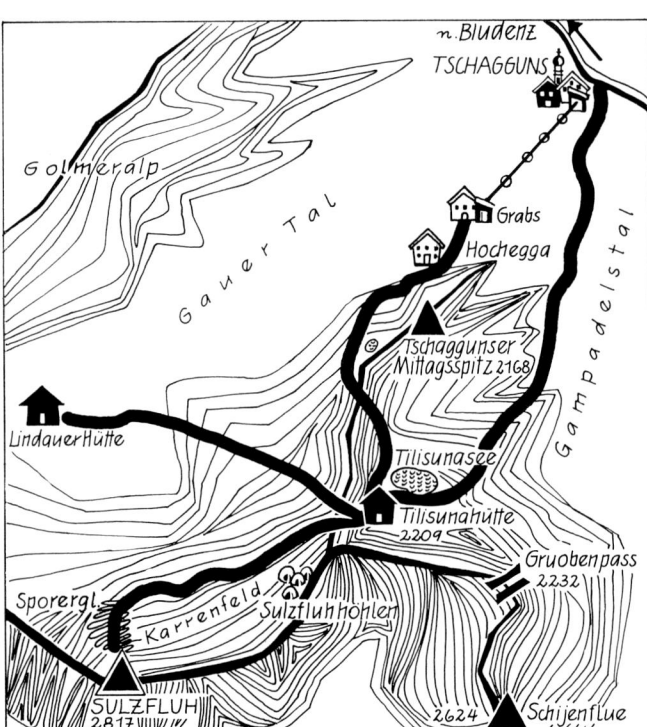

Die fast 20 Kilometer lange Grenzmauer des Rätikon, zur Schweizer Seite durchgehend mit gewaltigen Kalkwänden abbrechend, ist im Grunde nicht mehr als der sanftere Auftakt zur großen Eis- und Urgesteinswelt der Silvretta: Alles ist ein einziger Gipfelzug von West nach Ost, von der Schesaplana bis zum Piz Linard, und die Stelle, wo das Urgestein den Kalk ablöst, ist zwischen Sulzfluh und Madrisa bis auf wenige Meter genau zu bestimmen. Das unmittelbare Gegenüber von Kalk und Urgestein liefert aufregende Vergleiche: Was nur Kalkgestein an herausfordernder Kühnheit zu bauen vermag, das hat es in zersägten Hochgraten, in schroffen Türmen und furchterregenden Steilwänden hier im Rätikon dargestellt, über dem Gauertal etwa, an Drusenfluh, Drei Türmen und Sulzfluh. Im Urgestein nebenan decken weite Gletschermassen die Struktur des Gesteins, und nur selten macht es sich zu so großartiger Architektur frei wie am Piz Linard oder am Brüderpaar Seehorn und Litzner... Die Sulzfluh, der letzte mächtige Kalkklotz vor der Silvretta, schmückt sich mit allerlei Kapriolen: Sie trägt unterm Gipfel einen winzigen Gletscher, serviert unterm Gletscher ein für Kletterfreunde aufregend interessantes Karrenfeld und unterm Karrenfeld auch noch allerlei tiefe Höhlen – eine dieser vielen Höhlen hält das Andenken an einen armen Menschen wach, der geköpft wurde, nachdem man ihm durch Folterung das Geständnis erpreßt hatte, er habe in den Sulzfluhhöhlen mit dem Teufel in Verbindung gestanden. – Die Tilisunahütte zwischen Gauertal und Gampadelstal liegt dicht überm Tilisunasee und bereits so hoch – 2209 m –, daß man zum Gipfel der Sulzfluh nur noch gute 1½ Std. aufsteigt. Weil aber nun diese Tilisunahütte durch den Lift von Tschagguns nach Grabs nicht mehr wie einst in 5, sondern bereits in 2–2½ Std. zu erreichen ist, so läßt sich die Sulzfluhbesteigung sogar an einem einzigen Tag durchführen. Was ich aber nicht empfehle! Von der Hütte geht es über rasige Schrofen hinauf auf das mächtige Karrenfeld, das in Richtung Gipfel überschritten wird; das folgende kleine Firnfeld, Sporergletscher genannt, ist meist leicht zu passieren und führt unmittelbar zum Gipfelaufbau. Man sehe sich vor der Sulzfluhtour die FB-Wanderkarte an, um zu begreifen, welche einzigartige Umschau man auf diesem Kalkgipfel genießt: die Silvretta in der unmittelbaren Nachbarschaft, der Einblick in die Südmauern der Drusenfluhkette, das Studium von Ferwall- und Lechtaler Gipfeln, die ganzen Bündner Alpen, die Berninagruppe... Man wird des Ausblickes nicht Herr. – Auf unserem Bild, das (in der Draufsicht) die Länge und Mächtigkeit des Karrenfeldes ein wenig verkürzt darstellt, sieht man den Eingang der berühmten Sulzfluhhöhlen links oberhalb des im Bildtext erwähnten grünen Dammes (links Mitte am Bildrand; etwa 20 Min. ab Tilisuna-Hütte).

21 Zimba 2642 m

Überschreitung Nordostflanke—Westgrat

TALORTE Bludenz, 585 m · Brand, 1047 m, im Brandner Tal (Bus von Bludenz, Kfz)

STÜTZPUNKT Sarotlahütte, 1611 m, ÖAV, im oberen Sarotlatal (bew.). 2½ Std. von Brand. 2¼ Std. vom Bürserberg, Bushaltestelle Tschappina

AUFSTIEG Nordostwand aus dem Steintäli, mäßig schwierig (II), 1¼ Std. ab Einstieg. Einstiegshöhe etwa in 2380 m Höhe am untersten Felssockel · Abstieg: Westgrat (Normalroute) zum Zimbajoch, 2387 m, mäßig schwierig (II), 1¼ Std. ab Gipfel. Ab Zimbajoch markierter Abstiegsweg zur Sarotlahütte oder zur südlich gelegenen Heinrich-Hueter-Hütte, 1780 m, von hier schöner Abstieg durchs Rellstal

BESONDERER HINWEIS Die Zimba ist trotz einiger leichter Führen ein reiner Kletterberg! Also nichts für Bergwanderer ohne Erfahrung im Klettern. Der begehrteste Gipfel des Rätikon wird viel besucht, das elegante Felshorn weist festen Fels auf. Schönste Kletterführe: Ostgrat, schwierig (III+), siehe Pause / Im schweren Fels, Führe 28!

GESCHICHTE 1. bekannte Ersteigung A. Neyer, 7. 9. 1848 (aus dem Steintäli) · 1. Begehung Westgrat Viktor Sohm und J. Both, 2. 7. 1900 · Nordostgrat: 1. Begehung über die Gratkante J. Welpe, um 1900

FÜHRER / KARTEN AV-Führer Rätikon/Flaig · Wanderkarte des Österreichischen Vermessungsamtes, Blatt 141, Feldkirch, 1 : 50 000 · Landeskarte der Schweiz, Blatt 238, Montafon, 1 : 50 000

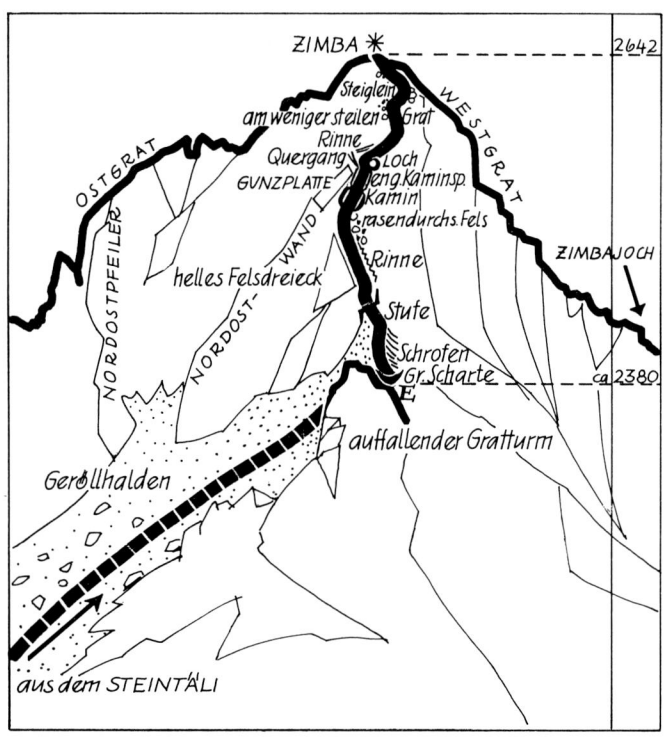

Die Zimba — als kühnes Felshorn der großen Rätikonmauer nördlich vorgelagert — gilt als schönster Kletterberg des Gebietes: Sie ist der beliebteste Gipfel des Rätikon. Die sehr elegante Pyramide in der Vandanser Steinwand ist vom Brandner Tal ebenso wie vom Rellstal über die Sarotla- und Heinrich-Hueter-Hütte einfach zu erreichen, wenngleich zum 2- bis 2½stündigen Hüttenanstieg immer noch weitere 1½ bis 2 Std. zum Einstieg am Zimbajoch oder am Sockel des Nordostgrates kommen. Die Zimba besitzt drei Felsgrate und drei Wände, die Gratführen werde von den Kletterern bevorzugt. Der Ostgrat, vielgezackt, wartet bei Schwierigkeitsgrad III (schwierig) mit einer Steigbaum- und einer Abseilstelle auf, der Westgrat trägt den Normalweg, ist vom Zimbajoch her gut überschaubar und gilt als besonders hübsche Genußkletterei — der Nordostgrat aus dem Steintäli, genauso wie der Westgrat nur »mäßig schwierig« (II), ist der kürzeste Anstieg und er wird auch oft als Abstiegsroute benützt. Der unterste Gratsockel dieses Nordostgrates bildet die rechte, nördliche Begrenzung der ins Steintäli ziehenden Geröllhalde. Hier wird links des Gratansatzes eingestiegen, auf den ersten Gratkopf geklettert und über schrofige kleine Absätze bis zur ersten Steilstufe gegangen. Man überwindet diesen Aufschwung, indem man links des Grates über einen griffarmen Wulst oder rechts in der Nordseite über ein 8-Meter-Wandl steigt und dann über Schrofen und kleine Felsköpfe gleich weiterklettert bis zur Scharte vor dem Gipfelbau. Diese Scharte kann über Schutt auch direkt aus dem Steintäli erreicht werden, was aber nicht zu empfehlen ist. Ein helles Felsdreieck, etwa 30 m hoch, markiert den Weiterweg: Durch eine Rinne rechts von diesem Felsdreieck steigen wir auf das Dreieck selbst, dann führen Steilschrofen zu zwei nebeneinanderstehenden, schluchtartigen, oben sich verengenden Kaminen. Im rechten Kamin empor bis zum Fuß der darüberliegenden »Gunzplatte«, dann rechts der Platte durch einen engen Kamin bis zu einem großen Loch, das jenseits wieder ins Freie führt. Vor dem Loch links hinauf auf die Platte, in einer abdrängenden Querung nach links, dann folgt eine Rinne, die nach rechts hinaus auf den Grat führt. Hier wartet ein ausgetretenes Steiglein, um uns auf den Gipfel zu leiten. — Beim Abstieg am Westgrat klettert man erst leicht über eine Felsstufe abwärts, dann über ein Band und von ihm rechts zu einem luftigen Felskopf und plattigen Stufen. Vor dem großen Westgratturm, der die etwas schwierige »Sohmplatte« trägt, rechts durch eine Schuttrinne zum rechten oder mittleren der drei folgenden Kamine, dann Quergang nach links und durch eine Rinne auf den untersten Gratabsatz. Ab hier helfen deutliche Spuren weiter bis zum Zimbajoch, von dem aus man entweder zur Sarotlahütte oder ins Rellstal absteigt.

Ein für den Kletterer wichtiges »Strukturbild« von der Zimba, in dem wir unseren Abstiegsweg am Westgrat (II, Normalweg, rechts) einsehen — und unseren Aufstiegsweg, aus dem »Steintäli« kommend, über die leichte (II) Nordostwand. Links unterm Gipfel abwärts ziehend. Über ihm, scharf von Schatten markiert, schaut der schwierige und mit Türmen und Abseilstelle aufwartende Ostgrat (III+) heraus. Rechts oben über dem Schneetuch das Zimbajoch.

22 Falknis 2562 m

Auf den Westpfeiler der Rätikonkette

TALORT Marienfeld, 537 m (über Vaduz-Balzers, oder Sargans-Bad Ragaz) Mit Kfz parkt man 500 m südlich vom Luziensteig (Wegweiser am östlich abzweigenden breiten Weg). Wer von Maienhof ansteigt, kreuzt oben die Straße Luziensteig-Heidihof.

STÜTZPUNKT Enderlinhütte, SAC, 1501 m (Holzbau, klein, 25—30 Lager), am Südsporn hoch über dem Gleggtobel. 3 Std. ab Maienfeld, 2¼ Std. ab Luziensteig

AUFSTIEG Ab Luziensteig auf markiertem Steig zur Hütte. Dann steil, zuweilen stark exponiert, in 3 Std. zum Gipfel. Keine Kinder mitführen! Schwindelfreiheit unerläßlich. Übergang Mazorakopf noch etwas schwieriger! Aussicht vom Bodensee bis Schwarzwald.

BESTE ZEIT Ganzer Juli bis Oktober. Südflanke, oft warm! — Beim Abstieg (2¾ Std.) bleibe man streng am Steig! — Den im Haupttext erwähnten Sonderabstieg über die Fläscher Alpe machen nur sehr gut trainierte Bergsteiger (weil Zeitfrage!)

FÜHRER / KARTEN SAC-Führer Bündner Alpen, Band II, Seite 352 · Dazu Schweizer Landeskarte, Blatt 238, Montafon, evtl. zusätzlich Blatt 237 Walenstadt. Beide 1: 50 000

BILD Blick aus dem Flugzeug auf den westlichen Eckpfeiler der Rätikonkette, mit dem Falknis links oben. Man übersieht auch die meist stark besonnte südliche Anstiegsflanke mit der Enderlinhütte (knapp an der obersten Waldgrenze, über dem Abbruch).

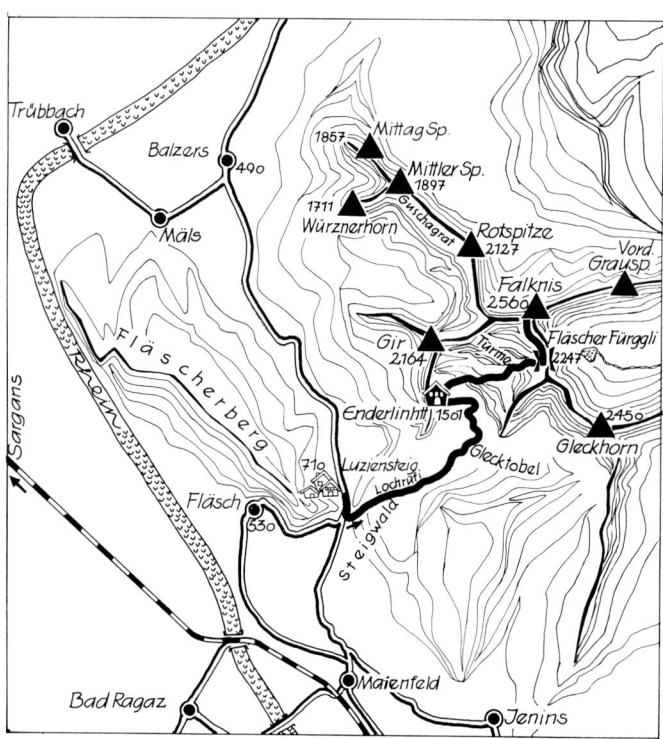

Der Rhein hat sich bei Sargans und Maienfeld auf 500 m Höhe eingeschürft — und der Falknis ist ungelogene 2562 m hoch! Wir starten zwar am Luziensteig auf 713 m Höhe, dennoch verbleiben bis zur Enderlinhütte 800 m und von dort bis zum Falknisgipfel weitere 1060 m. Also zweifelsfrei eine Tour von 1½ Tagen, wenn es gemütlich bleiben soll. Der Falknis ist jede Mühe wert, denn hinter ihm — dem wuchtigen Westpfeiler — drängt sich die gewaltige Rätikonkette von Naafkopf und Schesaplana bis Drusenfluh und Sulzfluh ... Westwärts genießen unsere Augen den fortwährenden Tiefblick auf die Riesenrinne der Rheinwasser und auf die Walenseefurche, dazu den Fernblick auf mächtiges Urner Urgestein und dunklen Bündner Schiefer. Der erfahrene Mann genießt die freundlichere Nähe um die Haldensteiner Calanda, um den Pizol ohne Skigeister, um das straffe Regiment der Sieben Churfirsten. Schaut der Schweizer von diesem Grenzgipfel ostwärts, muß er zumindest zugestehen: diese fernen Ostalpen haben auch gewisse Reize! ... Beim Start am Luziensteig haben wir bereits den geologischen Schock des Fläscherberges hinter uns, des riesigen Felskeiles vor den Rheinwassern, dazu den Anblick fruchttragender alpiner Weinberge — nun umfächelt uns aber tiefe Stille: Steigwald, Luziensteig und Heidihof liegen hinter uns, wir wandern in den Gleggtobel hinein und lassen uns vom markierten Steig hoch und steil hinauf bis zur Enderlinhütte führen. Die Aussicht tröstet uns nach der großen Anstrengung. Vor der Hütte verlieren wir in 1501 m Höhe den letzten Seufzer und sind dann meist noch froh, von den nur 25—30 Lagern eines bekommen zu haben. Bescheidenheit ist auch des Alpenfreundes Zierde. Haben wir in der Holzhütte gut geruht, steigen wir anderntags nicht mehr im Bergwald, sondern in einer steilen, rampenartig durchbrochenen Felsflanke dem Gipfelgrat entgegen. Türme überragen uns, wir scheren ostwärts weit aus, um Abbrüche zu überwinden, dann erreichen wir endlich Fläscherfürggli, 2247 m, und deponieren sogleich allen Unmut. Froh steigen wir erst ost-, dann westwärts des Südgrates höher, erreichen nach genau 3 Std. den Gipfel — eine herrliche Kanzel für Auge und Herz. — Wer nach dieser (bei Gutwetter!) besonders schönen Gipfelstunde absteigt, der halte die Siegesfeier erst bei den Wirten unterhalb der Maienfelder Rebgärten, denn in der Abstiegsflanke gibt es oft eine Bruthitze. Frühaufsteher steigen bei sicherem Wetter vom Fläscherfürggli (erst weglos) ostwärts ins Fläschertal zu den kleinen Seen ab, dann bei zwei kleinen Gegensteigungen südwärts weiter zur Fläscheralp und westwärts über den flachen Gleggkamm, 2067 m, tief hinunter in den Gleggtobel und zu seinen brausenden Schwellen. Der Ehrgeizige macht diesen Sonderabstieg in 2½ Std. — Der nicht bergerfahrene Mann aber steigt über die Enderlinhütte am Normalweg ab!

Der Falknis, Grenzsäule und erster Gipfel der großen Rätikonkette, von Südwesten gesehen. Rechts unten der Gleggtobel, darüber das Glegghorn, 2450 m. Nach links: Schwarzhorn, Fläscher Fürggli und Falknis, 2560 m, letzterer mit dem Mazorakopf verbunden. Die Enderlinhütte ist in Fallinie des Falknis im Waldbereich, aber dicht über der senkrechten Felsstufe zu finden.

23 Braunarlspitze 2648 m

Kalkpyramiden zwischen Lechquelle und Tannberg

TALORTE AP Buchboden, 909 m, im innersten Grund des Großen Walsertales (Bus von Bludenz, Kfz) · EP Lech am Arlberg, 1447 m (Bus über Flexenpaß nach Langen und Bludenz). — Hopfreben (Schröcken)

STÜTZPUNKTE Biberacher Hütte, 1862 m, auf dem Schadonapaß, DAV (bew.), 3½ Std. ab Buchboden (oder Schröcken) · Nur 1½ Std. ab Bus-Haltestelle Langsteg! — Göppinger Hütte, 2245 m, südwestlich der Braunarlspitze am Gamsboden, DAV (bew.), 3 Std. nach Lech

AUFSTIEG / ABSTIEG Die Braunarlspitze wird von Nordwesten nach Südosten auf dem teils gesicherten, gutmarkierten »Weimarer Weg« überschritten, und zwar über Fürggele, 2239 m, Nordgrat und Nordrücken im Anstieg und im Abstieg über Ostgrat und Südflanke ins obere Lechtal. Im Früh- und Hochsommer Vorsicht auf den Firnfeldern der Gipfelregion! Keine Kletterei, doch nichts für ungeübte Bergwanderer! Aufstieg 4 Std., Abstieg bis Hütte mindestens 1½ Std. Im Frühsommer kann (am harten Firn der Schneewanne) ein Eispickel von Nutzen sein.

GESCHICHTE Ersteigungsversuch bis knapp unter den Gipfel 1876 von J. Volland · 1. Ersteigung Führer M. Wüstner, 1877 (Nordgrat) · 1. Begehung der Südflanke C. Fischbacher, 11. 6. 1884 · 1. Nord-Süd-Traversierung B. Hämmerle, W. Rüsch und J. Zumtobel, 31. 7. 1892

FÜHRER / KARTEN Führer Bregenzerwald/Flaig (Rother) · AV-Karte Klostertaler Alpen, 1:25 000. — Freytag-Berndt-Karte 36, Bregenzerwald

Die Braunarlspitze von Nordosten. Rechts unterm Gipfel die »Schneewanne«, die wir beim Anstieg über den Nordgrat passieren.

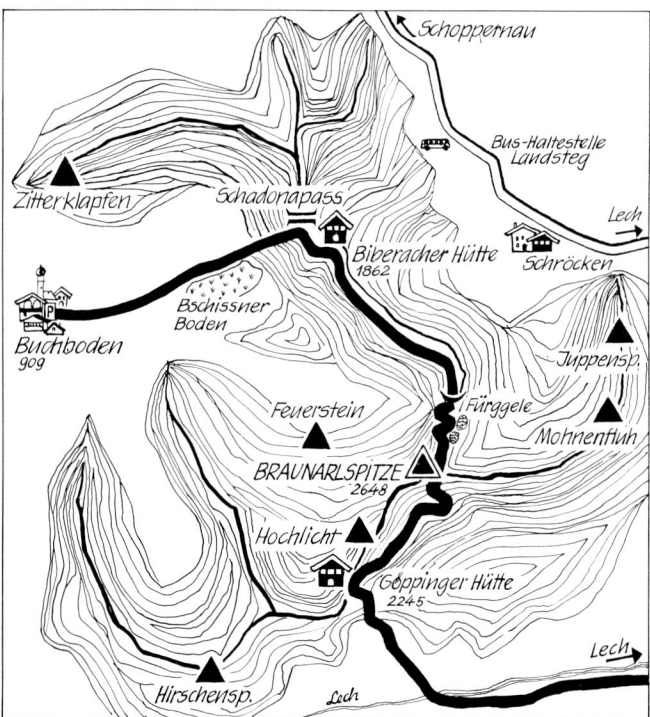

Im Zentrum der westlichsten Gruppe der Lechtaler Alpen — Klostertaler Alpen genannt — liegt, gutversteckt und durch mehrstündige Anstiegswege geschützt vor den »Vielzuvielen«, die Braunarlspitze: ein machtvoller Kalkklotz genau zwischen Lechquelle und Hochtannberg, eine Kalkfeste aus mehreren Gipfelpyramiden, von denen zwei lange und markante Grate in grüne Voralpentäler absinken. Zwischen den Graten locken auf der Nordseite mehrere wannenartige Hochkare (siehe auch »Von Hütte zu Hütte«, Tour 33). Diese 2648 m hohe Kalkfeste wird von einem der schönsten, wenn auch nicht harmlosesten Alpenvereinswege überquert, dem »Weimarer Weg«, den auch wir von der Biberacher Hütte im Nordwesten bis zur Göppinger Hütte im Süden des Gipfels benützen. — Der Weg von Buchboden oder Schröcken zur Biberacher Hütte am Schadonapaß ist lang, und das ist gut so: Die schön gelegene Hütte wird am Wochenende gestürmt, Stille und Behagen gibt es nur werktags. Am »Bschissnen Boden«, wie der letzte grüne Boden im Tal heißt, kehrt mancher um. Anderntags geht man recht früh weg, um über freie Weideböden hinauf zur Scharte des »Fürggele« zu steigen, hinter der der Nordgrat ansetzt; man steigt meist in seiner westlichen Flanke in Kehren auf. Schon hier haben wir erste Firnflecken zu queren, in der Schneewanne (es gibt deren zwei, eine westliche und die von uns benützte östliche) halten wir uns am besten am östlichen Rand. Vorsicht im Vorsommer und an kalten Tagen, wenn der Firn noch beinhart ist! Über leichte Platten ersteigt man den Gipfel (Bild) und schaut — es ist nicht übertrieben — an klaren Tagen von den Berner Alpen bis zur Bernina, von der Silvretta bis in die Ötztaler Alpen, nicht zu reden von der nächsten Allgäuer und Lechtaler Nachbarschaft. So einfach wie der Anstieg (nur bei guten Verhältnissen!) ist auch der Abstieg zur Göppinger Hütte: Man hält sich erst an den Ostgrat (Bild, links unterm Gipfel) und steigt dann südwärts und endlich westwärts durch Schrofen und Schuttflanken tiefer, läßt erst das Schneetal, dann den Felssockel vom Hochlicht rechts liegen und steht bald am Gamsanger vor der Hütte. Von der Göppinger Hütte sollte man stets südlich zum jungen Lechbach absteigen; man kann über ihn hinwegspringen, so klein ist er noch; und dann rennt man mit ihm, jede schöne Gumpe zum Baden nützend, hinaus ins besterschlossene, todlangweilige Bergdörflein Lech am Arlberg, das kein Dorf mehr ist ... Die Braunarlspitze, dies zu ihrer alpinistischen Wertung, ist kein Kletterberg wie ihre Nachbarn Roggalspitze oder Rote Wand, sie ist trotz großer Vorgebirgshöhe ein idealer Wanderberg. Wo ihre Flanken Wände aufwerfen, sind sie nicht interessant genug zum Klettern. Im übrigen seien ungeübte Berggänger gewarnt: Auch die leichte Braunarlspitze verlangt Trittsicherheit und Übung!

24 Lechtaler Wetterspitze 2898 m

Gewaltiger Felsturm über dem oberen Lechtal

TALORT Sulzlbach bei Holzgau, 1100 m, im oberen Lechtal (Bus von Reutte und Lech am Arlberg)

STÜTZPUNKT Frederick-Simms-Hütte, 2004 m, am Felssockel des Westkammes der Wetterspitze im obersten Sulzltal, DAV, bew. Gute 3 Std. ab Sulzlbach am Lechtal: sehr eindrucksvoller Hüttenweg!

AUFSTIEG Südgrat vom Fallenbacher Joch, 2753 m (3 Std. ab Hütte), über das »Kammerloch« (mäßig schwierig, II+) oder über die »Schlechte Stelle«, eine Kalkplatte mit Schwierigkeitsgrad –II

ABSTIEG Wie Aufstieg, jedoch Umgehung des »Kammerloches«, östlich über die etwas leichtere »Plattige Stelle«. 2¼ Std. vom Gipfel zur Hütte zurück

BEMERKUNG Die Lechtaler Wetterspitze ist ein Kletterberg! Zumindest am Gipfelturm. Einige Stellen recht ausgesetzt, daher absolute Schwindelfreiheit erforderlich. Seil durchaus angenehm, evtl. Reepschnur. Vom Gipfel ein geradezu kolossaler Ausblick auf alles Lechtaler Gebirge, auf Hornbachkette, Silvretta, Allgäuer und Ötztaler Alpen

GESCHICHTE 1. Ersteigung A. Falger und A. Knittl, 1832!

FÜHRER / KARTEN AV Lechtaler Alpen/Groth (Rother) · AV-Karte Lechtaler Alpen, Mittleres Blatt, 1 : 25 000 · FB-Wanderkarte, Blatt 35, 1 : 100 000 und Blatt 372 1 : 50 000! Wanderkarte des Österreichischen Vermessungsamtes, Blatt 144, Landeck, 1 : 50 000

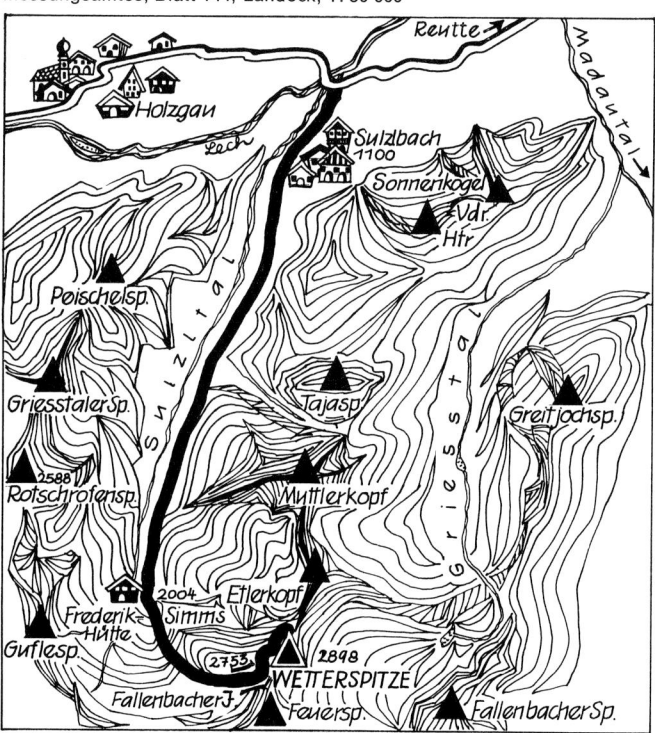

Man sieht sie nicht vom Inntal, nicht vom Lechtalboden; sie verbirgt sich mitten im Zentrum der Westlichen Lechtaler Alpen und ist von der fast gleich hohen Feuerspitze nur durch das schmale Fallenbacher Joch getrennt. Ein herrlicher Kalkberg über riesigen Schuttströmen, mit einem massiven, abweisenden Gipfelblock! Der Hüttenanstieg von Holzgau her dauert gute 3 Std., denn man muß sich Zeit lassen in dieser stillen, von riesigen Wandkulissen eingerahmten Tallandschaft, in der der Sulzlbach mit Überfällen, Gumpen und arkadischen Rastpolstern immerfort zum Schauen und Verweilen auffordert. Die Simmshütte liegt schon über 2000 m hoch, gegenüber wanken die Vier Festen über dem Talgrund, kühne Kalkbastionen mit der Rotschrofenspitze als Hauptwerk, weit draußen steht die Hornbachkette . . . Am frühen Morgen steigt man von der Hütte erst südlich, dann südöstlich über einsame Steilflanken und entlegene Schuttkare steil und kehrenreich bis hinauf zum kleinen Sulzlferner: Über ihm liegt, 750 Höhenmeter oberhalb der Hütte, das schmale Fallenbacher Joch. Wir haben hier die Feuerspitze dicht im Rücken, Kaisers-, Grießl- und Madautal haben sich unter uns geöffnet, das Lechtaler Gipfelmeer ist unübersehbar geworden. Vom Joch zieht erst ein leichter Grat leicht nach links hinauf, dann folgt eine kaminartige steile Felsschlucht mit mehreren schuttgefüllten Absätzen; der Fels neben der Rinne ist überall fest und genußreich zu klettern (leicht, I). Beim Erreichen des klotzigen Gipfelturmes gibt es zwei Möglichkeiten: 1. den ausgesetzten, mittelschweren (II+) Weg schräg nach links zum »Kammerloch« — mit imposantem Tiefblick ins Sulzltal hinab! —, von dem aus man 5 m gerade emporsteigt, oben kurz nach rechts quert und dann an plattigem Fels um die Kante in die südliche, schuttbeladene Abdachung unterm Gipfel gelangt. — Oder 2.: Man steigt aus der schuttgefüllten Schlucht über die sogenannte »Schlechte« Stelle, dies ist eine ausgesetzte, etwa 8 m breite Kalkplatte mit guten Griffen, nach der man bereits die erwähnte Abdachung unterm Gipfel erreicht (diese Variante ist leicht [I] mit einer mäßig schwierigen Stelle [–II]). Beide Wege sind abgeklettert und nicht zu verfehlen. Eine Warnung: Sowohl in den schotterigen Stufen der Gipfelabdachung wie in den unteren Schluchten und Rinnen des steilen Südgrates heißt es sauber klettern, um keinen Steinschlag auszulösen! — Will einer nach der kühnen Wetterspitze partout auch die benachbarte Feuerspitze ersteigen (2851 m), dann muß er vom Fallenbacher Joch erst zum Sulzlferner absteigen, am bezeichneten Steig die Feuerspitze westlich umwandern und sie von Süden her, also vom Kälberlangzugjöchl, 2585 m, bezwingen (leicht, I+). Man begeht dabei die ersten Felsköpfe rechts umgehend, den unteren Südgrat, trifft auf einen Steig und bleibt auf ihm bis zum Gipfel.

54

Blick auf die Frederick-Simms-Hütte der AV-Sektion Stuttgart am Felssockel des West-kammes der Wetterspitze. Oben die Lechtaler Wetterspitze mit ihrem interessanten Südgrat (rechts unterm Gipfel, der leichte, doch stellenweise ein wenig ausgesetzte Kletterei in festem Kalkfels bietet. Rechts das Fallenbacher Joch, 2753 m, und die Feuerspitze, 2851 m.

25 Parseierspitze 3040 m

Höchster Gipfel der Nördlichen Kalkalpen

TALORT Grins, 1015 m, bei Station Pians, 859 m, dicht über Landeck an der Arlbergbahn

STÜTZPUNKT Augsburger Hütte, 2298 m, auf einem Vorsprung am Südabfall des Gatschkopfes, DAV (bew.). 3½–4 Std. ab Grins. Anstieg auf Südflanke, frühzeitiger Aufbruch empfehlenswert!

AUFSTIEG (wie Abstieg) Über Gatschkopf, 2947 m, Patrolscharte, 2846 m, Grinnerferner und Südwand. Einstieg auf etwa 2800 m Höhe, 3 Std. ab Hütte, AV-Steig, markiert. Dieser Weg zum höchsten Berg der Nördlichen Kalkalpen ist wegen starker Schuttauflage im Fels oft steinschlaggefährdet! Sauber klettern! Schwierigkeitsgrad: II–! Für Geübte besser der festere Ostgrat Grad II+! / AV-Führer Route 652

GESCHICHTE 1. Ersteigung J. A. Specht mit P. Sieß am 23. 8. 1869 (Ostflanke) · 2. Ersteigung A. Kaindl mit P. Sieß und J. Grill (Kederbacher) am 11. 7. 1874 · Dr. V. Specht mit J. Kolb und J. Riezler, 5. 8. 1878 (Südwand)

FÜHRER / KARTEN AV Lechtaler Alpen / Groth (Rother) · AV-Karte Lechtaler Alpen, Mittleres Blatt, 1 : 25 000 · FB-Wanderkarte, Blatt 372, Arlberg / Landeck, 1 : 50 000 · Wanderkarte des Österreichischen Vermessungsamtes, Blatt 144, Landeck, 1 : 50 000

BILD Blick aus dem Flugzeug von Süden gegen Gatschkopf (rechts) und Parseierspitze, unter dieser der Grinnerferner, die Fernerwand und die Gasillschlucht. Im Vordergrund die Augsburger Hütte. Ganz links oben Dawinkopf und Feuerköpfe. Rechts unterm Gipfel die Patrolscharte.

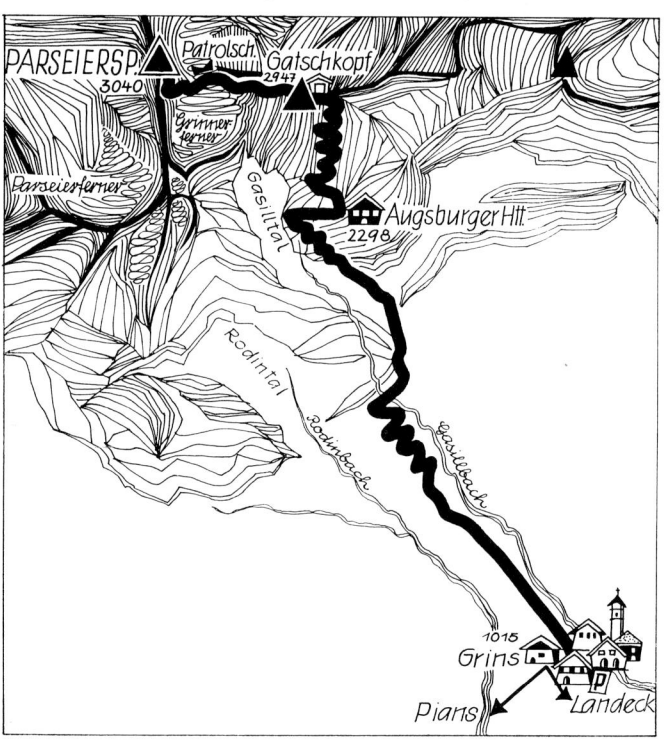

Der Tiroler Inn trennt das Urgestein des Zentralalpenwalles vom Kalk der Vorberge. Das Urgestein der Ostalpen schwingt sich auf fast 4000 Meter Höhe auf, in den Nördlichen Kalkalpen gibt es nur einen einzigen »Dreitausender« — die Parseierspitze. Weshalb Bergsteiger oft lieber in den hellen, nackten, aber doch soviel niedrigeren Kalkfels gehen statt immerzu in die »Superlative« des Urgesteins, ist für Laien schwer zu ergründen. Man muß erst einige Touren im Kalkfels, etwa in den immer noch vereinsamten Lechtaler Alpen, gemacht haben, von Hütte zu Hütte oder auf einen der hohen Kalkgipfel, dann begreift man die verlockende Intimität der kleineren, engeren Kalkalpen. Es kommt das spezielle Hochgefühl des Kletterfreundes dazu: Das Klettern im Kalk mit seinem Überfluß an Griffen, Rissen, Kaminen, Bändern, Rinnen und Verschneidungen macht das Bergsteigen zu einem sportlichen Spiel . . . Wie man von Norden her, vom oberen Lechtal, über die Memminger Hütte an die Parseierspitze herankommt, ist in meinem Buch »Berg Heil« (Route 50) zu ersehen. Hier wird heute der kürzere und effektvollere Anstieg von Süden her, aus dem Inntal bei Landeck über die Augsburger Hütte dargestellt: dramatisch für einen Mann mit glücklichen Augen, weil er, im Kalkfels ansteigend, immerzu aufs Urgestein und aufs ewige Eis der Ötztaler Grenzriesen schaut. Der Weg aus dem betriebsamen Landeck auf die Hütte dauert gute 4 Std., man steigt ab Pians über das Dörfchen Grins, 1015 m, auf, wo man wie durch ein grünes Tor in die Stille eintritt. Der Anstieg am Gasillbach rechts hinauf ist steil, aber er führt von Balkon zu Balkon, und in zwanzig Rasten öffnet sich ein wahrhaft unfaßbarer Reichtum an fremden Tälern, Bergketten, Gipfeln und Gletschern: Ötztaler, Silvretta, Ferwall und viele niegeahnte Verstecke der Lechtaler Berge selbst. — Von der Augsburger Hütte bitte nicht durch die steinschlaggefährdete Gasillschlucht und die Fernerwand zum Grinnerferner aufsteigen, sondern steil in Kehren in 1½ Std. auf den Gatschkopf, 2947 m, dann über den Grinnerferner abwärts zur Südwand, wo in der rechten östlichen Hälfte Spuren zu einer ausgeprägten Felsrippe führen. Hier gerade empor über stufigen Fels und Geröll, ziemlich steil bis zur Wandmitte — dann wenig nach links querend, wieder gerade empor und wieder nach links zum Gipfel aussteigend. Das klingt einfach und simpel, verlangt aber alpine Erfahrung, einen kühlen Kopf und — mehr als alles — Trittsicherheit. Denn diese Südwand ist mit allerlei lockerem Fels bedeckt, also steinschlaggefährdet. Zeit Hütte–Gipfel 3 Std.! Der Südwandanstieg, viel begangen, erfordert leichte Kletterei (–II). In dem etwas brüchigen Kalkfels, vielfach auf Trümmern, Bändern, Rippen und Stufen, ist erhöhte Aufmerksamkeit vonnöten! — Steinschlagsicherer ist nur der Ostgrat ab Patrolscharte (II–III)

26 Mädelegabel 2649 m

Am Paradeberg der Allgäuer Alpen

TALORTE Oberstdorf, 815 m · Spielmannsau, 991 m, im Trettachtal (bis hierher Fahrgelegenheit) · Einödsbach, 1165 m, im Stillachtal

STÜTZPUNKTE Kemptner Hütte, 1846 m, DAV, auf der Oberen Mädelealp über dem Sperrbachtobel, 2½ Std. von Spielmannsau, 5 Std. von Oberstdorf · Waltenbergerhaus, 2084 m, DAV, im unteren Bockkar, Abstieg 2 Std. nach Einödsbach bzw. 4 Std. nach Oberstdorf (Bus)

AUFSTIEG Von der Kemptner Hütte über Mädelejoch und Ostgrat (mäßig schwierig, I), 2½–3 Std. · Abstieg über Südwestgrat, Schwarzmilzferner und Östliche Bockkarscharte zum Waltenbergerhaus, 2 Std.

HINWEIS Bei dieser Überschreitung werden nur Teile des »Heilbronner Weges« (teilweise Sicherungen) benützt! Die einfache Kletterei am Ostgrat und Südwestgrat (mäßig schwierig, I) ist an dem stark besuchten, weil durch seine Aussicht berühmten Gipfel durch zahllose Steigspuren bestens »markiert«. Vorsicht am Schwarzmilzferner, harter Firn!

GESCHICHTE 1. Ersteigung unklar, mutmaßlich durch B. Zör schon 1811 · 1. sichere Ersteigung B. Schraudolph mit Vetter, 1836 · 1. touristische Ersteigung O. Sendtner mit F. Schaafhittl, 1852 · 1. Begehung des Südwestgrates B. Schraudolph, vor 1860

FÜHRER / KARTEN Führer Allgäuer Alpen / Zettler-Groth · AV-Karte Allgäuer Alpen, 1 : 25 000 (alle anderen Karten unzureichend!)

BILD Trettachspitze (links mit dem Normalanstieg am Nordwestgrat) und Mädelegabel (rechts oben, mit dem Gratansatz zur Hochfrottspitze).

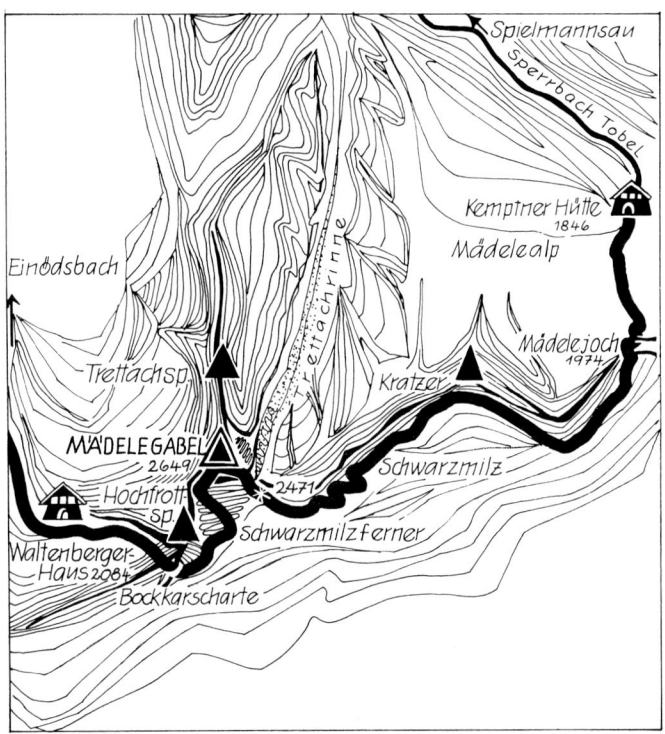

Was die etwa gleich hohe, überaus formenschöne Alpspitze für das Wettersteingebirge und Garmisch, das ist die beinahe unförmig plumpe Mädelegabel für die Allgäuer Alpen und Oberstdorf. Der Name ist unerklärbar, erklärbar aber ist der Ruhm dieser Mädelegabel aus der unmittelbaren Nähe der Trettachspitze: Dieses verwegene Felshorn besitzt alles, was der Mädelegabel fehlt. Die überraschende Beliebtheit der Mädelegabel, die um genau 12 m niedriger ist als der Große Krottenkopf, ist wohl darauf zurückzuführen, daß sie zu den Trümpfen des »Heilbronner Weges« gehört, des meistbegangenen Höhenweges nicht nur im Allgäu, sondern sicher in den ganzen Nördlichen Kalkalpen überhaupt. — Der Aufstieg zur Kemptner Hütte am Vortag, von Spielmannsau her durch den Sperrbachtobel, wird großenteils von den prallen Wänden der faszinierend schönen Trettachspitze beherrscht; hat man anderntags von der Hütte her das Mädelejoch, 1974 m, erreicht, dann nähert man sich dieser Trettachspitze immer mehr, ohne sie aber recht zu sehen. Denn wir queren ja auf der Südflanke des Hauptkammes gegen Südwesten, erst den Kratzer umgehend, dann über die Schwarzmilz gegen den Schwarzmilzferner ansteigend, und hier gilt der Ausblick wohl stets den Lechtaler Bergen gegenüber. Spätestens nach 1½ Std. Steigen sind wir aber genau bis zu dem hochinteressanten Punkt 2471 der Karte vorgedrungen, wo von rechts her die Schottergruft der Trettachrinne einmündet, wo ein Schritt nach links an den Rand des kleinen Schwarzmilzferners führen würde, wo wir die Trettachspitz-Ostwand im Profil sehen und wo unmittelbar der Ostgrat zur Mädelegabel ansetzt! Wir sehen von diesem Punkt auch schon die Einschartung zwischen Mädelegabel und Hochfrottspitze, von der aus wir im Abstieg, nach der Überwindung des Südwestgrates, auf den Schwarzmilzferner übersteigen, um an seinem unteren Rand den Anschluß an die ausgewalzte Spur des »Heilbronner Weges« zu finden. Erst aber klettern wir den leichten, manchmal etwas schotterigen Ostgrat hinauf, das ist für den trittsicheren, geübten Bergwanderer ein reines Vergnügen. Vom Ausblick am Kreuz des Gipfels zu erzählen ist überflüssig: Jedermann, darf man beinahe sagen, kennt diesen Ausblick. — Aber dann folgt der Abstieg: Wieder steigen wir an einem luftigen Kalkgrat ab, und dann setzen wir unter der ersten Scharte südlich über eine plattige Rinne, dann über Firn und Felsabsätze (Vorsicht bei hartem Firn! Eispickel mitführen!) auf den Schwarzmilzferner über. Die Hochfrottspitze, 2648 m, südlich umgehend, erreichen wir bald die Östliche Bockkarscharte, 2523 m, und damit den — stellenweise gesicherten — Abstiegsweg westwärts hinab ins Bockkar und zum Waltenbergerhaus. Beim weiteren Abstieg passieren wir hintereinander Schneeloch und Bacherloch, typische Allgäuer Steilrinnen.

27 Höfats 2258 m

Überschreitung in Fels und Gras

TALORT (Gerstruben, 1154 m (Gasthof), im Dietersbachtal (Naturschutz-gebiet). Bus ab Oberstdorf bis Viehscheid, dann 1¾ Std. zu Fuß.

AUFSTIEG Südanstieg über »Wanne« und »Gufel« zum Westgipfel, 3½—4 Std. ab Gerstruben, 2 Std. ab Einstieg. Dann Gratübergang über die Höfatsscharte, 2207 m, zum Mittelgipfel und Ostgipfel, 1¾ Std. · Abstieg vom Ostgipfel über den Südostgrat zum Älpele, 1779 m, ab hier auf rot bezeichnetem Weg zur Dietersbachalpe, 1330 m, und nach Gerstruben, 2½ Std. Tagesleistung gute 8 Std.!

HINWEIS Das Wahrzeichen des Allgäus ist ein vielgipfeliger Grasberg von abschreckender Steilheit! Demgemäß ist die Tour bei nassem Wetter so gut wie unmöglich! Absolute Trittsicherheit, äußerste Vorsicht und große Ausdauer sind selbstverständliche Voraussetzungen!

GESCHICHTE 1. Ersteigung durch Jäger, Zeit unbekannt · 1. touristische Ersteigung von West- und Ostgipfel O. Sendtner mit J. Melzer, 1848 · 1. Mittelgipfel: H. Kranzfelder und L. Stritzl, 1891 (NW-Grat) · 1. Überschreitung Ost-West: H. Kranzfelder und Gefährten, 1892
FÜHRER / KARTEN AV-Führer Allgäuer Alpen / Zettler / Groth · AV-Karte Allgäuer Alpen, Westliches Blatt, 1: 25 000

BILD Blick aus der großen Laufbachmulde (im Rücken oberhalb das Laufbacher Eck) über das Oytal hinweg auf die Höfats. Die vier gleich hoch scheinenden Gipfel sind, von links: Ostgipfel, 2269 m, Mittelgipfel, 2258 m, Zweiter Gipfel, 2259 m, Westgipfel, 2257 m.

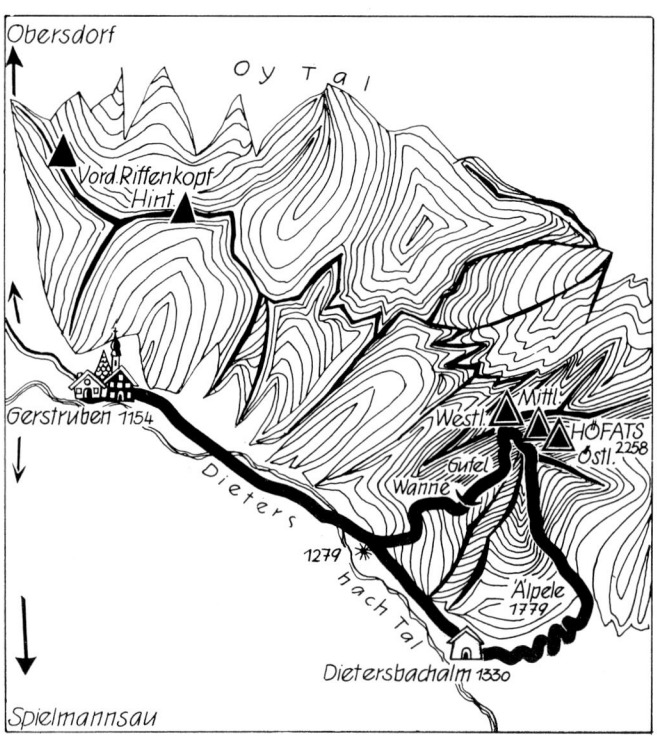

Man kann die Allgäuer Höfats mit ihrer ebenso berühmten wie berüchtigten Eigenart als »grüner Felsberg« nicht besser vorstellen als durch das nebenstehende Flugbild: Da ist ein Bündel unerhört steil auffahrender Schrofenpfeiler, dazwischen blaugrüne Schattengrüfte, der Fels bis in die Gipfelzone grasüberwachsen und ganz oben ein schmaler Kamm zwischen vier spitzgratigen Gipfeln. — Man braucht zur Überschreitung dieses kuriosen Berges fünfzackige Absatzeisen und viel Herz. Die Höfats werden dennoch oft aufgesucht, von Bergsteigern wie von — Blumenräubern, weshalb dort auch eine Sommerwache der Bergwacht zeltet. Die Bodenstruktur des steilen Geländes, grasüberwachsener Kalk und Schrofen, hat etwas Heimtückisches, Gefährliches — wen bei der Besteigung Nebel überfällt oder gar Regen, der braucht einen Schutzengel, um heil ins Tal zu kommen. Dieser »Anstieg von grausiger Einfachheit« (wie Hermann v. Barth sagte) führt von Gerstruben, 1154 m, aus talein bis Punkt 1279 im Talboden und wendet sich hier steil nach links hinauf, den Inneren Höfatstobel erst nach links überquerend, dann oberhalb seines tiefsten Einschnittes in vielen kurzen Serpentinen steil ansteigend, vorbei an der »Wanne« zur »Gufel«: Dies ist eine hohe, schräge, spaltartige Höhle mit Wasser. Weiter über steile Felsen, in einer auffallend rot gefärbten Rinne empor, ziehen die gut erkennbaren Steigspuren zum Gedenkkreuz auf dem Westgipfel (¾ Std. ab Gufel). Manch einer hat auf dieser großartigen Aussichtskanzel nicht mehr die Nerven, anderes zu sehen als das winzige Felsriff, das ihm als Griff dient. — Die Überschreitung zum Ostgipfel beginnt mit dem kurzen Abstieg in eine erste Scharte, dann umgeht man einige Gratürmchen südlich (das Überklettern ist schwieriger), passiert den zweiten Gipfel, steigt auf Spuren ausgesetzt zur breiten Höfatsscharte ab und erreicht den Mittelgipfel über den folgenden, etwas brüchigen und erdigen Grataufbau. Dieser Mittelgipfel, 2258 m hoch, besteht aus einer langen waagrechten Felsschneide, die man dicht unter ihr auch auf Spuren umgehen kann; es folgt das letzte Schartel, über dem sich der Ostgipfel turmartig aufreckt. Man tut gut, sich in dem gutgriffigen Fels direkt an der Schneide zu halten und dann und wann kurze Blicke nach rechts oder links in die schaurige Tiefe zu senden. — Der Abstieg am Südwestgrat des Ostgipfels beginnt steil am schmalen Grat, aber bald nimmt die Steilheit ab und der Grat verbreitert sich aufs angenehmste zum grünen Kamm. Spätestens am Älpele sind alle geheimen Ängste verflogen, und auf dem Almweg ins Tal lobt man nicht ohne starkes Selbstbewußtsein, was man vorher heimlich verdammte: die Reize des gefährlichen Lebens im grünen Fels! — Der alpin geschulte Bewerber vergesse niemals: 1100 Höhenmeter auf und ab, ohne Hütte — das bedeutet eine große strenge Tour!

28 Großer Krottenkopf 2657 m

Auf dem höchsten Gipfel der Allgäuer Alpen

TALORTE AP/EP Oberstdorf, 815 m, bzw. Spielmannsau, 991 m, (2¼ Std. ab Oberstdorf, aber Stellwagen bzw. Kfz mit Sondergenehmigung)

STÜTZPUNKT Kemptner Hütte, 1846 m, DAV (bew.), auf der Mädelealp. (2–3 Std. von Spielmannsau, 5 Std. von Oberstdorf)

AUFSTIEG (wie Abstieg) Südflanke über Ober-Mädelejoch, 2033 m, und Krottenkopfscharte, 2350 m. 2½ bis 3 Std. ab Hütte (bez.)

CHARAKTER Höchster Berg der Allgäuer Alpen! Name von »Grott« = Geröll, Schutt! Unschwierig für trittsichere Geher, viel Geröll und geröllbedeckte Stufen, jedoch Vorsicht im Frühsommer beim Queren oberhalb der ins Hermannskar absinkenden Eisrinne (oben meist Firn). Im Frühsommer sind harte Firntafeln ebenfalls mit Vorsicht zu begehen. Für gute Kletterer hält der »Schuttberg« des Großen Krottenkopfes einzig an seinem Nordgrat (II, an einigen Überhängen III) festes Gestein bereit. Siehe AV-Führer, Route 490!

GESCHICHTE 1. Ersteigung durch Einheimische · 1. überlieferte Ersteigung C. W. v. Gümbel, 1854, später H. v. Barth, 23. 8. 1869

FÜHRER / KARTEN Allgäuer Alpen Führer Zettler / Groth · AV-Karte Allgäuer Alpen, Westliches Blatt, 1:25 000 · FB-Karte, Blatt 35

BILD Der Große Krottenkopf, 2657 m, von Westen gesehen. Aus dem im Aufstieg von links nach rechts zu querenden oberen Roßgumpenkar steigt man zur Krottenkopfscharte (rechts oben) an, von da nach links (nördlich) zum Gipfel.

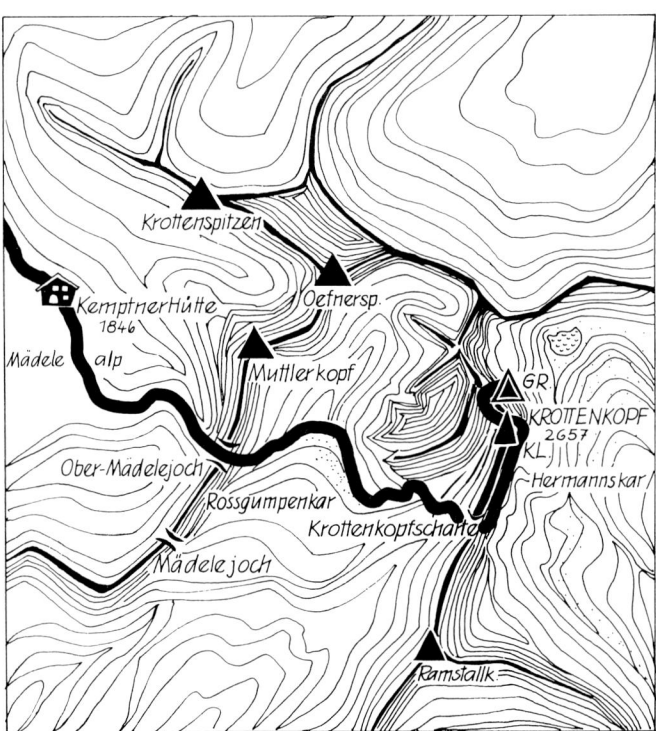

Der höchste Gipfel der Allgäuer Kalkalpen steht im Zentrum der mächtigen Kette zwischen Hochvogel und Biberkopf genau dort, wo der kräftige Seitenarm der Hornbachkette gegen das mittlere Lechtal abzweigt. Was Aussicht und Überblick betrifft, kann er als der qualifizierte Feldherrnhügel der Allgäuer Alpen gelten: Der Einblick in die Haupttäler, aber auch in die zahllosen Kare verschafft viele überraschende Aspekte. Die Lechtaler Alpen stehen im Süden unmittelbar gegenüber und falten ebenfalls viele ihrer einsamen Täler auf. Freilich, der höchste Berg im Allgäu ist nicht ihr schönster: Hochvogel und Trettachspitze etwa sind formenschöner; nicht zu reden vom reichlichen Schutt, der unseren Berg allseits umlagert. Für trittsichere Bergwanderer und Bergsteiger, die nicht aufs »Gefährliche Leben« des Kletterers versessen sind, sondern auf eine wunderbar absehbare alpine Unendlichkeit, denen etwa der Tiefblick vom Gipfel ins Hermannskar die gehabte Mühe vergilt oder das intensiv-besinnliche Studium des hundertfach geborstenen Kalkgipfelkammes der Hornbachkette — denen empfehle ich diesen hohen Gipfel wenig südlich des Hauptkammes, wenig abseits des berühmten, vielbegangenen »Heilbronner Weges« ... Schon der Anstieg zur Kemptner Hütte durch den Sperrbachtobel, oft als einförmig dargestellt, wird stärkste Eindrücke vermitteln: Dafür sorgt erst der Ostabsturz der Trettachspitze, dann der wuchtige Muttlerkopf. Von der Hütte geht es anderntags in einer ¾ Stunde gemütlich zum Ober-Mädelejoch, 2033 m, wo sich eine neue Welt öffnet: Lechtal und Lechtaler Alpen. Dazu das Roßgumpenkar dicht vor unseren Füßen, zu dem wir in einigen Kehren absteigen, um es dann an den oberen Hängen in großem Bogen auszugehen (Wasserstelle). In der Fallinie der Krottenkopfscharte, dort wo rechts der Weg über Karjoch und Gumpensattel nach Elbigenalp abzweigt (ab Joch nochmals 40 Min.), steigen wir über Geröll direkt zur Scharte und damit auf den Rücken des Südkammes auf, 2350 m (abermals 45 Min.). Nun nördlich über Blockwerk und kurze überschotterte Stufen (siehe Bild) den Südkamm des Berges hinauf. Hinter dem unbedeutenden Höcker des Kleinen Krottenkopfes, 2577 m, queren wir die ins Hermannskar absinkende Eisrinne, dann erreichen wir nach knapp 3 Std. Aufstieg ab Hütte den Steinmann am Gipfel. — Elegant steht die Marchspitze, 2610 m, dicht östlich gegenüber, tief unter uns glitzert das Seelein im Hermannskar; ein Steig rennt südlich das Höhenbachtal bis zum jungen Lech hinab und drüben das gottverlassene Sulzltal wieder hinauf zur Simshütte unter der Wetterspitze. Valluga, Freispitze und Parseierspitze zeigen ihre stillen Schattenseiten, darüber blendet das hohe Eis vom Riffler und von den Silvrettabergen. — Beim Abstieg am Südgrat bietet sich jedem Bergfreund eine Fülle von Eindrücken.

29 Hochvogel 2594 m

Überschreitung von Nordwesten nach Südosten

TALORTE AP Hinterstein, 865 m (Bus von Hindelang bzw. Sonthofen) · EP Hinterhornbach, 1101 m, im Hornbachtal (Bus nach Reutte. Grenze!)

STÜTZPUNKT Prinz-Luitpold-Haus, 1847 m, DAV, nordwestlich unterm Hochvogelmassiv (bew.). 4½ Std. ab HINTERSTEIN bzw. 2½ Std. ab Giebelhaus (bis hierher Bus, aber kein Kfz-Verkehr!)

AUFSTIEG Weganlage der Nordwestflanke aus dem »Kalten Winkel« über 'die »Schnur« und den Westhang, etwa 2½–3 Std. ab Haus · Abstieg: Durch die Südflanke auf der alten Steiganlage des »Bäumenheimer Weges« ins Roßkar, dann südlich nach Hinterhornbach (3 Std. ab Gipfel) oder über Fuchsensattel und Balkenscharte in 3 Std. zum Prinz-Luitpold-Haus zurück. Die Überschreitung, wie hier vorgeschlagen, ist wieder ohne Gefahr möglich!

GESCHICHTE »Normalweg« seit etwa 1832 oft begangen · Südanstieg: 1. Begehung Hermann v. Barth, 20. 7. 1869 (im Urzustand!) · 1. Aufstieg: M. Reichert mit J. und H. Zametzer aus München, 4. 8. 1881

FÜHRER / KARTEN AV-Führer, Allgäuer Alpen / Zettler-Groth · AV-Karte Allgäuer Alpen, Östliches Blatt, 1: 25 000 · FB-Karte, 35!

BILD Der Hochvogel, ein königlicher Gipfel der Allgäuer Alpen, zeigt sich hier als schönes Gemälde. Sonne und Schatten streiten sich um die tollsten Lichteffekte. Unten Hüttenweg und Prinz-Luitpold-Haus, links darüber die Fuchskarspitze, rechts darunter die wichtige Balkenscharte. Im rechten unteren Bildeck der Höhenweg zum Nebelhornhaus.

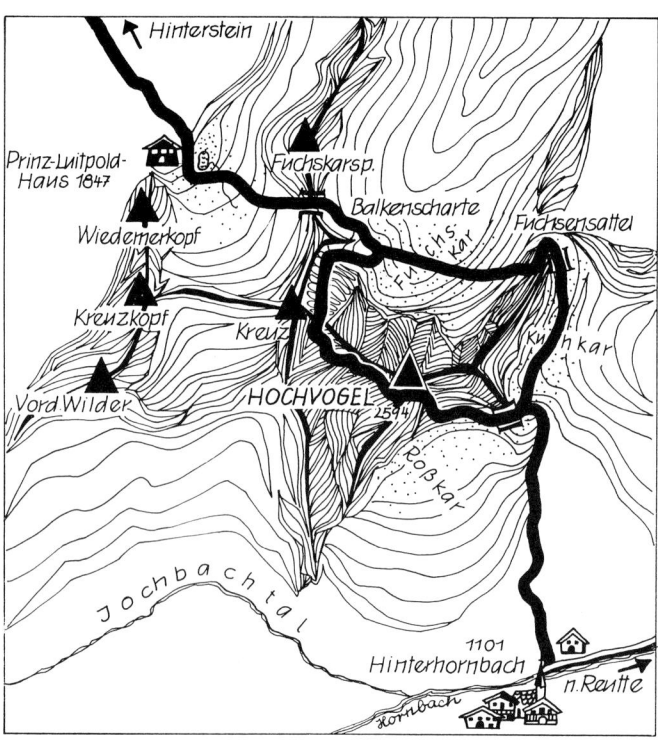

Unser Bild sagt mehr als alle schönen Worte: Die ebenmäßige Pyramide des Hochvogels bleibt wie ein interessantes menschliches Profil unauslöschlich in der Erinnerung haften. Man sieht ihn ja von überallher, nicht nur von den hohen Gipfeln des Wettersteins, des Karwendels, der Mieminger und Ammergauer Berge, und da bemerkt man zugleich, daß er seine Umgebung zwischen Iller und Lech souverän beherrscht: ein stolzer, markanter, unvergleichlicher Gipfel. Aber auch ein gefährlicher Gipfel, wie viele Unfälle beweisen. Und dies trotz zweier (alter) Steiganlagen, die beide wir auf unserer Überschreitung begehen. Diese Überschreitung beginnt mit einem kalten Schreck; denn der Firn des »Kalten Winkels«, auf den wir, vom Prinz-Luitpold-Haus herkommend, gleich jenseits der Balkenscharte, 2156 m, treffen, zeigt oft eine böse Seite: höchste Vorsicht, die Kenntnis der Gefahr und zulängliche Ausrüstung (Pickel) sind am Platze. Oberhalb dieses Firnfeldes ist der Einstieg in die Felsen der Nordwestflanke. In vielen Kehren zieht die Steiganlage durch Fels und Blockwerk gegen die markante Schulter hinauf; es folgt eine niedere Wandstufe und unter einem Schartel ein heute bequemes, einst gefürchtetes, überdachtes Felsband, genannt die »Schnur«. Oberhalb des Schartels führt der Steig in die (im Bild gut sichtbare) Westflanke des Gipfelaufbaues und zum Gipfel auf 2594 m Höhe (2½–3 Std.). — Der Gipfelgrat bildet für den passionierten Bergsteiger einen Feldherrnhügel ohnegleichen, denn mehr noch als die Allgäuer Alpen breiten sich die Lechtaler Alpen vor uns aus, und zwar dergestalt, daß uns von der Gipfelregion nichts unbekannt bleibt zwischen Thaneller und Valluga. Den Ausblick verhindert auch die vorgestellte Hornbachkette nicht, wiewohl dort Bretterspitze, Urbeleskarspitze, Marchspitze und sogar noch die Noppenspitze den Hochvogel nach Metern überragen. Wer nicht nach Süden absteigt, versäumt die Stille des Hornbachtales. Wir schlagen vor, vom Gipfel des Hochvogels den alten »Bäumenheimer Weg« durch die Südflanke abzusteigen, an dem die teilweise abgerissenen Drahtseilsicherungen wieder befestigt sind. Wieder kann der Abstiegsweg in einer steilen, wahrhaft großartigen Felslandschaft begangen werden, wenn man trittsicher ist, bergerfahren und sich auch der Drahtseile mit Vorteil bedient. Dieser alte Südwandsteig mündet, den Südwestsporn des Gipfelmassivs zu seinem südlichem Sockel begleitend, im oberen Roßkar, und man kann nach dem Übertritt ins mittlere Kuhkar direkt nach Hinterhornbach absteigen. Man kann aber auch auf dem guten AV-Weg vom Kuhkar über den Fuchsensattel zum Prinz-Luitpold-Haus zurückkehren: teilweise ein »Hatscher«, der nach der Gipfeltour manch einen mit einem Knieschnackler bedenkt. — Eine Warnung: Der formenschöne Hochvogel weist leider recht viel brüchiges Gestein auf.

30 Köllespitze 2240 m

Leichte Kletterei im Vorgebirge überm Lechdurchbruch

TALORTE Musau, 818 m, am Lech, 6 km südlich Füssen (Grenzübertritt, Bus und Bahn von Füssen und Reutte) . Evtl. Nesselwängle, 1147 m, südlich des Haldensees im Tannheimer Tal (Bus, Kfz)

STÜTZPUNKTE Otto-Mayr-Hütte, 1520 m, DAV, im oberen Reintal (gut bewirtsch.), 2½–3 Std. ab Musau über Musauer Alm, 1267 m, TVN, 1½ Std. ab Musau · Evtl. Tannheimer Hütte, 1713 m ab Nesselwängle.

AUFSTIEG (wie Abstieg) Am schönsten von Norden zur Nesselwängler Scharte, 2007 m, auf bezeichnetem Weg mit teilweisen Sicherungen; noch vor der Scharte Einstieg zu leichter Kletterei (Schrofen!) in der Nordflanke des Köllespitze-Westgrates, 2 Std. bis Scharte, 1 Std. ab Einstieg. – Aufstiegszeit Tannheimer Hütte zur Scharte etwa 1 Std.

GESCHICHTE Erstersteiger unbekannt! Erste bekannte Ersteiger: Königin Marie v. Bayern mit Georg Doser, gen. »Hansjörg«, etwa 1849. Später auch Hermann v. Barth mit J. Doser, 1869

FÜHRER / KARTEN AV Allgäuer Alpen: Zettler/Groth · FB-Wanderkarte, Blatt 35, Lechtaler/Allgäuer Alpen, 1:100 000 · Evtl. Topografische Landeskarte, Blatt L/8530, Füssen, 1:50 000

BILD Vor dem Einstieg in die Nordflanke des Köllespitze-Westgrates in der Nesselwängler Scharte, 2007 m. Rechts oben am Bildrand der Vorgipfel der Köllespitze, 2240 m. Man sieht Bergsteiger die leichte Schrofenkletterei in den teilweise recht steilen und grasdurchsetzten Rinnen und Verschneidungen absolvieren. Rechts oben auch die zu passierende Felskanzel »Lenzles Anstand«.

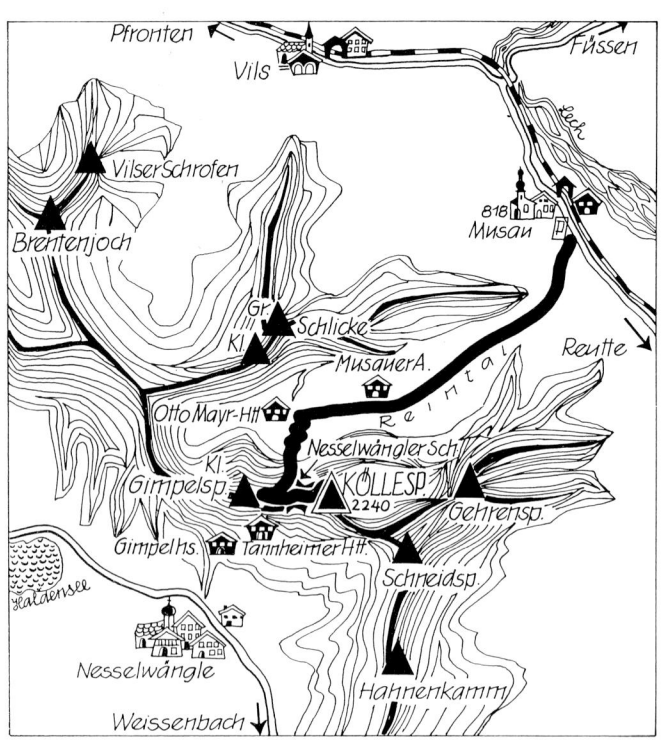

Wie alles Vorgebirge dicht über der Ebene bieten auch die Tannheimer Berge zwischen dem Lech bei Füssen und dem Haldensee doppelte Genüsse: denn von den fünf Gipfeln der Gehrenspitze, Köllespitze, Gimpel, Rote Flüh und Schlicke schaut man wie von fünf Hochkanzeln weit hinaus in den schwäbisch-bayerischen Pfaffenwinkel mit seinen Moosplatten, Seen und Zwiebeltürmen – und schaut zugleich südwärts auf die Lechtaler Alpen, westwärts ins hohe Allgäu und ostwärts auf Ammergauer Gebirg und Zugspitzmauer. Gimpel und Rote Flüh sind die schönsten Kletterziele im engen Gipfelkranz um das kleine Reintal: Gimpel-Westgrat (III), Gimpel-Südwand (IV), dazu fünf nur wenig kürzere Kletterführen in der Südwand der Roten Flüh (von III bis V) dürfen als wahre Genußkletereien in eisenhartem Kalkfels bezeichnet werden. – Die Köllespitze, 2240 m, höchster Tannheimer Gipfel, aber im Gestein nicht ganz so solide wie die erwähnten Gipfel, verlangt auf dem hier beschriebenen leichtesten Weg immerhin leichte Schrofenkletterei, das heißt: absolut trittsicheres Gehen in steiler, zuweilen grasdurchsetzter Felsflanke, in Rinnen und an Bändern. Dazu kommt, daß diese Führe nicht bezeichnet ist, also Orientierungssinn voraussetzt! – Um die Nesselwängler Scharte, 2007 m, und damit den eigentlichen Einstieg zu erreichen, muß man von der Otto-Mayr-Hütte erst ein kurzes Stück ins Reintal absteigen, und zwar bis zu dem ebenen Almboden, von dem aus der bezeichnete AV-Steig südwärts den Bach überquert und dann, virtuos die krummholzgespickten Steilhänge überwindend, bis unter die Nordabstürze des Kleinen Gimpel zieht. Hier oben wendet er sich scharf nach links (östlich) und bietet einige alte Drahtseile an, damit man ungefährdet die Nesselwängler Scharte gewinnt. In diese Scharte bricht der Westgrat der Köllespitze mit einer abweisenden Steilkante ab, die zu seiner Umgehung in der Nordflanke zwingt. In dieser schrofigen Nordflanke des Westgrates quert man leicht ansteigend etwa 60 m die sehr steilen grasigen Felsschrofen, bis die kleine Felskanzel des »Lenzles Anstand« erreicht ist. Von ihr wird etwa acht m in einer schwach ausgeprägten Rinne abgestiegen, um das Couloir zu gewinnen, das von der Scharte zwischen Hauptgipfel und höchstem Westgratzacken herabzieht. Im Couloir scharf nach links und mit kurzem Quergang zum Beginn einer nach Westen geöffneten Rinne, die – unten kaminartig verengt – oben breit zur Einsenkung östlich des Vorgipfels hinaufzieht. Aus dieser Einsenkung, die zugleich den ersten Blick in das südliche Bergland freigibt, geht es leicht zum Hauptgipfel (1 Std. ab Scharte). – Man führe den Abstieg genau am Anstiegsweg durch – versuche sich nie am Westgrat! – Die Tour kann mit kürzeren Anstiegszeiten auch von Nesselwängle her über die Tannheimer Hütte oder die Gimpelhütte unternommen werden.

31 Heiterwand 2638 m

Riesenmauer zwischen Fernpaß, Imst und Namlos

TALORTE Tarrenz bei Imst, 838 m, 6 km südlich Nassereith · Namlos, 1263 m (mit Bus oder Kfz von Stanzach im Lechtal)

STÜTZPUNKTE Heiterwandhütte, 2020 m, südöstlich unter dem Hauptgipfel am Tarrenzer Grubigjöchle (unbewirt., AV-Schloß, Auskunft bei Bergführer Stricker, Tarrenz Nr 105), 3½-4 Std. ab Tarrenz · Anhalterhütte, 2040 m, DAV, am Nordwestfuß der Heiterwand (meist bew.), 2½ bis 3 Std. ab Namlos

AUFSTIEGE Zum Heiterwand-Hauptgipfel, 2638 m, durch die Südflanke ab Heiterwandhütte, mäßig schwierig (II) · Zum Steinmanndl, 2590 m (Westgipfel), ab Anhalterhütte durch die Westflanke, mäßig schwierig (II) Zum Maldongrat, 2552 m, über Schrofen und Schutt von der Anhalterhütte übers Steinjöchl, leicht (I) · Abstiege nur auf den Aufstiegswegen!

CHARAKTER Die riesige Heiterwand mit ihren vielen Gipfelzacken ist nirgends wirklich leicht zugänglich: Der westliche Auslauf des Maldongrates (I) sollte von völlig Ungeübten ebenfalls gemieden werden. Die beiden hier bevorzugten Anstiege sind in jedem Falle Kletterei (II), von meist brüchigem Schrofen- und Rinnengelände erschwert!

GESCHICHTE 1. Ersteigung des Hauptgipfels wahrscheinlich durch J. Kolb, um 1890

FÜHRER / KARTEN AV Lechtaler Alpen/Groth (Rother) · Evtl. Sonderführer Heiterwandgebiet v. Em. Christa (Grissemann/Imst) · AV-Karte Lechtaler Alpen, Östlicher Teil 3/4, 1: 25 000

BILD Ausblick auf die Anhalterhütte am Nordwestfuß der Heiterwand.

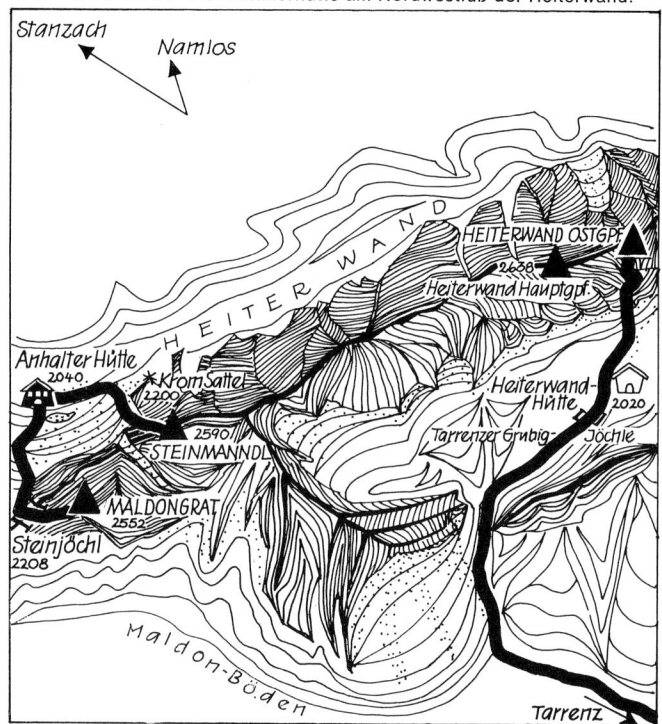

Im östlichen Auslauf der mächtigen Lechtaler Kalkalpen steht unweit vom Fernpaß und genau in der Mitte zwischen dem Inn bei Imst und dem Lech bei Stanzach die gewaltige, 7½ Kilometer lange Riesenmauer der Heiterwand: Unter ihren gut zehn Gipfeln sind drei höher als der von überallher sichtbare Hochvogel — dennoch muß man der Heiterwand erst nahekommen, um ihrer Mächtigkeit gewahr zu werden. Dieses Nahekommen ist reiner Genuß, denn man steuert auf allen Wegen eine überraschende Einsamkeit an. Die »meisten« Leute, auch das sind sehr wenige, kommen von Imst und Tarrenz auf der heißen Südflanke über die unbewirtschaftete Heiterwandhütte, um den Hauptgipfel, 2638 m, in 2½ Std. ab Hütte in mäßig schwieriger Kletterei (II) durch Schrofen und brüchige Rinnen zu erreichen. Viel, viel schöner kommt man von Norden her: vom Lech durchs Bschlabser Tal über Boden oder vom Lech durchs Namloser Tal. Wenn irgendwo der Satz stimmt, daß der Weg das Ziel ist, dann hier wortwörtlich bei der Heiterwand. Am liebsten möchte man den Riesenstock umwandern. Unsere Voreltern machten das auch auf einem alten (Anhalter-)AV-Steig, der, volle 20 km lang, heute leider größtenteils verfallen ist. Von der Anhalterhütte aus steigt der weniger erfahrene Bergsteiger auf den Maldongrat, 2552 m, dazu braucht er, das Steinjöchl, 2208 m, überschreitend, kaum mehr als 1¾ Std. (Maldongrat im Bild nicht zu sehen) und braucht kaum zu klettern. Wer höher hinaus will, der besteige von der Anhalterhütte aus das Steinmanndl, 2590 m, auf einer recht interessanten, mäßig schwierigen Kletterroute (II) der Nordwestflanke: Einstieg in die abweisende Wand, die durch eine tiefe Schlucht beinahe symmetrisch geteilt wird, dicht unterm Kromsattel, 2200 m, bei den alten Knappenlöchern. Erst hat man die tief eingeschnittene Steilrinne zu erreichen, dann hält man sich an ihre linken (westlichen) Begrenzungswände, bis die Gabelung erreicht ist; ab hier geht es in der rechten Rinne empor, dann nach links zum Grat und über den Vor- zum Hauptgipfel. Das ist natürlich, das nicht sehr zuverlässige Gestein mit berücksichtigt, eine richtige Klettertour! — Besser wird es für den Kletterer, wenn man von der Anhalterhütte aus — was ich hiermit nachdrücklich empfehle! — auf köstlich stillen Höhenwegen hinüber ins Revier der Hanauerhütte (unter Dremelspitze und Parzinnspitze) oder der Steinseehütte wechselt: Da umstehen uns prachtvolle Kalkberge, die mit Genuß zu erklettern sind. — Wer nicht aufs Klettern versessen ist, der steige von der Anhalterhütte oder von Namlos, Boden oder Gramais hinauf in eines der vielen Hochkare, die viele benannte und unbenannte Seelein bergen, darunter Steinsee, Gufelsee, Kogelsee, Roßkarsee (der schönste, unter der Torspitze!). In diesen entlegenen Hochkaren wird man zu einem Liebhaber der Lechtaler Berge erzogen.

32 Grünstein 2660 m

Mäßig schwierig über den Ostgrat

TALORT Ehrwald, 980 m

STÜTZPUNKT Coburger Hütte, 1916 m, im Drachenkar, DAV (bew.), 3 Std. von Ehrwald über den »Hohen Gang« oder 1½ Std. von der Ehrwalder Alm, 1493 m (bew., priv.), Sessellift-Bergstation

AUFSTIEG Ostgrat (mäßig schwierig, II) von der Grünsteinscharte, 2262 m, aus. Hierher von der Coburger Hütte in 1½ Std. Der genaue Einstieg befindet sich südlich unterhalb der Grünsteinscharte am Beginn einer zum Ostgrat ziehenden Schlucht. Kletterzeit Einstieg—Gipfel gut 2 Std. · Abstieg am besten auf dem gleichen Weg oder durch die »Schneerinne« direkt ins Drachenkar (Vorsicht, nur im Frühsommer!)

GESCHICHTE 1. Begehung E. und G. Beyrer und M. Wopfner am 26. 7. 1897 · Ostgratrinne (»Schneerinne«): 1. Begehung A. Fuchs und Erdmann mit J. Mayr und A. Ruech, am 9. 7. 1897 im Abstieg

FÜHRER / KARTEN AV-Führer Wetterstein/Mieminger/Aeberli · AV-Karte Wetterstein — Mieminger, Mittleres Blatt 1 : 25 000 · FB-Karte, Blatt 34, Wettersteingebirge, 1 : 100 000 · Gut: Wanderkarte des Bayerischen Vermessungsamtes, Blatt 97/westlich, 1 : 50 000

BILD Die große Mieminger Alpinszene, aus dem Flugzeug fotografiert. Rechts das große Schwärzkar, links das Drachenkar mit der Coburger Hütte im Vordergrund. Oben in Bildmitte der Grünstein, rechts oben der Wamperte Schrofen. Der berühmte Seebensee — Glacis der auf die Zugspitze schießenden Fotografen-Artillerie — liegt nahe dem linken unteren Bildeck, nur knapp außerhalb des Bildrandes.

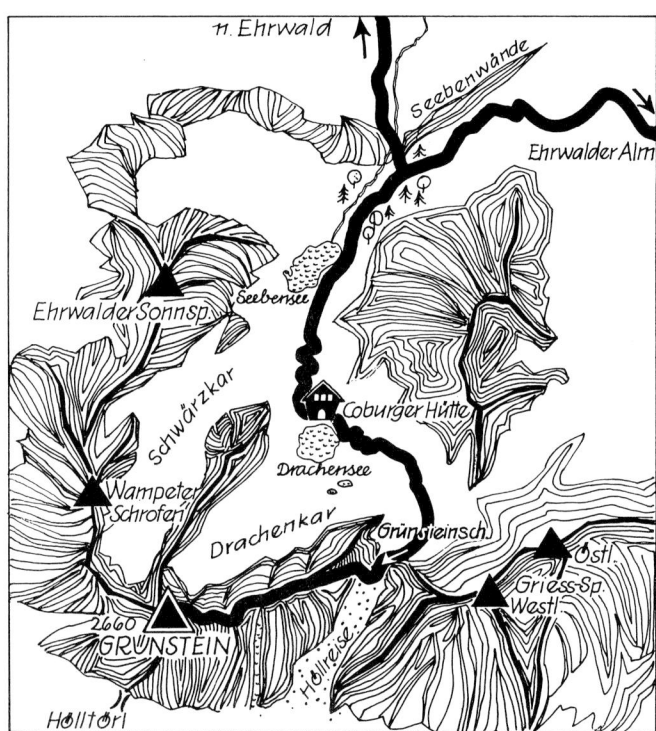

Die Mieminger Kette zwischen Fernpaß und Oberleutasch ist für die meisten Bergfreunde nur eine harmlose Dependance des Wettersteingebirges und auch für anspruchsvolle Kletterer kaum interessant. Der echte Bergsteiger freilich, der hohe Gipfel seiner Passion auch in einsamen Hochmulden, auf leichten Felsgraten und an den rauhen Ufern kleiner Bergseen zu finden weiß, dem wird es in der langen Kette wischen Hoher Munde, Hochplattig, Grünstein und Wanneck gefallen. Schon eine Stunde oberhalb der neuerdings leichter erreichbaren Coburger Hütte am Drachensee ist er einsam. Der Grünstein ist »nur« 2660 m hoch, niedriger also als Griesspitzen, Hochplattig und Hochwand, aber wie schon unser Bild zeigt, dominiert er souverän über Schwärz- und Drachenkar, seine felsige Nordflanke steigt wuchtig aus den Schuttkaren empor. Man kann den Grünstein — von dessen Gipfel man 2000 Höhenmeter ins Inntal hinabschaut — von Süden aus dem Hölltörl unschwierig (I) durch die Riffelrinne ersteigen. Interessanter ist es schon, von Norden durch die »Schneerinne« anzusteigen, was sich freilich nur für den Frühsommer empfiehlt. Hübsch dagegen, relativ kurz und reizvoll ist der Ostgrat, dessen Kletterei mit »mäßig schwierig« (II) zu bewerten ist. Man steigt von der Coburger Hütte einige Schritte zum nahen Drachensee ab und dann in steilen Kehren über Schrofen und endlich Schutt zur 2262 m hohen Grünsteinscharte auf (1½ Std.). Östlich hat man jetzt das Massiv der Westlichen Griesspitze, westlich das des Grünsteins über sich. Man kann nicht gleich von der Scharte aus auf den Ostgrat. Es heißt erst südlich abzusteigen, bis man um den Ersten Turm an den Ausgang der zum Ostgrat ziehenden Schlucht gelangt. Von hier steigt man rechts zur Scharte westlich des Turmes auf und gleich darauf durch einen kleinen Kamin und über eine steilere Wandstufe auf den bald weniger schwierigeren Nebengrat. Dieser Nebengrat wird fast ohne Abweichungen bis zum eigentlichen Ostgrat verfolgt — man kann übrigens aus der erwähnten Schlucht auch höher oben zum Nebengrat ansteigen, muß aber in jedem Falle stets nach rechts aufwärts aus der Schlucht heraus. — Am Ostgrat bleibt man an der Schneide, bis eine kleine Rinne vor dem zweiten Grataufschwung nach rechts (nördlich) in eine Einsenkung führt. Der immer leichter begehbare Grat wird von dort weiter verfolgt, ein steiler Aufschwung dagegen wieder rechts (nordseitig) über etwas brüchigen Fels und Schutt umgangen. Jenseits des Vorgipfels erreichen wir die Scharte, in die von Norden die »Schneerinne« einmündet (ein durchaus möglicher Abstiegsweg, aber nur im Frühsommer, und wenn der Firn nicht zu hart ist! Sonst gefährlich!). Nun auf der Südseite über Geröll aufwärts und wieder bis auf den Grat, dann in zwei weitere Scharten hinab und direkt hinauf zum hohen Gipfel.

33 Großer Waxenstein 2277 m

Aus dem Höllentalanger über die Südflanke

TALORTE Garmisch-Partenkirchen, 715 m, bzw. Hammersbach, 773 m (Zugspitzbahn oder Kfz ab Garmisch)

STÜTZPUNKT Höllentalangerhütte, DAV, 1379 m, auf dem untersten Höllentalboden, dicht oberhalb der Klamm (bew.). Gute 2 Std. ab Hammersbach, gute 3½ Std. zu Fuß ab Garmisch.

AUFSTIEG (wie Abstieg) in der sehr steilen, teils schrofigen, teils plattigen Südflanke, oben großenteils in der »Waxensteinrinne«. 3½ Std. ab Hütte. Abstieg etwa 2½ Std. (offiz. Schwierigkeitsgrad: II)

BESONDERER HINWEIS Der Große Waxenstein ist ein Kletterberg, Schwindelfreiheit ist in der steilen Südflanke eine unerläßliche Voraussetzung! Keine Steiganlage! Nie die hellrote Markierung verlassen!

GESCHICHTLICHE ANGABEN 1. Ersteigung Hermann v. Barth mit M. Ostler, genannt »Kosersepp«, 9. 8. 1871 (Südflanke)

FÜHRER / KARTEN AV-Führer Wetterstein / Mieminger · AV-Karte Wetterstein / Mieminger, Mittleres Blatt, 1 : 25 000 · Evtl. Wanderkarte des Bayerischen Vermessungsamtes, Blatt 97 / westlich, 1 : 50 000

BILD Die große Kalkgalerie des Werdenfelser Landes um Garmisch-Partenkirchen: ganz links die Alpspitze, anschließend Kleiner Waxenstein (mit dem vorgesetzten Mannl, das wir beim Normalanstieg von Norden nützen) und Großer Waxenstein. Rechts anschließend Schönangerspitze. Unten der beliebte norddeutsche Sommerzielort Grainau.

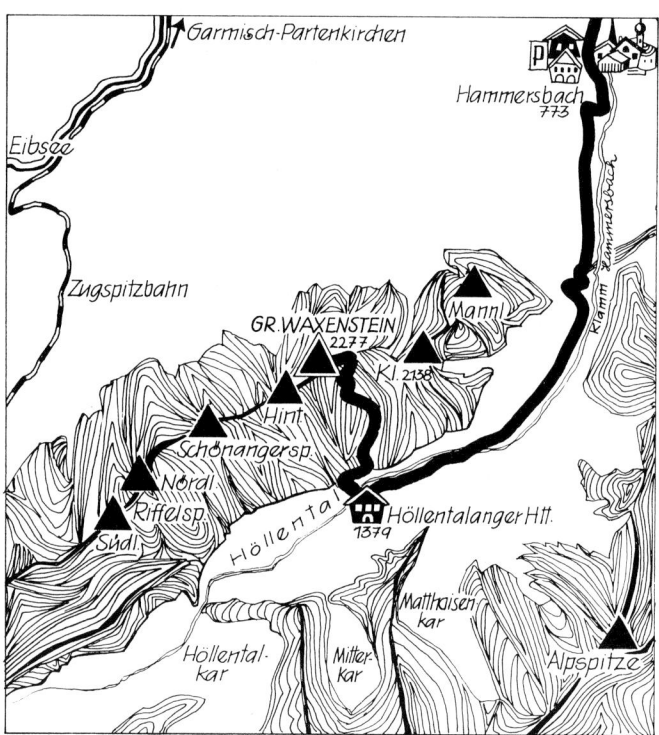

Das Dreigestirn Kleiner Waxenstein—Zwölferkopf—Großer Waxenstein schließt mit eindrucksvoll kühner Architektur den nördlichen Wettersteinkamm ab. Wer vom Rießersee aufschaut, hält es für unmöglich, daß diese wuchtig aus samtenen Waldgründen emporschießenden Kalktürme von der Zugspitze um volle 700 Höhenmeter überragt werden... Der Große Waxenstein dominiert mit 2277 m Höhe über dem Kamm östlich der Riffelscharte; er hat keine Felsflanke, die an geschlossenem Schwung der ihm vorgelagerten berühmten »Zwölferkante« gleichkäme. Aber durch seine von tiefen Schluchten durchrissene riesige Nordflanke führen immerhin mehrere hervorragende, manchmal verwickelt geführte Kletterrouten zum Gipfel. Am Großen Waxenstein ist freilich alles etwas verwickelt und verwirrend — auch an unserem Normalanstieg von der Höllentalangerhütte her. Dieser Anstieg ist für trittsichere Bergsteiger leicht, was die Kletterei (II) betrifft, aber schwierig bei der Wegsuche. Es gibt wohl eine hellrote Markierung, und die Spuren sind bis in die Waxensteinrinne hinauf gut ausgetreten, aber bei Nebel gerät man, zumal im Abstieg, leicht auf irgendeinen der vielen Schafsteige... Am besten, man studiert diesen Aufstieg 100 m östlich über der Hütte auf einem Polster liegend, mit dem AV-Führer in der Hand: Da entdeckt man auch gleich den alles entscheidenden doppelgipfeligen Felsturm im oberen Teil der großen meist schrofigen Südflanke. Links von ihm zieht die unten ausgewaschene »Waxensteinrinne« empor, die aber erst im oberen Teil betreten wird: Rechts unter diesem Turm vollzieht sich der erste Teil des Anstieges, und zwar, wie erwähnt, einigermaßen verwickelt. Oberhalb des nordwestlich der Hütte an die Südflanke stoßenden Geröllkegels (oft noch Firnreste) findet man links vom versteckten Wasserreservoir das rot bezeichnete, sehr schmale Steigerl, das über Grasbänder und Rinnen meist nach rechts emporleitet. Erst 200 m oberhalb der Hütte zieht es wieder nach links zum Sockel des erwähnten Felsturmes. Nun erst in der Rinne rechts vom Turmsockel empor, dann aus der Rinne heraus und an der rechten Begrenzung über steile Schrofen; endlich wieder nach links und quer durch den auffallenden Plattenschuß. Noch ein Stück unter Platten hindurch, dann scharf rechts über Geröll und Schrofen zum Oberen Schafsteig, der nach links ansteigend durch Mulden und über Rippen zum gelben Zacken an der »Waxensteinrinne« zieht. Jetzt erst hinein in diese Rinne, die weiter oben nicht ganz einfach ist, dann rechts heraus und leicht durch die Südflanke zum Gipfel... Der Eibsee, scheinbar eine verborgene Idylle, das Werdenfelser Tal, scheinbar eine gottverlassene Sommerfrische, die Zugspitze, scheinbar unberührt, und wie die Trümpfe alle heißen: Sie bieten eine Gipfelrast ohnegleichen, auch 700 Höhenmeter unter der Zugspitze.

34 Alpspitze 2628 m

Die »Schönen Gänge« hinauf — das Mathaisenkar hinunter

TALORTE AP Garmisch-Partenkirchen, 715 m, bzw. Kreuzeck-Talstation, 740 m · EP Hammersbach, 773 m

STÜTZPUNKTE Kreuzeckhaus, DAV, 1652 m (Kreuzeckbahn oder 2½ Std. ab Garmisch) · Hochalm (priv.), 1705 m (40 Min. ab Kreuzeck) · Höllentalangerhütte, DAV, 1379 m (1½ Std. nach Hammersbach durch die Klamm) — Start auch von der neuen Seilbahn am Osterfelderkopf, 2050 m!

AUFSTIEG Ostflanke und »Schöne Gänge« (Normalweg), rot bezeichnet, teilweise Sicherungen. Zeit ab Kreuzeck 3½ Std., ab Hochalm knappe 3 Std. Oder (sehr viel anstrengender!) ab Höllentalangerhütte über Mathaisenkar, Grieskarscharte, Alpspitze-SW-Grat in 4–5 Std. Am besten nur ab Kreuzeck! Also Abstieg ins Höllental, 4½ Std. bis ins Tal

BESONDERER HINWEIS Die Tour vermittelt unerwartet starke hochalpine Eindrücke durch die Exposition des Alpspitzgipfels über dem tiefen Höllentaleinschnitt. Nur bei Gutwetter durchführen! Nur für trittsichere, alpin erfahrene und ausdauernde Bergwanderer möglich. Kinder nur ab 12 Jahren und berggewohnt, dann stellenweise an die Reepschnur nehmen!

GESCHICHTLICHE ANGABEN 1. Ersteigung durch J. Burger, 1825 · Über »Schöne Gänge« erstmals 1858 durch F. v. Schilcher mit N. Grasegger · 1. Beg. des SW-Grates 1881 O. Reschreiter mit Josef Dengg

FÜHRER / KARTEN AV-Füh. Wetterstein / Mieminger · AV-Karte Wetterstein / Mieminger Gebirge, Mittleres Blatt, 1: 25 000 · Wanderkarte des Bayerischen Vermessungsamtes, Blatt 97 / westlich, 1: 50 000

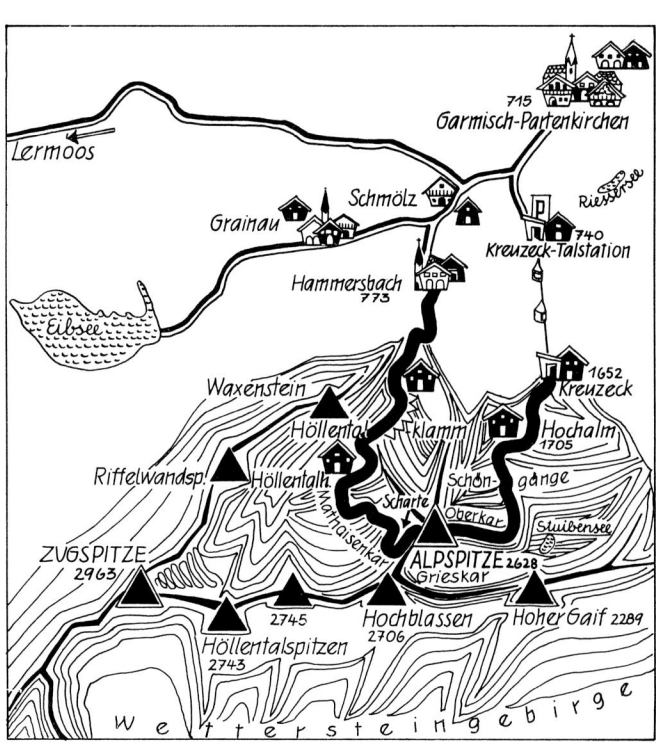

Hunderttausend Stammgästen von Garmisch-Partenkirchen bedeutet die Alpspitze vom Tal her den »formenschönsten Berg« weitum. Die Bergsteiger aber, die diesen vom Werdenfels her so wuchtigen Dreikant von den Waxensteinen, vom Höllentalferner oder gar vom Hochblassen her sehen, meinen, daß das alles nur Kulisse sei. Die Alpspitze ist nämlich von Westen her nur ein gewaltiger Steinhaufen und ebendeshalb auch kein Kletterberg. Andererseits überragt sie das Loisachufer um volle 2000 m, und ihre Überschreitung vom Kreuzeck über die »Schönen Gänge« hinauf und das einsame Mathaisenkar zum Höllental hinab ist eine so interessante, an hochalpinen Aspekten so überreiche Bergwanderung, daß man sie erfahrenen Bergfreunden mit Überzeugung empfehlen darf. Zum Kreuzeck fährt man mit der Kabinenbahn, bis zur Hochalm geht man in Gesellschaft, am Hochalmjöchl tritt man in eine relativ stille Welt voll kühner Felskulissen. Mit Spannung durchsteigt man die mit Drahtseilen gesicherte Verschneidung der »Schönen Gänge« hinauf ins verkarstete Oberkar, nicht ohne hohe Erwartung plagt man sich zwischen Grieskar und Oberkar den langen stufenreichen Grat zum Gipfelkreuz hinauf. Der Tiefblick ins Höllental füllt eine volle Gipfelstunde aus. Besser ist, wir steigen vorzeitig den — nun vollends vereinsamten — Südwestgrat zur Grieskarscharte ab (Kinder und Frau an die Reepschnur nehmen!) und weiter ins Mathaisenkar: Das liegt hier freilich volle 700 Höhenmeter fast senkrecht unter uns, und manch einer schreckt hier zurück — bis er wenige Schritte unter der Schartenkante eine Rinne entdeckt hat und darin ein Drahtseil. Mehrere solcher Rinnen, felsige Stufen, Platten, Grate und Steilrücken, dann und wann ein Drahtseil oder Stifte leiten recht verzwickt jene Riesenhöhe hinab (einmal darf eine Eisenstange, an der es links weitergeht, keinesfalls übersehen werden!), und auch der verzagte Bergwanderer findet samt Frau und Kindern (nicht unter 12 Jahren) hinab ins heilsam flache Kar, zur ersten Wasserstelle und auf das obligate Firnfeld. Dann versinkt man in einer Urwildnis von Sandreißen, Latschen und Alpenrosen, die Wände ringsum steigen ins bedrohlich Senkrechte auf: Am Ende hat uns ein winziges, schwarzerdiges Steiglein doch noch hinab vor die Höllentalhütte geleitet, zum festen Weg durch die Klamm und hinaus nach Hammersbach. Die Tour ist lang und anstrengend: also sehr früher Aufbruch, evtl. auf der Hochalm übernachten! Nur guttrainierte Bergsteiger dürfen es wagen, von der Grieskarscharte aus den Hochblassen jenseits des Grieskares mitzunehmen, wobei man die »Falsche Grieskarscharte« (ganz oben am Sockel des Hochblassen) benützt und über die Vollkarspitze, mehrfach an kurzen Drahtseilhilfen, aufsteigt: Der Doppelgipfel ist eine wundervoll entlegene Hochkanzel über Reintal und Höllental, aber nicht mehr für Kinder!

74

Die Alpspitze (rechts oben) lehnt sich über das Grieskar hinweg an den riesigen Blassengrat an, einen feinen Klettergrat (III), der oben am Doppelgipfel des Hochblassen endet. Links unterm Alpspitzgipfel Oberkar und »Schöne Gänge«. Ganz links oben der Hochwanner mit seiner großen, im unsichtbaren Reintal aufsitzenden Nordwand. Rechts unten im Bernardeinwald sieht man das Steigerl, das vom Kreuzeck hinüber und hinab in dieses Reintal zieht.

35 Dreitorspitze 2634 m

Im Zentrum eines Kletterparadieses

TALORTE Garmisch-Partenkirchen, 715 m · Unterleutasch, 1060 m (Bus von Seefeld bzw. Mittenwald)

STÜTZPUNKTE Meilerhütte, 2366 m, am Dreitorspitzgatterl, DAV (bew.), 4½ Std. ab Unterleutasch, 5 Std. ab Partenkirchen über den Schachen · Schachenhaus, 1866 m (priv., bew.), 1¼ Std. zur Meilerhütte

AUFSTIEG Nordostgipfel, 2606 m, über Signalkuppe, 1½ Std. (II+), dann Übergang zum Mittelgipfel, 2626 m, und Westgipfel, 2634 m, 1 Std. (II− · Abstieg vom Westgipfel am gesicherten »Barthweg«, 1½ Std. bis zur Hütte, Trittsicherheit auch hier erforderlich (Grenzpapiere mitführen!)

CHARAKTER Die Überschreitung, wie hier empfohlen, ist leichte Kletterei, erfordert aber Schwindelfreiheit. Eine Stelle im Kamin Grad II+!

GESCHICHTE NO-Gipfel: 1. Ersteigung F. v. Schilcher mit A. Rauth, 7. 8. 1884 · Mittelgipfel (Übergang): 1. Ersteigung H. v. Barth, 7. 8. 1871 · Westgipfel: 1. Ersteigung K. Kiendl und J. Grasegger, 20. 7. 1854

FÜHRER / KARTEN AV-Füh. Wetterstein / Pfanzelt / Aeberli · AV-Karte Wetterstein / Mieminger Gebirge, Östliches Blatt, 1: 25 000 · Topographische Karte, Blatt 97 / westlich, 1: 50 000

BILD Blick von Norden aus dem Flugzeug auf Meilerhütte (links oben in der Scharte), Signalkuppe, Partenkirchner (dreigipfelig) und Leutascher Dreitorspitze. Rechts oben am Bildrand die Schüsselkarspitze. Vorne links das Schachenhaus, rechts unten das Oberreintal, aus diesem nach links aufsteigend Eichhorngrat und Westgrat zur Dreitorspitze.

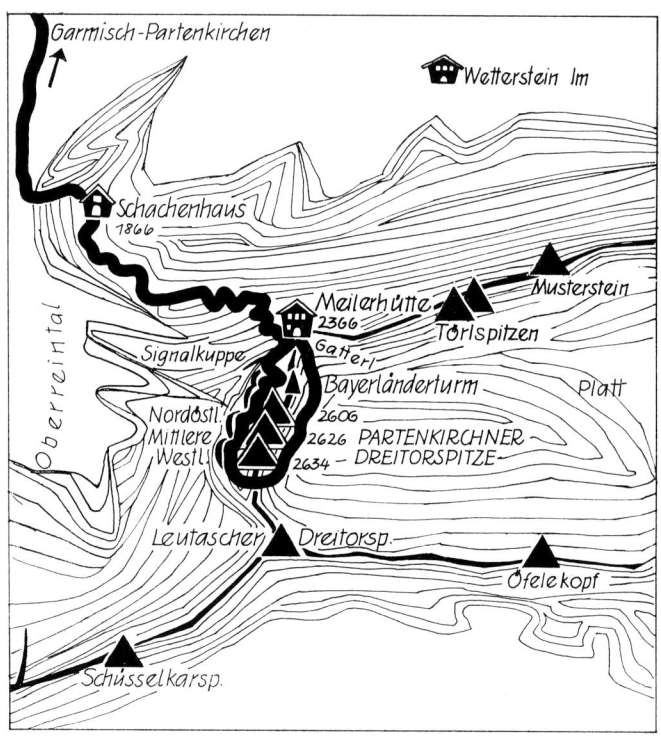

Nicht nur höhenmäßig beherrscht die dreigipfelige Dreitorspitze das bedeutendste Kletterparadies auf deutschem Boden — diesen südlichen Wettersteinkamm über dem Oberreintal; ihre Westflanke steigt unmittelbar aus dem Oberreintal auf, gestützt auf dessen schönste Klettergrate, den Nordwestgrat (Eichhorngrat, IV), den 1000 Meter hohen Westgrat mit Oberreintaldom, Unterem und Oberem Berggeistturm (viele Vierer-, Fünfer- und Sechser-Führen). Dazu stellt sie mit dem ihren Nordostgipfel vorgelagerten Bayerländerturm einen höchst anspruchsvollen Klettergarten vor die Tür der Meilerhütte, und die Führen in ihrer Ost-, Nordost- und Nordwand haben es ebenfalls in sich: drei schöne Vierer-Touren — Ostwand, Ostwand-Ostgrat, beide von Eichhorn/Theato, und die Nordwand; dazu fünf extreme Führen — Ostkante von Hannemann/Hoesch, Direkte Ostkante von Bertl/Kleisl, die Südostwand der Gebrüder Spindler, eine Direkte Nordwand von Bertl/Kleisl und schließlich die äußerst schwierige Nordkante der einst so berühmten Seilschaft Hall-Stößer-Schütt... Man sieht, daß die Dreitorspitze unter Kletterern allen Ansprüchen genügt, und dies trotz des benachbarten Mustersteins mit seinen feinen Genußkletterein, trotz der berühmten Süd- und Südostwandtouren an der Schüsselkarspitze nebenan. — Wir begehen den Normalweg des teils gesicherten »Barthsteiges« nur im Abstieg, denn die Überschreitung der Partenkirchner Dreitorspitze, nur mäßig schwierig (II), bietet eine prächtige Kletterei. Ungeübte gehen dabei selbstverständlich am Seil eines Führers oder eines erfahrenen Bergsteigers. Der Erfahrene tut sich leicht: Er steigt von der bereits 2366 m hoch und mitten in der Grenzkammscharte gelegenen Meilerhütte aus westlich auf Spuren in wenigen Minuten auf zur Signalkuppe, betritt absteigend die nächste Scharte und wendet sich dann gegen die gut sichtbaren Kamine hinauf, die zwischen Nordostgipfel und dem ihm östlich vorgelagerten Felsturm emporziehen. Den rechten Kamin sperrt ein Klemmblock, er muß später durchstiegen werden. Zunächst steigt man aus der Scharte hinter der Signalkuppe über leichten Fels an das Hauptmassiv heran und dann weiter über ein nach links aufwärts ziehendes Band; an guten Griffen im steilen Fels wird der rechte Kamin erreicht, dann klettert man unter dem Klemmblock hindurch und steigt gleich hinterher nach links über eine senkrechte Wandstelle auf die Trennungrippe zwischen den Kaminen und von dort in die nahe Scharte aus. Von hier geht es luftig und reizvoll, stets südlich vom Grat, zum Nordostgipfel. Der Übergang zum Mittel- und Westgipfel ist ebenfalls nur mäßig schwierig (II), man halte sich exakt an den AV-Führer. Im Vorsommer, aber auch noch im Hochsommer hat man an Firnstellen Vorsicht zu üben, vor allem auch im Abstieg am gesicherten »Barthweg«: niemals abfahren!

36 Kaltwasserkarspitze 2733 m

Die »Dolchklinge« über dem Kleinen Ahornboden

TALORTE Scharnitz, 963 m. Oder Hinterriß / Alpenhof, 945 m (Bus von Bad Tölz, Lenggries und Vorderriß)

STÜTZPUNKT Karwendelhaus, 1765 m, DAV (bew.), unterm Hochalmsattel, 1791 m, 4 Std. ab Hinterriß über Kleinen Ahornboden oder 4½ Std. ab Scharnitz zu Fuß bzw. mit Jeep des Hüttenwirtes ab Scharnitz in 1 Std.

AUFSTIEG (genau wie Abstieg) Westflanke und oberster Südgrat über Schlauchkar und Hochjöchl. Anstrengend! Keinen Steinschlag erzeugen! Ausdauer und Schwindelfreiheit unerläßlich! Ebenso absolute Trittsicherheit, da stellenweise unzuverlässiges Gestein. Die Kaltwasserkarspitze muß als Kletterberg gelten! Auch die hier empfohlene Besteigung ab Hochjöchl (leichtester Anstieg!) ist in beiden Varianten mäßig schwierig, also I/II nach der Alpenskala! Seilsicherung empfiehlt sich nur wegen des brüchigen Kalkgesteins!

GESCHICHTE 1. touristische Ersteigung Hermann v. Barth am 15. 8. 1870 über den Südgrat

FÜHRER / KARTEN AV-Führer Karwendelgebirge / Klier-März · Kl. Karwendelführer / Klier-März · AV-Karte Karwendel, Mittleres Blatt, 1:25 000 2. FB-Karte Karwendel, Blatt 32, 1:100 000 (unzureichend) · Topographische Karte, Blatt 97/98, 1:50 000

BILD Blick von der Ostschulter der Birkkarspitze über das Hochjöchl hinweg auf die Nordwestflanke der Kaltwasserkarspitze. Oben rechts am Bildrand die »Alte Führe«, rechts unterm Gipfel die »Neue Führe«

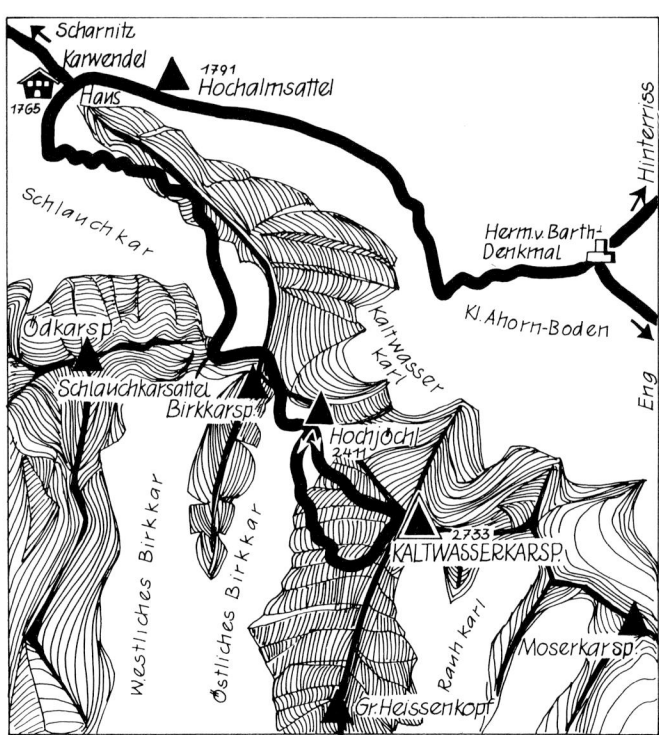

Im Zentrum der mächtigsten Karwendelkette zwischen Scharnitz und Schwaz sammeln sich die höchsten Gipfel — Birkkarspitze, 2749 m, Ödkarspitzen, 2743 m, Kaltwasserkarspitze, 2733 m, und die höchsten Wände — an Lalidererspitze, Grubenkarspitze und Spritzkarspitze. Wer von der Eng über Falkenhütte, Kleinen Ahornboden, Hochalmsattel und Schlauchkarsattel ins Hinterautal wandert, der genießt alle diese Wände und Gipfel auf Atemnähe: Es gibt keine Wanderung im Zauberland des Karwendels, die stärkere Eindrücke bieten könnte. Der Weg führt immer um die Kaltwasserkarspitze herum. Am Kleinen Ahornboden begegnet man Hermann von Barth in Stein, dem verwegenen Erstersteiger vieler Karwendelgipfel: er hat am 15. August 1870 die Kaltwasserkarspitze als erster bezwungen ... und sie im Rausch des glücklichen Siegers eine »emporgereckte Dolchklinge« genannt. — Diese Kaltwasserkarspitze ist auf keinem Weg leicht zu ersteigen: die einfachsten Wege über das Hochjöchl, 2411 m, und die »Alte Führe« über Westflanke und Südgrat — die »Neue Führe« über Hochjöchl, Nordwestflanke und Nordwestgrat (beide auf Seite 225 des AV-Führers gut dargestellt!) — sowie die Überschreitung des gesamten Südgrates einschließlich des Großen Heißenkopfes, dies alles sind relativ leichte Klettertouren (kaum II), aber lang und, wie im Karwendel üblich, immer etwas unzuverlässig im Gestein: Leicht also sind sie nur für berggewohnte, ausdauernde und absolut trittsichere Bergsteiger! Wer sich nicht dazuzählen darf, muß am Seil eines erfahrenen Bergsteigers gehen. Zumeist wird der Gipfel vom Karwendelhaus, 1765 m, her bestiegen. Man muß also zum Auftakt das steinige Schlauchkar hinauf bis dicht unter die Birkkarspitze, muß dann 150 m unterhalb des Sattels nach links hinüberqueren zur Nordschulter der Birkkarspitze und weiter (ausgesetzt an Firn oder steilen Schrofenhängen) zu deren Ostschulter, 2611 m, und muß schließlich auf Spuren ein Kar südwärts hinab und zum Hochjöchl: Hier, auf 2411 m Höhe, beginnt erst die eigentliche Tour. Hierher kommt man auch aus dem Hinterautal durch das Östliche Birkkar. Man wählt nun zwischen dem »Alten« und dem »Neuen« Weg. Als leichteste Führe dürfte aber doch noch die »Alte« gelten: also die Führe durch die Westflanke zum Südgrat. Da hat man vom Hochjöchl erst gut 300 m in den obersten östlichen Birkkarboden abzusteigen, dann erreicht man über gestufte Schrofen ansteigend ein gegen den Grat ziehendes Geröllfeld. Hier sieht man vom Südgrat drei Rinnen herabziehen, durch die nördliche oder auch die mittlere gelangt man auf den Grat. Gesamtzeit ab Karwendelhaus gut 4—5 Std. Diese »Alte Führe« ist auf der rechten Seite unseres Bildes gut einzusehen; man erkennt nahe dem Bildrand ausgezeichnet die Lage, Neigung und Struktur der »vom Südgrat herabziehenden drei Rinnen«.

78

37 Lamsenspitze 2508 m

Am Ostpfeiler des Karwendel-Hauptkammes

TALORTE AP »Eng« am Großen Ahornboden, 1218 m (Bus und Kfz) · EP Pertisau am Achensee, 922 m (Bus von Jenbach/Maurach, Kfz) · Vomp im Inntal, 566 m, bzw. Schwaz, 537 m

STÜTZPUNKT Lamsenjochhütte, 1953 m, unterm Östlichen Lamsenjoch, DAV (bew.). 4 Std. ab Pertisau durchs Falzthurntal, 2½ Std. ab »Eng«, 4–5 Std. ab Schwaz durchs Stallental

AUFSTIEG Normalweg über Lamsenjoch und Steiganlage rechts der »Turnerrinne« in der Südflanke, 2½ Std. ab Hütte. Unterm Joch Drahtseilsicherungen! · Der schönste Abstieg führt vom Lamsenjoch durchs Zwerchloch genau südlich ins Vomper Loch hinab und von diesem hinaus nach Vomp bzw. Schwaz (Eispickel wichtig!). Abstiegszeit zwischen 3 und 4½ Std. Abstiegszeit Hütte—Pertisau 2¼ Std. — Normalabstiege auch Stallental und Falzturmtal!

BESONDERE HINWEISE Die Lamsenspitze ist ein Kletterberg! Trittsicherheit und Schwindelfreiheit unerläßlich

GESCHICHTLICHE ANGABEN 1. Ersteigung M. v. Lipold, 1843 · Dann Hermann v. Barth, 22. 6. 1870 (Barthkamin), dann M. Meisinger mit Probst

FÜHRER / KARTEN AV-Führer Karwendelgebirge / Klier-März · AV-Karte Karwendel, Östliches Blatt

BILD Die Lamsenspitze im Karwendel über ihrem Stallental, das nach links unten hinaus zum schnellen Inn zieht. Links wird das rauhe Hochtal von dem schwarzen Kalkgrat der Hochnisslspitze begleitet.

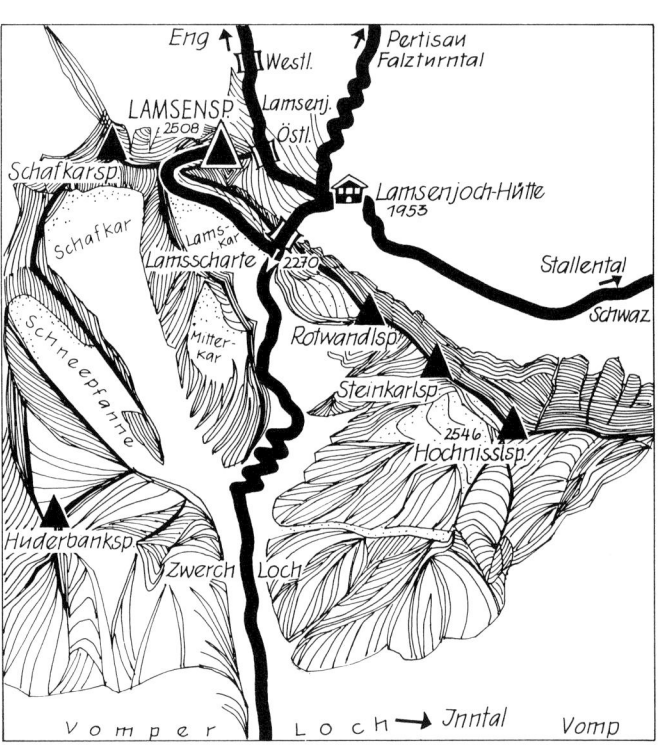

Die Lamsenspitze, hoch über drei der allerschönsten Karwendeltäler aufragend, bezwingt auffallend viel Bergfreunde durch ihre markante Gestalt: Allzu beherrschend senkt sich ihre ungebrochen scharfe Nordostkante in die Gamsänger zwischen den beiden Jöchern ab. Und ob man vom Großen Ahornboden, aus dem Vomper Loch, dem Stallental oder — am schönsten Anmarschweg — aus dem Falzthurntal kommt, immer quillt heftig der Wunsch auf, diesen mächtigen Dreikant zu besteigen. Hermann v. Barth ist es schon 1870 als zweitem Ersteiger so ergangen, auch die beiden blutjungen Münchener Maler Otto Bauriedl und Adalbert Holzer erlagen 1904, als sie erstmals die steile Ostwand bezwangen, dem Zauber dieser Kalkpyramide. Es gibt viele Anstiegswege zum Gipfel der Lamsenspitze, aber keinen, der kein Kletterweg wäre! Auch der Normalanstieg von der Lamsenhütte her über Ostwandsockel, Lamsenjoch und neue, teilweise gesicherte Steiganlage (rechts der bisher benützten »Turnerrinne«) erfordert stets eine gewisse Aufmerksamkeit. Das brüchige Gestein der »Turnerrinne« war berüchtigt, aber der Fels an sich verlangt hier Vorsicht. Dies nimmt man bereits am Weg zum Einstieg wahr, wenn man vor der Lamsscharte, 2270 m, Hand an den Fels legen muß. Auch hier gibt es nun Eisenhilfen, dann gewinnt man die Scharte, steigt jenseits in den westlichen Karboden hinab und quert hinüber zur Westwand, um rechts der beiden Rinnen den erwähnten Steig zu finden. An ihm gewinnt man heute — leichter als bisher im brüchigen Fels — den herrlich aussichtsreichen Gipfel. Neben diesem leichten Normalanstieg gibt es einige schwierige Anstiege — den Barthkamin der Südflanke (III), die Hübel-Dessauer-Führe in der Ostwand (III) —, ferner sehr schwierige Anstiege — Südostkante (IV), Ostwand-Frankenländerweg (IV), Ostwand/Knebel-Puchta-Führe (IV), vor allem aber die steile Nordostkante (IV, Einsteigswandl mittels Steigbaum). Die Ostwand-Führen, sehr beliebt, weisen verhältnismäßig festen Fels auf; durch viele Begehungen ist die Wand »ausgeräumt«. Eine Schwierigkeit ist schon vor der Klettertour zu überwinden: Die herrlich gelegene, doch viel zu kleine Lamsenhütte ist gerne überfüllt, seitdem der Große Ahornboden für Kfz freigegeben wurde. Der Hüttenanstieg von dort her ist relativ kurz, dabei ungewöhnlich schön. — Wer es sich leisten kann, sollte im späteren Sommer auch einmal zwei Unternehmungen durchführen, die im Zusammenhang mit einer Lamsenspitze-Ersteigung naheliegen: 1. den Abstiegsweg durchs Zwerchloch und Vomper Loch suchen, 2. den Grat vom Lamstunnel über Rotwandspitze und Steinkarlspitze zur Hochnißlspitze, 2546 m (bez.), begehen. Durch das steile Zwerchloch steigt man wegen der harten Firntafeln niemals vor Mitte Juli ab. In unserem feinen Luftfoto führen Licht und Schatten eine delikate Regie — kraftvolle Diagonalen schaffend.

38 Großer Bettelwurf 2725 m

Felsklotz zwischen Inntal und Vomper Loch

TALORT Solbad Hall, 560 m (ab hier mit Kfz gegen Mautgebühr bis zum Bettelwurfbrünnl auf etwa 1000 m Höhe)

STÜTZPUNKT Bettelwurfhütte, 2077 m, am Südabhang des Kleinen Bettelwurfs, ÖAV (bew.). 4½ Std. ab Hall, 3 Std. ab Bettelwurfbrünnl. Die Bettelwurfhütte wird besonders schön im Übergang vom Halleranger-haus in 2½—3 Std. und von der Pfeishütte her in 3 Std. erreicht!

AUFSTIEG (wie Abstieg) Von der Hütte über den »Eisengattergrat«, eine Steiganlage mit Drahtseilsicherungen, bez., etwa 2 Std.

CHARAKTER Der dritthöchste Karwendelgipfel mit der umfassendsten Umschau gegen Süden erfordert trotz Steiganlage Schwindelfreiheit. Früher Aufbruch lohnt — auch Obst oder ein Flascherl Bier im Rucksack

GESCHICHTE 1. Ersteigung vermutlich L. v. Barth, 1855. Dann J. Pock und C. Wechner, September 1867. Dann Hermann v. Barth am 15. 6. 1870

FÜHRER / KARTEN AV-Führer Karwendelgebirge / Klier-März · und deren Kleiner Karwendelführer · AV-Karte Karwendel, Mittleres Blatt, 1:25 000 · FB-Karte, Blatt 32, Karwendel, 1:100 000

BILD Aufstieg zum Großen Bettelwurf über dem Inntal. Zwischen der Bettelwurfhütte, 2077 m, und dem Gipfel, 2725 m, passiert man diesen exponierten, aber totsicheren »Eisengattergrat« und spart sich dergestalt 99 kleine Ängste. Man steigt in einer sonnigen Südflanke an und beobachtet bei jeder Rast, wie grausam sich das kostbare Inntal mit Beton füllt. Im Bildhintergrund Stubaital, Habicht und Zuckerhütlgruppe.

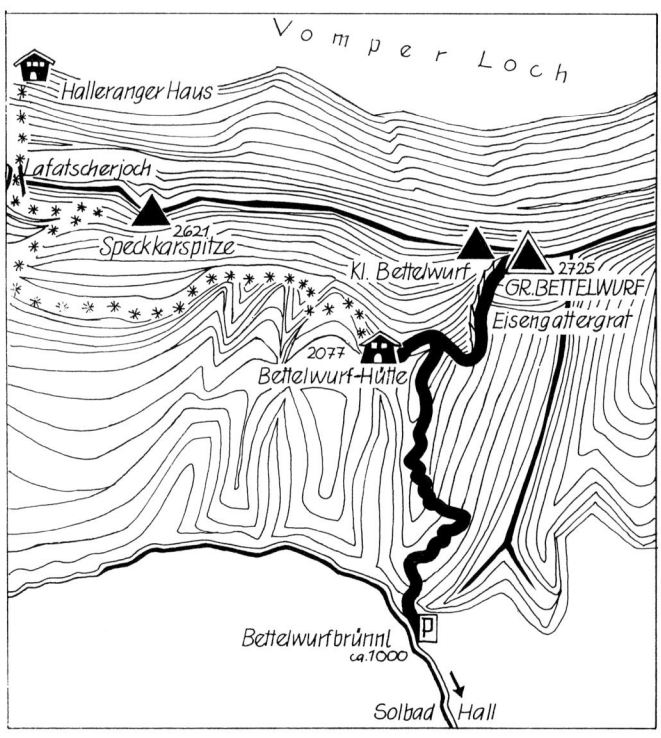

2200 Meter hoch erhebt sich der Gipfel des Großen Bettelwurfs über den breiten, dicht besiedelten Inntalboden bei der alten Salzstadt Hall, und fast 1500 Meter fällt seine felsige Nordwand ins enge düstere Vomper Loch hinab — in das wohl einsamste Revier des Karwendelgebirges. Hermann v. Barth hat den Zauber dieses wildesten und tiefsten Einrisses im Karwendelkalk überzeugend beschrieben. Der Große Bettelwurf stellt sich vom oberen wie vom unteren Inntal her als breiter Felsklotz dar, er beherrscht durch die Höhe und Wucht seines langen Gipfelgrates das ganze mittlere Inntal. Die Besteigung über die endlos lange, im Sommer recht warme Südflanke ist anstrengend, da gibt es nichts zu verheimlichen. Zwar kann man jetzt bis auf 1000 m Höhe mit dem Kfz auffahren, aber dann sind immer noch 3 Std. aufzusteigen — schon aufzusteigen gegen den Abend hin, wenn sich das südliche Urgestein Tal um Tal auffaltet und endlich die glänzende Parade aller Zillertaler Eiskämme abzusehen ist. Viele Leute ziehen es vor, den Großen Bettelwurf in Verbindung mit der Speckkarspitze zu machen, also nach deren Besteigung (vom nahen Halleranger-haus kommend) gemütlich und beinahe eben vom Lafatscherjoch zur Bettelwurfhütte hinüberzugehen. Auch ich habe es mit den Kindern so gehalten. Von der Hütte weg steigt man anderntags so früh als möglich durch das östlich angrenzende Schuttkar zur Steiganlage des »Eisengattergrates« hinüber, der alle Schrecken, die einstige Ersteiger beim Aufstieg zu überwinden hatten, bannt. Über mehrere Stufen leitet dieser Gipfelsteig zu einer schrägen Steilrinne und zum Gipfelgrat. Nur Neuschnee kann das Vergnügen dieses Aufstieges schmälern — oder brennende Mittagshitze. Auf 2725 m Höhe stehen wir zugleich auf dem dritthöchsten Karwendelgipfel und genießen bei Gutwetter, und nun gar an klaren späten Herbst-tagen, eine einzigartig umfassende Aussicht: fünf-hundert Gipfel und keiner dem anderen gleich — entscheidet unser Bergsteigerherz gegen den Ver-stand! Im Süden die Zentralalpen vom Großglockner bis weit übers Stubaier Eis hinaus, im Norden nervenzerrende Tiefblicke in den Halleranger und ins Vomper Loch hinab. Darüber erhebt sich die Hauptkette des Karwendels, aber leider höchst un-ansehnlich — denn so bestürzend steil und hoch der Hauptkamm, etwa bei der Laliдererwand, gegen Norden abfällt, so harmlos senkt er sich nach Süden nieder in grauen Schuttreißen, endlosen Latschen-feldern und tiefem Gamswald. — Die Aussicht nach Süden aber muß hervorgehoben werden, sie hat nicht ihresgleichen, und sie verlohnt den langen Auf-stieg in der Tat! — Ein wichtiger Hinweis: Niemand lasse sich verleiten, anders als am Aufstiegsweg abzusteigen! Auch ein Versuch, vom Großen zum Kleinen Bettelwurf oder gar zur Speckkarspitze zu klettern, wäre gefahrenreich, ist also undiskutabel.

82

39 Hochiss 2299 m

Kalkbastion über Inn und Achensee

TALORTE Maurach am Achensee, 850 m (Talstation der Kabine zur Erfurter Hütte). — Kramsach am Inn, 588 m (bei Brixlegg-Rattenberg), Talstation der Bergbahn zur Pulver- und Hochalm, 1530 m, am Ostpfeiler des Rofangebirges (Nähe Zireinersee)

UNTERKÜNFTE Erfurter Hütte, AV, 1834 m (Bergstation) überm Achensee. — Bayreuther Hütte AV, 1576 m, in der Südflanke unter Vord. Sonnwendjoch und Sagzahn, 2¾ Std. Aufstieg ab Münster bei Brixlegg (Inn)

AUFSTIEG / ABSTIEG Ob Bergbahnbenützung oder nicht, wir machen die ganze Überschreitung des Rofanstockes von West nach Ost (oder umgekehrt). Zeitbedarf: für Aufstieg zu Fuß ab Maurach oder Kramsach bis Erfurter Hütte bzw. Zireinersee jeweils 3 Std. knapp. — Überschreitung Erfurter Hütte bis Hochiss, 2 Std. Hochiss bis Rofanspitze, 2259 m, etwa 2 Std. Abstieg Rofanspitze—Zireinersee—Kramsach etwa 2—3 Std.

BESONDERER HINWEIS Das Rofan, neuerdings mit zwei überflüssigen Bergbahnen degradiert, hat eine stille Nordflanke, riesige Steilwände über der Ampmoosalm, über die man absteigend die Grundache und Dorf (und Bus) Steinberg erreicht!

FÜHRER / KARTEN Röder / Rofangebirge (Rother). — FB-Wanderkarte, Blatt 31, 1:100 000 (zu unergiebig). Besser: Österreich. Karte 1:50 000, Blatt 119 Schwaz!

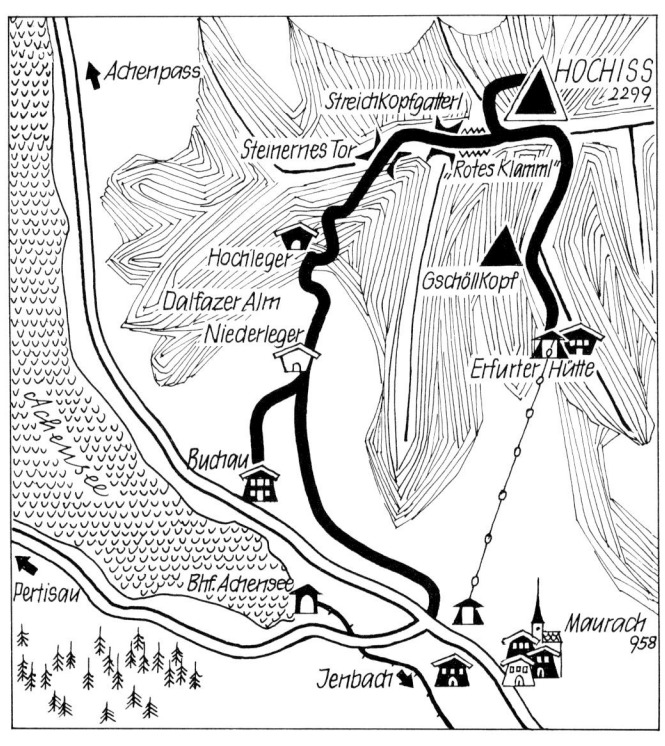

»Rofan« kommt vom lateinischen »rovina« = Ruine. Unser Luftbild bestätigt diesen Namen, entschleiert aber zugleich das spannungsreiche Janusgesicht dieses dem mächtigen Karwendel ostwärts — über den Achensee hinweg — vorgesetzte Kalkgebirge. Im Norden — unser Bild! — breite Festungsmauern, Scharten, Einrisse über einem dreigeteilten grünen Vorfeld. Dagegen erkennt man jenseits der spitzen Gipfel bereits den Charakter der Südflanke: weiche, samtene Almflächen, und ahnt die kleinen trunkenen Seeaugen — Zireinersee und Gruberlacke — unter den wenigen Felsrampen ... Dieses Hochiß als höchster Rofangipfel steht unglaubhafte 1800 Höhenmeter über dem Inn-Ufer und immer noch 1370 m über dem Achenseespiegel. Wenn wir im späten Herbst kommen, sagen wir von Anfang September bis Ende Oktober, dann ist das Rofan beinahe einsam: da kommen nur noch die Münchner Liebhaber. Sie hocken auf Hochiss, Rofanspitze und Roßköpfen und schauen stumm und glückselig südwärts, über das rauchige Innbecken hinüber in die Zillertaler Alpen — tief hinein in die lange Zillertalfurche unterm Ahornspitz, oder westwärts hinab ins verlassene Falzthurntal ... Wir fahren am besten von Maurach mit der Kabine zur Erfurter Hütte und steigen auf markierten Wegen zum Hochiss, unterlaufen hinterher Spieljoch und Roßköpfe, machen auf der Rofanspitze die größere Rast und — gehen nun entweder 1. am gleichen Weg (den Hochissgipfel aussparend) zur Erfurter Hütte zurück, an ihr vorbei, hinab zum Fahrzeug; — oder steigen 2. von der Rofanspitze auf reizvolle Weise erst süd-, dann ostwärts zum Zireinersee und dann über den Roßkogel ostwärts steil hinab nach Kramsach (ab Erfurter Hütte 5—6 Std.!) — Oder 3. wir steigen von der Rofanspitze südwärts ab, dann am Klettersteig auf den kühnen Sagzahn, und weiter auf die hohe Tribüne des Vorderen Sonnwendjoches. Von hier später südwestwärts (nach der Karte!!) hinab zur Scherbensteinalm, hinüber über Krahnsattel und Mauritzalm zur Erfurter Hütte usw. (bis hierher ohne restlichen Talabstieg schon 5—7 Std. ... aber bei gutem Wetter hinreißend schön! — Als aparte 4. Möglichkeit können trittsichere und gewandte Bergwanderer genau zwischen Rofanspitze und Roßköpfen nordwärts am zermürbten alten »Bettlersteig« in den feinen Ampmoosboden absteigen und von dort nordwärts nach Dorf Steinberg (Bus Achensee) kommen. — Wer nur über die Erfurter Hütte zum Hochiss will, könnte abwärts wenigstens eine bekömmliche Variante an den nur 2stündigen Aufstieg anhängen: Hochissgipfel kurz westwärts absteigen, dann am markierten Steig (rechts oben im Bild) zum benachbarten Streichkopfgatterl und durchs »Steinerne Tor«, hier aber scharf südwärts und fast weglos am langen »Dalfazer Kamm« hinab, und dort, wo seine Kammtürme mit der Rotspitze enden, hinüber zur Erfurter Hütte. Der Abstieg Hütte—Tal ist kurz, steil und schön.

Blick aus dem Flugzeug auf die felsige Nordflanke des Rofangebirges. Gipfel von rechts (im Sinne unserer Überschreitung); Streichkopf, 2243; Hochiss, 2299; Spieljoch, 2236; Roßköpfe, 2246; Rofanspitze, 2259. Unter diesem letzten Gipfel die strenge Rofanidylle des einsamen Ampmoosbodens.

40 Ellmauer Halt 2344 m

Überschreitung von Süden nach Norden

TALORTE AP Ellmau, 812 m (beim Anstieg über die Gruttenhütte), Bus von Kufstein · EP Kufstein, 484 m (beim Anmarsch durchs Kaisertal)

STÜTZPUNKTE Gruttenhütte, 1620 m, genau südlich des Kopftörlgrates unterm Hochgrubachkar, DAV (bew.), 2½ Std. ab Ellmau · Hinterbärenbad (Anton-Karg-Haus), 831 m, im Kaisertalboden, ÖAV (bew.), 2½ Std. nach Kufstein durchs Kaisertal

ÜBERSCHREITUNG (besser von Süd nach Nord) Von der Gruttenhütte über Gamsängersteig (teilweise Drahtseile), Jägerwand und Achselrinne (Stifte) zum Gipfel, 2344 m; abwärts über die Rote-Rinne-Scharte und nördlich durch beide Scharlinger Böden hinab nach Hinterbärenbad. Aufstieg Hütte—Gipfel 3 Std., Abstieg 2½ Std.

BESONDERER HINWEIS Gamsängersteig, Jägerwand und Achselrinne sind im frühen Sommer, vor allem an Sonntagen, von Steinschlag bedroht. Also höchste Vorsicht! Außerdem trifft man im Juli oft noch Firnflächen in Steilrinnen: Niemand geniere sich, im Vorsommer einen Pickel mit sich zu führen! Schönste Zeit: Ende August/September!

GESCHICHTE 1. touristische Ersteigung (Rote Rinne) K. Hofmann mit J. Schlechter, genannt »Mallhansl«, am 29. 6. 1869

FÜHRER / KARTEN AV-Führer Kaisergebirge (Leuchs/Nieberl) · AV-Karte Kaisergebirge, 1:25 000 · Evtl. Kompaßkarte, Blatt 9, Kaisergebirge, 1:50 000

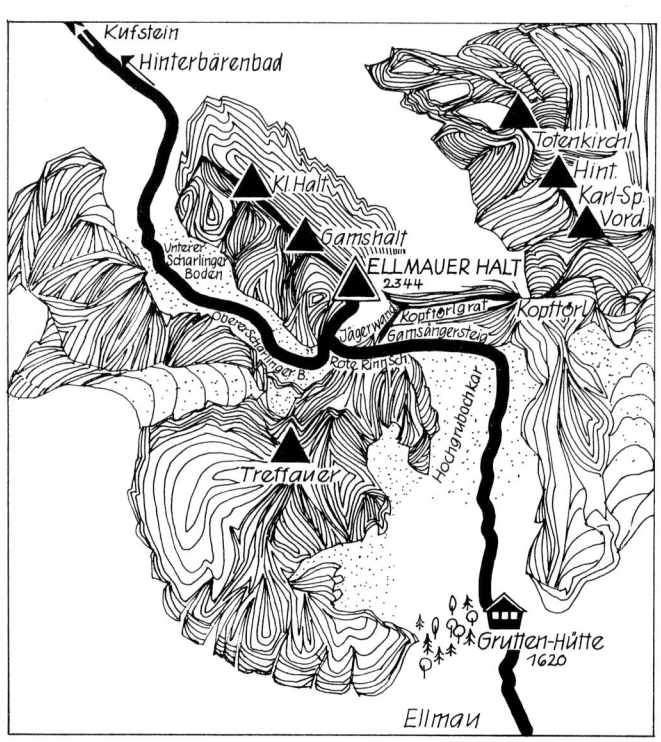

Der höchste Gipfel im Wilder Kaiser — dem neben dem Gesäuse, dem südlichen Wettersteinkamm und dem Schweizer Alpstein interessantesten Kletterparadies der Nördlichen Kalkalpen — heißt Ellmauer Halt und steht einigermaßen isoliert von den mit rassigen Kletterführern überladenen Kalkburgen von Totenkirchl, Fleischbank und Predigtstuhl. Und er weist auch nur ganz wenige ernstzunehmende Kletterführer auf, darunter an erster Stelle die bald schönste Genußkletterei im ganzen Kaiser: den langen, vieltürmigen Kopftörlgrat (III). Dazu kommt als extreme Tour die steile Südwand des Leuchsturmes (V) und als hochalpine Überschreitung (II) jene der Drei Halten (Kleine Halt, Gamshalt, Ellmauer Halt). Unser Bild zeigt die Schauseite der Ellmauer Halt von Norden mit den gewaltigen Wandhöhen. Die Türme des Kopftörlgrates sind hier allerdings ganz verdeckt. Diese viel bedeutendere Schauseite von Norden trumpft gewaltig auf: Da ist die Phalanx der Drei Halten, die mit der abweisenden, 900 Meter hohen Plattenwand der Kleinen Halt ansetzt, über der sich dann noch die beiden mehr gratartigen Steilstufen zur Gamshalt und zur Ellmauer Halt anschließen. Wir nehmen uns bei der geplanten Überschreitung die Normalwege vor. Man beachte nach dem Aufbruch von der Gruttenhütte folgendes: Der Steig ins Hochgrubachkar zielt zunächst auf das Kopftörl; erst unter den ersten Wänden wendet man sich scharf nach Westen und steigt an dem am tiefsten ins Kar hinabstoßenden Felssporn her zum »Gamsängersteig« ein. Der Steig benützt vielfach Grasbänder, ist recht ausgesetzt, daher mit Drahtseilen gesichert, aber nicht sicher vor Steinschlag von oben! Nach einem steileren Stück gelangt man an die gelbe Jägerwand, an der von der anderen Seite her der Steig aus den Scharlinger Böden einmündet. Man hält sich erst links der gelben Wand, überschreitet dann die oft mit Firnresten gefüllte Steilrinne und klettert links dieser Rinne gegen eine auffallende Felsnadel empor. Oberhalb dieser Nadel gewinnt man die Grathöhe und wenig später den scharfen Spalt der Achselrinne, die mit Eisenstiften und einer Leiter ausgestattet ist. Ein folgendes breites Geröllband, anschließend eine Geröllrinne und gesicherte glatte Platten führen schließlich hinauf zum Kreuz über dem Gipfelhüttchen. — Beim Abstieg zur Rote-Rinn-Scharte beachte man unterhalb der Einmündung des von uns begangenen Gamsängersteiges, daß die Rote-Rinn-Scharte unterhalb einer 50 Grad steilen, drahtseilgesicherten Platte nicht an ihrem tiefsten Einschnitt betreten wird: Man halte sich genau an die rote Markierung, vor allem bei Schnee. Mittels Drahtseil über brüchige Schrofen und Schutt geht es dann, den großen Turm links umgehend, in den Oberen Scharlinger Boden hinab: einen Rastplatz erster Ordnung! Beim weiteren Abstieg verlasse man der Abbrüche wegen keinesfalls den Steig!

Zwischen Hohem Winkel (links) und Scharlinger Böden bauen sich die Kalkburgen der Drei Halten auf. Mitte oben: Ellmauer Halt, davor Gamshalt und Kleine Halt. Rechts oben die Rote Rinnscharte, über die der Normalanstieg auf die Ellmauer Halt führt. Der berühmte vieltürmige »Kopftörlgrat« fällt jenseits zum Kopftörl ab. In der genauen Bildmitte zieht von unten rechts (ab Scharlinger Boden) diagonal nach oben links der Normalanstieg zur Kleinen Halt (einfach, Grad II).

41 Totenkirchl 2193 m

Schönster Kletterberg der Ostalpen

TALORTE St. Johann in Tirol, 660 m · Griesenau, 727 m (Bus von St. Johann und Kössen). Mit Kfz gegen Mautgebühr bis zur Griesener Alm, 1024 m (bew., privat) · Kufstein, 484 m

STÜTZPUNKTE Stripsenjochhaus, 1580 m, am Nordfuß des Totenkirchls, ÖAV (bew.), 1½ Std. ab Griesener Alm, 3 Std. ab Griesenau, 4½ Std. ab Kufstein · Evtl. Griesener Alm, 1024 m (bew., privat)

AUFSTIEG (wie Abstieg) »Führerweg« zur Ersten Terrasse, »Zottweg«, »Leuchsvariante« oder »Schmidtrinne« zur Zweiten Terrasse, bis Gipfel 3—4 Std. ab Einstieg

CHARAKTER Reiner Kletterberg! Gewandtheit, Bergerfahrung, vor allem Orientierungssinn unerläßlich! Vielfache Spuren im Felsgelände. Bis zum Einstieg gutes Steiglein. Schwierigkeiten im ungewöhnlich festen Kalkfels »mäßig schwierig« = II+. Die in der Skizze punktierte Führe Zottkamin—Rosiger Kamin ist schwierig (III), vor allem die Einstiegsseillänge!

GESCHICHTE 1. Ersteigung G. Merzbacher mit M. Soyer, genannt »Steinackerer«, am 16. 6. 1881 · »Führerweg«: 1. Begehung C. Babenstuber mit Th. Widauer, 27. 8. 1881

FÜHRER / KARTEN AV-Führer Kaisergebirge (Leuchs/Nieberl) · AV-Karte Kaisergebirge, 1: 25 000

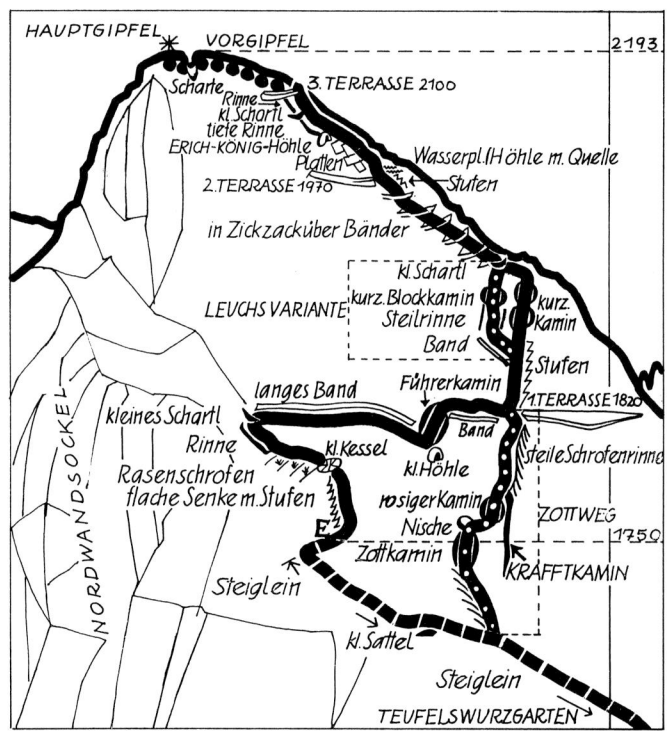

Am 16. Juni 1881 betrat der Münchner G. Merzbacher mit dem »Steinackerer« zum erstenmal den Gipfel des Totenkirchls. Diese Tat war unvergleichlich bedeutender als jede neue Eigervariante unserer Zeit: Der Geist, der Merzbacher antrieb und nach ihm die glänzende Reihe hochgestimmter und hochdisziplinierter Alpinisten von Dr. A. Zott, Th. Widauer, G. Herold, J. Nieberl und Dr. G. Leuchs bis Hans Dülfer, J. Enzensperger, R. Schietzold — dieser Geist war noch nicht angekränkelt von peinlichen Interessen ... Nach 85 Jahren zählt man heute allein im AV-Führer gegen 60 Führen und interessante Varianten an diesem plattengepanzerten Koloß dicht überm Stripsenjoch, dessen Kalkfels berühmt ist für seine eisenfesten Griffe und dessen Reichtum an kletterbaren Rissen, Kaminen, Rinnen, Bändern, Gesimsen und Wänden gar nicht zu übersehen ist. Man nennt ihn schon lange einen »Modeberg«, aber das deutet nur auf das schlechte Gewissen unseres neuen Massenzeitalters. Ich bin weit über 20mal auf das Totenkirchl gestiegen, auch bei Nebel, auch im Regen, und ich wüßte nicht, wann jemals ich den Gipfelblock ohne tiefe Genugtuung betreten hätte. Freilich bin ich kein »Extremer« ... Trotz bald senkrechter Plattenwände nach Westen und Osten streckt das Totenkirchl nach Norden einen von drei Terrassen gebrochenen breiten Felsgrat gegen das Stripsenjoch: Über diese drei Terrassen führen die meisten Wege, führt auch der sogenannte, übrigens fast allzu variantenreiche Normalweg, den ich hier kurz darstelle. Wir nehmen uns diesen »Führerweg« vor, steigen aus dem »Teufelswurzgarten« am Bergsockel ein und umgehen die ersten Steilaufbauten in einer weiten Linksschleife, um dann erst, auf Bändern leicht absteigend, zum »Führerkamin« zu kommen, der glatt ist und oben schief nach rechts hinauf zur Ersten Terrasse führt (1820 m, 1 Std. ab Einstieg). Der »Führerkamin« ist gutgriffig, Geübte ersparen sich einen Teil der vorangehenden Linksschleife. Auf der schmalen Ersten Terrasse nach rechts querend, wird ein rechteckiges Schartl angesteuert und der etwas verwickelte Zottweg (II) begangen oder die nur wenig schwierigere »Leuchsvariante« oder, ganz am Ende der Ersten Terrasse ansetzend, die »Schmidtrinne«. Letztere sollte man im Anstieg nur begehen, wenn man sehr früh dran ist: Steinschlaggefahr! Die »Schmidtrinne« endet oben mit zwei interessanten, aber anstrengenden Kaminen; nach einem Klemmblock folgt ein hübsches Wandl, und schon steigt man zur überraschend breiten, begrünten Zweiten Terrasse aus (1 Std.). Diese Terrasse wird auf Spuren nach links ansteigend gequert bis zu einer trichterartigen Einbuchtung mit guten Stufen und einer Wasserstelle dicht vor einer kleinen Höhle. Eine plattige Querung führt nach rechts auf die Dritte Terrasse. Nochmals bietet der Gipfelblock hübsche Kletterei, dann steht man aufatmend am Gipfel.

Das Totenkirchl (ganz links), von Nordwest gesehen, steigt in seiner Nordflanke über drei typische Kalkterrassen zum Gipfelblock auf. Wir erkennen sie alle, vom Licht markiert, schauen in die berühmten Kamine und sogar in die nahezu senkrechte Westwand hinein. Alle Nordanstiege gehen vom unteren linken Bildeck aus. Hinter der besonnten Westwand trennt die Winklerschlucht das Totenkirchl von der Vorderen Karlspitze. Rechts am Bildrand das Kar »Hoher Winkel«, darüber das Kopftörl.

42 Predigtstuhl 2115 m

Prominenter Kletterberg über der Steinernen Rinne

TALORTE St. Johann i. Tirol, 660 m · Griesenau, 727 m (Bus von St. Johann). Mit Kfz gegen Mautgebühr möglich bis Griesener Alm, 1024 m (bew., privat) · Ellmau, 812 m (Bus von Kufstein und St. Johann)

STÜTZPUNKTE Stripsenjochhaus, 1580 m, am Nordfuß des Totenkirchls, ÖAV (bew.), 1½ Std. ab Griesener Alm, 3 Std. ab Griesenau · Gaudeamushütte, 1267 m, auf der Südflanke des Kaisers, ÖAV (bew.), 2¼ Std. ab Ellmau

AUFSTIEG (genau wie Abstieg) Westflanke und »Angermannrinne« oberhalb der »Steinernen Rinne«, 3½–4 Std. ab Stripsenjoch, 1½ Std. ab Einstieg östlich unterhalb des Ellmauer Tores, 1995 m. Das Ellmauer Tor und damit der Einstieg werden in etwa gleicher Zeit auch von der Gaudeamushütte aus gewonnen. Klettergewandtheit und Bergerfahrung sind unerläßliche Bedingung auf dieser reinen Klettertour, die zuweilen recht luftig (exponiert) ist. Schwierigkeitsgrad nach der Alpenskala: mäßig schwierig, II

GESCHICHTE 1. Ersteigung Ph. Scheiner mit J. Tavonaro am 30. 6. 1895 · 1. Begehung der Westseite E. und M. Angermann, wichtige Variante zum Weg Tavonaros, am 28. 9. 1895

FÜHRER / KARTEN AV-Führer Kaisergebirge (Leuchs/Nieberl) · AV-Karte Kaisergebirge, 1: 25 000 · Zur Not auch FB-Wanderkarte, Blatt 30, Kaisergebirge, 1: 100 000, und Kompaß-Wanderkarte, Blatt 9, 1: 50 000

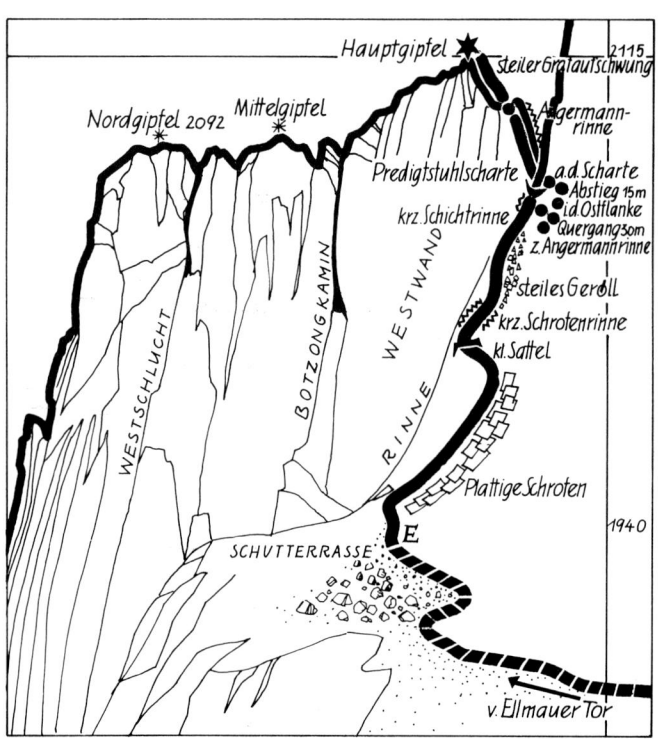

Im engsten Bereich des Wilden Kaisers, über den drei Felsfurchen von Steinerner Rinne, Schneeloch und Hohem Winkel, stellt sich das exklusivste Kletterparadies der gesamten Nördlichen Kalkalpen vor. Die nicht im Hauptkamm, sondern in exponierten Nebengraten stehenden Gipfel von Predigtstuhl, Fleischbank und Totenkirchl mit ihren mauerglatten Wänden von 800 bis 900 Meter reiner Wandhöhe wurden in der erstaunlich kurzen Zeit eines einzigen Menschenalters erstiegen, und zwar von allen Seiten und über die abweisendsten Flanken: Am Predigtstuhl beispielsweise, dessen senkrecht gestellte Schichtplatten von Kaminen, Rissen und Verschneidungen »wimmeln«, führt eine schwere Führe neben der anderen durch die Westwand, und kaum eine Führe ist als »Variante« abzuwerten. Die Eroberer des Wilden Kaisers, voran der junge Musikfreund Hans Dülfer, haben hier einen neuen, nur im Kalkfels möglichen Kletterstil entwickelt, der heute noch das Fundament der modernen Klettertechnik bildet. Alle drei genannten Gipfel sind auch auf einem nur mäßig schwierigen, für unerfahrene Bergfreunde selbstverständlich »sehr schwierigen« Weg zu ersteigen, beispielsweise der Predigtstuhl über den »Angermannweg«. Dieser prachtvolle Kalkberg, der nur aus senkrechter Nordkante und mauerglatter Westwand zu bestehen scheint und der in einem Zug volle 800 Höhenmeter aus der schmalen Steinernen Rinne senkrecht emporschießt, grenzt sich südlich durch eine tiefe Scharte von der Hinteren Goinger Halt ab: Das ist die Predigtstuhlscharte, 2071 m hoch, sie bietet die einzige schwache Stelle am Berg. Wir kommen vom Stripsenjoch her über den teilweise gesicherten »Eggersteig« in die Steinerne Rinne, eine enge schattige Nordkluft zwischen zwei senkrecht auffahrenden 1000-Meter-Wänden. Ganz oben, kurz vor dem Ellmauer Tor, das uns den sonnigen Süden öffnen würde, halten wir uns links an Trittspuren, die durch Geröll und Sandreißen zum Einstieg unter die Predigtstuhlscharte leiten. Von dort zieht eine nicht sofort sichtbare Steilrinne herab, die wir in den griffigen Felsen an ihrem rechten Rand überwinden. Oben, von der südlichsten Scharte aus, steigt man östlich 15 m durch eine Rinne ab und quert sofort links 30 m waagerecht und sehr luftig auf teilweise grasbesetztem Fels in die Ostwand hinaus, und zwar bis zu einer ersten markanten Rippe. Hier, noch diesseits der Rippe, kommt die berühmte »Angermannrinne« herab, eine kleingriffige Felseinbuchtung, die man vor einem besonders steilen Aufschwung für 6 Meter verläßt, um diese auf der südlichen Begrenzungsrippe hinter sich zu bringen. Nach Überwindung eines gutgriffigen, 3 m hohen Überhanges klettert man leichter zum Südgrat, überwindet dort nochmals einen 11 m hohen steilen Felsaufschwung und verfolgt anschließend den gezackten, fast ebenen Gipfelgrat bis zum höchsten Punkt.

Predigtstuhl (links) und Fleischbank (vorn rechts), durch die hellbesonnte Steinerne Rinne getrennt. Wir fotografierten von Nordwesten, sehen vorne den Nordgrat zur Fleischbank (II+) und links den viel schwierigeren Nordgrat des Predigtstuhl (IV), der sich zwischen den senkrecht gestellten Schichttafeln einfädelt und am Nordgipfel mit einem Kriechband (Oppelband) endet. Dicht darüber der Hauptgipfel, unter diesem rechts das viel leichtere Felsgelände des Abstieges bzw. Normalanstieges (II+). Ganz links das Griesner Kar. — Über dem doppelgipfligen Predigtstuhl bauen sich — beinahe beherrschend, aber alpin eher unbedeutend — Hintere und Vordere Goinger Halt auf.

43 Piz Plavna Dadaint 3166 m

Stolze Kalkpyramide im Schweizer Nationalpark

TALORT Fontana (Tarasp), 1402 m, wenig westlich Schuls überm Süd-ufer des Inns. Postbus von Schuls und Landeck. Schuls ist Endstation der Rätischen Bahn. — Schuls heißt in der Schweiz nur Scuol!

STÜTZPUNKT Alp Plavna, 2076 m, dicht vor dem Talschluß im Val Plavna. Sehr einfaches Heulager im Stall! Zugang. 3 Std. von Fontana auf Alpsträßchen. Oder — besonders reizvoll! — auch von S-charl durchs einzigartige Val Mingèr und den Sattel des »Sur il Foss«, 2317 m, in sehr guten 3 Std. — Am »Sur il Foss« wurde das Bild fotografiert!

AUFSTIEG (wie Abstieg) auf der leichtesten Route von Südosten aus dem Pischa Dadaint und über den obersten Teil des Südwestgrates. Mäßig schwierig (II). Aufstiegszeit für den Gipfel ab Alp 3½—4 Std. Ab-stiegszeit 2 Std. Achtung: eine lange Tour wegen des großen Höhen-unterschiedes! Der Fels ist nicht recht zuverlässig. Wer ein zweites Tal von absoluter Unberührtheit und vielleicht auch einen interessanteren Abstieg vornehmen will, der steige ins obere Val Sampuoir ab und gehe nach Ardez hinaus

HINWEIS Auch Kletterer dürfen ganz offiziell innerhalb des Schweize-rischen »Nationalparkes« NUR auf erlaubten = markierten Wegen gehen (und sie NICHT verlassen)!

FÜHRER / KARTEN SAC-Clubführer Bündner Alpen, Band 9 · Schwei-zer Landeskarte, Blatt 259, Ofenpaß

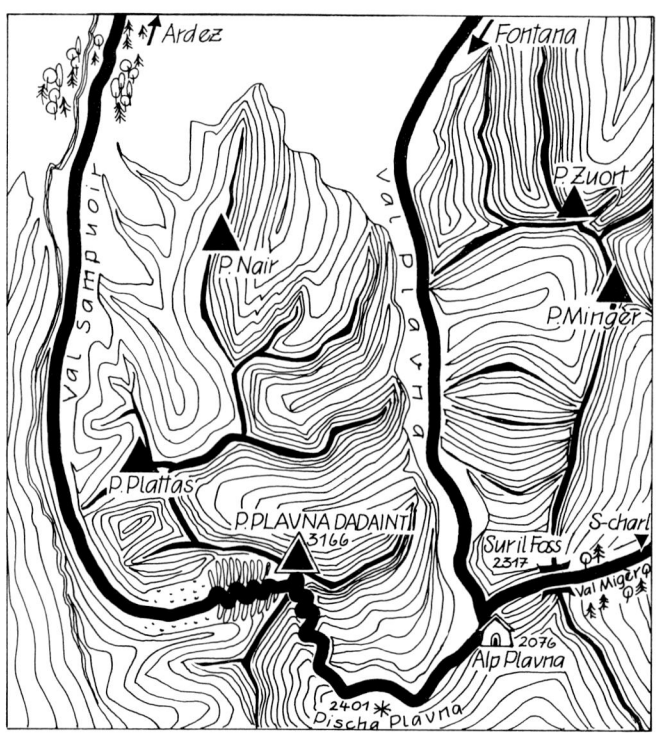

Der leicht erreichbare Piz Sesvenna ist der höchste Gipfel der Nördlichen Münstertaler Alpen: Die inter-essantesten aber heißen Piz Pisoc und Piz Plavna Dadaint. Letzterer darf als eine der schönsten Kalk-pyramiden an sich gelten, und daß er sich über lauter stillen, von allen Einbrüchen unversehrten Hochtälern des Schweizer Nationalparks erhebt, macht ihn als Bergsteigerziel doppelt begehrens-wert. Die Tour ist natürlich lang: Man bezahlt den Aufenthalt in der Stille des 18. Jahrhunderts mit 3 Std. Weg zum Nachtlager auf dem Heu der Alp Plavna und mit weiteren gut 6 Std. für Auf- und Ab-stieg am nächsten Tage. Die Alp Plavna liegt im hintersten Winkel des Val Plavna, und wer etwa von S-charl hierherkommt, muß erst das Val Mingèr (eines der großartigsten Täler des Nationalparkes!) hinauflaufen und den kleinen Paß »Sur il Foss«, 2317 m, überqueren, von wo aus er den Piz Plavna Dadaint als herrliche Berggestalt dicht gegenüber sieht. Überm südlichen Talschluß des Val Plavna steht westwärts die breite Mulde des Pischa Plavna, in dessen Mitte wir, den Punkt 2401 der Landeskarte links umrundend, aufwärtssteigen, zuletzt scharf nordwestlich, so daß wir die markanten Felsnadeln des Südostgrates rechts über unseren Köpfen sehen. Vom höchsten Punkt dieser nördlichen Ausbuchtung, den wir etwas anstrengend über Schutthalden er-reichen, müssen wir nach links und an einer Rippe hinauf in die Scharte des Süd-West-Grates, dicht vor dessen Aufschwung zum Gipfel. Nun entweder am Grat steil in ein weiteres Schärtchen und östlich (rechts) durch ein Couloir wieder auf den Grat und auf ihm direkt zum Gipfel — oder, leichter, man quert erst eine breite Schuttrinne in der Westflanke unterm Grat und erreicht den Gipfel vom oberen Ende die-ser Schuttrinne über ein kleines Wändchen und einige Gratfelsen. Der Ausblick in die Ödlandtäler ist als Eindruck kaum weniger stark wie der Umblick in einer Art »Dolomiten«-Landschaft. — Man steigt am gleichen Weg wieder ab. Wer aber etwas Neues kennenlernen will, und dazu ein wiederum stilles, unberührtes Tal, und wer sich obendrein eines inter-essanteren Abstiegsweges versichern will, der steige durchs westlich unterm Piz Plavna Dadaint liegende Val Sampuoir ab: das heißt, er gehe am Anstiegs-weg bis zur ersten Scharte zurück und wende sich hier einer Schuttrinne zu, die genau westlich hinab auf einen kleinen Gletscher zieht. Über diesen Firn und später über Blockwerk und Schutt steigt man in der Südflanke des wuchtigen Piz Plattas in den obersten Talboden ab und begleitet dann den Bach das ganze lange schöne stille Val Sampuoir hinaus. Ab Punkt 1419 der Landeskarte hält man sich auf Steigspuren immer westlich überm Bach und steigt durch Urwald abwärts zur Innbrücke. — Vor allem beim Abstieg ins Val Sampuoir durch die Schutt- (bzw. Schnee-)Rinne kann ein Eispickel unentbehrlich sein!

Über dem Unterengadin fliegend, von Norden fotografierend: Einblick ins einsame Val Plavna des »Schweizer Nationalparkes«. Am inneren Talende (Bildmitte) der beschattete Piz Plavna Dadaint, 3166 m. Der Gipfelstock wird von Süden her bestiegen, ob wir aus diesem Val Plavna, oder aus dem westlichen Seitental Val Sampuoir kommen. Es gibt keine Hütte, aber auf der Alp Plavna findet man vielleicht ein einfaches Heulager. Rechts oben der Piz Plattas, 3031 m.

44 Piz Pisoc 3173 m

Überschreitung Forungrat—Südgrat

TALORTE Schuls/Scuol, 1244 m, im Unterengadin, Endstation der Rätischen Bahn · Fontana (Tarasp), 1402 m (Bus nach Schuls)

STÜTZPUNKT S-charl, 1810 m, zwischen Unterengadin und Ofenpaß im Val S-charl, Sommerdorf, jetzt evtl. ganzjährig bewohnt (wichtig für Skitouren auch am Piz Pisoc, am Piz Sesvenna!). 3 Std. von Schuls

AUFSTIEG Vom Ufer der Clemgia auf dem Forungrat (Grat geknickt: unten Südost-, oben Ostgrat [schwierig, III]), 5 Std. vom Clemgia-Ufer · Abstieg am Südgrat, von der Pisocscharte, 3017 m, westlich durch Rinne ins Val Zuort (oben Eis/Firn) und nach Fontana im Inntal, 3 Std. Abstieg mäßig schwierig (II). Natürlich kann auch der leichtere Südgrat im Auf- und Abstieg begangen werden. Kalkkletterei in etwas brüchigem Fels!

HINWEIS Da keine Hütte, große Höhendistanzen! Also große Ausdauer erforderlich, dazu Wetterschutz und ausreichender Proviant! Steinschlaggefahr in der Abstiegsrinne von Punkt 3017 (Pisocscharte)! · Die Aufstiegsroute liegt ganz im Nationalparkgebiet. Es muß deshalb die Parkordnung genau beachtet werden!

FÜHRER / KARTEN SAC-Clubführer Bündner Alpen, Band 9, Unterengadin · Schweizer Landeskarte Blatt 249 und Blatt 259

BILD Blick aus der Unterengadiner Südflanke um die Alpe Naluns — über das Inntal hinweg — auf Piz Pisoc (links, mit vorgelagertem Piz Clemgia), Val Zuort und Piz Zuort. Wir steigen aus dem links oben schon außerhalb des Bildrandes liegenden Val S-charl an Südost- und Ostgrat auf den Piz Pisoc.

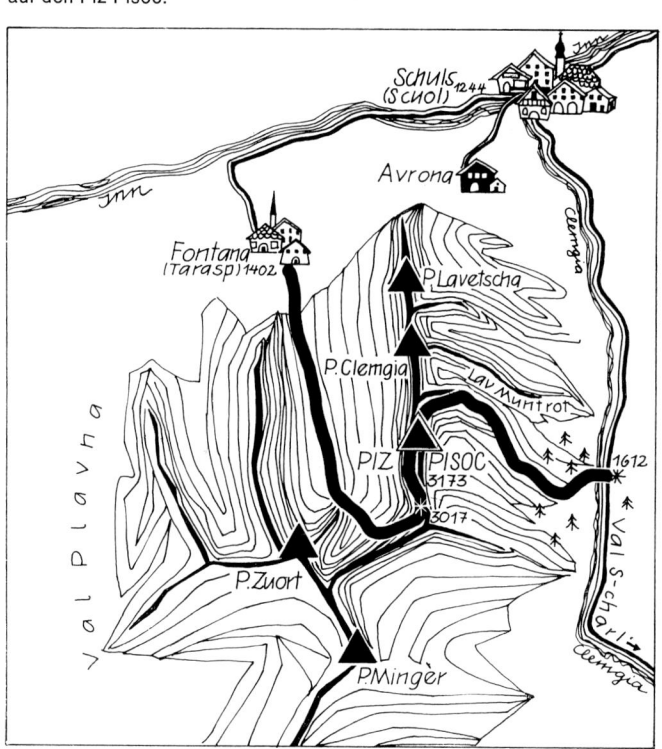

Daß das Wortspiel »Unterengadiner Dolomiten« glaubhafter ist als das von einer »Fränkischen Schweiz«, erweist die Durchführung dieser Überschreitung des Piz Pisoc und der Ersteigung des Piz Plavna Dadaint von Tour 43 dieses Buches. Im Schweizer Nationalpark zwischen Unterengadin und Ofenpaß wird man — dicht südlich überm Inn-Ufer — auf zwei recht ansehnliche Dreitausender treffen, die an festem Kalkfels zu ersteigen eine wahre Freude ist: »wahr« auch deshalb, weil diese Gegend nicht überlaufen ist und als Nationalpark auch all jener Erleichterungen ermangelt, die das Überlaufen fördern. — Unser Piz Pisoc ist der höchste und der überragende östliche Gipfel eines schmalen Hufeisens überm Inn, in dessen oberstem Winkel sich ein steiler kleiner Gletscher verbirgt. Wir überschreiten den Piz Pisoc von Osten, nämlich vom Clemgia-Ufer her und steigen dann durch das nördlich zum Inn auflaufende Hufeisen des Val Zuort nach Fontana/Tarasp bei Schuls ab. — Zunächst gehen wir von Schuls 2 Std. hinauf oder von S-charl 1 Std. im Val S-charl zurück bis wenig nördlich von Punkt 1612 (Landeskarte), wo von Osten her das Val Trigl einmündet. Genau hier durchwaten wir die Wasser der Clemgia und steigen steil durch lichte Legföhrenbestände hinauf zu unserem Forungrat: Dies ist der dicht südlich vom Einschnitt des Lav Muntrot (s. Karte) aufziehende, in der Mitte geknickte Grat: unten Südost-, oben Ostgrat. Der Grat ist eine reine Kletteri, und zwar (nach der Alpenskala) schwierig (III). Wir haben hier absichtlich nicht den bequemeren Normalweg gewählt, sondern eine schöne Kletterroute, eben den »Spi da Forun«. Der untere Südostgrat wird mit wenigen Abweichungen in die Südflanke auf der Kante verfolgt, während der obere Ostgrat oberhalb der Gratbiegung leicht über plattige Felsen der Nordseite erreicht wird und dann sehr schöne Blockkletterei bietet. 5 Std. ab Clemgia-Ufer! — Im Abstieg wird der lange Südgrat begangen, wobei wir dann und wann westlich ausweichen müssen; wir begehen den Grat bis zur Pisocscharte, also bis Punkt 3017 m, um von hier aus durch eine schräg verlaufende Rinne ins Innere des nördlich auslaufenden Val Zuort zu gelangen. In diesem wildeinsamen Hochtal steigen wir — nachdem wir den kleinen Firn im obersten Hufeisen links über uns gelassen haben — über Firnreste, Schutthalden und geschütztes Ödland streng nördlich abwärts, bis wir auf etwa 1700 m Höhe Fußspuren und später den Steig ins Inntal entdecken. — Der ganze Grat, dem der Piz Pisoc angehört, kann ab Fontana oder Weiler Avrona auch in 12stündiger Steigerei und Kletterei (bis III) über Piz Lavetscha, Piz Clemgia und Piz Pisoc begangen werden: eine großartige Unternehmung für ausdauernde Könner! — Man beachte, vor allem bei der Begehung des Forungrates, genau die Hinweise des guten SAC-Führers.

45 Castelletto Inferiore 2595 m

Beliebte Felsbastion über der Tucketthütte

TALORTE AP/EP Madonna di Campiglio, 1522 m (Bus von Bozen und Trient), oder Gasthaus Vallesinella, etwa 1500 m (bis hierher mit Kfz)

STÜTZPUNKT Tucketthütte, 2271 m, unter dem Castelletto Inferiore, CAI (bew.), 3 Std. ab Madonna di Campiglio, 2 Std. ab Gasthaus Vallesinella

AUFSTIEG Normalweg, Südwandband und -nase (I, eine Stelle II) bzw. Westschulterkamin (II) · Abstieg wie Aufstieg. Aufstieg bei etwa 400 m Wandhöhe gut 1½ Std., Abstieg ebenso, bis Hütte 1½ Std.

BESONDERE HINWEISE Reiner Kletterberg, dicht über der Tucketthütte und mit eisenfestem Fels, deshalb viel besucht. Seil unentbehrlich!

GESCHICHTE 1. Ersteigung R. Friedmann mit Führer, 1900 (Normalweg — Westschulterkamin)

FÜHRER / KARTEN CAI-Dolomiten-Kletterführer / Castiglioni · AV-Karte Brentagruppe, 1:25 000 · Evtl. FB-Wanderkarte, Blatt 50, Brenta, Adamello, Presanella, 1:100 000 · TCI-Karte, Blatt 15, Brentagruppe, 1:50 000

BILD Auf dem Gipfel des Castelletto Inferiore, knapp 300 Meter über der rechts unten am Sockel stehenden Tuckett-Hütte. Die drei Kletterer — Frau, Tochter und unsichtbarer Wiener Fotograf — haben das Seil zur Seite gelegt und schauen hinauf zur Bocca di Brenta (rechts oben), auf Cima Sella und die nahe Cima Brenta (rechts gegenüber, außerhalb des Bildrandes).

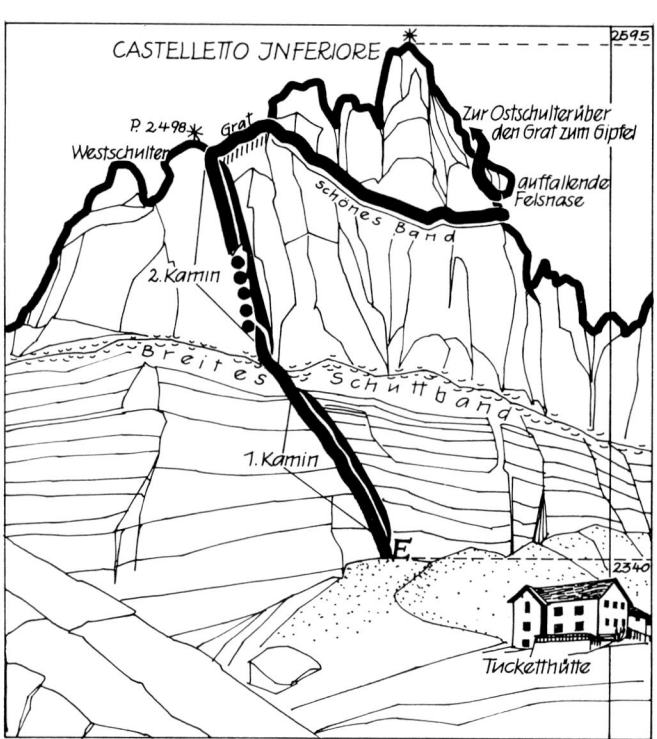

Im Grosté-Massiv der nördlichen Brentagruppe entwickelt sich vom Tuckettpaß nach Nordwesten ein Kamm, der mehrere auffallende, für den Charakter der Brentagruppe sehr typische Kalkbastionen umschließt: Cima Sella, Castelletto Superiore, Castelletto Inferiore, Castello — breites senkrechtes Kalkgewände, festungsartig mit Zinnen und Scharten besetzt. Wer den Hauptanmarschweg der Brenta zur Tucketthütte und weiter zum Tuckettpaß begeht, der nimmt hochgestimmt die Parade dieser Bastionen ab. Viele bleiben schon an der Tucketthütte hängen, weil sie am Castelletto Inferiore nicht vorbeikommen, durch dessen Südwand zwei leichte Anstiegswege führen — ideale Klettertouren: 1. der Normalweg über Südwand, Südwandband und -nase (siehe Führer, Route 314) — man steigt dicht an der Hütte in die beiden übereinanderliegenden, leicht schräg hochziehenden Kamine ein, die zur Westschulter hinaufführen. Hier ein Stück am Grat empor und zu einem Band, das auffällig wie ein Fußweg durch die gesamte Südwand führt, ausgesetzt freilich, aber für trittsichere Geher ungefährlich, und das im äußersten rechten Wandteil bis an die im Bild unsichtbare riesige Felsnase zieht. Nun umgeht man eine gelbe Kante, steigt vom Band über steile, aber gute Stufen gegen die Nase an, bis man auf einem kleinen Band nach rechts dicht an die Nase und dann gleich wieder links durch einen ebenfalls steilen, aber leichten Kamin in weniger steiles Gelände gelangt; nun zur Ostschulter des Gipfelgrates nach rechts und über einen Vorbau auf den schmalen Grat und immer westlich, bis zum Gipfel. Die zweite Möglichkeit: Man steigt wie bei 1 durch die beiden Kamine zur Westschulter und dann am Grat auf, bis man unter dem nur scheinbar unbesteigbaren Gipfelturm steht. Unter diesem Turm, am höchsten Schuttfleck, beginnt der sogenannte »Westschulterkamin«; er führt schräg links zu einem waagrechten Schuttband hinauf, von diesem Band weg klettert man — sehr anregend und genußreich — an der Nordseite des Kamins weiter. Hinter der Westschulter folgen Schrofen, und über einer zweiten Schulter warten zwei Möglichkeiten: Man quert in der Nordseite 30 m zu einer Verschneidung, bis ein Kamin in der Nordwestseite bis zum Gipfel zieht (in der Kaminmitte ein Überhang, oben ein Block, unter dem man etwas heikel nach links hinausquert) — oder (besser) man klettert von der Scharte des Schulterabsatzes nordseitig durch einen 6 m hohen, seichten Kamin hinauf und dann gleich schräg rechts zu einer Kanzel an der Südwestecke des Gipfelturmes; von hier quer durch die Südwand zur jenseitigen kleinen Ostschulter und (wie bei Vorschlag 1) über einen kurzen Grataufschwung ausgesetzt auf den hohen Gipfelfirst. — Ein weiterer interessanter, schon klassischer, aber sehr schwieriger Kletterweg (IV!) mit einer Fünfer-Stelle ist der »Kieneweg« in der Südwand.

46 Cima Tosa 3173 m
Auf dem Firnhelm des höchsten Brentagipfels

TALORTE Madonna di Campiglio, 1522 m (Bus von Bozen und Trient) · Molveno, 864 m, am Molvenosee (Bus von Trient)

STÜTZPUNKT Tosahütte, 2491 m, südöstlich der Bocca di Brenta, CAI (bew., zwei Hütten, zentral gelegen, sehr stark besucht!). 4½ Std. ab Madonna di Campiglio, 3½ Std. ab Gasthaus Vallesinella (Kfz bis zum Haus); 4½ Std. von Molveno oder 4 Std. von Pradel (Sessellift von Molveno)

AUFSTIEG (wie Abstieg) Normalweg in der Ostflanke und am Tosagletscher, 3 Std. ab Tosahütte. Aufstieg unschwierig, eine einzige Stelle mäßig schwierig, II−. Abstieg Gipfel−Hütte etwa 2¼ Std., den weiteren Abstieg nach Madonna di Campiglio unbedingt über Bocca di Brenta, 2552 m, 3½ Std., wählen!

BESONDERE HINWEISE Eispickel mitführen, da kleine Firnfelder und Gletscherpassagen! Stark besucht, meist gute Spur. Höchster Brentagipfel mit umfassender Aussicht

GESCHICHTE 1. Ersteigung (fraglich) G. Loß und 6 Gefährten, 19. 7. 1865 (Ostseite) · 1. sichere Ersteigung J. Ball und Forster mit M. Nicolussi, 9. 8. 1865 (Ostseite)

FÜHRER / KARTEN CAI-Dolomiten-Kletterführer / Castiglioni (ital.) · AV-Karte Brentagruppe, 1: 25 000 · TCI-Karte, Blatt 15, Brentagruppe, 1: 50 000 · Kompaß-Wanderkarte, Blatt 73, Brentagruppe, 1: 50 000

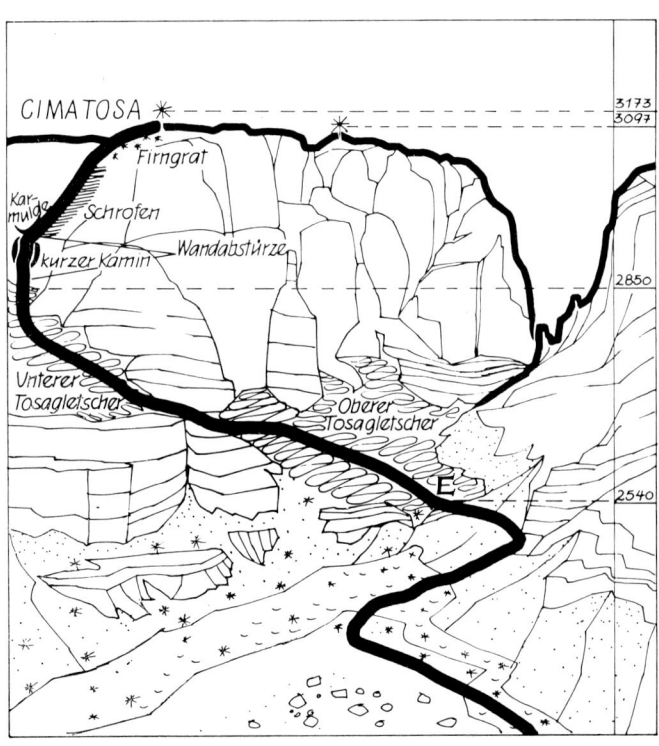

Wer die Cima Tosa, den höchsten Brentagipfel, auf dem hier dargestellten Normalweg über die Ostflanke erstiegen hat — auf einem Karawanenweg über Schutt, Firn und Eis mit einer einzigen interessanten Kletterstelle —, der müßte, komme was wolle, von der Tosahütte über die Bocca di Brenta zur Brenteihütte absteigen, um von dem erstiegenen Berg eine bessere Meinung, wenn nicht gar eine hohe Meinung zu bekommen. Denn von der Hüttentür der Brenteihütte aus schließen sich die Cima Tosa und die ungeheure Felsentreppe der Crozzon-Nordkante zu einem Massiv zusammen — zu einem höchst charakteristischen Musterstück der ganzen herrlichen Gruppe... Fast alle Nachtgäste der aus zwei Hütten bestehenden »Tosahütte« steigen anderntags zur Cima Tosa auf: meist sehr früh am Morgen schon, weil bereits viele Bergfreunde von der alten Brentaregel wissen, nach der jeden Mittag Wolken aufziehen, um die Aussicht zu verderben. Die Leute, die uns den Pfad breit trampeln, auf dem auch wir ansteigen, ziehen von der Hütte nordwestwärts unter den Mauern von Cima Brenta Alta und Cima Margherita auf die Firnhänge zu, die das große Kar abschließen und über denen der Tosagletscher ansetzt. Nachdem der Schuttsteig eine Firntrasse geworden ist, nähern wir uns dem Wandabstürzen vor dem Tosagletscher; wo sie am niedrigsten sind, treffen wir auf den berühmten Einstieg in den schwarzen, meist nassen Kamin. Er befindet sich an einem kleinen vorspringenden Felssporn. Im Kamin an dessen rechter Seite kletternd, passieren wir die schwierigste Stelle des Anstieges, dann steigen wir bereits auf eine Firnstufe aus und plagen uns in der feuchten oder auch eisigen »Kartreppe« durch zwei Hochmulden weit hinauf zum Firnkamm des Gipfelaufbaues. Nach links zielend, erreichen wir den höchsten Punkt und eine unermeßliche Aussicht, wobei Adamello und Presanella im Westen dominieren. Was die unmittelbare Nähe betrifft, so gleicht wohl kaum ein anderer Dolomitenausblick dem hier vom Tosagipfel hinab zum benachbarten Crozzon di Brenta mit seinen Nordabstürzen, die wie Pfeiler in grundlos scheinenden Tiefen versinken. Knalleffekt bleibt dennoch das unwahrscheinliche Gegenüber der Guglia di Brenta — falls man früh genug am Gipfel ist! Wer hier nicht fotografiert, hat weniger vom Leben. Diese wilde, beklemmend schlanke Felsnadel, 2877 m hoch, als »Welträtsel aus Stein« und »Dämonische Riesensäule« in der alpinen Literatur unangemessen pathetisch aufgetakelt, bewirkt beim Beschauer jene zwiespältigen Gefühle zwischen Entsetzen und trunkener Begierde, aus denen sich zuverlässig das sogenannte »Bergglück« destilliert. Man kann einfach nicht wegschauen. Und wer jemals im Kalkfels geklettert ist, der studiert die berühmten Kletterstellen an der Nadel mit Begeisterung — aber nur wenn die Sonne scheint!

Die Cima Tosa, ein Hauptgipfel der Brentagruppe, von Osten gesehen mit dem Hauptteil des Anstieges. Rechts unterer, links oben oberer Tosagletscher, dazwischen (ganz links) die bekannte Felsbarriere, die auf 40 m Länge leichte Schwierigkeiten bietet. Der Firngipfel, oben rechts, bildet ein riesiges Plateau. Wir kommen von den nahen Tosa-Hütten, haben rechts (hier außerhalb) die wuchtige Cima Margherita über uns und drehen hinter dem rabenschwarzen Keil in Bildmitte nach links hinüber und steigen dann gerade hinauf auf die erwähnte kurze Felszone im Gletscher (gut sichtbar). Alles Weitere ist eine Firnstunde — gegenüber der Guglia di Brenta.

47 Cima Brenta 3150 m

Im Kalk und Firn überm Tuckettpaß

TALORTE AP/EP Madonna di Campiglio, 1522 m (Bus von Bozen und Trient), oder Gasthaus Vallesinella, etwa 1500 m (bis hierher mit Kfz)

STÜTZPUNKT Tucketthütte, 2271 m, unter dem Castelletto Inferiore, CAI (bew.), 3 Std. ab Madonna di Campiglio, 2 Std. ab Vallesinella

AUFSTIEG Nordgrat und Ostwand-Normalweg von der Bocca di Tuckett (Tuckettpaß), 2656 m, 2½–3 Std. ab Hütte · Abstieg wie Aufstieg, Gipfel–Tuckettpaß 2 Std., dann über den »Sentiero Osvaldo Orsi« zur Tosahütte, bezeichneter Weg. 3½ Std. (Übergang)

BESONDERE HINWEISE Reiner Kletterberg, jedoch mit viel Firnhängen! Eispickel unerläßlich! Schwindelfreiheit und Trittsicherheit erforderlich! Schwierigkeitsgrad: unschwierig, I. Der untere Anstieg wird durch die teilweise Benützung des neuen Klettersteiges »Sentiere delle Bocchette Alto« sehr erleichtert!

GESCHICHTE 1. Ersteigung D. W. Freshfield und F. F. Tuckett mit H. Devouassoud, August 1871 (Südseite) · Nordgrat und Ostwand: 1. Begehung C. Garbari, Österreicher und Arnold mit B. Nicolussi, A. Dallagiacoma, A. Ferrari und B. Lorenzetti, 28. 8. 1894

FÜHRER / KARTEN CAI-Dolomiten-Kletterführer Bd. 3, Castiglioni (ital.) AV-Karte Brentagruppe, 1:25 000 · TCI-Karte, Blatt 15, Brentagruppe

BILD Blick von Nordosten auf die Cima Brenta. Rechts der obere Brentagletscher, in Bildmitte die (hier stärker als gewöhnlich verschneiten) Stufen mit der Firnschulter und dem schmalen Garbariband.

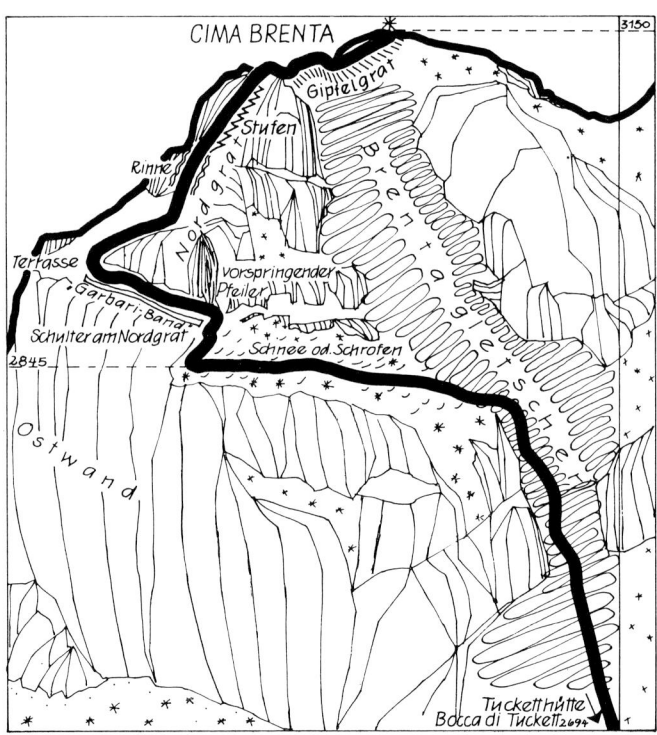

Der zweithöchste Gipfel der Brentagruppe, die Cima Brenta, entwickelt sich im Norden der Gruppe mit derart massiver Wucht und Breite, dazu mit so mächtigen Firndecken und Eisrinnen, daß sich der von der Tucketthütte ansteigende Bergfreund in den Zentralalpen wähnt und nicht im Kalk der Randalpen. Der 3150 m hohe, firnbedeckte Gipfel, auf den prallen Mauern seiner Ost- und Südwände ruhend, entsendet nach Westen zur Cima Mandron einen zwei Kilometer langen Felsgrat, dazu einen langen, scharfen Südostgrat zum Spallone dei Massodi, 2999 m. Nach Norden aber droht er mit so gewaltigen Eismassen, daß sich der Engländer F. F. Tuckett ein Jahr nach seiner Ersteigung über die Südseite versucht fühlte, die auf unserem Bild gut sichtbare Eisrinne direkt bis zum Gipfel anzusteigen, was ihm auch in 1½ Std. gelang. Beim Abstieg am gleichen Weg erlaubte ihm guter Firn, in 20 Minuten bis zum Einstieg abzufahren! — Der Nordgrat der Cima Brenta und die obere Ostwand bieten sich wie von selbst als »Normalweg« an. Haben wir nach gut ¾ Std. Anstieg von der Hütte den Tuckettpaß vor uns, dann lassen wir die Paßhöhe links oben liegen und zielen auf dem Firn gleich nach rechts auf die Schneehänge vor der Nordrippe und auf jene kleine Firnterrasse, von der aus man ohne Schwierigkeiten, Felsschrofen und Stufen nützend, die große, meist firnbedeckte Schulter im Nordgrat erreicht. Über dieser Schulter (Bild) baut sich pfeilerartig der weitere Grat auf, aber wir umgehen diesen Aufbau, indem wir, von Steinmännern geführt, jenes zuerst schmale, dann breite und lange Schuttband betreten, das sogenannte »Garbariband«, das heute zugleich vom Klettersteig »Sentiero delle Bocchette Alte« (mit bez. Abzweigungen zum Gipfel!) genützt wird. Luftig kommen wir so zur Terrasse unterm Gipfelstock, passieren — bei Firn mit Vorsicht! — die gutgestufte Rinne und kommen so zum Gipfelplateau. Die tolle Aussicht läßt sich auf der Karte des Ital. Touring-Clubs studieren: im Westen das Val di Genova und darüber Adamello- und Presanellagruppe, im Norden Ortler und Ötztaler Eis, jenseits der Etsch das rote Getürme der östlichen Dolomitenberge, südwärts im Gegenlicht die Poebene und dicht vor unseren Füßen die jetzt sommerlich grüne und auch ein wenig wüste Skistation Madonna di Campiglio mit unzähligen Liften und Bahnen. Der Abstieg findet am gleichen Weg statt. Ich schlage aber vor, vom Tuckettpaß aus nicht westwärts abzusteigen, sondern erst den großartigen Orsiweg hinüber zur Tosahütte zu begehen, um zum Erlebnis der Cima-Brenta-Ersteigung auch noch den Anblick der ungeheuren Felstreppe der Crozzon-Nordkante und des Campanile basso genossen zu haben. Campanile basso? Ja, das ist die aberwitzig schlanke Guglia die Brenta, Traumberg aller guten Kletterer, mit Genußklettereien rundum versehen.

48 Marchreisenspitze 2623 m

Parade der Kalkkögel über der Lizum

TALORT Grinzens, 903 m, am Eingang zum Senderstal (Bus von Innsbruck. Mit Kfz über Axamer Olympiastraße bis Axams-Grinzens)

STÜTZPUNKT Adolf-Pichler-Hütte, 1960 m, auf der Westseite der Kalkkögel im oberen Senderstal, AAKI (AÖV), (bew.), 2¾ Std. ab Grinzens. (Faulenzer fahren von der Lizum aufs Hoadl und steigen jenseits weglos 1 Std. zur Hütte ab! Vorsicht für Ungeübte!)

AUFSTIEG (wie Abstieg) Am markierten und teilweise mit Drahtseilen gesicherten »Gsallerweg« über die Alpenklubscharte, dann etwas verzwickt in der Gipfelzone durch die ganze Nordgruppe der Kalkkögel, zuweilen sehr ausgesetzt (aber interessant), und zur Süderstflanke der Marchreisenspitze. Der »Gsallersteig« ist trotz Markierung und teilweiser Sicherungen nicht zu unterschätzen! Niemals vom Steig abweichen! Aufstieg 3 Std., Abstieg am Aufstiegsweg reichliche 2 Std.

GESCHICHTE 1. touristische Ersteigung durch K. Gsaller am 26. 6. 1879. Vorher wurde der Gipfel schon von Jägern betreten

FÜHRER / KARTEN Wanderführer/Delago: Stubai/Sellrain · AV-Führer Stubaier Alpen (Klier/März) · Kalkkögelführer Zimmermann · AV-Karte, Brennergebiet, 1: 50 000 · Wanderkarte des Österreichischen Vermessungsamtes, Blatt 147, Axams, 1: 50 000

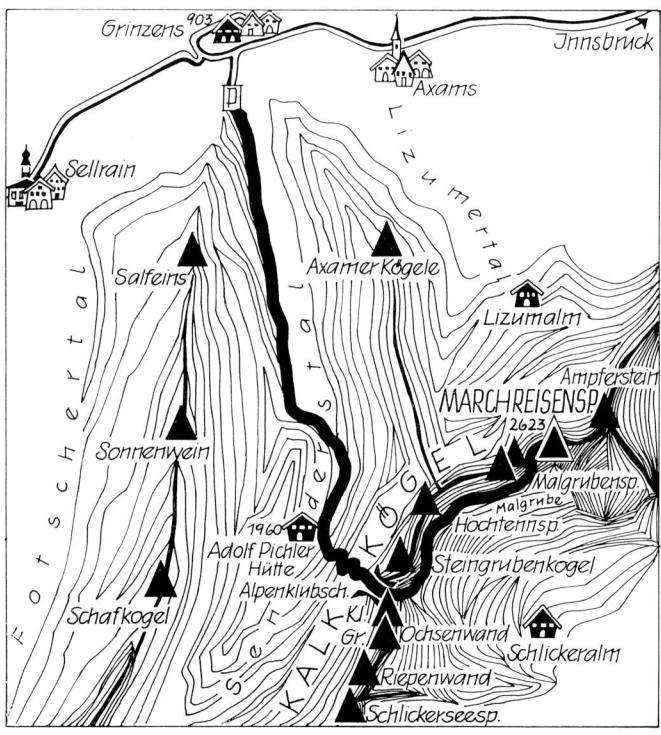

Erst beim Klettern in den Kalkkögeln erwirbt sich der junge Innsbrucker Bergsteiger das Heimatrecht. Diese von begeisterten Heimatfreunden zu »Nordtiroler Dolomiten« aufgewerteten Kalktürme, Kalknadeln und Kalkgrate, die allesamt auf Glimmerschiefer aufsitzen, bieten in ihrem vielfach idealen, festen und gutgriffigen Kletterfels in der Tat zahlreiche reizvolle, meist aber schwierige und sehr schwierige Touren. Die Marchreisenspitze, deren Nordwand den zahllosen Gästen der Axamer Lizum das Gruseln lehrt, ist der einzige Gipfel, der auf nahezu harmlosem Weg, nämlich am gutmarkierten und teilweise gesicherten »Gsallerweg«, zu ersteigen ist. Hier, auf einem verwegen angelegten Steig dicht unter der Gipfelzone und quer durch die ganze, in Scharten und Türme zerhackte Nordgruppe der Kalkkögel, genießt man deren Wildheit nicht ohne leicht erhöhten Puls. Schon beim Aufbruch von der Adolf-Pichler-Hütte schockiert die geologische Konstellation, denn gleich über dem Sendersbachgraben beginnt das dunkle Urgestein der Stubaier Hochalpen mit seiner typischen Flora. Wir aber steigen auf kreidegrauen Sandreißen reichliche 450 m hinauf in die Alpenklubscharte, eine scharfe Einschartung zwischen Kleiner Ochsenwand und Schlicker Nadeln. 100 m nordöstlich der Scharte, aus der man bis unter die Südliche Schlicker Nadel erst etwas absteigen muß, beginnt der »Gsallerweg« hinüber zur Marchreisenspitze. Erst führt er fast eben unter den Felssockeln der Schlicker Nadeln dahin, dann unterhalb der Nadelscharte, dann über die Nadelreiße und auf eine grüne Schulter; von hier quert der Weg die Nordflanke des Steingrubenkogel-Ostgrates und eine zweite Sandreiße, dann wird am Fuß des Schlicker Ostturmes der unterste Absatz etwas ausgesetzt (am Drahtseil) bis zu einem Felsband überstiegen, von dem man ins Steingrubenkar gelangt. Es folgt das »Kirchl«, eine enge Felsklamm, dann wird die »Malgrube« oberhalb ihrer grünen Hänge gequert und unterhalb des Westgipfels der Malgrubenspitze bis zur Malgrubenscharte gestiegen. Jetzt gelangen wir über eine Felsstufe bald in eine Geröllrinne, die vom Schartl zwischen Lizumer Spitze und Marchreisenspitze herabzieht und aus ihr über ein Band auf die grasigen Hänge der Südwestflanke unseres Gipfels. 3 Std. braucht man normalerweise auf die Marchreisenspitze, und zwar ohne sich auszugeben: denn der Höhenunterschied Hütte – Gipfel beträgt ja nur gute 650 m! Den Text der Superlative, die die Aussicht vom Gipfel verdient, liest man sich am besten vor der FB-Wanderkarte zusammen. Soviel nur hier: Wir sind näher am Intalboden als auf der Serles, stehen reichliche 2000 Höhenmeter überm Innufer und haben die Nordkette des Karwendels wie »im Modell« gegenüber. – Der direkte Abstieg zur Lizum (Scharte vor Lizumer Spitze) ist nur erfahrenen Bergsteigern möglich!

Aufblick aus der Lizumer Grube in die Kalkkögel-Kette. Von links oben: Malgrubenscharte (an der von Süden unser »Gsallerweg« einmündet und zur links benachbarten,
(hier unsichtbaren) Marchreisenspitze führt –, Malgrubenspitze, 2571 m, Hochtennspitze,
2549 m, Steingrubenwand und Steingrubenkogel, 2633 m. Dahinter verdeckt die »Alpenklubscharte«.

49 Serles 2719 m

Die »Maria-Waldrast-Spitze« über der Europabrücke

TALORTE AP Schönberg, 1014 m, am Eingang zum Stubaital, dicht hinter der Europabrücke (Bus) · Matrei im Wipptal, 992 m, unterm Brenner · EP Fulpmes im Stubaital, 903 m (Bus nach Innsbruck)

STÜTZPUNKT Wirtshaus »Maria Waldrast« (Wallfahrtskirche), 1641 m (bew., priv.), 2½ Std. von Schönberg bzw. Matrei. (Kfz-Auffahrt ab Matrei nur für Nachtgäste gestattet.)

AUFSTIEG (wie Abstieg) Ab »Maria Waldrast« in der Südostflanke über die »Matreier Grube« und das Serlesjöchl, 2384 m, zum Südwestrücken des Gipfelstockes, bez. Weganlage mit teilweisen Sicherungen. Leicht für trittsichere Geher! 3 Std. · Abstieg vom Serlesjöchl westwärts steil hinab nach Fulpmes, 2½–3 Std.

GESCHICHTE Erste Ersteigungen durch Gemsjäger im 16. Jahrhundert! Erste Wegbeschreibung vom Gemsjäger H. G. Ernstinger

FÜHRER / KARTEN AV-Führer Stubaier Alpen / Klier / März · AV-Karte, Brennergebiet, 1:50 000 · Kompaß-Wanderkarte, Blatt 36, Innsbruck-Brenner, 1:50 000

BILD Blick vom Waldsockel des Patscherkofel nach Süden auf die Serles, eine prächtige Hintergrundkulisse der Stadt Innsbruck. Der leicht ersteigbare, aber nicht überlaufene Kalkgipfel dicht vor dem Stubaier Urgestein schließt als nördlicher Eckpfeiler den wuchtigen Habichtkamm zwischen Stubai- und Gschnitztal ab.

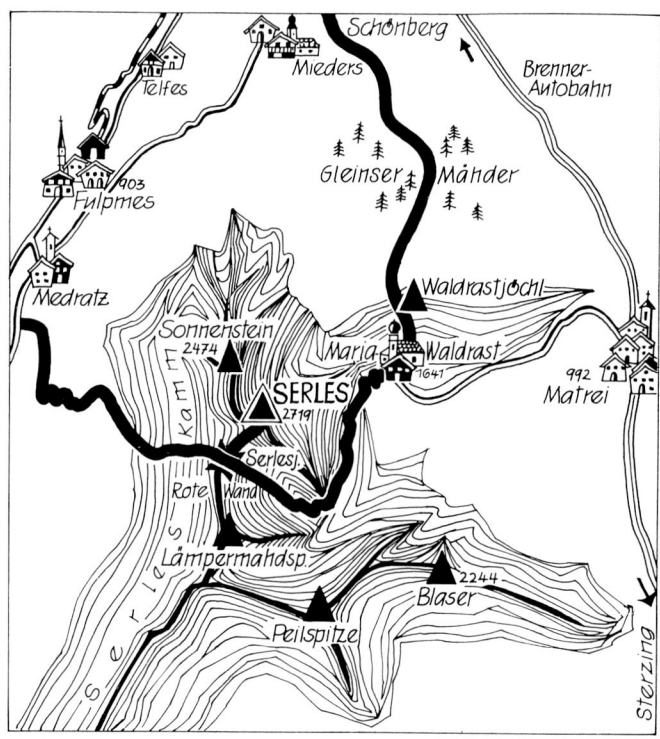

Wer aus der Innsbrucker Maria-Theresien-Straße oder von der Hungerburg nach Süden blickt, der meint eine Gottesfestung zu sehen, so ebenmäßig und erhaben steht die Kalkpyramide der Serles über dem Berg Isel, so gleichförmig bilden ihre beiden Grate Felsschultern aus — Seitenaltäre unterm Hochaltar. Der passionierte Bergsteiger schätzt sie kaum, diesen trotzigen Kalkrest dicht vor dem Urgesteinswall des Zentralalpenkammes; ihn locken ganz natürlich die höheren Freuden in den Stubaier Hochalpen, die ja gleich hinter der Serles am 3277 m hohen Habicht beginnen (sogar mit einer eleganten Eiswand am kleinen, steilen Mischbachferner). Aber wer nicht abstürzt, der kommt dem Altern und dem Gescheiterwerden nicht aus: Also geht einer, der die Vierzig hinter sich hat, aber auch ein jüngerer Vater mit seinen heranwachsenden Kindern recht gern einmal auf diese Serles. Am wenigsten bereut man dieses Unternehmen im späten Herbst — aber das gilt wohl für alle Berge. Der schönste Anstieg führt zweifelsfrei von Schönberg am Stubaitalbeginn über die Gleinser Mähder hinauf zum Wirt an der Wallfahrtskirche »Maria Waldrast« auf 1641 m Höhe; man geht nur 2½ Std., mehr nicht, und ist da schon hochzufrieden. Anderntags hat man auf einem guten Weg ansteigend die ganze Südostflanke der Serles abzulaufen, ehe man die trümmerreiche Hochmulde der »Matreier Grube« erreicht hat, über der das Serlesjöchl steht. Dort oben am Serlesjöchl, von dem aus man nordwärts den ersten Blick auf die Kalkkögel wirft, führt der teilweise mit Drahtseilen gesicherte Steig ziemlich steil den Gipfelhang hinauf zum Kreuz: Erst durch Blockwerk, dann über zwei hohe Felsstufen und abermals durch Blockwerk gewinnt man eine Aussichtskanzel, die wirklich ihresgleichen sucht. Der Tuxer Hauptkamm gegenüber mit dem Dreigestirn Riffler, Gefrorene Wand und Olperer paradiert über bleichen Firntafeln, die Tribulaune überm Brenner leiten den Blick zu den Feuersteinen, der Habicht reckt sein eisbewehrtes Urgesteinshaupt empor, und um Zuckerhütl und Sulzenauferner sammeln sich Dutzende vertrauter Gipfel und Grate. Nirgends studieren sich die Kalkkögel, die westlichen Tuxer Täler und das Oberbergtal unterm Alpeiner Eisbecken leichter als hier am Serlesgipfel, falls uns kein scharfer Wind, kein Nebel und kein Unwetter zum schleunigen Abstieg drängen ... Dieser Abstieg ist ein bisserl steil, wenn man vom Serlesjöchl aus nicht wieder links, sondern nun rechts westwärts nach Fulpmes ins Stubaital absteigt: Man kommt nach dem steilsten Stück bald in eine dichte Waldzone und erreicht den Stubaitalboden bei Kampl oder Medraz, unweit von Fulpmes. Niemand versuche, die Serles über den hier geschilderten Abstiegsweg zu erklimmen, er hätte denn einige Todsünden abzubüßen! — Auch Klettereien im mürben Kalkfels lohnen sich keinesfalls.

50 Pflerscher Tribulaun 3096 m

Gespaltener Riesenklotz im Grenzkamm

TALORT Gschnitz unterm Brenner, 1242 m (Bus ab Steinach)

STÜTZPUNKTE Tribulaunhütte (österreichisch), 2064 m, am Nordfuß des Gschnitzer Tribulauns im Sandestal, TNV, (bew.), 2½ Std. von Gschnitz · Tribulaunhütte (italienisch), Rif. Calciati al Tribulaun, 2379 m, am Sandessee (bew.), 2 Std. von der österreichischen Tribulaunhütte (Übergang am Sandesjöchl / Grenzpapiere!). Talabstieg nach der italienischen Seite nicht gestattet!

AUFSTIEG Südwand, bez., 4. Std. ab italienischer Tribulaunhütte. Sicherungen im Gipfelaufbau, beginnend mit fixiertem Drahtseil am Einstiegsüberhang der engen, steinschlaggefährlichen Gipfelrinne · Abstieg wie Aufstieg, etwa 2½ Std. Mäßig schwierig (–III) · Seilsicherung unerläßlich!

BESONDERE HINWEISE Ein Kletterberg, der Gewandtheit und absolute Trittsicherheit erfordert! Über den Gipfel verläuft die Grenze, Vorschriften beachten!

GESCHICHTE Nach gescheitertem Versuch von Engländern mit Schweizer Führer, 1869, gelang 1. Ersteigung G. Hofmann und N. Winhart mit Führern G. Pittracher und J. Grill, genannt »Kederbacher«, am 22. 9. 1874!

FÜHRER / KARTEN AV-Führer Stubaier Alpen / Klier · AV-Karte, Brennergebiet, 1: 50 000 · FB-Wanderkarten, Blatt 24 und 33, 1: 100 000

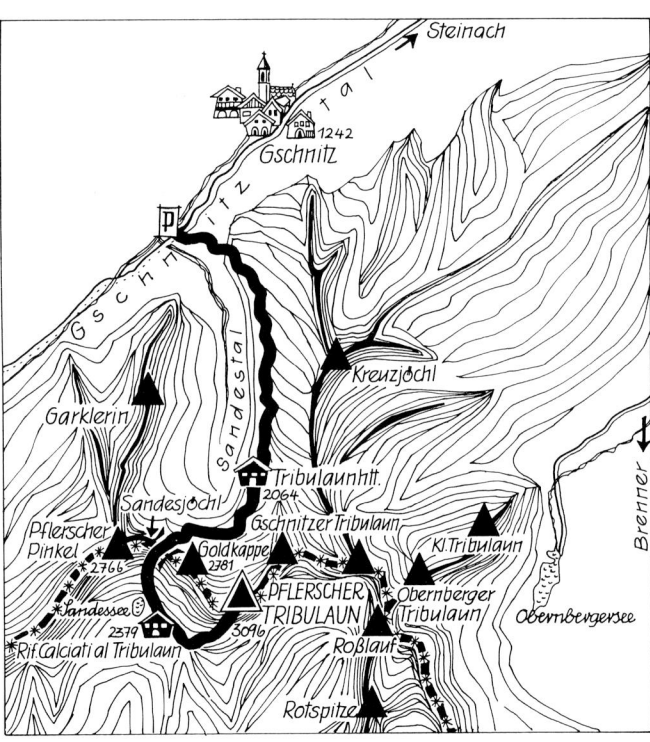

Die Bergsteiger unserer Großvätergeneration haben ihn zäh umworben, aber gefürchtet. »Die Schaar« (Schere, wegen des auffallend gespaltenen Gipfels) genannt, galt der Pflerscher Tribulaun lange Zeit als unersteigbar, vor allem aber als ungemein gefährlich. Die steile, enge, steinschlaggefährliche Gipfelrinne — heute mit einigen fixierten Drahtseilen etwas gebändigt — hat viele Bewerber zurückgewiesen; erst der »Kederbacher«, der auch die Watzmann-Ostwand bezwang, fand zum Gipfel. Der Pflerscher Tribulaun (rechts von Nord) schaut sich auch von der italienischen Hütte her in der Tat »sakrisch« schwierig an; man kann sich kaum vorstellen, daß durch seine Südwand ein relativ leichter Steig führt. Aber es ist schon so: Man geht den majestätischen Berg von der Hütte an, indem man am Hüttenweg ein Stück abwärtsgeht, dann nach links in die kleine Mulde vor dem Wandsockel steuert, der aber erst bei einer sehr markanten schluchtartigen Rinne betreten wird. Diese Rinne wird von absinkenden Felskulissen gebildet. In ihr von rechts nach links empor und über Stufen auf den nahen Grat, der nun nach rechts bis in das Hohe Sandesjoch, 2804 m, begangen wird: Nicht zu verwechseln mit dem Sandesjöchl zwischen Goldkappel, 2781 m, und Pflerscher Pinkel, 2766 m, das den Übergang zwischen beiden Tribulaunhütten vermittelt! — Von diesem Schartl aus geht es rechts um den Ansatz des Westgrates herum zu einem bequemen, etwa 7 m breiten Felsband, auf dem wir einen entschiedenen Quergang bis hinaus in die obere Südwand unternehmen: Dabei zielen wir auf einen sattelartigen Vorsprung. Hier nun nicht gerade weiter, sondern nochmals auf einem etwas schmäleren Schuttband bis zu dessen Abbruch hin — hier klettern wir durch eine Rinne empor, durch die ein höheres Band erreicht wird. Ganz am östlichen Ende dieses Bandes, bei einer 5 m hohen, überhängenden Wand, steigen wir mittels Drahtseil in die bald wesentlich steileren Gipfelaufbauten ein. Ein kaminartiger Riß bildet den Auftakt, dann folgt eine plattige Steilrinne, die schnell und mit höchster Vorsicht durchstiegen werden muß, da hier große Steinschlaggefahr herrscht. Diese Steilrinne endet in einem von Steilwänden umschlossenen Kessel. Aus ihm steigen wir an Drahtseilen über die rund 60 m hohe und etwa 70 Grad geneigte Schlußwand zum letzten Teil des Westgrates auf und über ihn zum Gipfel. — Die Aussicht von dieser wilden Kalkinsel im Stubaier Urgestein ist, vor allem gegen die Dolomiten hin, von großer Schönheit. Beim Abstieg am Aufstiegsweg gehen wir nur bis zum Hohen Sandesjoch, dann steigen wir direkt nach Norden ab, zuerst in Richtung der Garklerin gegenüber, denn über eine Schuttreiße bis ins obere Sandestal. — Wer den merkwürdigen Eindruck, den eine Begegnung mit den Tribulaunen stets hinterläßt, noch verstärken will, der begehe den exponierten »Pflerscher Höhenweg«.

106

Die beiden Tribulaune — links Gschnitzer, rechts Pflerscher Tribulaun — schließen das ins Gschnitztal ausmündende Sandestal dramatisch ab. Rechts am Bildrand der Übergang zur italienischen Tribulaunhütte; die österreichische Hütte liegt links unten, knapp außerhalb des Bildrandes. Im Hintergrund erkennen wir, von links: Geislergruppe, Sellastock, Marmolata darüber, komplette Langkofelgruppe, Palagruppe und Rosengartengruppe. Mehr kann man auch am Tribulaungpifel nicht verlangen.

51 Große Fermeda 2873 m
Südostkante und Südwestwand

TALORTE St. Ulrich, 1200 m, und St. Christina, 1428 m, im Grödnertal (Bus von Bozen und Waidbruck)

STÜTZPUNKT Geislerhütte (früher Regensburger Hütte), 2039 m, auf der Tschislesalpe, CAI (bew.), 1¾ Std. von St. Christina oder 25 Minuten von der Liftstation Larsei, 2106 m. Der Einstieg wird für den Eiligen am schnellsten von der Bergstation der Secada, 2480 m, erreicht (1¼ Std.)

AUFSTIEG Südostkante (schwierig, III), 3 Std. ab Einstieg, 4 Std. ab Geislerhütte · Abstieg: Normalweg in der Südwestflanke über die »Platte« (mäßig schwierig, II+), 2 Std. bis zum Einstieg. — Die Skizze zeigt den »Normalweg« = Abstieg

BESONDERER HINWEIS Die Südwestwand (Normalführe) wird meist auch im Anstieg begangen. Die Südostkante, nur wenig schwieriger, ist empfehlenswerter; sie ist für gute Kletterer ein besonders eleganter Aufstiegsweg in sehr festem Fels. Am Normalweg unter der Gipfelschlucht wird meist abgeseilt

GESCHICHTE Südwestwand: 1. Ersteigung K. Schulz, E. T. Compton, T. G. Martin mit M. Bettega, 4. 8. 1887 · Südostkante: 1. Ersteigung K. Berger und C. Moroder, 1897

FÜHRER / KARTEN Dolomiten-Kletterführer, Band 1a (Langes) · Kompaß-Wanderkarte, Blatt 56, Brixen, 1: 50 000 · FB-Wanderkarte, Blatt 16, Westliche Dolomiten, 1: 100 000 · TCI-Karte Val Gardena / Marmolada / 1: 50 000 · H. Peterka, ÖAZ, 1961, Erschließungsgeschichte!

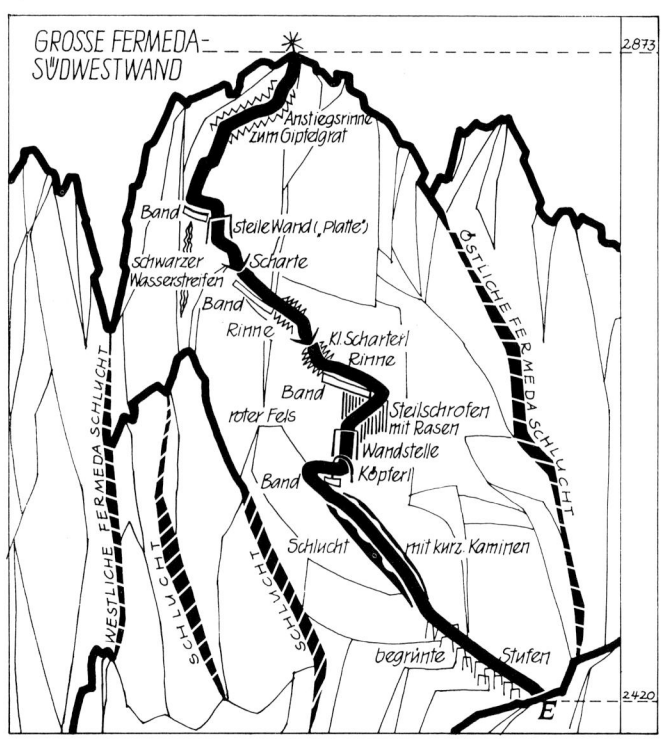

Sass Rigais und Furchetta sind höher, dennoch dominieren Kleine und Große Fermeda über der Tschislesalpe, weil sich ihre interessantesten Wände dorthin absenken. Die Große Fermeda ist von der tief eingeschnittenen Westlichen und der Östlichen Fermedaschlucht effektvoll abgegrenzt; sie senkt nach Süden einen großen, steilen und gutgestuften, von mehreren Diagonalschluchten durchsetzten, unten grünen Vorbau ab, an dem Tausende von Edelweißsternen blühen. Durch die mittlere Diagonalschlucht, die nahe der Südostkante ansetzt und von dort (Bild) nach links oben zieht, führt der Normalweg (Südwestwand) zum Gipfel; wir begehen diesen Weg diesmal im Abstieg. Ganz nahe dem eben erwähnten Einstieg und nur ein kurzes Stück noch östlicher, direkt am Sockel der markanten, sehr steil emporziehenden Kante, befindet sich der Einstieg für unseren Weg an der »Südostkante«, einer eleganten Kletterei in festem und gutgriffigem Fels. Man steigt über kurze Wandstufen und rasendurchsetzte Schrofen leicht nach links oben zu einer schon von unten sichtbaren gelben Felsnische auf; dann klettert man über neue Steilstufen, meist ausgesetzt, zu einem Vorsprung an der Kante und von da gerade hinauf an gutgriffiger Wand bis zu einem kurzen Quergang nach links. Hier trifft man auf eine steile Verschneidung, die an die Kantenschneide dicht unter dem ersten großen Steilaufschwung leitet. Dieser Aufschwung wird rechts nördlich umgangen, ebenso der folgende kleine Überhang an der Kante; nach weiterer 20 m Kletterei gerade empor folgt ein guter kleiner Standplatz. Nun links der Kante ausgesetzt an der gelblichen Südwand hinauf und wieder an die Kante zurück, wo bald eine Rinne links der Kante zu einem kleinen Gratturm zieht. Immer noch an der Kantenschneide, aber schon viel weniger schwierig, erreichen wir die Einschartung vor dem zweiten Aufschwung, queren auf abfallendem Band in die Ostwand und benützen dort den letzten Kamin der Ostwandführe, um in die Scharte zwischen beiden Gipfeln zu gelangen. Dies ist angenehmer als die Überkletterung des oben sehr zerrissenen Gipfelgrates vor der Scharte. — Absteigend vom herrlich aussichtsreichen Hauptgipfel, kommen wir wieder in dieselbe Scharte, steigen vorsichtig die nun gegen Westen geöffnete Gipfelschlucht ab und stehen oberhalb der »Platte«, die keine Platte ist, sondern eine zwar sehr steile, aber auffallend gutgriffige Wand, in der nur der Ängstliche die »Potschamberl«-Griffe nicht sieht, die hier dicht aneinandergereiht sind. Viele seilen hier ab! Unter dieser Steilwand quert man östlich absteigend auf guten Bändern, bis deutliche Spuren wieder westlich nach unten deuten. Hier wird die riesige Diagonalschlucht, die hinab zum Ausstieg führt, erreicht. In ihr sind in leichter Kletterei mehrere Steilstufen mit Kaminen, Rissen und Stufen zu passieren.

Über der Tschislesalpe der Geislergruppe dominieren Kleine und Große Fermeda, die auf diesem Bild von einer tiefen schwarzen Schlucht gespalten sind. Am rechten unteren Sockel der Großen Fermeda steigen wir ein, um in meist leichter Kletterei schräg nach links oben zur Schlüsselstelle (III) zu kommen und dann nach rechts oben in die Gipfelzone. Die Schlüsselstelle ist sehr steil, aber voller Griffe. Dies ist der »Normalweg«!

52 Sass Rigais 3025 m
Große Architektur über der Tschislesalpe

TALORT St. Christina im Grödnertal, 1428 m (Bus von Waidbruck)

STÜTZPUNKT Geislerhütte (früher Regensburger Hütte), 2039 m, auf der Tschislesalpe, CAI (bew.), 2 Std. ab St. Christina oder Lift (30 Min.)

AUFSTIEG Ostgrat und Ostflanke, 3–3½ Std. ab Hütte, davon 2 Std. bis zur Furchettascharte (Wasserrinnenscharte), 2696 m, teilweise mit Sicherungen, rot bezeichnet · Abstieg: Südwestgrat und Südwestflanke zur Mittagsschlucht (Normalweg). Gipfel—Hütte etwa 2½ Std., ehemaliger AV-Weg, teilweise Sicherungen, rot bezeichnet. Vorsicht: Steinschlag!

BESONDERE HINWEISE Trotz Sicherungen ist für Auf- und Abstieg etwas Klettergewandtheit und Schwindelfreiheit vonnöten! Der Sass Rigais ist ein einzigartiger Aussichtsberg! Einige Felspassagen sehr steil!

GESCHICHTE 1. touristische Ersteigung B. Wagner und F. Niglutsch mit G. und B. Bernard, 14. 7. 1878 (aus der Mittagsschlucht über die Südwestseite) · 1. Begehung des Ostgrates H. Heß, K. Schulz und R. H. Schmitt, 13. 9. 1888

FÜHRER / KARTEN Dolomiten-Kletterführer, Band 1a (Langes) · Dolomiten-Wanderführer (Delago) · Kompaß-Wanderkarte, Blatt 56, Brixen

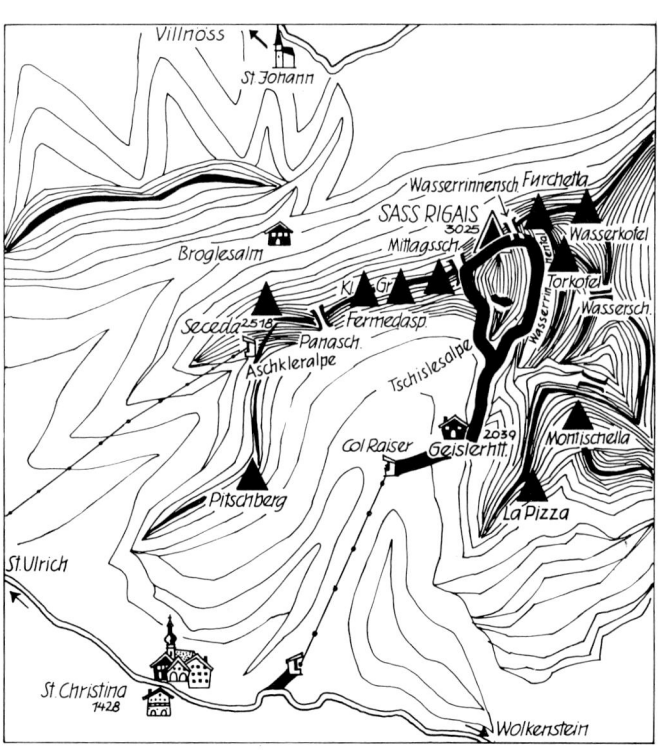

Unser Bild zeigt den Sass Rigais, einen ausgewachsenen Dreitausender, von seiner Glanz- und Nordseite: Die kraftvoll gegliederte, wie von Strebepfeilern gehaltene Riesenwand unter dem felsigen Gipfeldom ist große Architektur. Wer vom Kirchlein St. Johann im hintersten Villnößtal aus aufschaut, dem lehren Kirchenbaukunst und Urnatur gleichermaßen das Gesetz der guten Proportion. Freilich, man muß hinterher einsehen, daß diese herrliche Nordwandarchitektur zu guter Letzt nur Kulisse ist, denn jenseits, über der Tschislesalpe, hat der Sass Rigais alle Schroffheit verloren, da entragt er breitklotzig, von Schuttreißen umwallt, den grünen Wellen der riesigen Alpe. Unser Gipfel ist diesmal kein Kletterberg, oder genauer: Die Kletterei ist unschwierig, und an den steileren Flanken helfen Stufen und Seilsicherungen. Der neben der Furchetta höchste Gipfel der Geislerspitzen sitzt auf zwei markanten Einschartungen auf: Die westliche ist die Mittagsscharte, 2597 m, die östliche ist die enge Wasserrinnenscharte, 2696 m. Wir überschreiten den Sass Rigais von Scharte zu Scharte in Ost-West-Richtung. Schon der Zugang zum Einstieg am Ostgrat durch das enge, von hohen Wandkulissen umstellte Wasserrinnental (Val di Saliéres) lohnt unser Unternehmen: Wir steigen durch dieses großartige Felsental direkt auf die Südwand der Furchetta zu und erreichen am Talschluß über steiles Geröll und Platten die schmale Scharte auf 2696 m Höhe (2 Std.). Hier setzt der Ostgrat sehr steil an, aber Steigspuren helfen uns empor, immer etwas südlich des Grates gewinnen wir über eine Felsschulter eine hohe Scharte und damit ein Drahtseil, das uns nochmals steil hinauf in eine gut begehbare Rinne führt. Von dort weg klettern wir über gutgestuften Fels zum Gipfel (+1 Std.). Haben wir gute Sicht, dann überschauen wir das ganze nahe Geislertheater, eine wundervolle Berggruppe, wenn auch von extremen Übermenschen als »Miniaturgebirge« für »Vegetarier des Kletterns« abgetan. Wir genießen die berühmten Schaubilder von Sellastock und Langkofelgruppe, Seiseralmweite und Rosengarten, betrachten verlegen den trockengelegten neuen Plose-Skizirkus — und steigen langsam ab. Es geht den »Normalweg« durch die Südwestflanke hinunter, da und dort helfen wieder Drahtseile, und beinahe angenehm gelangen wir in dem großen Geröllkessel über Stufen und Bänder zur Mittagsscharte und über Sandreißen zur Tschislesalpe. — Der Normalweg auf den Sass Rigais ist übrigens auch von Norden her (Villnöß/Broglesalpe) über Pana- oder Mittagsscharte zu erreichen; Faulenzer bummeln von der Bergstation der Seceda, 2480 m, fast eben ostwärts hinüber: Aber sie kommen meist zu spät für unsere Überschreitung, denn die erste Gondel fährt viel zu spät zur Seceda auf. Übrigens kann man auf der Tschislesalpe das geschützte Edelweiß sehen — nicht pflücken.

Blick aus dem Villnößtal gegen die Geislerspitzen. Von links: Große Furchetta, 3025 m, Wasserrinnenscharte, 2696 m, Sass Rigais, 3025 m, ganz rechts (außerhalb des Bildrandes) folgt die Mittagsscharte, 2597 m.

53 Kesselkogel 3004 m

Der höchste Gipfel im Rosengarten

TALORTE AP/EP Pera, 1313 m, und Vigo, 1382 m, im Fassatal (Bus von Bozen bzw. Canazei)

STÜTZPUNKTE Vajolethütte, 2243, im oberen Vajolettal, CAI (bew.), 3 Std. von Pera, 1 Std. von der Gardecciahütte, 2050 m (privat, bew.); bis dorthin mit Sessellift ab Vigo bzw. mit Kfz ab Pera

AUFSTIEG (wie Abstieg) Normalweg ab Grasleitenpaß, 2601 m, durch die Westflanke, teilweise gesicherter und markierter Klettersteig, 2 Std. ab Einstieg. Hütte–Einstieg 1 Std. · Abstiegszeit Gipfel–Hütte 2½ Std.

BESONDERE HINWEISE Der höchste Gipfel der Gruppe, eben noch ein echter Dreitausender, macht sich, sehr viel weniger elegant als die Nachbarschaft der Vajolettürme, mit stumpfen, ausladenden Felswänden breit. Er wird oft besucht, auch bei der Ost-West-Überschreitung (II+) trifft man auf Spuren früherer Begeher. Trittsicherheit Grundbedingung!

GESCHICHTE 1. Ersteigung C. C. Tucker und J. H. Carson mit A. Bernard am 31. 8. 1872 (Ostflanke) · Westflanke: 1. Begehung J. Santner am 6. 10. 1876 im Alleingang

FÜHRER / KARTEN Dolomiten-Kletterführer, Band 1a (Langes) · AV-Karte Schlern–Rosengartengruppe, 1: 25 000 · Evtl. auch Kompaß-Wanderkarte, Blatt 54 · TCI-Karte, Blatt 5, Grödnertal–Marmolata, 1:50 000

BILD Aufstieg in der Westflanke des Kesselkogel · Links oben der Große Valbuonkogel. Links unten der Anstieg von der Vajolethütte zum (gerade noch verdeckten) Grasleitenpaß.

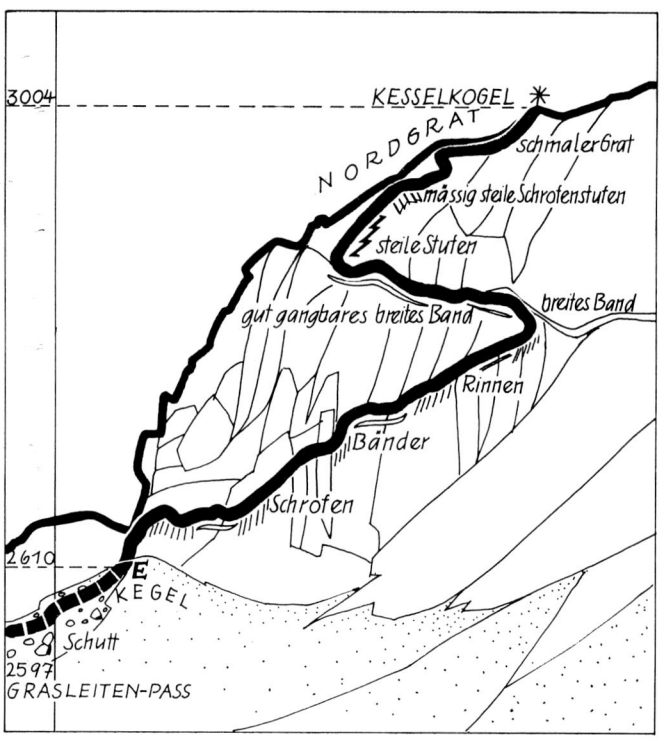

Wer sich von der Vajolethütte zum Grasleitenpaß ansteigend dem Kesselkogel nähert, wird kaum für möglich halten, daß durch dessen braungelbe Riesenwand ein relativ sehr leichter Anstieg auf den Gipfel führt: Dies war sicher auch der Grund, weshalb die englischen Erststeiger über die Ostflanke angestiegen sind. Der Bozener Alleingeher J. Santner ließ sich 1876, als er das durch die ganze Westwand ansteigende große Band erspäht hatte, nicht von dem schluchtartigen Kamin abweisen, der das Einstiegsband (links unten) vom Wandmassiv trennt; er erreichte das gut begehbare Band über die Felsen links des Kamins und suchte dann jenen Weg, der heute als gesicherter Klettersteig durch die Wand zieht. Zwei vorspringende Rippen werden fast ohne Schwierigkeit umklettert, dann nähert man sich bald dem oberen Ende des Bandes; schon vor dem Bandende steigt man nun rechts durch etwas brüchige, doch nur mäßig steile Felsen gut 40 m an, dann hält man sich ein Stück nach rechts und gleich wieder gerade empor, bis der Nordgrat erreicht ist. Auf ihm, der in gerader Nord-Süd-Richtung auf den Gipfel des Dreitausenders zuläuft und der ziemlich schmal ist, erreicht man das große Gipfelkreuz über ein gut 200 m langes Gratstück. Die Aussicht vom Kesselkogel wird deshalb so über den Schellenkönig gelobt, weil dieser schwere massige Riesenblock wirklich alle nähere und weitere Nachbarschaft überragt: das Getürme über der Vajolethütte, den Rosengarten, Schlern und Seiseralmgehügel, und weil man die schönsten Gruppen der westlichen Dolomiten wie im Bilderbuch studieren kann, vor allem die Langkofelgruppe, den Südteil der Sella, die Marmolatagruppe. Von ferne winkt der eisige Zentralalpenkamm, im Westen steht das blaue Gezack der Brentagruppe vor dem Eis der Adamellogruppe... Wer den höchsten Gipfel der Rosengartengruppe auf anspruchsvolleren Wegen angehen will, auf den warten zwei bedeutsame Dülfer-Touren: 1. der überaus elegante Südgrat (sehr schwierig, IV) von Hans Dülfer und W. Schaarschmidt, der überm Antermojapaß nach einer Kaminreihe ansetzt, 2. die besonders schwierige (V), also extreme Schwierigkeiten bietende Südwand, die Hans Dülfer 1914 im Alleingang erstieg. Die Ostflanke der englischen Erststeiger C. C. Tucker und J. H. Carson ist dagegen nur mäßig schwierig (II) und benützt ähnlich wie der heutige Normalweg Bänder, Stufen und Schrofen. Den Abstieg vom Kesselkogel wird man wohl immer am Normalweg vornehmen, der übrigens nicht zu unterschätzen ist: Wir haben diesen Dreitausender im Herbst bei Kälte nach Neuschneefall bestiegen, und da war manches heikel, was sonst kinderleicht ist. Kein Leser lasse sich von den Steinschlaghelmen auf so einer »Via Ferrata« beeindrucken. Im Kalkfels kommt in der Tat vieles Unverhofftes von oben und ein Sturzhelm ist noch lange kein Verband.

54 Rosengartenspitze 2981 m

Genußkletterei überm Santnerpaß

TALORTE AP/EP Bozen, 262 m, bzw. Karerpaß-Hotel, 1758 m (Bus von Bozen) · Evtl. Vigo di Fassa, 1382 m

STÜTZPUNKTE Rosengartenhütte (früher Kölner Hütte), 2337 m, unterm Tschagerjoch, CAI (bew.), 2¾ Std. ab Karerpaß, 1½ Std. ab Sessellift-Bergstation · Santnerpaßhütte, 2714 m, am Santnerpaß, privat (bew.), 2½ Std. von der Rosengartenhütte (über gesicherte Steiganlage, I) · Vajolethütte, 2243 m, im oberen Vajolettal, CAI (bew.), 1½ Std. von der Santnerpaßhütte über Gartlhütte, 2650 m, oder von Vigo di Fassa über Sessellift Ciampedie, 1998 m, in guten 2 Std.

AUFSTIEG Westwand und Nordgrat (Normalweg) ab Santnerpaß, 2740 m (mäßig schwierig bis schwierig, II–III). Einstieg 15 Minuten oberhalb der Santnerpaßhütte an der Schluchtmündung, 2½ Std. von der Rosengartenhütte. Kletterzeit 1½ Std. · Abstieg am selben Weg, 1¼ Std.

BESONDERE HINWEISE Der Hauptgipfel der Rosengartenspitze, stark besucht, bietet nur Kletterführen. Trittsicherheit schon beim Zugangsweg ist Voraussetzung, unser Normalanstieg selber ist teilweise schwierige Kletterei, Seilgebrauch also unerläßlich. Der Fels ist fest, viele Spuren.

GESCHICHTE 1. Ersteigung C. C. Tucker und J. H. Carson mit F. Devouassoud, 31. 8. 1874 (Westwand und Nordgrat) · Santnerpaß: 1. Überschreitung J. Santner und A. Villgratner, 19. 6. 1878

FÜHRER / KARTEN Dolomiten-Kletterführer, Band 1a (Langes) · Sassolungo–Catinaccio–Latemar, Tanesini (CAI-Führer) · AV-Karte Schlern–Rosengartengruppe, 1:25 000 · Kompaß-Wanderkarte, Blatt 54, Bozen

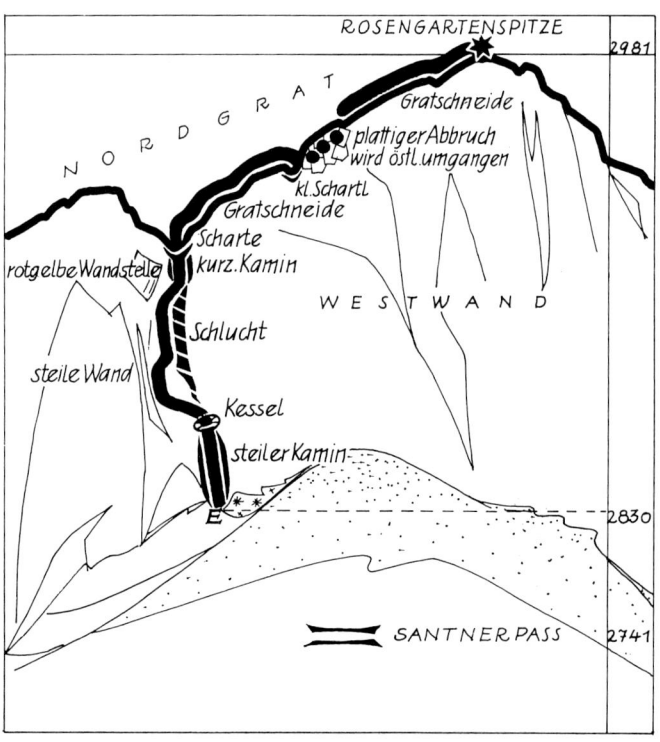

Wer, den dramatischen Aufstiegsweg von der Rosengartenhütte durch die türmereiche, mit Stiften und Drahtseilen gesicherte Schlucht hinter sich, am 2740 m hohen Santnerpaß steht (Standpunkt unseres Fotografen), der sieht die Rosengartenspitze als kaum 250 m hohe Westwand — er kann nicht fassen, daß derselbe Berg ostwärts mit einer mächtigen 600-Meter-Wand abbricht. Während jene Ostwand mit mehreren berühmten Kletterführen bestückt ist (siehe Pause »Im schweren Fels«, Tour 58), darunter der ideale Kiene-Führe (III–IV) und der heute vielbegangenen Steger-Führe (VI, 9 Std.!), gibt es auf unserer Westseite nur den schönen Südgrat (II–III), die Westwand (IV) und die Normalführe (II–III). Diese Normalführe über Westwand und Nordgrat, immer etwas ausgesetzt und steil, immer an gutgriffigen Felsen, ist reine Genußkletterei, sozusagen eine Damentour: Hier kann man bergfreudige Anfängerinnen überzeugend in die Kunst des Kletterns einführen. Ich habe am Gipfel eine wunderschöne junge Engländerin gesehen, die, auch am Seil vollkommen »Dame«, ihren jungen, freilich gutaussehenden italienischen Führer viele Male umarmt und abgebusselt hat: vor Freude über die herrliche Kletterei. Mir, der auch eine kleine Dame führte, hat das sehr imponiert ... Vom Santnerpaß aus steigt man die Schuttreiße hinauf, bis man rechts des Schluchtausganges steht. Diese Schlucht zieht, in der Mitte stark verbreitert, rinnenartig von der tiefsten Scharte im Nordgrat herab und empfängt uns am Einstieg mit einem kleinen Überhang und einem senkrechten Kaminstück. Hier steigt man rechts ein, klettert an guten, wenn auch dolomitenüblich winzigen Griffen bis in einen Kessel und verläßt dort den Kamin nach links. In der linken Begrenzungswand kann man einen großen Bogen oder einen kleinen machen, immer wird man hervorragende Griffe und Tritte in der recht steilen und ausgesetzten Wand finden, aber auch viele Begeherspuren, bis rotgelbe Wände oberhalb wieder in die Schlucht zurückdrängen. Diese Umgehung ist der schönste, klettertechnisch interessanteste Teil unseres Anstieges. Sind wir nach rechts in den Schluchtgrund zurückgeklettert, dann weichen wir einem Felsendach aus, indem wir rechts in einem seichten 12-Meter-Kamin zur Nordgratscharte aussteigen, die ja für diesen Anstieg immer das Richtziel bleibt. Jetzt, wo wir bereits nach allen Seiten sehen und unsere Rosengartenspitze als zentrales Massiv einer der schönsten Dolomitengruppen begreifen können, folgt nur noch reiner Genuß, denn der manchmal etwas luftige Nordgrat ist nicht steil und bietet Griffe und Tritte genug. An der zweiten Scharte könnte man einen plattigen Aufschwung leichter links umklettern: Aber man nimmt selbstverständlich die »Direttissima« in Angriff und steht bald auf dem Fastdreitausender, überragt nur von dem 23 m höheren Kesselkogel.

Über der einfachen, aber schon 2714 m hoch liegenden Santnerpaßhütte steigt in stark vermindertem Schwunge — gemessen nämlich an ihrer berühmten Ostwand — die Westwand der Rosengartenspitze auf. Genau über dem Hüttendach nützt der Normalweg (Grad II+) die schwarze Schlucht, um nach dem strengen Einstieg einen großen Kessel zu durchsteigen und an dessen rechter Begrenzungswand auf den Nordgrat zu gelangen. Nur 250 Höhenmeter gegenüber 600 in der Ostwand! Nach rechts unten (ab Hüttentüre) geht es in einer raffinierten alten Steiganlage steil zur Kölner Hütte (heute Rosengartenhütte) hinunter.

55 Grohmannspitze 3126 m

Der »Enzenspergerweg« am Ostnordostgrat

TALORTE Wolkenstein und Plan im Grödnertal, 1539 m (Bus von Bozen bzw. Waidbruck) · Canazei im oberen Fassatal, 1463 m

STÜTZPUNKTE Sellajochhaus, 2179 m, unter dem Sellajoch, CAI (bew.), 1½ Std. von Plan (auch Bus) · Gasthaus Valentini, 2283 m, südlich überm Sellajochhaus, etwas versteckt, 20 Minuten von der Paßstraße

AUFSTIEG (wie Abstieg) »Enzenspergerweg« am Ostnordostgrat, 5 Std. ab Sellajochhaus, davon 2 Std. zur Fünffingerscharte, 2785 m. Normalweg! Abstieg Gipfel—Sellajochstraße 3 Std.

BESONDERE HINWEISE Der einst berüchtigte, heute geschätzte Kletterberg ist manchmal vereist! Auch der Aufstieg in die Fünffingerscharte auf morgens meist hartem Firn (oder Eis) erfordert Vorsicht (und Eispickel). Schwierigkeitsgrad: mäßig schwierig und schwierig (II—III). Klettererfahrung und Schwindelfreiheit sind Voraussetzung! Genau Anstiegslinie einhalten, nicht in den falschen (brüchigen) Kamin einsteigen!

GESCHICHTE 1. Ersteigung der Grohmannspitze (Westwand) Michel Innerkofler, 1880 im Alleingang · »Enzenspergerweg«: J. und E. Enzensperger mit Louise v. Chelminsky, 23. 8. 1895

FÜHRER / KARTEN Dolomiten-Kletterführer, Band 1a (Langes) · AV-Karte Langkofel- und Sellagruppe, 1: 25 000

BILD Aufblick zur mächtigen Südostwand der Grohmannspitze in der Langkofelgruppe. Links die Südostkante. Rechts der Ostnordostgrat, darunter (rechts, etwas verdeckt) die tiefeingeschnittene, oft vereiste Fünffingerscharte. Rechts oben die Fünffingerspitze.

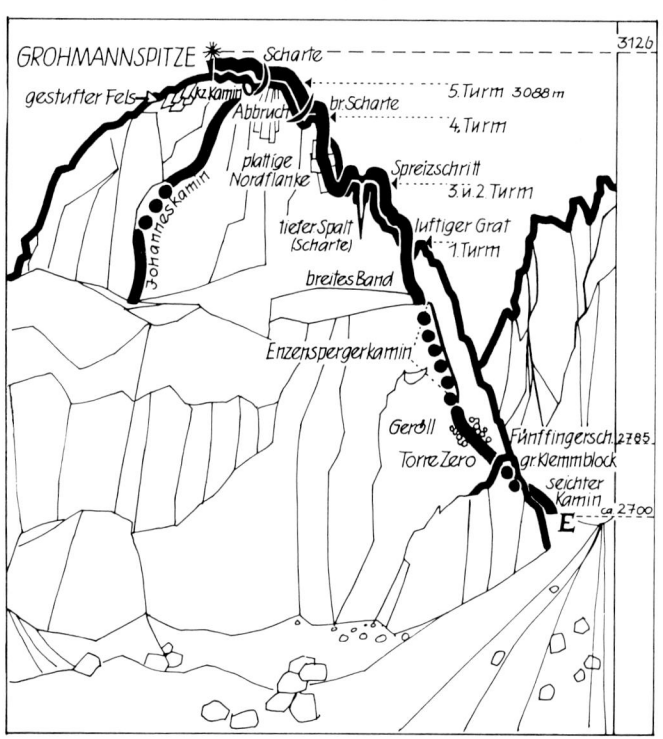

Die Grohmannspitze, das gewaltige Vorwerk der Langkofelgruppe gegen Süden, eingeklemmt zwischen Fünffingerspitze und Innerkoflerturm, hat eine dramatische Ersteigungsgeschichte erfahren. 15mal hatten die Brüder Giorgio, Battista und Luigi Bernard den Berg erfolglos berannt, da nahm sich der leidenschaftliche Dolomitenfreund Baron Roland v. Eötvös einen Augusttag des Jahres 1880 vor, um mit dem damaligen Führerkönig Michel Innerkofler und als zweitem Führer Alessandro Lacedelli den entscheidenden Angriff zu wagen — aber Pech, er selbst mußte wegen eines Unwohlseins kurz nach dem Aufbruch verzichten, Lacedelli aber erlitt eine Steinschlagverletzung: So erstieg Michel Innerkofler den heiß umworbenen Gipfel als erster und ganz allein ... Das war der Aufstieg über die Westwand. 15 Jahre später entdeckten junge führerlose Münchner Bergsteiger die wohl beste Führe am Ostnordostgrat aus der »Fünffingerscharte«: Es waren die Brüder Enzensperger und Louise v. Chelminsky, sie erstiegen den Berg als zweite am 23. August 1895. Ein klassischer »Normalweg« war gefunden! — Wir steigen aus der »Steinernen Stadt« nahe am Sellajochhaus auf einem Steiglein, vielleicht aber auch — ganz oben — auf hartem Firn oder Blankeis zur 2785 m hohen engen Fünffingerscharte empor und erfrischen uns vom heißen Anstieg an der Quelle dicht an der Schartenkehle, die bei kaltem Wetter für das eben erwähnte Blankeis sorgt. Vorsicht am frühen Morgen! Eispickel mitnehmen und an der Scharte deponieren! Jetzt geht es links über Platten hinauf zum Ersten Turm des Ostnordostgrates. Rechts von ihm steht die Nordostwand mit ihren meist steinschlaggefährdeten Anstiegen; wir halten uns links, umklettern gelbe Abbrüche links und durchsteigen einen 60 m langen, wenig geneigten Kamin zwischen dem Zweiten Turm und einem südlich abgesprengten Felszacken, in dem 10 m vor der Scharte — nur wenig schwierig — ein mächtiger Block zu überwinden ist. Sofort folgt rechts in der südlichen Turmwand ein enger, senkrechter, fast griffloser 12-Meter-Stemmkamin, der oben in eine Rinne ausläuft: das ist der »Enzenspergerkamin«, schwierigste Stelle der Führe! Aus der Scharte zwischen Erstem und Zweitem Gratturm wird der Grat selbst an seiner scharfen Schneide in besonders eleganter Kletterei verfolgt. Insgesamt werden fünf Türme überstiegen: dabei wird der Dritte Turm mit einem Spreizschritt gewonnen, der Vierte Turm an seiner glatten, aber nicht schwierigen Nordseite erklettert; zwei leichte Überhänge führen zum Fünften Turm, und schon sind wir in der Scharte vor dem Gipfelbau. Von hier, wo von links der Johanniskamin und von rechts die steinschlaggefährdete Nordostrinne einmünden, klettern wir durch einen kurzen engen Kamin in Schrofengelände und auf das Gipfeldach. Beim Abstieg Vorsicht wegen Steinschlaggefahr!

56 Fünffingerspitze 2996 m

Überschreitung: Daumenschartenweg–Schmittkamin

TALORTE Wolkenstein und Plan im oberen Grödnertal, 1539 m (Bus von Waidbruck bzw. Boden) · Canazei im Fassatal, 1463 m

STÜTZPUNKTE Sellajochhaus, 2179 m, an der »Steinernen Stadt« unterm Sellajoch, CAI (bew.), 1½ Std. von Plan oder Bus von St. Christina bzw. von Canazei · Albergo Valentini, 2283 m, südlich überm Sellajochhaus, etwas versteckt, 20 Minuten ab Paßstraße (gut bew., einfach)

AUFSTIEG Daumenschartenweg (Normalweg) in der Südflanke über Daumenballen (schwierig, III), 3½ Std. vom Einstieg am Daumenballensockel · Abstieg: Aus der Zeigefingerscharte durch den Schmittkamin der Südseite: sehr schwierig im Aufstieg, im Abstieg schwierig III+, abseilen!

NEUER TIP Seit einigen Jahren »rollt« der Normalkletterverkehr ab Sessellift Langkofelscharte. Dort geht man 20 m zur Daumenwand, sieht über sich die Abseilhaken und klettert (als guter Kletterer!) rechts der Haken empor (teils III, mit Viererstelle). Natürlich seilt sich alles am Daumenballen ab, genau so wie vom Zeigefinger in die Daumenscharte, oder von der Zeigefingerscharte in den Schmittkamin! (Alles Grad III)

GESCHICHTE 1. Ersteigung (Schmittkamin) R. H. Schmitt und J. Santner, 1890 · 1. Ersteigung des Daumenschartenweges H. Wood, L. Bernard, M. Barbaria und F. Fistil, 1891

FÜHRER / KARTEN Dolomiten-Kletterführer, Band 1a (Langes) · Av-Karte Langkofelgruppe, Sellagruppe, 1: 25 000

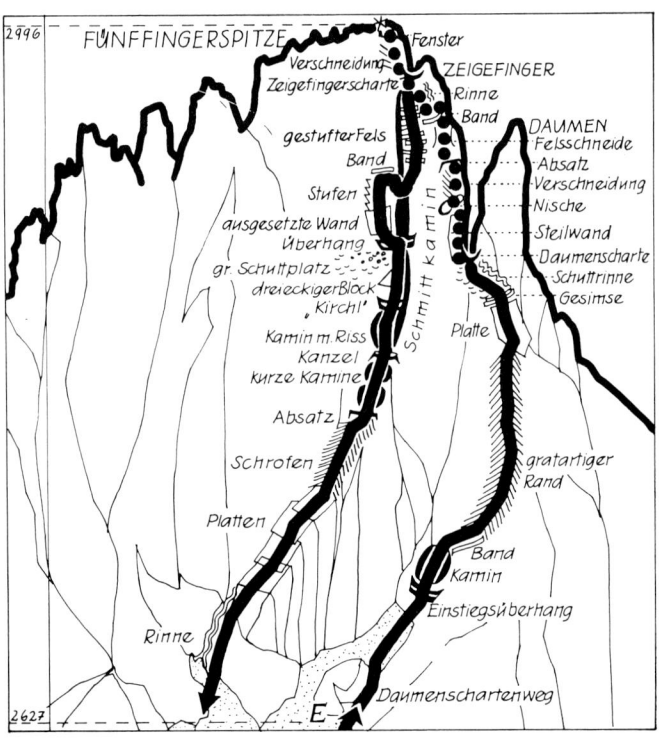

Dieser schönste Kletterberg der Langkofelgruppe, wenn nicht gar der Dolomiten überhaupt, steht zwar wie filigranes Zierwerk zwischen den klotzigen Mauern von Langkofel und Grohmannspitze, tritt man aber von der »Steinernen Stadt« her näher an ihn heran, dann offenbart sich ein prachtvoller, »fünffingriger« Felsberg, der auf einem breiten, kompakt geschlossenen Sockel aufsitzt. Eisenharter Fels, Griffe im Überfluß und an Ausgesetztheit ebensoviel, als man ohne Nervenschaden verträgt — also ein Musterberg! Zu seinen schönsten Führen gehören der Normalweg über die Daumenscharte (III), der Schmittkamin (III+, den wir für den Aufstieg wählen) und der Südwestgrat aus der Fünffingerscharte (IV). Dazu kommen viele interessante Varianten, etwa der Faulenzer-Einstieg direkt vom Liftsessel an der Langkofelscharte gerade hinauf zur Schrofenfläche des Daumenballens: je nach Route III oder III+. — Die schönsten Stellen des Anstieges über die Daumenscharte sind die Einstiegsseillänge aus der Daumenschlucht, die interessante Querung in die Scharte, vor allem aber die ungemein elegante, sehr steile, aber auch sehr griffreiche 30-Meter-Wand aus der Scharte zur Nische und gleich danach die Verschneidung zur Zeigefinger-Nordkante hinauf. Diese messerscharfe Nordkante selbst ist ungewöhnlich ausgesetzt, dennoch bleibe man möglichst hoch hinauf an der Kante selbst, man quert früh genug nach rechts in die oft firn- oder eisgefüllte Steilschlucht zur Zeigefingerscharte hinauf. Hier mündet von links der Schmittkamin ein, unser folgender Abstiegsweg. Erst steigen wir über eine kleine Verschneidung, ein Band nach rechts und ein Felsenfenster auf das Gipfeldach, schauen »hinauf« zu den viel höheren Gipfeln von Grohmannspitze und Langkofel, studieren »Eisweg« und »Felsenweg« zum Langkofel, entdecken die Geröllwüsten auf dem Selladach, das Eis an der Marmolata — und hören, wenn wir »Glück« haben, die grausam ernüchternde Musik aus dem Sesselliftlautsprecher unter der Langkofelscharte. — Der Abstieg ist schwieriger als der Anstieg, obwohl wir uns in einem »geschützten« Kamin-Inneren befinden. Dieser Schmitt-Kamin, berühmt und berüchtigt, hat aber mehrere Stockwerke, also Felsabsätze, an denen man meistens einen Abseilhaken und alte Seilschlingen findet: Man kann also die heikelsten Stellen famos abseilen. Steigt man in mehreren Seilschaften ab, dann kann gut Teamarbeit geleistet werden, indem, wer zuerst abseilt, sofort sein eigenes Seil einfädelt, während die anderen Partien noch abseilen. Das spart Zeit. Sind viele Kletterer oder Kletterer mit einer ängstlichen Anfängerin am Berg, dann kommt man manchmal — wie ich vor einigen Jahren mit Klubfreunden — in die rabenschwarze Nacht und tappt hilflos im Schwarzen, im Fels wie unten auf der Sandreiße. Kein Vergnügen!

Die Fünffingerspitze von Süden. Links, nicht mehr ganz sichtbar, die Fünffingerscharte, 2785 m, rechts die Langkofelscharte, 2679 m. Gipfel von rechts nach links: Daumen, 2953 m, darunter der Daumenballen, Zeigefinger, 2980 m, Mittelfinger (Hauptgipfel), 2996 m, Ringfinger, 2943 m (fast ganz verdeckt), Kleiner Finger, 2913 m. Links unterm Hauptgipfel der auffallende Diagonalriß der Südwand (Kiene-Haupt, IV–V). Die tiefste Einschartung der Daumenscharte, 2991 m, ist (rechts unterm Zeigefinger) verdeckt von den Daumenballenfelsen

57 Langkofel 3178 m

Am »Felsenweg« in der Südwestwand

TALORT St. Christina, 1428 m, im Grödnertal (Bus von Waidbruck)

STÜTZPUNKT Langkofelhütte, 2256 m, im Langkofelkar, CAI (bew.), 3½ Std. über Seiseralm, oder 2½ Std. ab Sellajoch-Haus, oder 30 Min. absteigend ab Lift Langkofelscharte!

AUFSTIEG (wie Abstieg) »Felsenweg« in der Südwestwand (Normalweg), mäßig schwierig (II), je 5–6 Std. ab Hütte bzw. bis Hütte

BESONDERER HINWEIS Der »Felsenweg« ist sehr verwickelt, der Abstieg dauert genauso lang wie der Anstieg, also hat man an einem Tag 10–12 Std., oft auch länger, Schwerarbeit zu leisten! Aus gutem Grund steht eine Biwakschachtel auf 3100 m Höhe dicht unterhalb der »Biwakscharte«, unter dem Roten Turm (Platz für 3–5 Personen). Die Nächtigung in der Langkofelhütte vor dem Anstieg (Aufbruch vor Morgengrauen) ist unerläßlich! Ebenso das Studium des Führers und die Verwendung von farbigen Markierungsblättern! Orientierungssinn, Ausdauer! Komplette Ausrüstung mit Eispickel unerläßlich, vor allem im Juli!

GESCHICHTE 1. Ersteigung Paul Grohmann mit P. Salcher und F. Innerkofler, 13. 8. 1869 (Südwest-Wand) · »Felsenweg«: 1. Begehung L. Bernard und G. Davarda, 13. 8. 1892 · Fassanerband: 1. Begehung unbekannte Soldaten 1917 im Krieg

FÜHRER / KARTE Dolomiten-Kletterführer, Band 1a (Langes) · AV-Karte Langkofel-, Sellagruppe, 1: 25 000

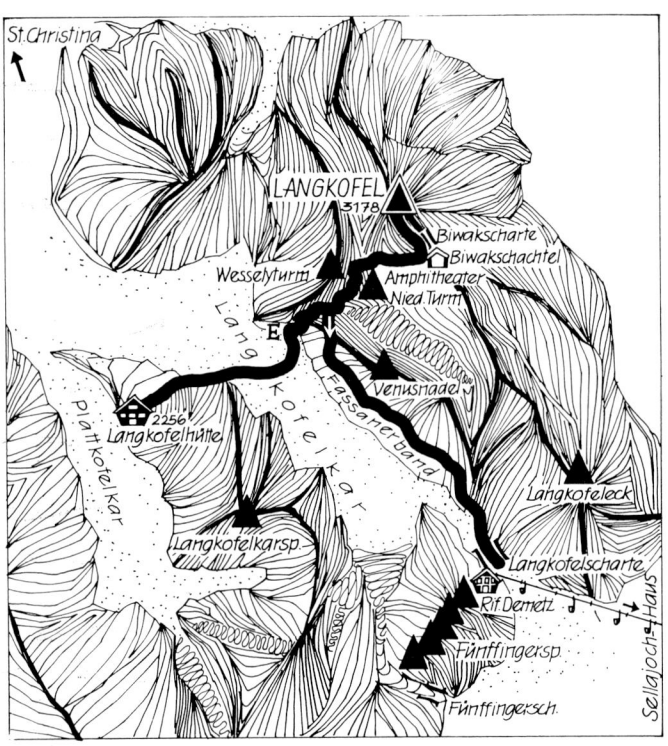

Wer zum erstenmal vom Eisackufer ins Grödnertal hinauffährt, erschrickt vor dem ersten Anblick des Langkofels: Wie eine gewaltige graue Wolke hängt dieses Massiv hoch überm Tal, unfaßbar und wonnevoll zugleich. Dieser Langkofel ist der bedeutendste Dolomitengipfel, was Größe und Mächtigkeit des Aufbaus betrifft. Keine Civetta, kein Monte Pelmo kann sich ihm vergleichen. Er ist aber auch einer der anspruchsvollsten und einer der gefährlichsten Kletterberge südwärts des Zentralalpenkammes. Schon sein leichtester Anstiegsweg, der »Felsenweg« durch die Südwestflanke – mit größtem Gewinn von der Langkofelhütte her einzusehen! –, verlangt große Ausdauer, ausgeprägten Orientierungssinn und hochalpine Bewährung. Hier hat der Kletterer vor dem Hochalpinisten zurückzutreten! Der Einstieg zum »Felsenweg« – 12 Stunden hin und zurück bei guten Verhältnissen – liegt nur gute 30 Minuten von der Hütte im Langkofelkar entfernt. Dort muß man beim ersten Tagesgrauen stehen, um noch vor Nachteinbruch zurückzukehren! Der großartige, aber äußerst verwickelte »Felsenweg« unterteilt sich in vier Abschnitte: 1. die Kletterei vom Einstieg bis in den untersten Karboden vor dem Langkofelgletscher (hier kommt von der Langkofelscharte her das »Fassanerband« ins Kar); sie ist in ihrem ständigen Richtungswechsel am schwersten zu finden, Hauptrichtung östlich! 2. Aus dem Rinnengewirr dieses untersten Bodens geht es nun nördlich durch die Schlucht zwischen dem massigen Wesselyturm und dem Niederen Turm (hinter dem die »Untere Eisrinne« vom Gletscher aus eine Variante direkt zum »Amphitheater« zuläßt) bis in den oft firnbedeckten Felskessel des »Amphitheaters«. Der 3. Abschnitt entwickelt sich wieder mehr östlich aus dem »Amphitheater« bis hinauf zur Biwakschachtel unter der Biwakscharte, der 4. und letzte Teil strebt endlich in nordwestlicher, dann nördlicher Richtung über den Roten Turm und den ganzen Gipfelgrat zum Hauptgipfel. – Die schwierigste Stelle dürfte sich am Roten Turm befinden, der rechts in der Ostseite mit Hilfe eines schmalen Bandes umgangen wird, wobei man vor dem Bandende über eine Steilstufe nach links mit anschließendem Kamin wieder zum Grat aussteigt. – Für den Abstiegsweg empfiehlt sich der besseren Orientierung wegen der uns bereits bekannte Aufstiegsweg; den aber wollen wir beim Betreten des Gletscherkares verlassen, um jenseits das »Fassanerband« zu begehen, das ohne Höhenverlust direkt zur Langkofelscharte führt, also gute zwei Stunden einbringen kann. – Merke: Die Biwakschachtel ist nur für Bergsteiger da, die aus der Nordwand kommen! Merke: niemals bei unsicherem Wetter einsteigen! Merke: Markierungspapiere auslegen! Der herrliche Langkofel erlaubt keinerlei Leichtsinn! Niemand steige ohne Eispickel und ohne (leichten) Biwaksack ein!

Die Langkofelgruppe, von Nordwest aus dem Confinboden gesehen. Alle Gipfel umrahmen das Langkofelkar, in dem auch die Hütte steht. Von links: Langkofel mit Langkofeleck (oben eingebettet der kleine Langkofelgletscher), Langkofelscharte, Fünffingerspitze und Plattkofel. Diesem intimen Einblick in die karge Herzmitte stehen in der Nordflanke die ungeheuren glatten Wände des Langkofelmassivs entgegen: hier unsichtbar. Einstieg in Fallinie des Gletschers, leicht rechts, am Karrand.

121

58 Daint de Mesdi 2888 m

Die Felssäule überm Val de Mesdi

TALORTE Wolkenstein-Plan im Grödnertal, 1539 m (Bus von Bozen-Waidbruck) · Colfuschg im obersten Gadertal, 1645 m (Bus und Lift zum Grödnerjoch) · Canazei im oberen Fassatal, 1463 m (Bus und Bergbahn zur Pordoispitze, 2952 m

STÜTZPUNKTE Grödnerjochhaus, 2137 m, CAI (bew.) · Pisciaduseehütte, 2583 m, CAI (bew.), 2¼ Std. ab Grödnerjoch durchs Val Setus · Bamberger (Boé-)Hütte, 2873 m, auf der Sella-Hochfläche am Einbruch des Val de Mesdi, CAI (bew.), 1 Std. ab Bergstation Pordoispitze

AUFSTIEG (wie Abstieg) Westwand-Normalweg, 3 Std., davon 1 Std. bis zum Einstieg, Abstieg Gipfel—Einstieg 1½ Std.

BESONDERER HINWEIS Ein selten bestiegener Kletterberg, dessen Normalweg in der Westwand auch Varianten ermöglicht. Der Ort des Einstieges wird mittels Abstieges vom Verbindungsweg (Coburger Weg) Pisciaduseehütte—Bamberger Hütte durch einen Schrofenkessel erreicht (Spuren). Die Kletterei ist nach der Alpenskala gut mäßig schwierig (II/III).

GESCHICHTE 1. Ersteigung W. Merz, F. Benesch und F. Schmitt am 14. 8. 1894 (Westwand)

FÜHRER / KARTEN Dolomiten-Kletterführer, Band 1b (Langes) · AV-Karte Sella—Langkofelgruppe, 1: 25 000 · TCI-Karte, Blatt 5, 1: 50 000

BILD Einblick in das Val de Mesdi der Sellagruppe mit den Kalktürmen von Bec de Mesdi (links) und Daint de Mesdi (rechts: unser Berg). An letzterem ist der obere Teil unserer Führe einzusehen. Rechts in der Tiefe der grüne Talboden von Colfuschg-Corvara

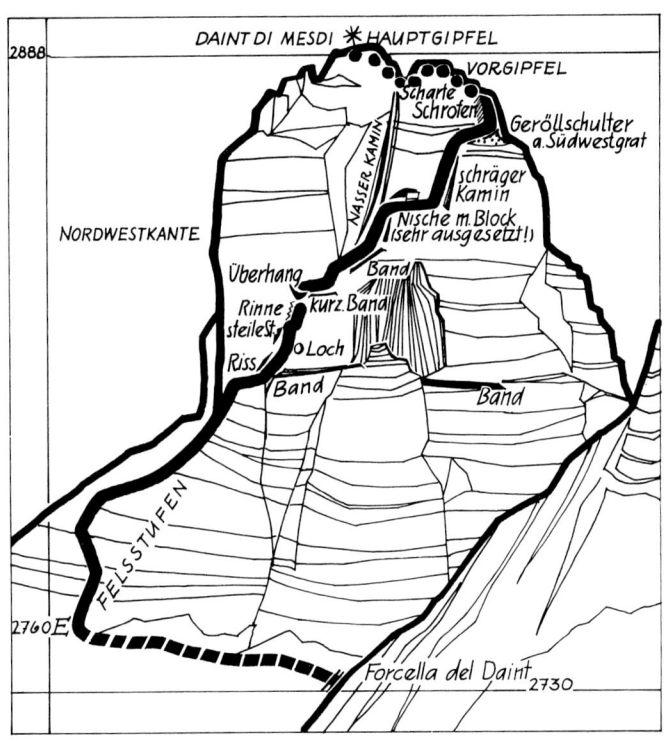

Wo die mächtige Kalkfestung des Sellastockes in ihrer Mitte wie mit einem Schwert gespalten erscheint, dort entwickelt sich westwärts das angenehme Gefälle des Val Lasties ... Nordostwärts aber stellt sich das Val de Mesdi als tiefklaffende Wunde dar, die einen ungebrochenen Strom von Schutt und Geröll in den Talboden entsendet. Über eben diesem grausigen Einbruch stehen — wie unser Bild zeigt — die ehernen Wächter des wuchtigen Bec de Mesdi und des schlanken, beinahe schon eleganten Daint de Mesdi. An diesem kleinen Turm (von 2888 m Gipfelhöhe, bei etwa 200 m Kletterhöhe) entwickelt sich unsere Klettertour. Dabei markiert der in unserem Bild gut sichtbare, an die Hauptwand links angelehnte Nordwestpfeiler die Stelle, an der wir von drüben her die Westwand erreichen und das hier dominierende Schuttband: es durchzieht die ganze (hier im Schatten liegende) Westwand. Rechts daneben die Südwand ist besonnt: sie betreten wir beim Normalweg nicht! ... Doch zuerst zum Zugang: ob ab Pisciaduhütte (nach vorangegangener Begehung des Pisciadu- oder des Val Setus-Steiges) oder absteigend von der Bambergerhütte überm obersten Val de Mesdi, wir müssen jedenfalls den Sattel des Val de Tita erreichen und von ihm ostwärts in den Kessel zwischen Cima Pisciadu und Bec bzw. Daint de Mesdi absteigen. Rechts haltend kommen wir unter die Forcella del Daint zwischen den beiden Spitzen (2 Std.). Weiter nordwärts steigen wir ein: erst nach links oben über Schutt an die Felsen des Daint und wieder leicht rechts über Schrofen und gestuften leichten Fels hinauf zur Geröllschulter unter der überhängenden Nordwestkante des Daint: in unserem Bild von dem angelehnten Turm genau markiert. Wie man im Bild ebenfalls sieht, durchzieht das Geröllband die ganze Westwand bis an die schon besonnte Ecke zur Südwand. Wir verfolgen dieses Schuttband nur ein kurzes Stück, steigen dann links gegen die Wandmitte hinauf, passieren Risse, einen gut zu überwindenden Überhang, Bänder und eine zuweilen feuchte große Verschneidung, die bereits in den Einschnitt zwischen nördlichem Vor- und südlichen Hauptgipfel zielt. Die Beschreibung im alten Langes-Führer kann nicht wortwörtlich genommen werden. Jedenfalls wird der Schwierigkeitsgrad II—III dieses wenig begangenen »Normalanstieges« nicht überschritten, und — wie vielerlei Erfahrungen belehren — gibt es in dieser Westwand mehrere Möglichkeiten, als guter Kletterer aus der Verschneidung in die Nische und später durch den schiefen Kamin auf die Geröllschulter zu kommen. Letztere ist die im Bild bereits besonnte oberste Schulter. Von ihr aus helfen gutartige Schrofen bis zum Gipfel hinauf. — Abstieg am selben Wege. Alle Südwandrouten weisen höhere Schwierigkeitsgrade auf, — so auch die reine, direkte Südwand-Führe vom Jahr 1900 (siehe Band »Im schweren Fels«, Grad III und IV).

59 Sass Maor 2812 m

Kletterturm über dem Cismonetal

TALORT San Martino di Castrozza, 1467 m, im obersten Cismonetal, südlich unterm Rollepaß (Bus von Predazzo)

STÜTZPUNKTE Pradidalihütte, 2278 m, südlich des Passo di Ball. — Nächtigung sonst in San Martino. Evtl. Zeltmöglichkeit an der Malga Sopra Ronz — Bivacco »Velo della Madonna« (am neuen Steig).

AUFSTIEG (wie Abstieg) Normalweg durch die Südschlucht zwischen Sass Maor und Cima della Madonna (schwierig, III), 5–6 Std. ab San Martino, 4½ Std. ab Malga Sopra Ronz. Bei Zugang von der Pradidali-hütte 1¼ Std. zum Einstieg, 4 Std. Hütte–Gipfel. Abstieg Gipfel–San Martino 4 Std., dieselbe Zeit Gipfel–Pradidalihütte (da 400-m-Aufstieg)

BESONDERE HINWEISE Ein steiler, herausfordernder Kletterberg mit festem und griffigem Fels! Nichts für Anfänger. Elegante Kletterei auch am Normalweg, starke Exposition! — Ein neue Hilfe: Relativ große Bi-wakhütte unterm SO-Fuß des Sass Maor — »Biv. Velo della Madonna«, 2340 m! Zugang Malga Sopra Ronz, Fuß Schleierkante, dann rechts in kleine Scharte (Biv. gelb bemalt, gut sichtbar!) — oder über Passo di Ball!

GESCHICHTE 1. Ersteigung H. A. Beachcroft und C. C. Tucker mit B. della Santa und F. Devouassoud, 4. 9. 1875 (Nordschlucht) · Süd-schlucht: 1. Beg. D. Diamantidi, L. Cesaletti, M. Bettega, F. Colesel

FÜHRER / KARTEN Dolomiten-Kletterführer, Band 1b (Langes) · Pala di San Martino / Castiglioni, CAI-Führer (italienisch) · AV-Karte Palagruppe, 1: 25 000 · TCI-Karte, Blatt 10, San Martino di Castrozza, 1: 50 000

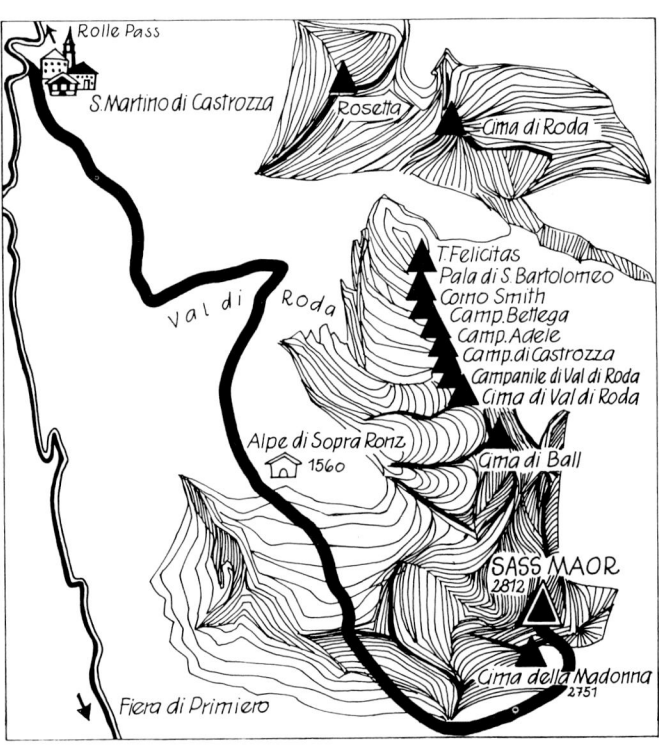

Das Gipfelpaar Sass Maor und Cima della Madonna im äußersten Süden der Palagruppe steht bei allen passionierten Kletterern in höchstem Ansehen. Die niedrigere Cima della Madonna weist mit der »Schleierkante« (IV–V) die wohl schönste Kletterei im alpinen Kalkfels auf, während der höhere Sass Maor mit der von allen extremen Kletterern begehr-ten, 1000 Meter hohen Ostwand (VI) eine auch ex-trem anspruchsvolle Kletterfahrt nach klassischen An-sprüchen bietet. Der »Vegetarier unter den Kletter-ern«, wie der durchschnittliche, eben noch den Schwierigkeitsgrad III (schwierig) sicher beherr-schende Bergsteiger genannt wird, hat an beiden Bergen dennoch seine Chance: Auf beide Gipfel führen, vom Einstieg bis in die Scharte zunächst ver-eint, zwei »Normalwege«, die der guttrainierte, klet-tergewohnte Bergsteiger durchaus bewältigen kann. Der Einstieg befindet sich genau unter der großen Südschlucht, die aus der Scharte zwischen beiden Gipfeln niederbricht und die an ihrer Mündung durch einen gewaltigen Felsblock verriegelt ist. Der Weg zum Einstieg ist von San Martino her etwas umständ-lich, von der Pradidalihütte her einfach. Jener 15 m hohe Felsriegel wird links der Nische, die von ihm gebildet wird, an senkrechter, teils ausgebauchter Wand schief von links unten nach rechts oben über-wunden, womit man den Grund der Geröllschlucht erreicht und die schwierigste Kletterei hinter sich hat. Die wilde Schlucht wartet bis zur Trennungs-scharte mit einigen steilen Felsabbrüchen auf, die alle gut zu erklettern sind; schon nach 1 Std. kann man in der Scharte stehen und wählen: die Führe links zur Cima della Madonna (steil, ausgesetzt! Nicht im Winklerkamin, sondern auf Route 819-bb des Langes-Führers! II–III) — oder rechts zum Sass Maor. Wir besteigen den Sass Maor, indem wir aus der Scharte rechts über weniger steile Felsen des Grates empor und über Schuttbänder und Absätze dicht an den Gipfelaufbau klettern. Hier nun entwe-der 1. rechts haltend und in bestem Fels über Stu-fen, Bänder und kurze Kamine steil zu einer Höhle und von da durch einen neuen steilen Kamin in die leichten Felsen der Gipfelzone oder 2. unterm Gip-felaufbau links ein abschüssiges Schuttband in der Ostflanke bis an sein Ende verfolgend, hier durch einen senkrechten Riß 15 m gerade empor und nach links durch einen etwas leichteren Kamin in die Ein-schartung am Doppelgipfel. Variante 1 ist leichter, 2 schwieriger! — Beim Abstieg versäume man unter keinen Umständen, im oberen Teil der großen Süd-schlucht, dort, wo sie sich gabelt, im rechten Ast ab-zusteigen, in dem wir ja auch aufgestiegen sind und in dem ganz unten der sperrende Riesenblock auf uns wartet. Auch im Zusammenhang mit dieser Tour empfiehlt sich das Studium von Führe 56 meines Bu-ches »Im schweren Fels« (Neuausgabe 1977), in dem die berühmte »Schleierkante« genau beschrieben ist.

Der Sass Maor (links oben), an den sich der breite Gipfelgrat der Cima della Madonna samt berühmter »Schleierkante« lehnt: hier von Norden gesehen. Rechts am Bildrand wird der türmereiche Grat von der »Via ferrata del Velo« überschritten, so daß der Tüchtige den ganzen Stock ohne besondere Gefährdung umwandern kann: ab Pradidalihütte! Der Anstieg auf den Sass Maor erfolgt durch die hier unsichtbare, beide Gipfel trennende Südschlucht (III).

60 Cima Canali 2897 m

Zwischen Cima Fradusta und Sass Maor

TALORT San Martino di Castrozza, 1467 m (Bus von Predazzo über den Rollepaß und von Fiera di Primiero)

STÜTZPUNKT Pradidalihütte, 2278 m, im obersten Val Pradidali, CAI (bew.), knapp 4 Std. ab San Martino über den Passo di Ball. Oder 2 Std. ab Bergstation Rosetta, ebenfalls über Passo di Ball. 5 Std. ab Fiera die Primiero (wenig begangen). Ober ab »Via ferrata del sole«.

AUFSTIEG (wie Abstieg) Südgrat aus der Forcella Canali (mäßig schwierig bis schwierig, II—III), 3—3½ Std. ab Pradidalihütte. Abstieg reichliche 2 Std.

BESONDERE HINWEISE Eine hübsche, anregende Kletterei an einem wenig begangenen Berg. Der Normalweg wird meist als Abstiegsweg benutzt. Man achte sorgfältig auf Steindauben und Spuren!

GESCHICHTE 1. Ersteigung C. C. Tucker mit M. Bettega, 30. 8. 1879 (Südgrat)

FÜHRER / KARTEN Dolomiten-Kletterführer, Band 1b (Langes) · Pala di San Martino / Castiglioni, CAI-Führer (italienisch) · AV-Karte Palagruppe, 1 : 25 000 · FB-Wanderkarte, Blatt 16, Westliche Dolomiten · TCI-Karte, Blatt 10, San Martino di Castrozza, 1 : 50 000

BILD Die Cima Canali im südlichsten Teil der Palagruppe der Dolomiten bietet hier ihre massive, von starken Säulen getragene Westwand. Dicht unterhalb des unteren Bildrandes steht das Rifugio Pradidali des CAI, erneuert und ideal für die Besteigung. Im rechten Bildteil die Diagonal-Rinne, durch die man an den mäßig schwierigen Südgrat (II+) gelangt.

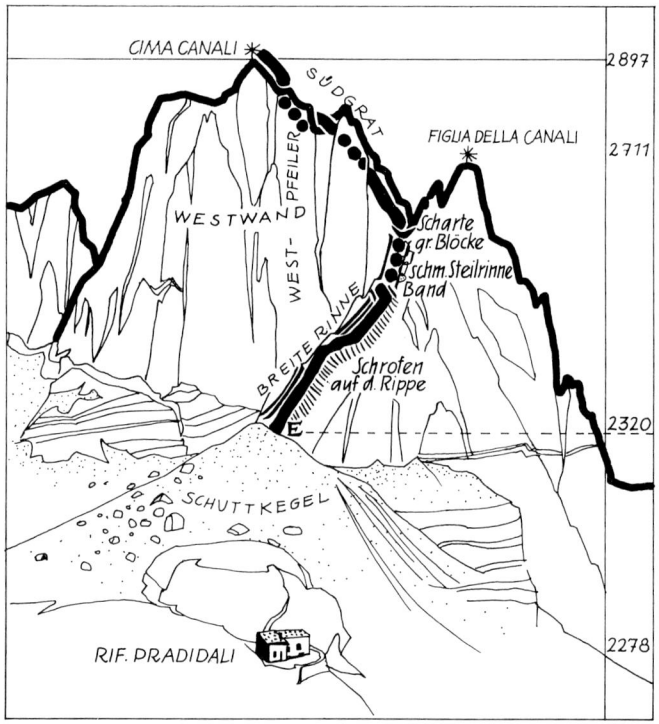

Östlich des Sass Maor und der Cima della Madonna im Süden der Palagruppe entwächst dem obersten Schuttkessel des Val Pradidali die auf gewaltigen Domsäulen ruhende Cima Pradidali. Wer von San Martino de Castrozza oder von der Rosetta her über den Passo di Ball kommt, der sieht sie gleich von ihrer schönsten Seite — mit der massiven Westwand und ihren glatten Felspfeilern, flankiert von der Cima Wilma und der Figlia della Canali. Ein wunderbarer Dolomitenberg, zwischen dessen tragenden Säulen freilich allerlei dunkle Einrisse und finstere Eiskanäle drohen. Unser Normalweg — der leichteste Weg zum Gipfel (II—III) — führt zunächst die schräg nach oben rechts ziehende Schluchtrinne zur Forcella Canali empor, zur Scharte also zwischen Cima Canali und Figlia della Canali. Dabei steigen wir vom kleinen See unterhalb der Hütte den großen Schuttkegel empor, der unserer Schluchtrinne entströmt ist, und halten uns am Beginn der Schlucht (des Steinfalls wegen) zunächst an die Schrofen rechts der Schlucht. Die Schrofen führen zu einem breiten Schuttband, über dem sich senkrechter Fels aufbaut, hier müssen wir in die jetzt eng gewordene Rinne hinein und klettern dort zur Scharte empor, wobei wir ein durch Riesenblöcke gebildetes Felsentor im rechten, rinnenartigen Schluchtast durchsteigen (2 Std.). Die Felswand links (nördlich) der Scharte setzt pfeilerartig an; wir halten uns an diesem Südgrat etwas rechts der auslaufenden Pfeilerrippen und erreichen über Stufen, Wandln und kleine Kamine die Schlüsselstelle der Tour: Das ist ein senkrechter glatter, enger und 15 Meter hoher Kamin, der Kletterkunst verlangt, aber auch nicht mehr als schwierig (III) ist. Oberhalb dieser klettertechnischen Barriere halten wir uns rechts an steile Schrofen und dann an ein breites Band unterm Gipfelgrat. Dieses Band verfolgen wir, bis wir um den Grat rechts herum an eine steile Felsrinne und durch sie gerade hinauf zum schneidigen Gipfelgrat ansteigen können. Man kann sich kaum verirren, Steindauben und Begehungsspuren helfen oft weiter (3½ Std. ab Hütte). Am Gipfel studiert der passionierte Kletterfreund als erstes den türmereichen Verbindungsgrat von der Pala di San Martino zur Pala-Hochfläche, zählt die vielen Türme des Val-di-Roda-Kammes ab, mustert den ansehnlichen Sass Maor überm Pradidalital und würde ums Leben gern die »Schleierkante« an der Cima della Madonna sehen — aber noch können Bergsteiger nicht »ums Eck herum schauen«, wie der Solleder Emil und der Rittler Leo einmal sagten, zwei Münchner Kletterer, die noch keine verkappten Sachsen waren. Der Solleder Emil, »Zacke« genannt, hat übrigens gegenüber die berühmte, extrem schwierige Sass-Maor-Ostwand als Erster durchstiegen (1926), das war genau ein Jahr nach seiner schneidigen Erstdurchsteigung der hohen und schweren Civetta-Nordwestwand.

126

61 Cimone della Pala 3185 m

Das Riesenhorn über dem Rollepaß

TALORT San Martino di Castrozza, 1467 m, im obersten Cismonetal, südlich unterm Rollepaß (Bus von Predazzo)

STÜTZPUNKT Rosettahütte, 2553 m, am Rosettapaß, CAI (bew.), 15 Minuten ab Seilbahnstation oder 3½–4 Std. ab San Martino di Castrozza

AUFSTIEG (wie Abstieg) Normalweg = »Darmstädterweg« über den Travignolopaß, 2938 m, 3½–4 Std. ab Hütte bis Gipfel, Weg stellenweise gesichert (Drahtseile), dennoch mäßig schwierig bis schwierig (II–III). Abstieg Gipfel–Hütte knapp 3 Std.

BESONDERE HINWEISE Am Weg zu dem sehr hohen Dolomitengipfel meist einige kleinere Eis- und Firnpassagen, Eispickel nicht vergessen! Ab Travignolopaß Beginn der nicht zu unterschätzenden Kletterei! Trittsicherheit erste Grundbedingung! Zweithöchster Gipfel der Palagruppe

GESCHICHTE 1. Ersteigung E. R. Whitwell mit Ch. Lauener und S. Siorpaes am 2. 6. 1870 (Nordwand) · »Darmstädterweg«: 1. Begehung L. Darmstädter mit L. Bernard und H. Stabeler, 9. 7. 1889

FÜHRER / KARTEN Dolomiten-Kletterführer, Band 1b (Langes) · Pala di San Martino / Castiglioni, CAI-Führer (italienisch) · AV-Karte Palagruppe, 1: 25 000 · TCI-Karte, Blatt 10, San Martino di Castrozza

BILD Der Cimone della Pala steigt als Riesenkalkhorn über dem Rollepaß auf, links darunter der Travignolopaß, anschließend die breite Mauer der Vezzana: eines der großartigsten Dolomitenbilder.

Der Cimone della Pala wird als »Matterhorn der Dolomiten« deklariert, was freilich nur akzeptiert, wer diesen sehr hohen Kalkberg im Profil seiner Schmalseite vom Rollepaß her erblickt. Gegen Westen ins Tal von San Martino de Castrozza stellt der Cimone seine gewaltige Breitseite (Bild) und läßt zugleich erkennen, daß er am östlichen Gipfelaufbau eine schwache Stelle besitzt: Dort windet sich in der Tat der Normalweg zum Gipfel, der stellenweise gesicherte »Darmstädterweg«, dessen klettertechnische Anforderungen keinesfalls unterschätzt werden dürfen. Vor allem nicht an kalten Tagen, wenn an einem guten Dreitausender vereister Fels oder harte Firndecken anzutreffen sind ... Das Riesenhorn des Cimone strotzt von Kuriositäten: Da sind abenteuerlich glatte Türme, rauhkantige Grate, fächerförmige Wandbilder und dazwischen weitgestreckte, dolinenreiche Hochflächen, die, oben teilweise vergletschert, die Rückseite des Riesenklotzes umranken. Einst schwer umkämpft und nach der Erstbesteigung durch die Seilschaft des Engländers E. R. Whitwell 19 Jahre lang nur über die schwierigen, weil eisbedeckten Platten der Nordwand überm Travignologletscher erstiegen, erhielt der Cimone ausgerechnet von einem Berliner Bergsteiger, Ludwig Darmstädter, das Geheimnis seines leichtesten Zuganges entrissen. — Von der Rosettahütte steigt man südwestlich um die Cima Corona herum, passiert den Bettegapaß und quert ins lange Val dei Cantoni hinein, das bis hinauf zum Travignolopaß, zuletzt auf Firn, durchstiegen wird. Hier links unterm ersten großen Turm durch und auf den höchsten Punkt der relativ flachen Schulterterrasse hinauf. Alte Glasscherben kennzeichnen den Einstieg (2¼ Std.) Erst geht es wenig schwierig links ansteigend, dann über einen Einschnitt, gegen den Roten Turm zu, hier aber, an den schmalen Bändern, die man auf der San-Martino-Seite etwas absteigend passieren muß, wird es ernst. An der folgenden Felshöhle müssen wir durch ein Felsloch schlüpfen (bei Vereisung quert man etwas tiefer in die Schartenrinne) und in der folgenden breiten, steilen Rinne, die hinauf zur Scharte zwischen dem Vorturm und dem eigentlichen Felskörper des Cimone leitet, müssen wir einige Meter unterhalb der Scharte nach links durch die sehr steile, aber gestufte Wand queren (Drahtseile), und zwar gute 30 m bis in eine enge Schuttrinne. Nun links über eine Wandstufe auf einen schmalen Felsrücken und in die obere Gratscharte, dann erst steil, schließlich fast eben am schmalen Grat zum Gipfel (mit Gipfelbuch). Der eigentliche Hauptgipfel, nur wenige Meter höher, kann über den recht ausgesetzten, mehrfach gekerbten Gipfelgrat erreicht werden. — Die teils hochgerühmte, teils umstrittene Genußkletterei am Nordwestgrat (teilweise schwierig, III) bietet neben allerlei Geröll sehr steile, teils messerscharfe Gratkanten an festem Fels!

62 Pala di San Martino 2987 m

Die Riesenfelskulisse vor dem Pala-Hochplateau

TALORT San Martino di Castrozza, 1467 m, südlich unterm Rollepaß (Bus von Predazzo)

STÜTZPUNKT Rosettahütte, 2553 m, am Rosettapaß, CAI (bew.), 15 Minuten von der Bergstation der Seilbahn oder 3½–4 Std. ab San Martino di Castrozza

AUFSTIEG (wie Abstieg) Über die Pala-Hochfläche und den Verbindungsgrat (Normalweg), mäßig schwierig bis schwierig, II–III, 2½–3 Std. ab Hütte, gut 2 Std. ab Einstieg. Abstieg Gipfel–Hütte gute 3 Std.

BESONDERE HINWEISE Der gewaltige, mit riesigen glatten Felssäulen zum Val di Roda abfallende Kalkberg verlangt Klettertechnik und eine besonders ausgeprägte Orientierungsgabe! Im Norden ist diesem Säulenbau ein kleiner Gletscher vorgelagert, an die Hochfläche schließt er durch einen türmereichen »Verbindungsgrat« an. Der Normalweg über diesen Grat ist der leichteste Zugang zum Gipfel – dennoch Grad –III!

GESCHICHTE 1. Ersteigung J. Meurer und Markgrad A. Pallavicini mit S. Siorpaes, Arcangelo Dimai und M. Bettega, 23. 6. 1879 (Nordanstieg vom Gletscher) · Verbindungsgrat: 1. Begehung G. Langes, H. Lorenz, R. Reinstaller und S. Langes, 30. 8. 1921 (im Abstieg)

FÜHRER / KARTEN Dolomiten-Kletterführer, Band 1b (Langes). – CAI-Kletterf., Band 1b / Cadigliani (ital., bald deutsch). – AV-Karte Palagruppe, 1 : 25 000 · TCI-Karte, Blatt 10, San Martino di Castrozza

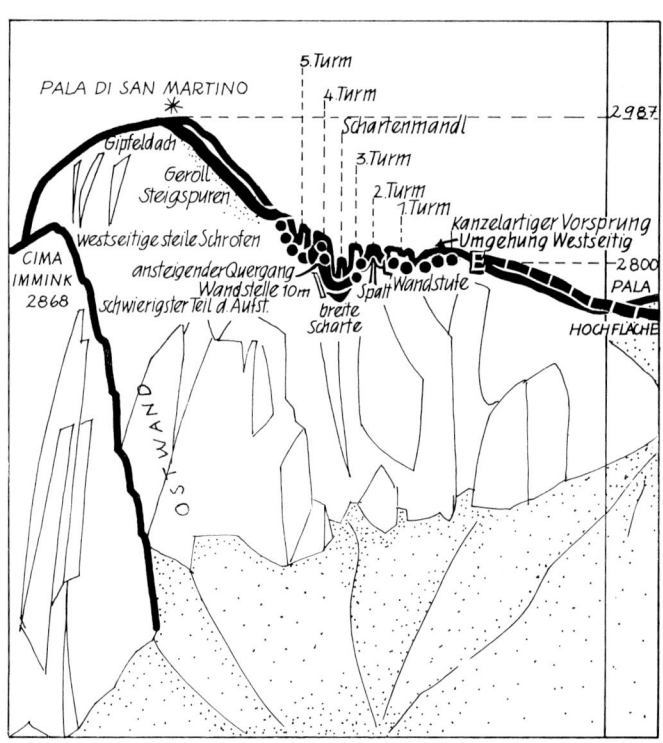

Die Pala di San Martino zwischen Val di Roda und dem obersten Karboden des Val Pradidali hat einen für deutsche Ohren überaus vornehmen Namen, dazu dreierlei Fassaden. Wer ihre glatte, 600 Meter hohe Säulenwand aus dem Val di Roda zum erstenmal sieht, erklärt sie überwältigt zum schönsten Dolomitenberg; wer die Pala di San Martino aber aus dem oberen Val Pradidali erblickt, ist enttäuscht, denn der von Norden so herrliche Säulenberg ist ja nur Kulisse und lehnt sich rückwärts ungeniert an die Pala-Hochfläche an; verbunden durch ein dünnes fünftürmiges Gerüst, das die Kulisse stützen muß. Der schönste Weg auf diese Pala di San Martino ist der über den »Gran Pilastro«, den Südwestpfeiler (III und IV); er zählt zu den elegantesten Kalkführen der Alpen überhaupt. Leichten Zugang gibt es gar keinen, aber für gute Felsgeher mit Orientierungsgabe gibt es jenen fünftürmigen »Gerüstbau«, Verbindungsgrat genannt, der von Gunther Langes im Abstieg gefunden wurde und meist auch im Abstieg begangen wird. Uns bietet er einen zwar verwickelten, aber recht reizvollen Kletterweg zum Gipfel, falls wir den Schwierigkeitsgrad –III (das heißt immerhin: ziemlich schwierig!) beherrschen. Bei diesem Berg gibt's eine Geröllpyramide am Gipfelbau und eine Geröllwüste an der Pala-Hochfläche, dazwischen liegt der gefürchtete Verbindungsgrat. Zu fürchten ist er freilich auch heute noch nur von dem, der nicht genau weiß, daß alle Türme bis auf den Zweiten im Anstieg rechts, also im Abstieg links zu umklettern sind, daß der Zweite Turm durch die ihn spaltende Kluft überklettert wird und das winzige Schartenmanndl (zwischen Drittem und Viertem Turm) im Anstieg links (also im Abstieg wieder rechts) zu umgehen ist! In diesem Rezept liegt der Erfolg am Verbindungsgrat beschlossen; wer es vergißt, gerät in Gefahr. Die schwierigste Stelle der Kletterei wartet gleich hinter dem Schartenmanndl auf uns; das ist eine 10 m hohe Wandstelle am Vierten Turm, die oberhalb der Scharte stark abdrängt, aber gute Griffe aufweist. Im Abstieg läßt sich hier abseilen (Haken!). Nach diesem Wandl folgt eine lange Rechtsquerung auf schmalem, ansteigendem Band, dann eine kleine Schleife nach links, und schon klettert man wieder nach rechts hinauf. Nun Abstieg in die Scharte vor dem Fünften Turm, auf einem schwachen Gesims rechts um ihn herum und in die Rinne, die von der – 15 m höher liegenden! – Scharte zwischen Turm und Gipfelmassiv herabzieht. Ohne die Scharte zu betreten, klettern wir über Schrofen rechts auf das Gipfeldach. – »Verhauer« kann es an diesem Grat nicht geben für den, der den Langes-Führer, Tour 765, wie eine Menükarte liest: langsam, in der Vorfreude auf viele schöne Griffe, aber peinlich aufmerksam! – Man verdoppelt den Respekt vor diesem Berg, wenn man nach der Tour die »Gran Pilastro«-Führe (IV) des Bandes »Im schweren Fels« studiert!

Die Pala di San Martino (links oben) mit ihrer großartig geschlossenen Nordwestwand und dem angelehnten »Gran Pilastro« über dem oberen Val di Roda und dem Passo di Ball. Ganz links der vieltürmige »Verbindungsgrat«, durch den dieser schöne Palagipfel an das karstige Pala-Plateau angeschlossen ist. Über diesen Verbindungsgrat führt der Normalweg zum Gipfel.

63 Civetta 3218 m

Drei kühne Felsensteige im Rücken des Giganten

TALORTE Alleghe, 980 m. – Listolade, 682 m.

STÜTZPUNKTE Coldaihütte CAI, 2135 m, vor dem Coldaipaß, 3–4 Std. ab Alleghe. Oder ab Kfz. Casera di Pioda (über Pecol) 50 Minuten. – Tissihütte CAI, 2250 m, unter NW-Wand, 4 Std. ab Alleghe. – Offene Torrani-Hütte, 3000 m (Notunterkunft, leer), 4 Std. ab Coldaihütte. – Vazzolerhütte CAI, 1752 m, 4 Std. ab Listolade.

AUFSTIEGE Leichter Tivanweg bez., teilw. Steig mit Sicherungen, in der SO-Flanke. – Exponierter idealer Steig »Via Ferrata delle Alleghesi« am 1000-m-Ostpfeiler bis Punta Civetta, 4 Std. ab Coldaihütte.

ABSTIEG Nur in der Civetta-SO-Flanke, an der Torranihütte vorbei, im teilw. gesicherten Tivanweg (–II), leicht für Geübte. – Oder am ausgesetzten »Tissisteig« ins Van delle Sasse (nur als Geübter!): am Seil gesichert! Dieser exponierte Steig führt zur Vazzolerhütte (5 Std.)

HINWEIS Wir haben also jetzt drei gesicherte, davon zwei äußerst exponierte Steige an der Civetta. 1. »Alleghesi-Steig«, 4–5 Std. direkt zur Pta. Civetta, 2. »Tissi-Steig« vom Van delle Sasse zur Torranihütte, 4–5 Std. ab Vazzolerhütte. – 3. Leichter »Tivansteig« ab Coldaihütte. Bei allen drei: Trittsicherheit, Ausdauer, Seil, Eispickel unerläßlich!

GESCHICHTE 1. Ersteigung durch Gemsjäger S. di Silvestro, genannt »Piovanel« 1867 · 1. touristische Ersteigung F. F. Tuckett mit A. und M. Anderegg, 31. 5. 1867

FÜHRER / KARTEN Dolomiten-Kletterführer, Band 2b (Hiebeler) · TCI-Karte, Blatt 1, Cortina d'Ampezzo, 1:50 000 · H. Frass / Dolomitensteige!

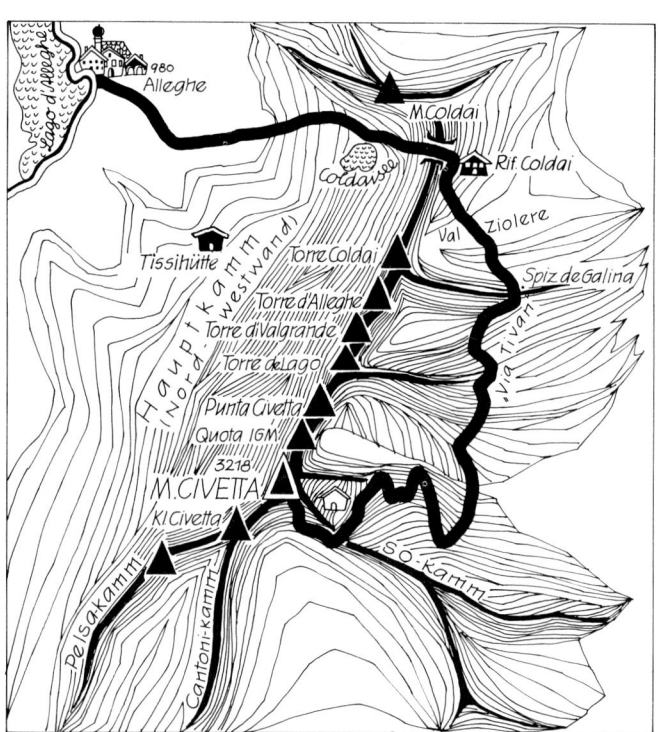

Der türmereiche Hauptkamm der Civetta, das neben dem Langkofel gewaltigste Kalkmassiv der Dolomiten über dem Alleghesee, war vor 60 Jahren unbekannt und ohne Hütte. Vor 50 Jahren kam es durch die wahrhaft schneidige Erstbegehung seiner gewaltigen Nordwestwand durch Emil Solleder und Georg Lettenbauer zum ersten Ruhm, vor 30 Jahren wurde es durch die europäische Jugend in einem spontanen »Aufbruch der Extremen« durch und durch erforscht, erstiegen und durchnagelt – und heute gilt es als einer der anspruchsvollsten »Klettergärten« unserer faszinierten Jugend. Diese von Ansehen so bestürzend mächtige Riesenmauer mit ihren drei südlichen Seitenkämmen wird heute von drei großen Schutzhütten umstellt, drei eisenbeschlagene »Kletter-Steige« führen auf den höchsten Gipfel – die »Via Tivan«, die »Via Ferrata Tissi« und die ideale »Via Ferrata degli Alleghesi«! Wer das ganze Massiv von Hütte zu Hütte in 3 oder mehr Tagen umwandert, erlebt nur andere, doch keine geringeren Freuden als der extreme Kletterer in den spiegelglatten Wänden eines Torre di Valgrande, eines Pan di Zucchero, einer Cima Su Alto oder eines Torre Venezia. – Wir ersteigen den Monte Civetta von der im Nordosten des Hauptkammes gelegenen Coldaihütte aus über die »Via Tivan« und durchschreiten dabei jene vier weltverlorenen Hochkare, die sich auf der Südostseite des Hauptkammes, also im Rücken der »Nordwestwand«, einlagern. Die »Via Tivan« als leichtester »Steig« ist also kein Spazierweg für hochgestimmte Bergfreunde ohne größere Erfahrung! Die Gipfelhöhe von über 3200 m ist zu respektieren! Vom wundervoll gelegenen Coldaisee unter dem Torre Coldai geht es über die Coldaiseescharte zur Hütte und damit zugleich in die »Rückseite« der Civetta und ins erste Wildkar, den Felsgraben des Zioleretales. Platten, Schutt, Felsgrätchen wechseln ab, unser Steig quert den »Spiz da Galina«, einen Ausläufer des Torre Coldai, auch die Felssockel von Torre d'Alleghe, Torre di Valgrande und Torre da Lago werden passiert: hier Einstieg zur exponierten »Via Ferrata degli Alleghesi«! Am Felskamm des »Schenal del Bec« steigen wir etwas ab, queren einen von ungeheuren Wänden überdachten Felskessel und steigen am nächsten Sporn, der »Porta del Masare«, in den ebenso dramatisch umstellten Kessel des »Busa del Zuiton« ein. Rechts letzter Firn und Felsmauern, links unter uns Wäldersamt und die Bilderbuchfestung des Pelmo darüber! Wir schwenken jetzt endgültig in die Gipfelrichtung ein, steigen von links nach rechts steil in den obersten Winkel am Sporn des Hauptgipfels hinauf, zur »Crepa Basa«, und halten uns weiter an Firnflecken, Steilstufen, bis wir vor einem 25 m hohen Kamin stehen. Die Sicherungen unserer Steiganlage helfen auch hier weiter, und bald stehen wir aufatmend am »Pian della Tenda« – vor uns die kleine Torranihütte. Von ihr aus sind wir in 1/2 St. am Gipfel.

Blick auf die riesige Civetta-Ostflanke, das frömmere Gegenstück zur berühmten und berüchtigten »Nordwestwand« jenseits. In Bildmitte steigt von unten links nach oben rechts eine neue Steiganlage den stumpfen Ostpfeiler hinauf (eine exponierte Katzenleiter, die genaue Bildmitte berührend); vom Gipfel nach links dann hinunter und vom linken Bildrand wieder zurück in den Talboden verläuft der »Normalweg«, heute stellenweise gesichert. Man sieht also beide »Steige« in diesem seltenen Civetta-Bild.

64 Monte Pelmo 3168 m

Das »Ballband« auf einen Kalkriesen

TALORTE San Vito di Cadore, 1011 m, oder Borca di Cadore, 942 m (Bus von Cortina d'Ampezzo)

STÜTZPUNKT Rifugio Alba Maria de Luca Venezia (früher Venezia-hütte), 1944 m, neu erbaut am Ostfuß des Monte Pelmo, CAI (bew.), 3½ Std. ab San Vito oder Borca. Teilweise Kfz-Auffahrt! – Rif. Città di Fiume, 1917 m, an der Nordseite des Pelmo (Malga fiorentina).

AUFSTIEG (wie Abstieg) Normalweg in der Ostflanke über das »Ball-band« (unschwierig, I, aber mit zwei schwierigen Stellen – bisher Kriech-band – II), 5 Std. ab Hütte. Teilweise sehr exponiert, bei nassem Fels gefährlich: neuerdings als »Steig« teilweise versichert! Abstieg Gipfel–Hütte 3 Std.

BESONDERE HINWEISE Trittsicherheit und Schwindelfreiheit sind un-erläßlich, und trotz Steig selbstverständliche Voraussetzung! Schwächere Geher nur am Seil! Eispickel vorteilhaft für die firnige Gipfelzone. Ein-stieg sehr nahe der Hütte · Vorsicht Steinschlag!

GESCHICHTE 1. Ersteigung J. Ball, 19. 9. 1857 (Ballband). Der Monte Pelmo war der erste Dolomitengipfel, der touristisch erstiegen wurde

FÜHRER / KARTEN Dolomiten-Kletterführer, Band 2a (Langes) · TCI-Karte, Blatt 1, Cortina d'Ampezzo, 1:50 000 · Kompaß-Wanderkarte, Blatt 55, Cortina d'Ampezzo, 1:50 000

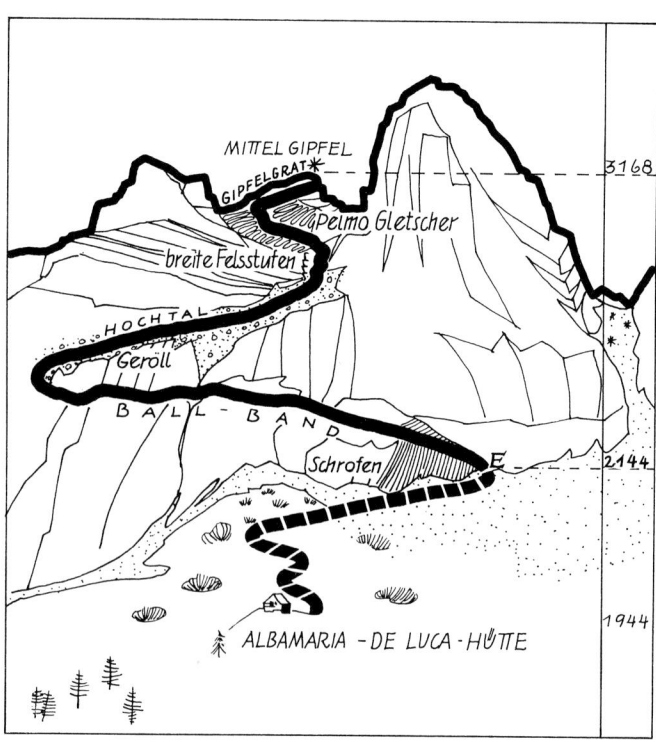

Monte Pelmo, Antelao, Monte Cristallo und die To-fanen markieren als gigantische Pfeiler die Welt des Bergsteigers um Cortina d'Ampezzo. Der Monte Pelmo gehört keiner Gruppe an, er steht einzeln und einsam hoch über grünen Almwellen, ein Berg-stock für sich, ein kompakter Felsleib mit dem Pel-metto als westlichem Vorreiter, mit kantigen Riesen-schultern ost- und nordwärts, und einem kleinen Gletscher im Gipfelbecken und einem größeren Gletscher unter der düsteren Nordwand. Er ist der erste Dolomitengipfel, der — schon 1857 — von einem Touristen erstiegen wurde. Dies war der Eng-länder John Ball, der damals in den armen Bauern-häusern von Cortina kein Quartier fand, nach Borca wanderte und dort einen berüchtigten Wilderer ken-nenlernte. Der versprach, Ball auf den Gipfel des Pelmo zu führen — er sei da schon oben gewesen. Am 19. September 1857 morgens um drei Uhr brach man auf, der Gamsjäger steuerte auf ein schmales Band zu, das bequem durch die Ostwand zog, als aber die erste Kriechstelle kam, zögerte der Jäger. Ball überwand die Stelle, der Jäger kam kleinlaut nach. Im Hochkar aber blieb der Jäger zurück, Ball erklomm allein den Gipfel und sah, daß hier noch nie ein Mensch gestanden — daß der Jäger »Latein« gelernt hatte... Der heutige Normalweg entspricht immer noch dem Weg John Balls. Das berühmte »Ballband« wird von der Hütte aus in 30 Minuten erreicht. Es ist ein Schichtband, einen ganzen oder halben Meter breit, zweimal unterbrochen, vielfach überdacht, aber neuerdings leider mit Stiften und Seilen gesichert... Auch die Attraktion eines Wasserfalles fehlt nicht, es ist der Ablauf des Hoch-kares; man wird aber nicht durchnäßt, weil man nach innen ausweichen kann. Die beiden Unterbrechungen waren bisher Kriechstellen: Der »Passo della Stem-ma« kommt zuerst, der »Passo del Gatto« folgt ge-gen das Ende des Bandes; an ihm mußte man 6 Meter kriechend auf nur 50 Zentimeter breitem Felsband zurücklegen... Dieses »Ballband« endet in dem gro-ßen Hochtal des Pelmomassivs, in dem einige Fels-barrieren und unterm Gipfel der kleine Pelmoglet-scher zu überwinden sind. Dabei steigt man mög-lichst am rechten Rand des spaltenlosen Firnbeckens auf. Der Gipfelgrat ist ebenfalls unschwierig, wir steuern auf die mittlere der drei Spitzen zu, sie ist die höchste. Die Civetta nebenan sehen wir diesmal nicht von ihrer Schauseite, sie bleibt dennoch, ne-ben dem Langkofel, das mächtigste Massiv der Do-lomiten. Dazu Antelao, Sorapis, die Tofanen, die Marmolata. Wer noch Schmalz hat nach der großen Tour, der umwandere das Pelmomassiv, es lohnt sich über alle Maßen: Veneziahütte — Südfuß — Stau-lanzasattel — Malga fiorentina (Übernachtungsmög-lichkeit!) — Forcella Forada: Das ist der Weg, 5 bis 6 Std., ohne große Höhenunterschiede, mit immer-zu wechselnden Ausblicken auf eine Götterlandschaft.

134

Der Monte Pelmo, von Osten gesehen. Links oben die Schulter von Punkt 3058 m. Rechts daneben (niedriger erscheinend) der Hauptgipfel, 3168 m, ganz rechts der Ostgipfel, Punkt 3017 m. Rechts am Bildrand die Forca Rossa, 2600 m. Vom Karrand abfallend die große, sehr steile Felswand, die vom »Ballband« durchzogen wird. Vorne in Bildmitte die Schutzhütte. Das »Ballband« durch gut die Hälfte der Südostwand beginnt bereits oberhalb der Hütte, etwa in Fallinie des Ostgipfels, unter der weißen Schuttkanzel. Unser Bild, von unten aufgenommen, verzerrt die Wirklichkeit: Das Foto im Langes-Führer, neben Seite 337, zeigt die richtige Steilheit dieser Südostflanke und damit die Exposition unseres Zugangsweges (Ballband) ins (relativ leichte) Karbecken.

65 Antelao 3263 m

Am höchsten Gipfel der östlichen Dolomiten

TALORT AP/EP San Vito di Cadore, 1011 m, südlich Cortina

STÜTZPUNKT Rifugio Galassi, 2070 m, dicht östlich der Forcella Piccola am Nordfuß des Antelao, privat (bew.), 3½ Std. ab San Vito über Rifugio San Marco, 1840 m, CAI

AUFSTIEG (wie Abstieg) Normalweg am Nordgrat, unterschiedlich schwierig wegen stets wechselnder Firnbedeckung in großer Höhe, normalerweise mäßig schwierig (II), sehr exponiert, 3 Std. — Abstieg 2½ Std.

BESONDERE HINWEISE Die Besteigung des Antelao erfordert große Ausdauer und hochalpine Erfahrung! Mitunter Eisarbeit — deshalb Pickel und Seil unerläßlich! Bei klarem Wetter Aussicht bis zur Adria. — In der gesamten Gipfelzone gilt die Mahnung: Niemals das östlich abstreichende steile Firnfeld, das »Eisschild des Antelao«, betreten!

GESCHICHTE 1. Ersteigung Paul Grohmann mit M. Ossi, F. und A. Lacedelli, 18. 9. 1863 (Nordgrat)

FÜHRER / KARTEN Dolomiten-Kletterführer, Band 2a (Langes) · »Dolomiti Orientali« / Berti (CAI, italienisch) · TCI-Karte, Blatt 1, Cortina d'Ampezzo e le Dolomiti Cadorine, 1 : 50 000

BILD Der Antelao in den Ampezzaner Dolomiten mit seinem interessanten Nordgrat, gesehen aus der Forcella Piccola. Der Normalweg zieht aus dem riesigen Schuttkessel nach rechts oben über Felsstufen zum Nordgrat.

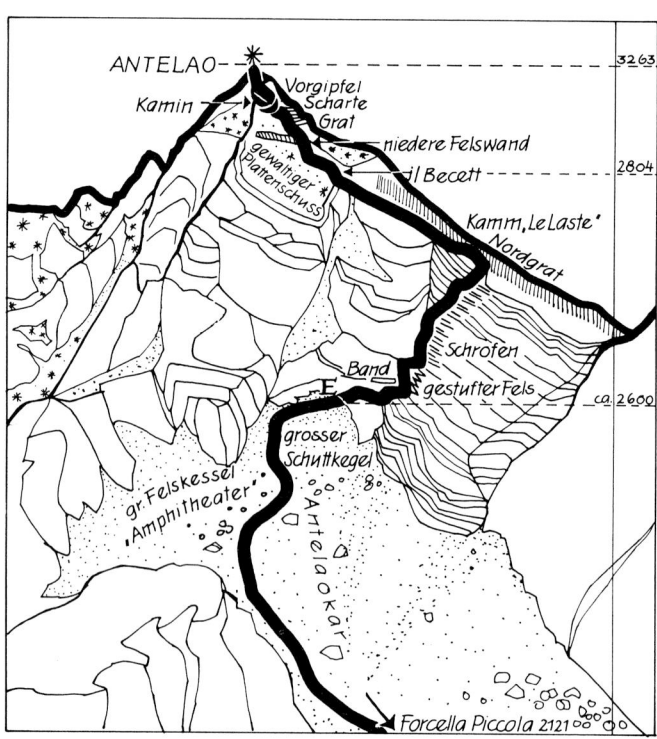

Wer von Norden oder von Westen über den Falzaregopaß in die breite Talsenke von Cortina d'Ampezzo einfährt, sieht im Antelao den wahrhaften Herrscher des Boitetales — trotz Pelmo, trotz Tofanen und Sorapis. Die Geschlossenheit seines Aufbaues mit dem zugleich verwegenen und doch harmonischen Aufschwung seines riesigen schmalen Nordgrates über der massigen Westflanke nehmen den Ästheten sofort für ihn ein. Meist trägt sein elegantes Gipfeldach eine schimmernde Eisperücke. Er ist der höchste Berg der östlichen Dolomiten, und weil er weit nach Süden vorgeschoben über dem Cadore aufragt, glaubt man es gerne, daß von seinem Gipfel aus die Adria zu sehen ist — wenn auch sicher nicht das fürchterliche Gewuzzel ihrer Millionen Badegäste. Wenn wir von San Vito aus über die San-Marco-Hütte des CAI zum Rifugio Galassi jenseits der Forcella Piccola, 2121 m, aufsteigen, befinden wir uns jedenfalls in einer der stillsten Regionen der Dolomiten; und wenn wir am Abend von der Hütte aus die Architektur unseres Berges bestaunen und seine zerrissenen Gletscherlager nordöstlich unterm Gipfelstock entdecken, dann ist das lärmvolle Cortina genauso viele Welten entfernt wie Jesolo. Sehr früh am Morgen, denn die Tour kann lang dauern, steigen wir von der Hütte aus südwärts in das riesige Gerölltal hinein, das oben (siehe Bild) in einem prachtvollen Felsenzirkus abschließt. Hier, wo zumeist Firndecken liegen (die morgens peinlich hart sein können!), wenden wir uns nach rechts und steigen über Bänder und Stufen zum unteren Nordgrat auf. Schon dort erfolgt der zweite Paukenschlag des Tages: Mit dem letzten Schritt zum Grat taucht jenseits die Felsenburg des Monte Pelmo auf, von nun an bis zum Gipfel unser interessanter Nachbar. Am Grat leiten uns Steinmänner und Spuren aufwärts, bis wir dort, wo sich die den Felsenzirkus umschließenden beiden Grate vereinigen, zwei Felsnocken erreichen. Jetzt halten wir uns auf dem immer noch breiten Gratrücken mehr links, um die »Laste« zu durchsteigen, jene ungeheuren Plattenschüsse, die wir schon von der Hütte aus entdeckt haben und die — zwischen 2700 und 2900 m Höhe liegend — natürlich gerne vereist sind. In diesem Fall hilft nur höchste Vorsicht, ein Eispickel pro Mann — oder Umkehr: je nach Wetterlage. Bei guten Verhältnissen ist die Passage dieser glatten Platten, von denen riesige Wände rechts wie links in die Tiefe stürzen, ein prickelnder Genuß. Ein Felsaufbau wird rechts umgangen, dann steigt man dort, wo auf die Plattenlager zwei Abbrüche folgen, in der Mitte durch. Bald verengt sich der Kamm zum Grat, und wenn wir nicht zuviel Schnee am Grat finden, dann erreichen wir bald einen kurzen Kamin, hinter dem es steil zum Vorgipfel hinaufgeht. Eine Scharte trennt uns noch vom Hauptgipfel, sie ist leicht zu überschreiten.

66 Monte Duranno 2668 m

Felshorn über dem Val Zemola

TALORT Erto, 726 m, nördl. des Vajonttales (Bus von Longarone-Piave). Ab hier noch 6 km auf neuer Forststraße bis 1300 m Höhe ins Val Zemola. dann mark. Steig im Buchenwald zur Hütte.

STÜTZPUNKT Rif. Maniago (neu, Selbstversorger), 1800 m, 18 Betten, im oberen Val Zemola. Schlüssel in Bar d'Alpino / Erto).

AUFSTIEG (wie Abstieg) Durch die Südwand ab Forcella Duranno, 2123 m, mäßig schwierig (II); 1½ Std. bis zur Scharte ab Rif. Maniago, weitere 2½ Std. zum Gipfel. Abstieg nur am gleichen Weg! Gipfel—Hütte knapp 3 Std.

BESONDERE HINWEISE Ein Kletterberg in einem bisher einsamen Gebiet der wenig besuchten Clautaner Alpen, eines Teiles der riesigen »Karnischen Voralpen« zwischen Piave, Poebene und Tagliamento. Orientierungssinn erforderlich! — Die Anfahrt von Longarone nach Erto führt am Vajont-Staudamm vorbei; hier stürzten 1963 riesige Hänge in den Stausee, und obwohl die Mauer standhielt, überschwollen die Wassermassen den Damm, stürzten ins Piavetal und rissen das Städtchen Longarone (am Gegenhang!) vollkommen hinweg

GESCHICHTE 1. Ersteigung W. E. Utterson Kelso mit S. Siorpaes, 22. 7. 1874 (Südwand)

FÜHRER / KARTEN Hochtourist, Band 8, Purtscheller-Heß (Bibliogr. Institut) · »Dolomiti Orientali« / Berti, Band 2 (1928 und 1961), CAI-Führer, italienisch · FB-Karte, Blatt 17, Östliche Dolomiten, 1: 100 000

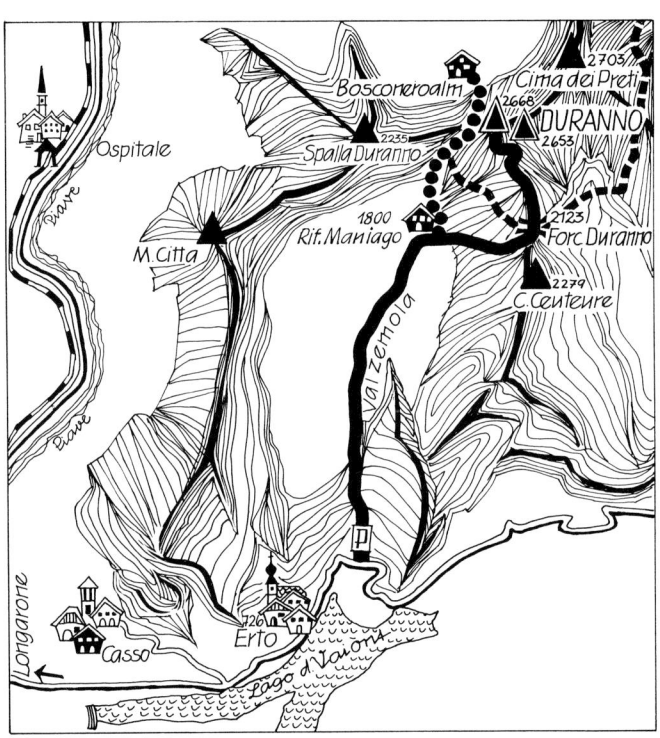

Was sich — bergsteigerisch — zwischen Piavetal, Poebene und dem Tal des Tagliamento abspielt, ist wenig bekannt. Stünde nicht unweit unseres Monte Duranno der berühmte »Dolomitenberg« des Campanile di Val Montanaia (ebenfalls von Longarone aus über Cimolais zu erreichen), jene tausendfältige Bergwelt der Karnischen Voralpen bliebe allezeit im Halbdunkel einer von der berühmten Nachbarschaft verursachten Ignoranz. Dabei sind diese Karnischen Voralpen, bestehend aus den Cadorischen und den Clautaner Alpen, absolutes Hochgebirge. Wer Karten zu lesen versteht, wird bald begreifen, daß es sich hier um ein unermeßlich großes, vielgestaltiges und unendlich vereinsamtes Bergreich handelt ... Wir fahren von Longarone im Piavetal mit dem Bus hinauf zum Schauplatz der furchtbaren Bergsturzkatastrophe (1963) am Vajont-Stausee und weiter bis 6 km hinter Erto am Val Zemola. Von hier wandern wir das einsame, sackartig von Felsgraten umschlossene Tal nordwärts hinauf zur neuen Hütte. Anderntags geht es vom Rif. Maniago auf gut markiertem Weg ostwärts erst durch Latschen, dann über Wiesen, zuletzt über Schrofen und leichten Fels zur Forc. Duranno — wo wir erstaunt einem modernen »Transalpensteig« begegnen, der durch die ganze Ostwand zieht. Er geniert uns nicht. Von der Forcella zieht nördlich ein Grat bis hinauf zum Gipfelstock des M. Duranno: er hat zwei, von der Forcella aus unsichtbare grüne Kuppen, die überschritten werden müssen. Von der Forcella also auf Steigspuren über Grasflecken steil hinauf zu einer Rinne, die von rechts unten nach links oben durch leichten Fels auf die erste Graskuppe führt. Ab hier nicht am Grat weiter, der sich in einigen gedrungenen Türmen fortsetzt, sondern rechts unterhalb dieser Türme um sie herum in eine Rinne der Nordseite. Hier nördlich über Schrofen, dann über steilen brüchigen Fels — stets knapp unterhalb des Grates — zuletzt direkt am Grat auf die zweite grüne Kuppe. Dort zweigt links das große besonnte Südwandband (Bild) ab: wir steigen auf ihm erst wenig abwärts, dann immer eben im Halbrund, zuletzt leicht ansteigend zu einem Schartel mit Steinmann. Ab dort leicht abwärts bis 20 m vor dem östl. Rand der großen Schlucht; hier über eine gutgriffige Wand (Steinmann am Einstieg) eine Seillänge schräg links hinauf zu einem Schotterband mit Steinmann. Von dort schließlich leicht abwärts nach links in die große Schlucht queren. Von deren Grund dann auf der linken Seite eine Seillänge über steile, griffige Felsen hinauf. Einem Überhang im Grunde der Schlucht weichen wir links aus (2 Abseilhaken). Dann gewinnen wir weniger steil im Schluchtgrund den Gipfelgrat. An ihm leiten Steigspuren nach rechts (stets knapp unterhalb des Grates) zum Gipfel. Der höchste Punkt gestattet uns bei guter Sicht einen fast unergründlichen Umblick. Südwärts aber rennt der Blick mit der Piave bis in die Poebene.

138

Der Monte Duranno über dem Val Zemola in den Clautaner Alpen, einem Teil der Karnischen Voralpen. Das Val Zemola wird von Longarone im Piavetal aus über Erto erreicht. Rechts oben die Forcella Duranno, 2123 m, von der aus wir nach links auf das leicht ansteigende, besonnte Geröllband steigen, das wir bis in die riesige Südschlucht verfolgen, die den ganzen Bergstock in der Mitte teilt. Wir erreichen sie erst am Beginn ihres oberen Drittels (genau dort, wo die besonnten rechten — östlichen — Begrenzungsfelsen am weitesten in den oberen Schluchtgrund hineinreichen. Vorher ist die kleinere Schlucht tief rechts unter dem Hauptgipfel (rechts) zu queren. — Ganz links die Forcella della Spalla, 2134 m, über die vom neuen Rif. Maniago aus ein Steig hinüber zur nördlich gelegenen Bosconeroalm führt.

67 Monte Cristallo 3216 m

Eis- und Kalkbastionen überm Lago di Landro

TALORTE AP Cortina d'Ampezzo, 1210 m (Bus von Toblach, Bahn eingestellt) · EP Schluderbach, 1437 m (Bus nach Cortina bzw. Toblach)

STÜTZPUNKT Hotel Tre Croci, 1809 m, auf dem Tre-Croci-Paß, privat (bew.) 2 Std. von Cortina (oder mit Bus). — Parkplatz für eigenen Pkw!

AUFSTIEG Normalweg der Südostwand vom Cristallopaß, 2822 m, mäßig schwierig (II), 5 Std., davon fast 3 Std. bis zum Cristallopaß · Abstieg: Wie Aufstieg, evtl. vom Cristallopaß über den Gletscher ins Valle Fonda und nach Schluderbach, 4½ Std. vom Gipfel (markiert und gesichert). — Valle Fonda oft gesperrt wegen »Scharfschießen«! Man frage im Tal nach den Launen der Soldaten!

BESONDERE HINWEISE Ein wildzerklüfteter Kletterberg mit faszinierendem Ausblick vom Gipfel. Bis zum Cristallopaß beidseits Markierungen, im Norden das Firnlager des Cristallogletschers mit nicht immer einfach zu bewältigender tiefer Querspalte. Eispickel angenehm! Viel besucht, Steinmänner ab Einstiegsband! Felshöhe 400 m, etwas steinschlaggefährlich!

GESCHICHTE 1. Ersteigung P. Grohmann mit A. Dimai und S. Siorpaes, 14. 9. 1865

FÜHRER / KARTEN Dolomiten-Kletterführer, Band 2a (Langes) · »Dolomiti Orientali« / Berti (CAI, italienisch) · FB-Karte, Blatt 17, Östliche Dolomiten, 1:100 000 (unzureichend) · Besser Kompaß-Wanderkarte, Blatt 55, Cortina d'Ampezzo · TCI-Karte, Blatt 1, Cortina d'Ampezzo

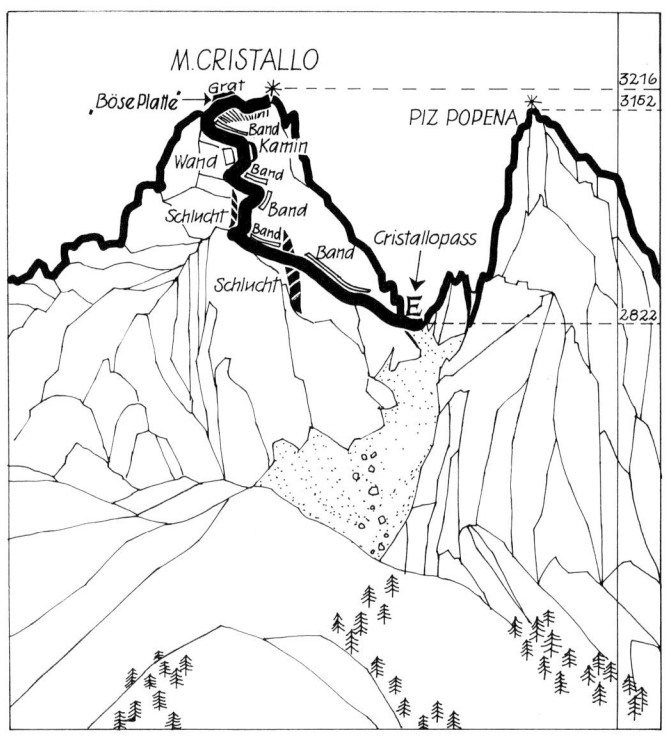

Wer den alten Anfahrtsweg durchs Höhlensteintal ins Herz der Ampezzaner Dolomiten befährt, erschrickt beim ersten Anblick des Cristallostockes: Eisiges Grauen schlägt ihm entgegen! Ein überwältigend wildes, in der Höhe festungsartig geschlossenes Gebirge mit drei als eckige Riesenquadern ausgebildeten Gipfeln stellt sich dar, von Schneebändern durchzogen, auf steilen Eissockeln ruhend. Und wie oft sieht man den Cristallostock mitten im Hochsommer als abschreckendes Winterbild! ... Von Süden her ist alles freundlicher und milder. Dennoch gerät auch hier, wer vom Tre-Croci-Paß auf 1809 m Höhe seine 1000 Höhenmeter zum überfirnten Cristallopaß auf 2822 m Höhe abdienen muß, abmühen auf dem riesigen Schuttfeld der Grava die Cerigeres zwischen Cristallo-Südgrat und der übersteilen Popena-Westwand, in euphorische Stimmung. Hier ist die Urwelt von schaudernder Größe und Stille. Schauen wir dann nach dreistündigem Aufstieg endlich von der Eiskante des tiefen Paßeinschnittes ins nördliche Jenseits hinab, auf den steilen Gletscher und die berüchtigte große Querspalte (das Grab Michel Innerkoflers von 1888), dann genießen wir für kurze Augenblicke das unvergleichliche, immer wieder Leib und Seele salbende Hochgefühl, das der Bergsteiger ewig sucht. Vom Paß aus steigen wir auf das breite, waagrechte »Lange Band« (herrlich aussichtsreicher Frühstücksplatz!), verfolgen es südwärts volle 20 Minuten, bis wir es nach rechts über eine gutartige Schrofenwand — in Richtung auf eine auffallend rotgelbe Wand hoch oben — verlassen können. Bald erklettern wir einen Riß (die »Erste Steilklamm«) an prachtvollen Henkelgriffen der linken Begrenzungswand, verfolgen das nächste, recht bequeme Schuttband nach rechts zu einem Schartl in einer Felsrippe und sehen hier über uns die »Zweite Steilklamm«; das sind zwei übereinanderliegende Risse, äußerst gutgriffig und fest. Haben wir über sie das große Schuttband erreicht, dann verfolgen wir es auf Steigspuren, zuletzt gerade hinauf bis zum »Köpfl« (knapp 1 Std. vom Einstieg), das den ersten Tiefblick auf Cortina gewährt. Über Bänder in der Gratflanke zur »Bösen Platte«, einem 3 m hohen Steilabsatz mit kleinen Griffen, die schwierigste Stelle der Tour! Hinterher geht es fast bequem auf den höchsten First unseres Berges. — Abstieg am selben Weg, oder vom Cristallopaß nordwärts zum Firn hinab. Ein Steilhang verlangt große Vorsicht (Eispickel! Seil!), ebenso das Überschreiten der berüchtigten großen Querspalte. Meist findet man gute Brücken, sonst am linken westlichen Hang umgehen! Ein harmloser Schneeboden führt endlich zu Felsabbrüchen mit Seilsicherungen, und hier steigen wir hinab in die cañonartige Schlucht, der an Romantik nichts fehlt. Achtung, die Schlucht ist naß! Nicht ins Wasser rutschen! Im Boden des Valle Fonda beendet man ein herrliches Abenteuer.

Blick von Süden über den Tre-Croci-Paß hinweg auf die Cristallogruppe bei Cortina d'Ampezzo. In der Mitte der Cristallopaß, 2822 m, in dessen Nordflanke der steile Cristallogletscher ins Valle Fonda abfließt. Rechts oben der Piz Popena, 3152 m, links der Monte Cristallo, 3216 m. Unser Anstiegsweg durch die Südostwand, anfangs auf langen Bändern, ist teilweise gut zu verfolgen. — Teilweise ahnt man auch den neuen Klettersteig »Marino Bianchi« von der Forcella Staunies (Hütte) auf den Mittelgipfel, 3163 m (links oben).

68 Große Zinne 2999 m

Extreme Freuden am Normalweg

TALORTE Misurina, 1755 m (Bus von Cortina oder Toblach) · Evtl. Sexten, 1316 m (Bus von Station Innichen)

STÜTZPUNKTE Lavaredohütte, 2300 m, dicht unterm Südsockel der Großen Zinne, privat (bew.), mit Kfz erreichbar · Auronzohütte, 2320 m, CAI (erneuert, bew.), über neue Mautstraße · Drei-Zinnen-Hütte, 2460 m, am Toblinger Riedel, CAI (bew.), Bus bis Fischleinboden

AUFSTIEG (wie Abstieg) Normalweg in der Südflanke, 3 bis 4 Std., leichte, selten exponierte Kletterei, Grad II+! – Abstiegszeit Gipfel–Lavaredohütte 2½ Std.

BESONDERE HINWEISE Die Große Zinne ist auch am vielbegangenen Normalweg ein richtiger Kletterberg! Bei Vereisung oder bei Nässe oder Neuschnee (im Wetterumschlag) verdoppelte Steinschlaggefahr zwischen »Unterer Terrasse« und »Kamin«, selten in der Einstiegsschlucht

GESCHICHTE 1. Ersteigung P. Grohmann mit P. Salcher und F. Innerkofler, 20. 8. 1869 (Südwand)

FÜHRER / KARTEN Dolomiten-Kletterführer, Band 2a (Langes) · »Dolomiti Orientali« / Berti (CAI, deutsch!) · Kompaß-Wanderkarte, Blatt 57

BILD Im »Normalweg« der Großen Zinne. Wir befinden uns in der Mitte der Südwand. Man sieht eine Seilschaft in den großen, nicht sehr schwierigen Kamin einsteigen, auf den eine sehr steile, aber griffige Wand folgt. Die Kletterei (II, selten II+) ist schön, das sieht man schon an der Struktur des Gesteins in diesem Foto.

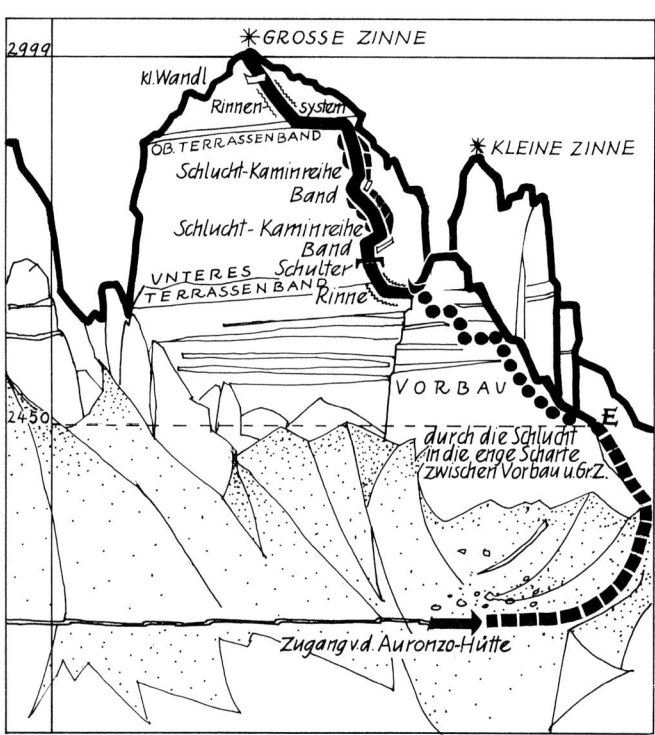

Die Südflanke der Drei Zinnen kann allemal nur die »Rückseite« sein, denn Vorderseite darf hier nur die Schau- und Paradeseite der weltberühmten Nordwände genannt werden. Das nimmt dem Aufstieg über den Normalweg der Südflanke aber keineswegs den Reiz, und nach dem Gesetz der Relativität braucht man nur ein mittelmäßiger Kletterer – oder eine gewandte Turnerin am Seil eines Durchschnittskletterers – zu sein, um grenzenlose, sozusagen extreme Freuden zu sammeln. Unter uns: Ich bin diesen »Normalweg« immer wieder gegangen, mit den größeren Kindern, mit einer Genfer Freundin, mit gnädig gestimmten Extremen, ja auch dies, und ich behaupte, Essen und Wein haben mir auch nach Matterhorn oder Königsspitze nicht besser geschmeckt. Die Südroute zur Großen Zinne hat den für viele Bergfreunde unschätzbaren Vorteil, daß man zum Einstieg nicht – wie beim Cristallo oder bei der Dreischusterspitze – drei Stunden ansteigen muß. Hier kann man mit dem Kfz zur Auronzohütte oder noch besser zur Lavaredohütte auffahren und steigt dann nur noch 60 bzw. 30 Minuten zum Einstieg auf etwa 2450 m Höhe, halbhoch in der geröllgefüllten Schlucht zwischen Großer und Kleiner Zinne gelegen. Der Normalweg unterteilt sich wie folgt: 1. Einstiegsschlucht (zwischen Hauptmassiv und südöstlichem Vorbau) bis zur Scharte und (ohne Zwischenabstieg) über Wandln, Schrofenterrassen und Rinnen zur »Unteren Terrasse«: reizvoll, überall gutgriffig, mit kleiner Mutprobe 6 Meter hinter der Scharte. – 2. Von der »Unteren Terrasse« (einem Riesenringband) durch eine kurze, sehr steile Steinschlagzone, aber in herrlichem Fels in den »Kamin« (riesiger Stemmkamin rechts der Schlucht, s. Bild!) und oben an steiler Wand an die Schlucht zurück und zum »Oberen Band«: dabei die »Schlüsselstelle« im und überm Kamin passierend, wiederum höchst reizvoll, griffig, fast ohne Geröll. – 3. Am »Oberen Band« 60 m links den Steinmanndln nach und durch ein Rinnensystem und einen schwierigeren Steilabsatz (Eisenstift) zu den Gipfelblöcken: hübsch, viel hin und her, mit mehrfachem Nahblick auf den Gipfelstock der Kleinen Zinne nebenan. – Man lasse sich diesen »Normalweg« nicht durch abschätzige Kritiken verderben. Dieser prachtvolle Kletterweg mit relativ sehr wenig Geröll (gegenüber anderen Normalanstiegen) ist vom Einstieg bis zum Gipfel nur mäßig schwierig und immer interessant, ist schon besonders reizvoll in der Schlucht, wenn man aus der Enge an die griffreiche, steile linke Wand unter der Scharte ausweichen muß, ist spannend im Übertritt von der Scharte – nach 6 m ebener Querung scharf nach rechts oben – in die Zone der Wandln und Schrofenterrassen, ist am schönsten am steilen Sockel unterm »Kamin« und ist, falls man richtig stemmt, im »Kamin« gar nicht schwierig, eher im dann folgenden kleingriffigen Wandstück.

69 Hochbrunnerschneide 3061 m

Auf dem Belvedere der Sextener Dolomiten

TALORTE Sexten, 1316 m, oder Moos, 1331 m, im Sextental, am Eingang zum Fischleintal

STÜTZPUNKT Zsigmondy-Comici-Hütte, 2235 m, im Oberbacherntal, CAI (bew.), 2 Std. ab Fischleinboden (Bus von Sexten und Moos), 3½ Std. von Sexten

AUFSTIEG (wie Abstieg) Normalweg durch das »Innere Loch« (unschwierig, I), 3½ Std. ab Hütte. Abstieg Gipfel—Hütte 2½ Std.

BESONDERE HINWEISE Ausgesprochen leichte Tour auf einen Dolomiten-Dreitausender. Kurze Kletterei. Für ein meist vorhandenes steiles Firnfeld sollte man einen Eispickel mit sich führen. Die Aussicht sucht ihresgleichen! Im Ersten Weltkrieg schwer umkämpftes Massiv, man lasse sich aber — beim Aufstieg — nicht von uralten Stellungswegen in die Irre führen! Markierung beachten! In Italien wird der Berg Monte Popera genannt

GESCHICHTE 1. Ersteigung M. Holzmann mit S. Siorpaes, 1874

FÜHRER / KARTEN Dolomiten-Kletterführer, Band 2a (Langes) · »Dolomiti Orientali« / Berti (CAI, italienisch) · FB-Wanderkarte, Blatt 17, Östliche Dolomiten, 1 : 100 0000 · Kompaß-Wanderkarte, Blatt 58, Sextener Dolomiten, 1 : 50 000 · TCI-Karte, Blatt 1, Cortina d'Ampezzo, 1 : 50 000

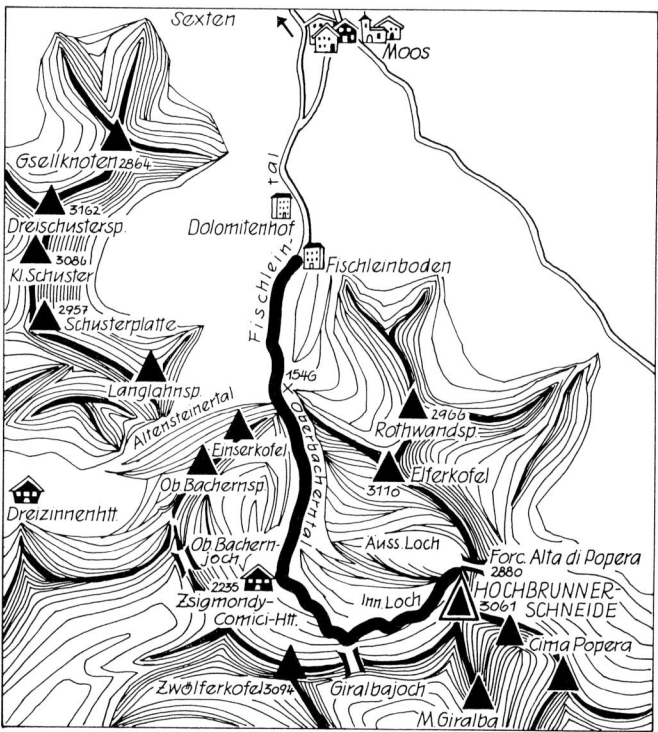

Die berühmten Gipfel über dem Sextener Fischleinboden — Elfer, Zwölfer, Einser oder Dreischusterspitze — bieten ein Bild machtvoller Schönheit, auch wenn sie nur als kahle Bündel zerrissener Felstürme über dem grünen Talboden stehen, aufragend aus einem chaotischen Gewirr von Geröllkaren, Firnschluchten und Eisgräben, von Terrassen, Graten und Scharten. Alle diese Gipfel streben wie gotisches Getürm in die höchste Höhe — da hat es ein der Horizontale verschriebener Renaissancebau wie die Hochbrunnerschneide schwer, sich zu behaupten: Natürlich imponieren ihre, vom Tal her gesehen, schweren Wandbauten, und wer den großartigen Weg zur Zsigmondy-Comici-Hütte unterm Sockel des Zwölfers ansteigt, der studiert das großräumige Gefüge dieser wuchtigen Architektur über den beiden eisgefüllten Riesentrögen von »Äußerem Loch« und »Innerem Loch« mit schaudernder Ehrfurcht... Aber nur wenige Bergfreunde gehen dort hinauf! Dabei ist der breite Gipfelrücken auf immerhin 3061 m Höhe der wohl großartigste Aussichtspunkt in den Sextener Dolomiten. Man schaut auf eine Urweltszene, eine Walstatt der Götter, wenn die Riesenquadern der Drei Zinnen oder Zwölfer, Elfer, Paternkofel oder das Gebirge der Dreischusterspitze in düsterer Pracht aus dem üppigen Grün der Almen und Täler steigen. — Wir steigen von der Zsigmondy-Comici-Hütte — deren erster Bau im Ersten Weltkrieg zerstört wurde — auf bequemem Steig, in einem weiten Bogen ausholend, bis dicht vor das Giralbajoch, 2433 m, am Fuß des Zwölfers, dessen Nordwand immerzu wie eine schwere schwarze Wolke über uns hängt; dicht unter dem Joch biegt unser Weg östlich ab und zieht über einen welligen Rücken hinüber zum »Inneren Loch«. Derselbe Weg zieht bald als großzügig und großartig ausgesprengte »Strada degli Alpini« (Steig Nr. 101) bis in die Flanke des Elferkofels. Wir geben acht, daß wir dort, wo der Steig die vordersten Böden des Hochkares überschneidet, rechtzeitig rechts abbiegen: Ein glasklarer Bach am Weg ist für uns das Zeichen, in die gewaltige Einöde des »Inneren Loches« einzutreten. Herrlich von hier aus schon der Anblick des Zinnenstockes, der Zwölferostwand und des Dreischusterstockes! Das Hochkar verengt sich bald, Firn deckt die Geröllböden, und noch ehe es sich hufeisenförmig schließt, bezwingen wir einen recht steilen Firnhang, der nach links hinauf zur Forcella Alta di Popera, 2880 m, zieht (2 Std. ab Hütte). Als Schneehang kann diese Flanke auch einmal gefährlich sein! Noch ehe die Scharte erreicht ist, leitet der Weg über unschwierig zu erkletternde Felsstufen nach rechts und auf den gratartigen Gipfelkamm. Hier herrscht stets Feiertagsstimmung, wie es dem großartigen Umblick angemessen ist — hier wird jede Rast zur Andacht... Beim Abstieg ins »Innere Loch« nicht leichtsinnig auf hartem Firn abfahren!

144

Ein eigenartiges »Bergbild«! Aber diese uralte Hochbrunnerschneide (heute Monte Popera), immerhin 3061 m hoch, galt in der klassischen Erschließerzeit bereits als die
ideale Aussichtskanzel der Östlichen Dolomiten. Ein chaotisches Gewirre von Firntrögen
und Geröllfeldern, ohne rechten Gipfelaufschwung, plump, ernst, von schwerer Stille
— das ist der zweite Hausberg der Zsigmondy-Hütte. Rechts das Innere Loch, links
das Äußere Loch, dagegen links zierlich vorgesetzt der superschlanke spitze Elferturm
(Normalroute Grad III). Links oben entfesselt sich der Aufschwung des Elferkofels . . .
Unter all dem streift der »Alpinisteig« von rechts nach links — und der hier unsichtbare
Zwölfer steht dicht über uns im Rücken, so schön wie im Bild von Route 71!

70 Dreischusterspitze 3162 m

Vom Fischleintal über Weißlahn und Ostwand

TALORTE   Sexten, 1316 m, oder Moos, 1331 m (Bus von Innichen)

STÜTZPUNKT   Mehrere Hotels am Fischleinboden, 1450 m, privat (bew.), mit Kfz erreichbar. — Dreischusterhütte, 1617 m, Innerfeldtal (privat).

AUFSTIEG (wie Abstieg)   Normalweg von Osten aus dem Fischleinboden über Weißlahn und Ostwand, 6 Std., davon 4 Std. bis zum Einstieg an der Eisschlucht. Die Kletterei in der Ostwand ist »mäßig schwierig« (II+). Abstieg Gipfel—Tal 3½ Std.

BESONDERER HINWEIS   An der majestätischen Berggestalt der Dreischusterspitze ist der gewaltige Höhenunterschied von 1700 m zwischen Tal und Gipfel, davon ⅓ kletternd, nur durch große Ausdauer, Orientierungssinn und Klettergewandtheit zu bezwingen! Der Anstieg zum eigentlichen Einstieg links der »Eisschlucht« ist lang und ermüdend

GESCHICHTE   Erstersteiger P. Grohmann mit F. Innerkofler und P. Salcher am 18. 7. 1869

FÜHRER / KARTEN   Dolomiten-Kletterführer, Band 2a (Langes) · »Dolomiti Orientali« / Berti (CAI, italienisch) · FB-Wanderkarte, Blatt 17, Östliche Dolomiten, 1: 100 000 · Besser: Kompaß-Wanderkarte, Blatt 57

BILD   Die Dreischusterspitze aus dem Innerfeldtal — von Nordnordwesten. Einblick (rechts) in die Westwand mit ihrer klassischen Kletterführe (Grad III).

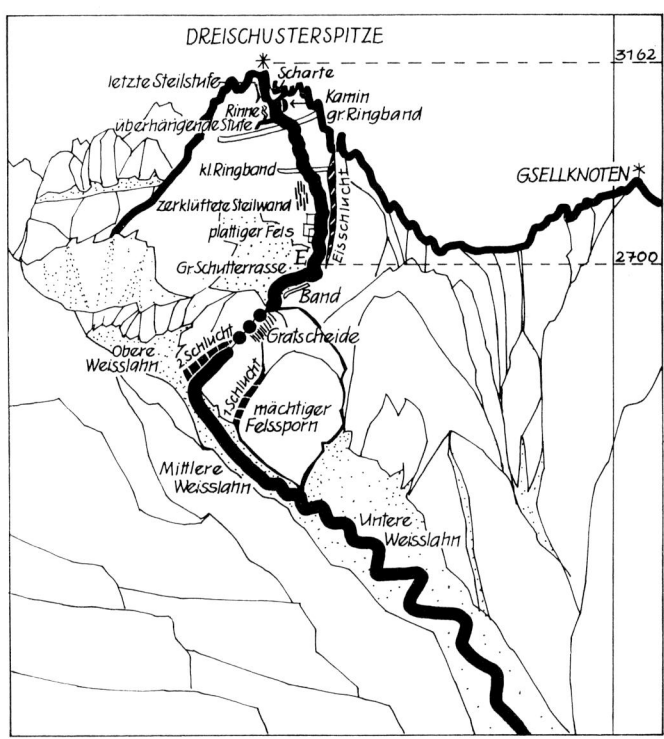

Von dem vielzackigen Koloß der berühmten Dreischusterspitze zwischen Innerfeldtal und Fischleinboden ist zunächst zu sagen, daß er wohl für alle Zeit seinen Charakter als romantisches Objekt empfindsamer Bergfreunde behalten wird: Nie wird man die königliche Dreischusterspitze ihrer Würde berauben und sie zum »Sportplatz« extremer Akrobatik degradieren können. — Der schönste Kletterweg auf die alle ihre Nebengipfel souverän beherrschende Dreischusterspitze führt eigentlich vom Innerfeldtal aus durch die Westwand: schwierig, III (Bild) — eine Tour nur für erfahrene Kletterer! Dazu kommt, daß die alte Dreischusterhütte (privat) im Boden des Innerfeldtales »zweckentfremdet« wurde: So gibt es von Ost wie von West nur die langen, die ganz besonders langen Anstiegswege zu den Einstiegen. Unser Weg vom Fischleinboden, also vom Parkplatz unseres Autos her, einst eine wahre Marter im Gries des steilen Schutts, ist jetzt zu einem guten Steiglein geraten, das uns schneller als ehedem die Riesenhänge hinauf in das große Becken der Weißlahn leitet. Ganz oben, oberhalb des alten Soldatenfriedhofes, sehen wir, daß der mächtige Felssporn, der sich genau in Gipfelfallinie schiffsbugartig in die Weißlahn herabsenkt, an seiner linken, südlichen Flanke zwei Schluchten enthält, die erste ist eine Felsschlucht, die zweite eine etwas breitere Geröllrinne: Diese anstrengend zu erreichende Schlucht führt uns auf die Spornhöhe und weiter auf das geröllgefüllte Sporndach. Dieses flache Dach wird auf dem untersten Band nach rechts angegangen, man halte sich an die Steigspuren und wende sich nicht zu früh gegen die steilen Wände. Der Einstieg befindet sich ganz rechts am nördlichen Ende des Schuttdaches, wo schräg nach rechts oben eine eisgefüllte Steilschlucht emporzieht. Genau links dieser Schlucht steigen wir in den Fels ein. Erst klettern wir schräg rechts über schöne Platten empor, dann nach links oben; hier wird die Zerklüftung der Ostwand immer spürbarer, wir erreichen ein von hohen Turmbauten überragtes Band (betreten aber niemals die erwähnte eisgefüllte Steilschlucht zur Rechten!), von dem aus wir eine niedere, etwas überhängende Stufe passieren und uns so dem entscheidenden Gipfelkamin nähern. Dieser Kamin zieht gegen die Scharte zwischen dem Hauptgipfelturm und dem an ihn nördlich angelehnten Felszacken empor (es gibt auch Varianten!), und beim Abstieg wird hier am besten abgeseilt. Hier mündet von der anderen Seite die schöne Westwand-Führe (III)! Vom Schartel halten wir uns links an steile Felsen und kommen so auf das langgestreckte Dach des Hauptgipfels. Siehe auch Skizze Seite 707 im italienischen Berti-Führer! Alles in allem: ein prächtiger Dolomitenberg, aber vom neuen Kletterstil beiseite gestellt; ein Berg für hochgestimmte Alpinisten, die auch der verwickelte Anstieg nicht stört — eine herrlich stille Tribüne . . .

71 Zwölferkofel 3094 m
Über den »Felsenweg« der Südwestwand

TALORTE Sexten, 1316 m, oder Moos, 1331 m (Bus von Innichen)

STÜTZPUNKT Zsigmondy-Comici-Hütte, 2235 m, im Oberbacherntal, CAI (bew.), gute 3 Std. vom Fischleinboden

AUFSTIEG (wie Abstieg) Südwestwand-»Felsenweg«, 5 Std., davon 1¼ Std. zum Einstieg überm Sandebühljoch, 2521 m (Kriegssteig); die Kletterei ist mäßig schwierig (II) mit mehreren schwierigen Passagen (III). Abstieg Gipfel–Hütte 4 Std.

BESONDERE HINWEISE Ein gewaltiger Kletterberg, der hochalpine Tüchtigkeit verlangt, Ausdauer, Besonnenheit (Steinschlaggefahr!). Stets Steinmänner beachten, evtl. wegen des besseren Abstieges Markierungsblätter auslegen. Knapp vor dem Gipfelfels eine Quelle! Der historische Anstieg, die »Eisrinne«, wird nur einmal, überm Einstieg, gequert! Der »Felsenweg« führt dann stets links von ihr zum Gipfel!

GESCHICHTE 1. Ersteigung M. und Johann Innerkofler, 28. 9. 1874 »Eisrinne« · Felsenweg: 1. Begehung J. Reichl, M. Simon mit M. und Josef Innerkofler, 6. 9. 1887

FÜHRER / KARTEN Dolomiten-Kletterführer, Band 2a (Langes) · »Dolomiti Orientali« / Berti (CAI, ital. und deutsch) · TCI-Karte, Cortina d'Ampezzo e le Dolomiti Cadorine, 1 : 50 000

BILD Der Zwölfer über der Zsigmondy-Hütte: ein von Sonne, Wolken, Fels, Wind und Fotografenglück gewirktes Musterbild. Auch wenn unser Normalaufstieg um die Ecke herum vor sich geht.

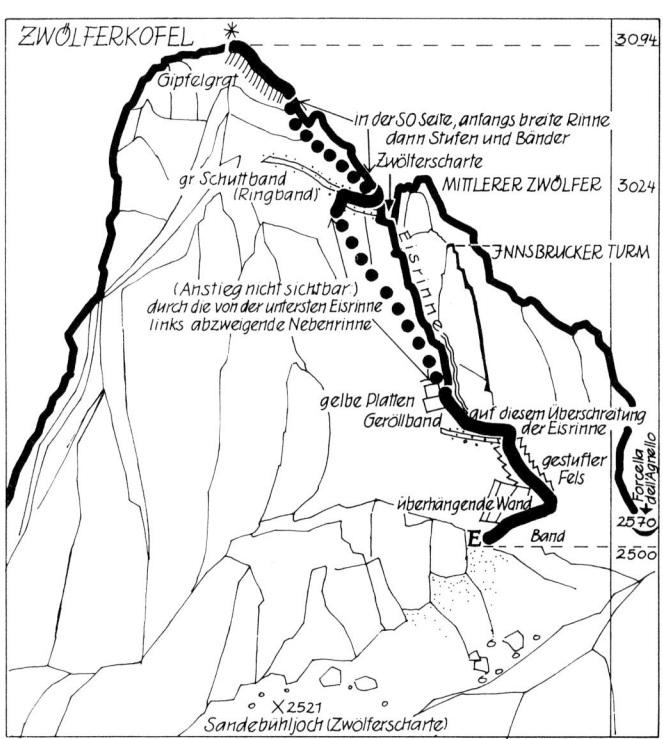

»Der Zwölferkofel« — die wildeste und mächtigste Gestalt unter allen Sextener Dolomitengipfeln und gleich den Drei Zinnen einer der reichsten und schönsten »Klettergärten« im alpinen Kalk — besteht aus einem guten Dutzend Gipfel: Das fängt mit einem Kleinsten Zwölfer, einem Kleinen Zwölfer und den Zwölfertürmen an und endigt beim gewaltigen Dreigestirn von Hohem Zwölfer, 3094 m, Mittlerem Zwölfer, 3024 m, und Südlichem Zwölfer, 2960 m. Kein Weg auf diese drei dicht aneinandergereihten Riesentürme ist leicht, auch unser Normal- und »Felsenweg« zum höchsten Gipfel ist mäßig schwierig bis schwierig (II—III) und obendrein steinschlaggefährdet. Dennoch kann er heute als schöne Kletterei empfohlen werden, angesichts nämlich der abenteuerlichen Zwölferbesteigungen, die einst durch die benachbarte, heute großenteils ausgeaperte »Eisrinne« erfolgten. Auch die einst sensationelle Erstbesteigung durch die Brüder Michel und Johann Innerkofler fand durch die 55 Grad steile Eisrinne statt, die in die Scharte zwischen Hohem und Mittlerem Zwölfer führt. Der »Felsenweg« zum Zwölferkofel ist schwieriger als die Normalwege zur Dreischusterspitze oder auf die Große Zinne; die Kletterei dauert auch länger, am »Ringband« kann Firn liegen, die Steinschlaggefährdung ist groß! — Auf alten Kriegssteigen des Ersten Weltkrieges steigt man zum Schuttkamm empor, an dem die Felsen in unfaßbarer Höhe, Steilheit und Glätte ansetzen; das Einstiegsband setzt rechts von der Ausmündung der untersten »Eisrinne« an und wird links von überhängenden Felsen flankiert. Bald wird die unterste Eisrinne, also die Schlucht zwischen Hohem und Mittlerem Zwölfer, gequert; über mäßig steilen und plattigen Fels geht es an herrlichen Griffen unter gelben Überhängen dahin bis zu einer Sekundärrinne, die aus der Scharte zwischen Hauptgipfel und dessen westlichem Vorgipfel herabkommt. Man quert auch diese Rinne, aber diesmal nach rechts, dann steigt man gerade aufwärts gegen die gelben Riesenwände, die sich links der »Eisrinne« aufbauen, gewinnt über ein nach links ansteigendes schmales Band schwarze Felsstufen und gelangt bald darauf in einen Blockkamin derselben wichtigen Sekundärrinne, die wir weiter unten nach rechts gequert haben. Nach rechts zielend wird bald das »Ringband« erreicht, ein großes Schuttband, das ringartig um West-, Süd- und Ostflanke zieht. Eine Kriechstelle über der Zwölferscharte sorgt für Pikanterie auf diesem Band, dann spüren wir links über der Ostwand die Gufel mit der Quelle auf, und nördlich haltend wenden wir uns endlich über Bänder, Absätze und eine kaminartige Rinne zu dem kanzelartig vortretenden Sporn, von dem ein kurzer Felsgrat nach links zum höchsten Punkt führt ... Der Zwölfergipfel wird von allen Ersteigern mit Herzklopfen betreten — nicht nur des Ausblickes wegen!

72 Monte Peralba 2693 m

Zwischen Piavequelle und Lesachtal

TALORT St. Lorenzen im Lesachtal, 1228 m (Bus von Sillian oder Kötschach—Mauthen)

STÜTZPUNKT Hochweißsteinhaus, 1905 m, im obersten Frohntal unterm Hochalpjoch, 2280 m, ÖAV (bew.); 3 Std. ab St. Lorenzen

AUFSTIEG (wie Abstieg) Kriegssteig über das Hochalpjoch, rot bezeichnet, völlig unschwierig, 2½—3 Std.

BESONDERE HINWEISE Der Monte Peralba entspricht dem alten österreichischen Namen Hochweißstein. Grenzberg! Vorschriften beachten! Schwer umkämpfter Gipfel im Ersten Weltkrieg. Wehranlagen noch einigermaßen in Ordnung. Der Monte Peralba nimmt als Aussichtsberg einen allerersten Platz ein: Von nirgendwo sonst läßt sich die »terra incognita« der südlichen Karnischen Alpen so gut einsehen!

GESCHICHTE Von altersher bestiegen. 1. bekannte Ersteigung Oberleutnant Schönhuber bei Vermessungsarbeiten, 1854

FÜHRER / KARTEN Karnische Hauptkette, Pichl (Artaria) · Hochtourist, Band 8, Purtscheller-Heß (Bibliogr. Institut) · Wanderkarte des Österreichischen Vermessungsamtes, Blatt 196, Obertilliach, 1:50 000 · Sehr brauchbar auch FB-Wanderkarte, Blatt 18, Lienzer Dolomiten und Schobergruppe, 1: 100 000

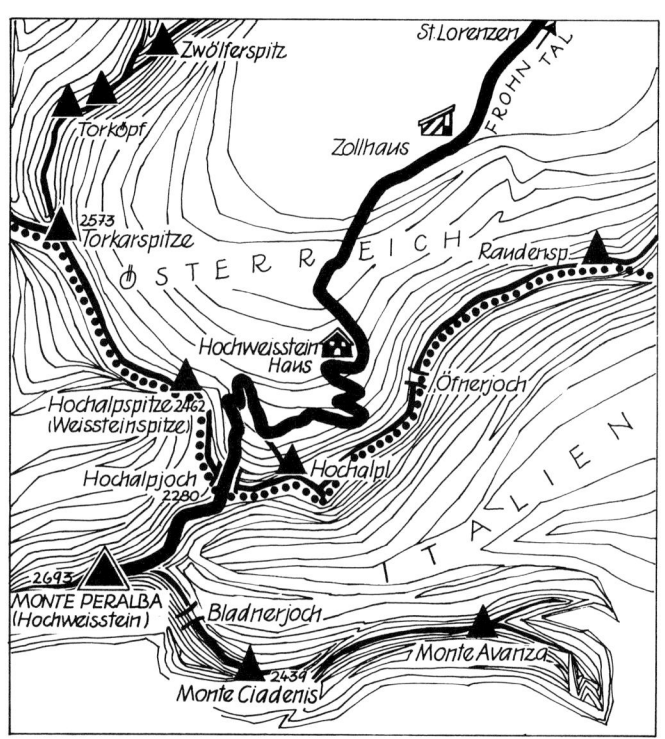

Es ist nur die berühmte Nachbarschaft, die den Ruhm des Karnischen Hauptkammes zwischen Sexten und Villach und zwischen Kreuzbergpaß und Tarvispaß verdunkelt: die Dolomiten samt ihrer gipfelreichen Dependance über Lienz, die Hohen Tauern, die Julischen Alpen — was will da ein Bergsteiger suchen in einem Gebiet, in dem die höchsten Gipfel kaum 2780 m (Hohe Warte) erreichen! Man kann in der Tat behaupten, daß der Karnische Hauptkamm aufs angenehmste übersehen wird: Er dient seinen alten Ruhm im lokalen Bereich ab. Dabei sollten jene Bergsteiger, die über den Plöckenpaß frisch-fröhlich in den Süden reisen, kurz vor dem Paß einen Blick hinauf zur Kellerwand werfen oder hinaufsteigen zur Pichlhütte am Wolayersee — sie träfen auf ein Paradies für Bergfreunde. Auch wer von St. Lorenzen aufbricht, muß partout nicht nördlich in die Lienzer Dolomiten; er soll es mal im Süden versuchen, soll durch das einsame Frohntal hinauf zum Hochweißsteinhaus wandern und von dort auf den Grenzkamm: Dort oben, dicht über der Piavequelle, nur wenige hundert Meter jenseits der Grenze, steht der Monte Peralba, deutsch Hochweißstein genannt. Ein prachtvoller Berg, auch wenn er von Norden nur kleine Wände und große Terrassen sehen läßt, das tut er bescheidenerweise — nach Süden senkt er eine 700-Meter-Mauer zum Bladnerjoch ab, unter dem die italienische Hütte (Rif. Pier Fortunato Calvi, 2020 m, 2½ Std. von Sappada) steht. Im Ersten Weltkrieg gab er das Parkett für schreckliche Kämpfe ab, man spürt es heute noch an den verfallenden Kriegssteigen, Unterständen und Stellungen. Im übrigen ist er ein Berg für alle, man braucht nicht zu klettern, hat keine Schwierigkeiten zu erwarten; das rot markierte Steiglein führt über einige felsige Stufen hinauf zum Hochalpjoch, 2280 m (1¼ Std. ab Hütte), wie im Bildtext beschrieben, um den glatten Sockel der Ostwand herum und über Rasen und Geröll in eine steile Rinne. Oben am Gipfelgrat geht es um die Kante herum und an alten Kriegsbaracken vorbei zu einem steilen, meist mit Schnee gefüllten Kamin, der auf den Kamm und damit zum Vermessungszeichen am Gipfel leitet. Man kommt dabei an zwei Erinnerungstafeln für den Italiener Fabio Monte vorbei, der bei dem Versuch, den Monte Peralba im Handstreich zu nehmen, gefallen ist. — Von diesem Berg, um den sich lange Kriegsgeschichten ranken, sieht man überraschend weit: Gleich drüben überm Lesachtal, aus dem wir kommen, bauen sich wie auf einer Bühnenszene die Gipfel der Lienzer Dolomiten auf mit den Hohen Tauern als Hintergrund. Westlich lassen sich die Sextener Dolomiten studieren, südwärts der Weg der jungen Piave hinaus in die Poebene. Ostwärts sollte man die karnische Nachbarschaft anschauen, denn die Berge um Wolayersee, Wolayerkopf, Hohe Warte (siehe Tour 73) und Kellerwand versprechen weniger, als sie geben.

Hoch über dem Tilliacher Tal im Grenzkamm: der Hochweißstein (Monte Peralba) mit (nach links) Hochalpjoch und Hochalp, Bladnerjoch und — bereits Hintergrund — Doppelgipfel Avanza. Links unten das Hochweißsteinhaus im obersten Frohntal. Rechts rückwärts der Monte Rinaldo. Almland, Grenzland, Kriegsland — dennoch großes Bergwanderland ... Dieser berühmte Aussichtsgipfel wird an einem Steiglein erreicht, das im Zickzack erst das Hochalpjoch erreicht, hinter den zwei runden Alpkuppen vorbei um den glatten Ostwandsockel schlüpft und dann den langen Gipfelgrat sucht.

151

73 Hohe Warte 2780 m

Über den Kriegssteig durch die Nordwand

TALORTE AP Mauthen, 707 m, im Gailtal · EP Birnbaum, 947 m

STÜTZPUNKT Eduard-Pichl-Hütte, 1959 m, am Wolayersee, ÖAV (bew.); 6 Std. von Mauthen, 4 Std. von Bushaltestelle Valentinalm übers Valentintörl, 2135 m · Talabstieg nach Birnbaum, 4 Std. ab Hütte

AUFSTIEG (wie Abstieg) Am »Kriegssteig« durch die Nordwand, teilw. gesicherter Steig kaum bezeichnet; 3 Std. ab Hütte. Einstieg oberhalb des südl. Valentintörls. Abstieg: Südwestseite über »Hohen Gang« zurück zur Pichl-Hütte, nicht über Nordwand (Aufstieg), da Steinschlag!

BESONDERE HINWEISE Die Hohe Warte ist der Hauptgipfel der Karnischen Alpen, ein bedeutender Kletterberg und ein Grenzgipfel: auf italienischer Seite Monte Coglians genannt. Kampfgebiet im Ersten Weltkrieg. Schwindelfreiheit, Seil und Pickel Bedingung! Oft harter Firn!

GESCHICHTE 1. Ersteigung P. Grohmann mit Sottocorona und Hofer, 30. 9. 1865 (Südseite) · Nordwand: 1. Begehung H. Kofler, 1895

FÜHRER / KARTEN Karnische Hauptkette, Pichl (Artaria) · Hochtourist, Band 8, Purtscheller-Heß (Bibliogr. Institut) · Wanderkarte des Österreichischen Vermessungsamtes, Blatt 197, Kötschach, 1:50 000

BILD Die Hohe Warte im Karnischen Hauptkamm mit ihrer Nordwand über dem Valentintörl (Vordergrund). Unser alter »Kriegssteig«, heute ein »Klettersteig«, zieht diagonal von links unten nach rechts oben zu Schulter und Gipfelgrat.

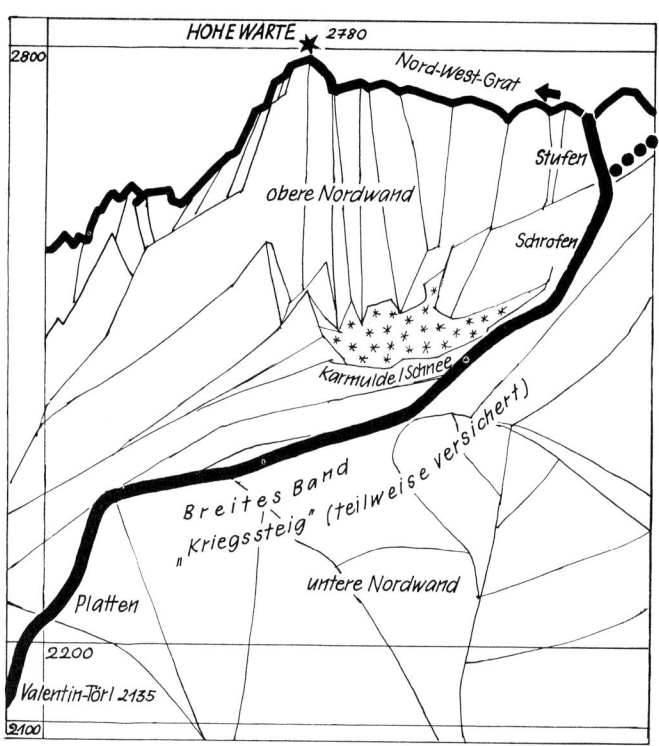

Man muß erst einmal vor der Eduard-Pichl-Hütte am Frauenhügel über dem kleinen Wolayersee gestanden haben, ein ungeheures Felsengebirge vor Augen — aller Hauptgipfel des Karnischen Zentralkammes nämlich, der Kellerwand, Kellerwarte, Hohen Warte, des Monte Canale und des Wolayerkopfes —, um zu begreifen, daß man sich immer noch innerhalb der Alpen befindet und nicht an der Grenze des Balkans ... Gute Straßen führen heute bis ins Gailtal und hinauf zur Valentinalm unterm Plöckenpaß (dem einzigen wenig überlaufenen Alpenübergang zur Adria); und stehen wir erst am Wolayersèe, dann ist die Woge, die der Autotourismus heute durch die Alpen spült, vollkommen vergessen. Vom Wolayertörl überm See steigt östlich in kühnem Schwung die Seewarte, 2595 m, auf, um sich durch einen Grat mit der Hohen Warte und danach mit der Kellerwarte, 2713 m, dem Kellerwandturm und der Kellerwand, 2769 m, zu verbinden — siehe Bild von Tour 74 in »Von Hütte zu Hütte«! Dieser zentrale Gipfelkamm ragt weit über alle nähere und fernere Nachbarschaft hinaus, was ein Blick von den Hochgipfeln der Lienzer Dolomiten eindrucksvoll bestätigt. Der verwegene Friaulaner Wilderer Peter Samassa hat alle Winkel und Berge dieses Kammes genau gekannt, er hat auch — nicht immer freiwillig — die Nordwände durchstiegen, und die berühmtesten Pioniere der Gruppe, Giuseppe Urbanis aus Udine und Julius Kugy, haben sich später bei ihren Erstbesteigungen seiner Führung versichert. Die teilweise gesicherte Nordwandroute auf die Hohe Warte ist ein kühner Klettersteig aus der Zeit des Ersten Weltkrieges, der ostwärts in der Fallinie des Nordostpfeilers der Hohen Warte, am rechten südl. Schartl des Valentintörls, ansetzt und über ein kleines Schuttband sofort zu den Einstiegsplatten führt. Über sie wird zunächst schräg links angestiegen und eine rinnenartige Verschneidung, ein enger Spalt mit einem Überhang und ein Köpfl (mit Drahtseil) passiert; dann leitet das Drahtseil durch kurze Kamine zu den Schrofen des breiten Geröllbandes, das, oft mit Firn bedeckt, nach rechts zu einem Schartl nahe einem Felszacken zieht. Kurz absteigend nach rechts und in das mächtige Kar der Nordwand hinauf! Dieses Kar, meist ein Schneekar, wird nach rechts durchquert bis zu einem schlanken, einen Meter hohen Steinmann; von ihm erst etwas nach links, dann fast gerade empor zum dritten und vierten Drahtseil, mit deren Hilfe, oft herrlich ausgesetzt, der gesamte Felsaufbau durchstiegen wird. Eine kaminartige Verschneidung führt endlich auf den Grat hinaus, der blockig zum fünften und sechsten Seil führt — erst in der Süd-, dann in der Nordflanke. Ein siebtes Seil überspannt höher oben einen Gratspalt, dann führen gestufte Blöcke zum Gipfel — einer langen Schneide mit alten Kriegsunterständen und herrlichen Ausblicken auf die Julischen Alpen.

152

74 Spitzkofel 2718 m
Zwischen Hallebachtal und Wilder Badstube

TALORT Lienz, 678 m, in Osttirol (schnellster Zugang von Norden: durch den neuen Felbertauerntunnel direkt vom Pinzgau nach Matrei und Lienz)

STÜTZPUNKT Kerschbaumeralm-Schutzhaus, 1902 m, ÖTK (bew.); 4 bis 4½ Std. ab Lienz

AUFSTIEG Normalweg über das Hallebachtörl, 2399 m, von Süden. 3½ Std. ab Hütte (unschwierig) · Abstieg durch das Hallebachtal ins Drautal, 3–3½ Std.

BESONDERER HINWEIS Leicht ersteigbarer, sehr beliebter Aussichtsberg, aber nur für trittsichere und sehr ausdauernde Bergwanderer! Dicht vor dem Gipfel die alte Linderhütte, 2683 m (offener Unterstand). Bedeutende Aussicht auf die Sextener Dolomiten und ins Pustertal, in die Schobergruppe und die Deferegger Alpen, aber auch auf Karnische Alpen und Hohe Tauern. Eispickel angenehm für Firnreste!

GESCHICHTE 1. Ersteigung F. Keil, 1855

FÜHRER / KARTEN AV-Führer neu, Lienzer Dolomiten, Peterka (Rother) AV-Karte Lienzer Dolomiten, 1 : 25 000 · Wanderkarte des Österreichischen Vermessungsamtes, Blatt 179, Lienz, 1 : 50 000 · Evtl. auch FB-Wanderkarte, Blatt 18, Lienzer Dolomiten und Schobergruppe, 1 : 100 000 (nur für die Gipfelschau interessant)

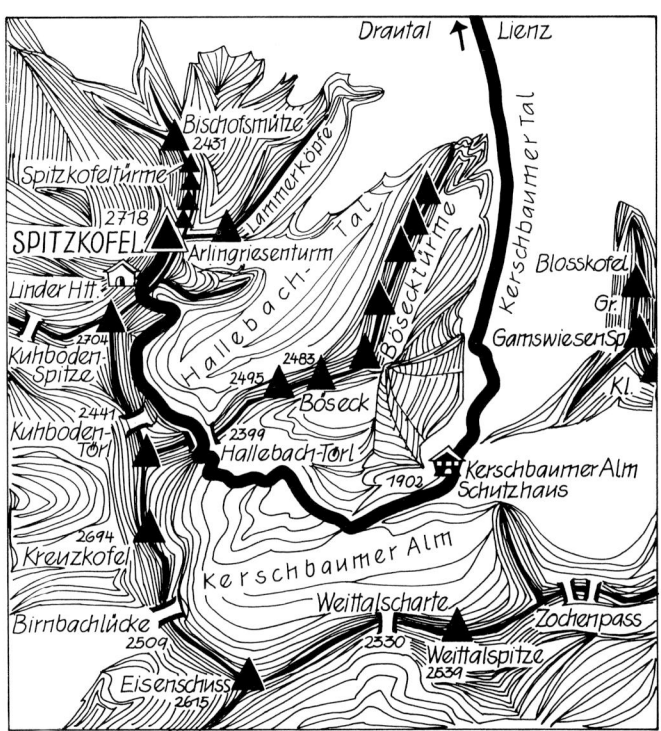

1855 hat Franz Keil, Mitglied der »Kaiserlichen Akademie der Wissenschaften«, den Spitzkofel zum erstenmal erstiegen: Zur selben Zeit schoß man im Stubaital den letzten Bären und über dem Königssee den letzten Lämmergeier der Alpen. Der Spitzkofel gehört der westlichsten der drei Untergruppen an — Spitzkofelgruppe, Laserzgruppe, Hochstadelgruppe —, die zusammen die Lienzer Dolomiten bilden. Das herrliche Gebirge, eine mächtige dreieckige Kalkscholle zwischen Drautal, Lesachtal und Gailtal, gehört natürlich, auch dem Charakter nach, viel eher zu den Karnischen Alpen als zu den Dolomiten. Diese Feststellung tut seiner Schönheit keinen Abbruch: denn, wer nur ein einziges Mal den Laserzkessel betrat, wer einmal unter der gewaltigen Hochstadel-Nordwand durch das Lavanter Tal aufgestiegen ist, wer je auf Wildsender, Laserzwand, Hochstadel oder Spitzkofel stand, der wird dieses jäh auffahrende Gebirge mit seinen spitzen Türmen und hohen Schutttrögen ins Herz schließen. Der Spitzkofel wirkt auf unserem Bild wie kalkalpines Filigran, in Wahrheit steht er mächtig und dräuend über dem kurzen ebenen Stücken Talboden von Lienz, vieltürmig, abweisend und anziehend zugleich: Es sind ja immerhin volle 2000 Höhenmeter, um die sein Gipfel die Stadt überragt! Wir spüren diese 2000 Meter beim Abstieg durchs Hallebachtal; beim Aufstieg aber halbieren wir alle Mühe, indem wir auf dem Kerschbaumeralm-Schutzhaus nächtigen. 4½ Stunden Anstieg zum Schutzhaus durch das Kerschbaumertal sind ja schon eine Leistung, aber die Mühe vergißt sich rasch im gesunden Rhythmus des Steigens und in der großen Stille, die alle Neben- und Hochtäler dieses Gebirgsstockes füllt. Anderntags haben wir vom Schutzhaus fast 500 Höhenmeter zum Hallebachtörl aufzusteigen, um jenseits der engen Scharte kurz gegen Norden auf die obersten Schuttbahnen des fast kreisrunden Hochkares abzusteigen. Wir queren dieses Hochkar fast eben und sind im frühen Sommer um den Eispickel froh, denn dann müssen wir meist steile Firnbahnen passieren. Nach der Querung steigen wir in Kehren steil gegen eine Geröllschlucht empor, die auf ein Gratschartl zielt; vor ihm aber halten wir uns nach rechts, um über steile Schrofen den schmalen Hochgrat zu erreichen, auf dem die kleine unbewartete Linderhütte steht. Der Gipfel scheint zum Greifen nahe, aber zwischen Hütte und Gipfel wartet eine Scharte, in die wir erst durch einen Kamin absteigen müssen. Jenseits geht es über Absätze leicht zum Kreuz hinauf. — Beim Abstieg — nicht mehr übers Hallebachtörl zurück, sondern direkt das Hallebachtal hinab — gibt es keine Markierung, doch immerhin ein Steiglein, das direkt (siehe AV-Karte) ins Drautal oder aber unten rechts ins Kerschbaumertal und zum Klammbrückl führt. Von dort aus begehen wir den »Franz-Lerch-Weg« und den »Goggsteig« hinab zur Stadtgrenze.

Hoch über dem Lienzer Talbecken recken sich die steilen Kalkrippen des Spitzkofels in die strengen Lüfte. Nach rechts abfallend der türmereiche Nordgrat, darüber in Bildmitte der 2718 m hohe Gipfel –, von Süden her unschwierig zu erreichen. Links in der Tiefe die schwer zugängliche Arlingriese, aber jenseits überm schattigen Kamm bereits das Hallebachtal, über ihm der Kreuzkofel. Rechts unten im Eck der grausige Einblick in die »Wilde Badstube« für exzentrische Wasseralpinisten. . . . Genau in der vertikalen Bildmitte ziehen zwei Genußklettereien (Grad II– und III), Rippen und Rampen nützend, zum Gipfelgrat (siehe »Im schweren Fels« / Ausgabe 77).

75 Große Sandspitze 2772 m

Turmbauten über dem Laserzkessel

TALORT Lienz, 678 m, in Osttirol am Zusammenfluß von Drau und Isel

STÜTZPUNKT Karlsbader Hütte, 2260 m, am Laserzsee, DAV (bew.); von Lienz mit Kleinbus / Pkw (Mautstraße) zur Dolomitenhütte, 1620 m; dann 2½ Std.

AUFSTIEG (wie Abstieg) Nordwandanstieg von der »Bösen Scharte« über das »Daumenschartl«, gut 2½ Std. ab Hütte. Abstieg Gipfel–Hütte 2 Std. Im Abstieg genau den Anstiegsweg einhalten!

BESONDERE HINWEISE Die Große Sandspitze, höchster Gipfel der Lienzer Dolomiten, ist ein Kletterberg; der Schwierigkeitsgrad liegt bei »mäßig schwierig« (II). Die »Böse Platte« und das Wandl unter dem »Daumenschartl« erfordern besondere Vorsicht! Manche Stellen des Aufstieges sind recht ausgesetzt. Pickel im frühen Sommer!

GESCHICHTE 1. Ersteigung F. Mitterhofer, genannt »Kreitmair«, 2. 7. 1866 (Nordseite übers »Daumenschartl«) · 1. touristische Ersteigung A. Kolp und J. Linder, 20. 7. 1886 (»Böse Scharte« und »Daumenschartl«)

FÜHRER / KARTEN AV-Führer Lienzer Dolomiten, Peterka (Rother) · Osttirol, Oberwalder Tyrolia) · AV-Karte Lienzer Dolomiten, 1: 25 000

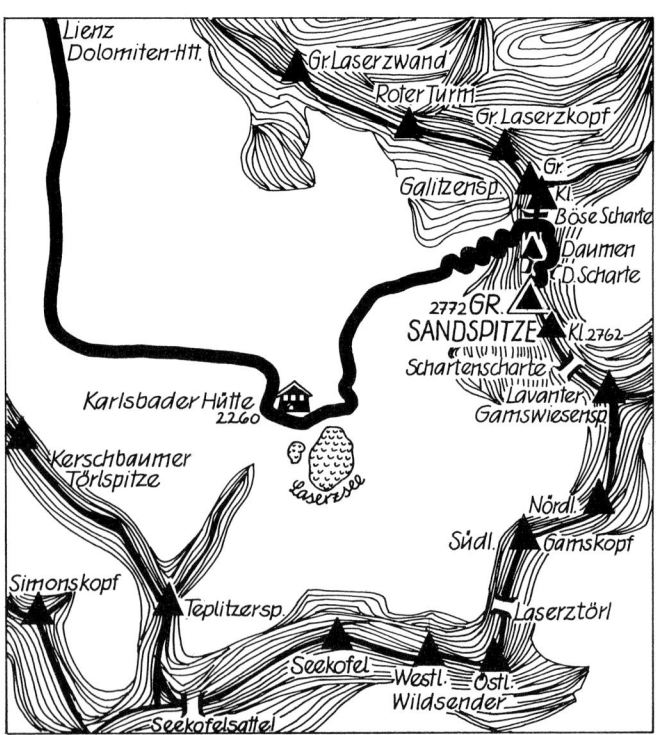

Die Große Sandspitze, der höchste Gipfel der Lienzer Dolomiten, überragt bei 2772 m Gipfelhöhe das Drautal um volle 2100 m. Sie steht genau im Zentrum des Dreiecks zwischen Drau-, Gail- und Lesachtal, das dieser 40 km lange und 15 km breite Gebirgsstock bildet. Die Große Sandspitze steht auch genau zwischen den beiden schönsten Lienzer Hochtälern, zwischen Laserz- und Lavanter Tal. Ich empfehle deshalb aus gutem Grund, der Besteigung der Großen Sandspitze — die wenig aufgesucht wird! — den kurzen Aufstieg von der Hütte zum Laserztörl und den folgenden Abstieg durchs Lavanter Tal, unter der übermächtigen Nordwand des Hochstadel dahin, folgen zu lassen: Man gewinnt dergestalt den schärfsten Eindruck von diesen Lienzer Dolomiten und passiert als Augenmensch ein Abenteuer, das seinesgleichen sucht. Ein Abenteuer in vollkommener Stille, wie ausdrücklich zu sagen ist, so daß sich alle landschaftlichen Eindrücke vervielfachen. Was nun unsere Große Sandspitze betrifft, diesen schweren, breitgebankten Aufbau über dem Laserzsee, der zu Unrecht gemieden, ja über den — nicht nur des Namens und seiner Bedeutung willen — gelästert wird, so schenkt ihre Besteigung eben doch ein Erlebnis, das hinter dem einer eleganten Kletterführe, deren es viele gibt im nächsten Bereich, nicht zurückzustehen braucht. Unser Berg hat nur eine schwache Stelle, das ist die Nordflanke aus dem hohen »Daumenschartl«. Schon die zweiten Ersteiger des Gipfels, August Kolp und Ignaz Linder, haben am 20. 8. 1886 diesen besten Anstiegsweg entdeckt, wobei ihnen der Daumen einiges Kopfzerbrechen verursachte. Aber sie fanden die Umgehungsmöglichkeit in der Ostseite: die entscheidende Stelle des Aufstieges! Die »Böse Scharte« zwischen Kleiner Galitzenspitze und Daumen ist von der Karlsbader Hütte her über steilen Schutt, durch Mulden oder auch Firn in 1 Std. gut zu erreichen. Von der »Bösen Scharte« zur »Daumenscharte« sind nur 35 Minuten, aber nur, wenn man den Weg genau weiß: Vor dem Steilaufbau des Daumens steigt man zuerst links eine Schuttrinne hinab, und zwar auf leichtem Fels, bis man in einer weiteren Rinne schief links empor zu einer gut 25 m hohen (!), geriffelten Platte kommt, die, weil sehr steil und klettertechnisch schwierig, als »Böse Platte« bekannt geworden ist. Über sie gelangt man auf einen Vorsprung, von dem aus durch eine plattige Rinne das »Daumenschartl« leicht erreicht wird. Weiter zum Gipfel steigt man am besten auf dem »Linderweg«, also nach links in die Nordwand der Großen Sandspitze hinaus — über ein steiles, schräges Plattenband mit einer luftigen Unterbrechungsstelle — bis eine vordrängende Platte erreicht ist, die zum Grat und weiter zum Gipfel leitet (wiederum etwa 35 Minuten ab »Daumenschartl«). Der vom »Daumenschartl« aufsteigende »Gratweg« wäre schwieriger und steiler!

156

Ein Lienzer Prachtbild: aus der Luft geschossen. Wir sehen von Westen: Westkante und Laserzwand, Roten Turm, Laserzkopf, Große und Kleine Galitzenspitze, Böses Schartl, Daumen, Daumenschartl, Große und Kleine Sandspitze und Lavanter Gamswiesenspitze. Im Vordergrund links — in Schichttafeln steil nach oben ziehend — die Bügeleisenkante. Von Rechts kommend, unten: AV-Steig zur Laserzwand, oben: AV-Steig in die Galitzenscharte bzw. das für unseren Anstieg wichtige Böse Schartl.

76 Große Keilspitze 2739 m

Am First des Schartenkammes

TALORT Lienz in Osttirol, 678 m, am Zusammenfluß von Drau und Isel

STÜTZPUNKT Karlsbader Hütte, 2260 m, am Laserzsee, DAV (bew.); mit Pkw zur Dolomitenhütte, 1620 m, dann 2½ Std.

AUFSTIEG (wie Abstieg) Am Südwestgrat des »Schartenkammes« vom »Schartenschartel«, 3½–4 Std. ab Hütte. Abstieg Gipfel–Hütte 3 Std.

BESONDERE HINWEISE Die Kletterei ist kaum »mäßig schwierig« (II), verlangt aber absolute Trittsicherheit und Orientierungssinn! Der Berg hieß früher wenig elegant »Viehkofel«, er steigt als türmereiche Pyramide zwischen Steinkar und Lavanter Graben empor

GESCHICHTE 1. Ersteigung F. Mitterhofer, genannt »Kreitmair«, Juni 1886 (Südseite) · 1. touristische Ersteigung A. Kolp und H. Stoll, 10. 8. 1886 (Südseite) · Südwestgrat »Schartenkamm«: 1. Begehung A. Kolp mit A. Egger, 3. 9. 1889

FÜHRER / KARTEN AV-Führer Lienzer Dolomiten, Peterka · AV-Karte Lienzer Dolomiten, 1:25 000 · FB-Wanderkarte, Blatt 18, Lienzer Dolomiten, 1:100 000 · Wanderkarte des Österreichischen Vermessungsamtes, Blatt 179, Lienz, 1:50 000

BILD Die Große Keilspitze der Lienzer Dolomiten, zwischen Steinkar und Lavanter Alm auffahrend, zeigt sich hier mit ihrer Südwestflanke.

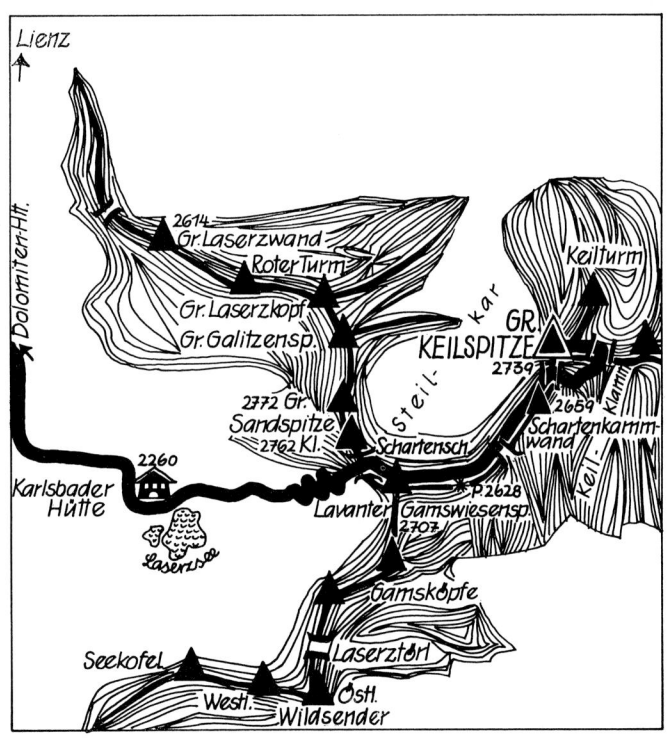

Die Große Keilspitze zwischen Lavanter Steinkar und Lavanter Graben, der Hochstadel-Nordwand gegenüber, türmt sich mit vielen Pfeilern pyramidenförmig auf. Sie ist ein richtiger Kletterberg schon von Ansehen und auch noch am leichtesten Zugang. Drei markante Kennzeichen deuten ihr Wesen: erstens die lotrechte Plattenmauer, die sie nach Westen ins gottverlassene schmale Steinkar absenkt, zweitens die mächtige Firnschlucht in der Südflanke von Großer und Kleiner Keilspitze, »Keilklamm« genannt, drittens der als »Schartenkamm« bekannte Südwestgrat, mit dem der Berg an die Lavanter Gamswiesenspitze anschließt. Dieser Schartenkamm – unser Anstiegsweg im ersten Teil – hat seine aufregenden Besonderheiten: Rechts schießen kirchdachartig gelagerte Riesenplatten nieder, links, nördlich, brechen senkrechte Wände zum Steinkar ab; die Platten sind steiler als auf unserem Bild, wer sie begeht, legt eine kleine Schwindelprobe ab. Der Fels oberhalb des Schartenkammes ist nur im Kamin griffig und fest. Unser Anstieg von der Karlsbader Hütte aus über die »Lange Sandte« zielt zunächst steil hinauf in das »Schartenschartel« 2575 m, zwischen Kleiner Sandspitze, 2762 m, und Lavanter Gamswiesenspitze, 2707 m. Der Name »Schartenschartel« ist nicht von mir, vielleicht legt die Doktorarbeit eines Lesers dieses Kuriosum dar! . . . Jedenfalls haben wir an diesem kuriosen »Schartenschartel« den Schartenkamm bereits uns gegenüber, wir müssen noch an heiklen Felsen, harten Firnresten und rutschigen Schuttstufen den oberen Teil der Nordwand der Gamswiesenspitze queren – oder den Gipfel überschreiten –, um den Anfang des Schartenkammes, mit einem Steinmann im Sattel davor, zu erreichen. Die folgende Begehung des Schartenkammes gleicht einer luftigen Gratfahrt und zielt auf mehrere auffallende Felszähne, die wir aber rechts umgehen, um den Sattel vor der Südwestwand der Großen Keilspitze zu erreichen. Die Südwestwand setzt lotrecht auf (Bild). Wir haben zwei Möglichkeiten: 1. über ein 30 m langes Band, erst wenig absteigend, nach rechts in die Keilklamm hinüberqueren, durch sie in die Keilscharte und von da über leichte Platten zum Gipfelsteinmann – oder 2. und besser: in der Südwestwand elegant rechts hinauf und über Stufen in einen Kamin, dem eine breite Einbuchtung folgt, die zum Gipfel leitet. Es sind noch weitere Varianten in festem Fels möglich! Die Kletterei ist nur im Kamin wirklich reizvoll. – Vom Gipfel der Großen Keilspitze wird der erste Blick des passionierten Naturfreundes tief hinab in den Lavanter Graben zielen, wo zwischen Riesenblöcken lichte Lärchen glühen, wo in erhabener Urwildnis tiefste Stille quillt und über die Riesenwand des Hochstadel in Himmelshöhen steigt. Drüben im Süden Karnische und Julische Alpen, nordwärts die Hohen Tauern!

77 Lienzer Seekofel 2744 m

Leichte Nordwandführe überm Laserzsee

TALORT AP/EP Lienz, 673 m (D-Zug-Stat. Linie Spittal–Innichen). Kfz.-Strecke Pinzgau-Felbertauerntunnel, oder Brenner–Pustertal.

STÜTZPUNKT Karlsbader Hütte, 2260 m, am Laserzsee, ÖAV (Bus Lienz–Tristachersee, 826 m). 4½ Std. über Dolomitenhütte, 1620 m

EINSTIEG Vom Laserzsee über Schutthänge zum Sockel des flachen Plattenpfeilers, der vom Ostgrat abfällt und die östliche Hälfte der Nordwand trägt. Einstieg an ihm rechts (½ Std.) Anstiegszeit 1½ Std. ab Einstieg. Schwierigkeitsgrad II+; die Führe bekommt Sicherungen!

ABSTIEG In der SW-Wand am »Helversenband« (Grad –II). Vom Gipfel südlich über breiten Schrofenhang abwärts zum großen Band, das – einige Rinnen überquerend – westlich zuerst etwas ansteigend, dann absteigend begangen wird. Auslauf in der Ödkarscharte (knapp 1 Std.). Dann auf bez. »Saazerweg« durch das Ödkar nördl. zur Hütte

HINWEIS Diese Führe ist von allen Anstiegen der Nordwand die leichteste und beliebteste. Da viel begangen, äußerste Vorsicht: keinen Steinschlag verursachen!

GESCHICHTE Nordwand: 1. Begehung D. Domenigg und F. König, 11. 8. 1905. – Südwestband: 1. Begehung H. Helversen, H. Höhrmann, F. Kösel und C. Luber, 21. 8. 1894

FÜHRER / KARTEN Peterka / Lienzer Dolomiten (Rother). – AV-Karte Nr. 56, Lienzer Dolomiten, 1 : 25 000. – FB-Karte Blatt 18, Lienzer Dolomiten, 1 : 100 000. – Wanderkarte des Österreichischen Vermessungsamtes Blatt 179, Lienz 1 : 50 000

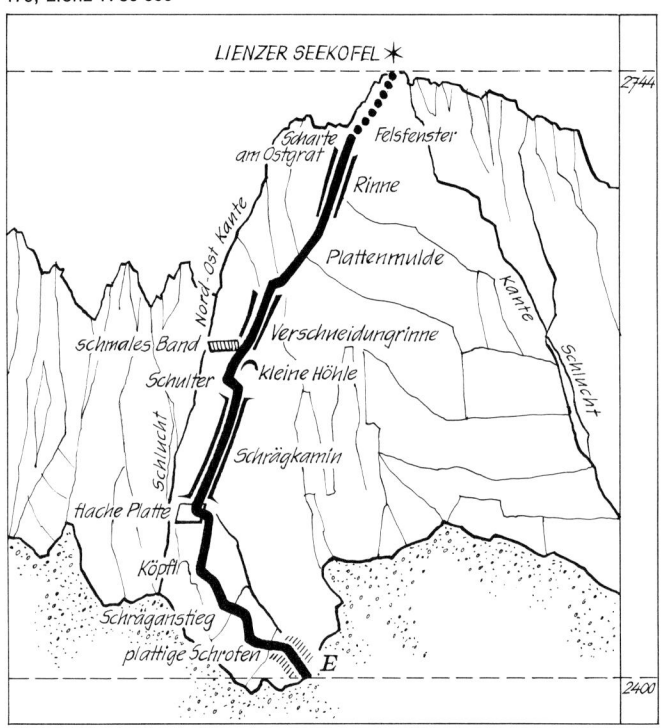

Die Lienzer Kalkberge, zur Karnischen Nordkette gehörend, hat erst ein Bürgermeister zu »Lienzer Dolomiten« aufgewertet. Natürlich besteht eine Verwandtschaft! Wenn man in dieses fast festungsartig geschlossene Kalkgebirge voll zersägter Steilfelsen, scharfkantiger Grate und schroffer Wände eindringt und einen nachbarlichen Blick zu den Drei Zinnen hinüber sendet – weht eben doch Dolomitengeist... Der kleine Laserzsee mit der Karlsbader Hütte ist lange schon zum Zentrum eines beliebten Klettergartens geworden, Kletterer waren es ja, die das einst verruchte Gebirge der »Unholden« zu einem Tummelplatz der Bergfreunde gemacht haben. Hubert Peterka, einer aus der letzten Wiener Erschließergeneration, der 1972 seinen neuen Lienzer AV-Führer als unerschöpflich reiches Führerwerk vorgestellt hat, erinnert darin an die alten Bergnamen: Böses Weibele, Böse Platte, Wildsender, Böseck, Unholdenalm, Hexenkammer, Teufelswiese, Böses Schartl, Wilde Badstube, und endlos so weiter. Heute spült der Felbertauerntunnel jeden Sommer einen Strom Liebhaber ins Lienzer Klettergebirg und der Teufel regiert nur noch in den Großstädten, aus denen sie fliehen... Ich habe in diesem Band schon drei Lienzer Berge vorgestellt, hier ist der vierte: man sieht ihn rechts oben im Bild als breite Kalkfeste mit einem zinnenartigen Grat, den Seekofel mit dem »Domeniggweg« in seiner östlichen Nordwand, 1905 erstmals begangen – heute die klassische Hüttentour der Karlsbader Hütte! Die Skizze deutet den Verlauf an, man studiere auch Peterkas Führer, Seite 167 findet man eine besonders gute Führenskizze und kann sich an ihr, beim Vergleich mit dem Luftfoto, gut orientieren. Wir lassen nur geübte Bergsteiger am Seil einsteigen! Dann geht es die plattigen Schrofen am kräftigen Sporn hinauf zum Köpfl, über die flache Platte in die Schlucht hinein, hinauf zur Schulter, zur Höhle, dann in der reizvoll exponierten Verschneidung höher, durch die schattige Plattenmulde und zum Felsfenster am Gipfelgrat... Vorsicht! Immer Vorsicht – denn an Hausbergen darf es keinen Steinschlag geben! Leichtsinn jeder Art ist verboten, Seildisziplin eine Selbstverständlichkeit. – Beim Abstieg haben wir es leichter, was die Exposition betrifft, aber wenn wir am »Helversenband« der SW-Wand, auf und ab, Rinnen querend, Türme umgehend, zur Ödkarscharte streben, muß wieder Vorsicht regieren. – Wer Geschmack hat am Begehen solch luftiger leichter Kalkwände, schaue sich auch die beiden benachbarten Wildsender an, die ebenfalls mit einem Sonderangebot feiner Führen aufwarten. Hubert Peterka serviert sie in Text und Skizze. – Übrigens sehen wir in unserem Luftbild (links vorne, gleich hinter der Laserzkante) ganz genau die »Bügeleisenkante« der Laserzwand, auch ein Leckerbissen für Genießer mit Erfahrung! Grad II+ unten kurz III+. Aber neuerdings – teilweise versichert!

160

Die beiden Wildsender und der Seekofel über dem Laserzkessel (mit See und Karlsbader Hütte), von Norden gesehen. Im Vordergrund links das westliche Laserzrevier mit Westkante und Bügeleisenkante. Links unterm Seekofel das Eisklammjoch, rechts oben am Bildrand die Ödkarscharte. Im linken Felssockel des Seekofel sind einige Felspartien von Sonnenstrahlen markiert, hier verläuft unser »Domenigg-weg«, wie beim Vergleich mit unserer Kletterskizze ersichtlich.

78 Reißkofel 2371 m

Schroffer Felskamm zwischen Drau- und Gailtal

TALORTE AP Greifenburg im Drautal, 652 m · EP Grafendorf im Gailtal, 655 m (nahe der Station Gundersheim) · Dellach im Gailtal, 672 m

STÜTZPUNKT E.-T.-Compton-Hütte, 1565 m, über der Eggeralm, ÖAV (nicht ständig bewirtschaftet), 3½ Std. auf bezeichnetem Weg von Greifenburg über Egg, 979 m, oder Pfarreneben, 1141 m. — Neue Unterstandshütte, offen, 2 Lager, 1820 m ÖAV, unterhalb des Plattachsteiges (Notunterkunft!)

AUFSTIEG Von der Comptonhütte zum »Törl« östlich des Reißkofels und über dessen reizvollen Ostgrat (Felskamm) zum Gipfel, 2½ Std. · Abstieg: Nach Westen über den »Plattachsteig« (Geröllband an der Nordseite des Grafendorfer Gipfels, 2283 m) zum Jaukensattel, 1615 m, und dann südlich nach Grafendorf oder Dellach, knapp 4 Std.

BESONDERE VARIANTE Ab Weißbriach (Gitschtal), 817 m, 2½ Std. Weißbriachhütte (Napalalm, 1482 m, AV-Schloß, 12 Lager) — Mark. Weg Nr. 229 in 4 Std. am Riesenkamm Sattelnock, 2033 m — Südflanke Dristallkofel — mark. Steig von Comptonhütte — Gipfel — Abstieg »Plattachsteig«.

GESCHICHTE 1. Ersteigung Gemsjäger J. Festin von Wald, 1848. 1858 führte derselbe den später berühmt gewordenen P. Grohmann zum Gipfel

FÜHRER / KARTEN Karnische Alpen, Eduard Pichl (Artaria), Seite 127 bis 130 · FB-Wanderkarte, Blatt 22, Drau- und Gailtal, 1: 100 000

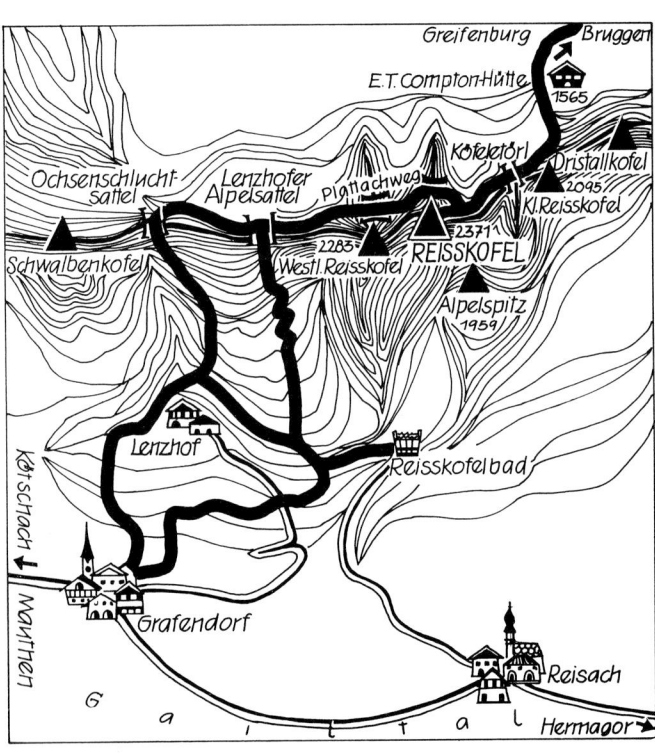

Der Reißkofel mit seinen sparsamen 2371 Meter Gipfelhöhe unter den »100 schönsten . . .«? Er hat sich zwischen zwei kostbar stillen Alpentälern aufgestellt, spiegelt sich gleichzeitig in den Wassern von Drau und Gail, dominiert in einem Vorbergkamm von 30 Kilometer Länge, und er hat die Rolle des schönsten Aussichtsberges zwischen Großglockner und Villacher Seenplatte gepachtet! Kein geballter Großstadtraum weit und breit! Unser Luftbild, von Westen geschossen, zeigt, daß ein kleiner Aussichts-Vorberg auch strukturelle Rasse aufweisen kann: dieser Reißkofel trägt einen kühnen, ja wilden Felskamm, in der Mitte durch das »Tor« dramatisch gespalten. Und daß er leichte Kletterei verlangt, muß nebenbei erwähnt werden. Weil dieser Gipfel seine beiden Täler um volle 1700 Meter überragt, aber nur eine einzige Hütte besitzt, die zudem nur auf Forststraßen zu erreichen ist und nicht ständig bewirtschaftet werden kann, so merken wir schon, daß es hier ohne zwei volle Tage und viel Kraft, Gespür und Improvisation gar nicht abgeht. Ich gebe deshalb nur einige sichere Tips, das Weitere muß sich der Leser aus dem alten Pichl-Führer holen. Östlich des gespaltenen Gipfelgrates gibt es, von der Compton-Hütte in einer sehr guten Stunde zu erreichen, das Höfeletörl — dementsprechend im Westkamm den Lenzhofer Alpelsattel. Vom letzteren Übergang etwas gipfelwärts, aber noch in der Südflanke, steht auf 1820 m Höhe neuerdings eine kleine Unterstandshütte für den Notfall. Von dieser Hütte aus erreicht man schnell den bekannten, hochinteressanten »Plattachsteig« — einen Steig alten Stils! —, der Geröllbänder in der Nordflanke des westlichen, also des sogenannten Grafendorfer Gipfels, 2283 m, benützt. — Kommen wir von der Compton-Hütte auf den Östlichen Reißkofel, dann steigen wir nicht am steil zum »Tor« abfallenden Gipfelgrat weiter, sondern steuern vom Gipfel direkt in die Nordflanke hinab und suchen an Bändern und Markierungen das Schartl im nördlichen Seitengrat, das uns auf eine bald breite Geröllstraße entläßt und so bis unter das »Tor« bringt. Dieses interessante »Tor« ist in kurzer netter Kletterei schnell zu erreichen, um einen »Blick ins Jenseits« zu erlauben. Stifte und Drahtseile helfen uns nach diesem Blick weiter westwärts über Stufen und Bänder, auch durch eine im Aufstieg zu erkletternde Schlucht, bis wir in einer kleinen, aber scharf ausgeprägten Scharte zum höchsten Punkt des (hier beginnenden) »Plattachsteiges« gelangen. Auf ihm erreichen wir unter glatten Felsabstürzen wieder den Hauptkamm, auf dem mit steiler Westkante der Grafendorfer Gipfel aufsitzt. Der weitere Abstieg verlangt am »Gamsleitl«, dann am »Lämperleitl« und am »Prenger« noch viel Trittsicherheit, ehe wir in der Latschenregion zur frischen Quelle »Beim Kesselan« kommen und zum ersten Sattel, um hier nord- oder südwärts ins Tal zu stampfen.

162

Der Reißkofel — nach Eduard Pichl »Glanzstück der Gailtaler Alpen« — läßt sich hier mit seiner Westflanke sehen. Links am Rand ahnt man die Draugründe, rechts die der jungen Gail. Im Bildzentrum führt der »Plattachsteig« zum berühmten Doppelgipfel, um dort einem markierten Felssteig zur Compton-Hütte Platz zu machen. Die ganze Überschreitung ist für geübte Bergwanderer ein anstrengendes Plaisir, gar wenn man jenseits den ganzen Kamm über Sattelnock und Kumitsch nach Weißbriach abwandert. Am ganzen Gipfelkamm kann man passablen Kletterfreuden frönen.

79 Loferer Hinterhorn 2504 m

Große Überschreitung in den Loferer Steinbergen

TALORTE AP Lofer, 629 m (Bus von Salzburg, Reichenhall, Saalfelden) · EP St. Ulrich am Pillersee, 855 m (Bus nach Lofer)

STÜTZPUNKT Schmidt-Zabierow-Hütte, 1966 m, am Ausgang der Großen Wehrgrube, DAV (bew.). 4½ Std. von Lofer (bez. Weg). Nächtigung notwendig, sonst außerordentlich lange Tagestour!

AUFSTIEG Am bezeichneten Steig durch die Felsbänke der Breithorn-Südflanke zum Felssattel der Waidringer Nieder, 2372 m; dort Einstieg in den langen Nordostkamm. 2½ Std. ab Hütte · Abstieg: Südweststeig (bez.) direkt vom Gipfel über Bänder und Stufen unters Mitterhornkar und gerade hinab ins Lastal und nach St. Ulrich. 4 Std. · Evtl. für sehr ausdauernde und klettertüchtige Bergsteiger die Überschreitung Hinterhorn–Rothörner–Ulrichshorn–St. Ulrich (großartig, anstrengend!). Mindestens 6½ Std. ab Hinterhorn! Kurze Überschreitung für trittsichere Geher leicht, große Überschreitung vielfach mäßig schwierig! AV-Karte unerläßlich!

GESCHICHTE 1. Ersteigung P. C. Thurwieser mit Mesner Wimmer, 27. 9. 1833 (von Südwesten durchs Lastal) · 1. Begehung des NO-Kammes L. Doppler mit J. Walder und Schafhirt A. Wimmer, 18. 9. 1869

FÜHRER / KARTEN AV-Führer Loferer und Leoganger Steinberge/Dürnberger (Rother) · AV-Karte Loferer Steinberge, 1: 25 000 · Zur Not auch FB-Wanderkarte, Blatt 30, Kaisergebirge/Chiemgauer Alpen, 1: 100 000

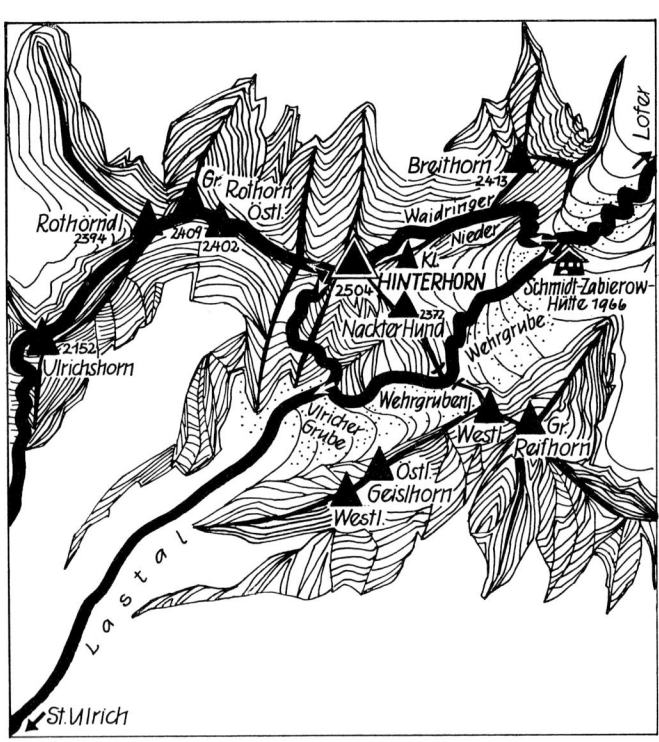

Die Loferer Steinberge gehören — ebenso wie die benachbarten Leoganger Steinberge — immer noch zur großen alpinen Region jener unversehrten Ödlandflur, die den Urmenschen in uns ewig lockt. Das hat gute Gründe: In beiden Gebirgsstöcken gibt es nur eine (sehr hochgelegene) Hütte, die sich uns erst nach gut vierstündigem Anstieg öffnet. Den Vorzug genießen jene, die sich gerne vier Stunden plagen: Beide Hütten, gut bewirtschaftet, sind von einem Kranz stiller Gipfel umgeben, die alle in kurzen Anstiegen zu erreichen sind. In beiden Kalkstöcken dominieren jene typisch ostalpinen Karrenböden — Hochgrub, Nebelsbergkar, Saugrub in den Leogangern, Große und Kleine Wehrgrube und Ulricher Grube in den Loferern —, die sich weiter ostwärts in den Riesenkalkplateaus von Steinernem Meer, Totem Gebirge und Dachstein fortsetzen. Und hier wie dort sind die Gipfelflanken von großen Ringbändern umgürtet, hier wie dort ziehen von der Karrenöde zu den grünen Talböden auffallend tiefe, ungangbare Gräben, Furchen und Lahngänge nieder. Alles in allem: eine hohe, spröde Kalkwelt voller kräftiger Anreize für den Bergfreund. — Wer von Lofer seine 4 bis 4½ Std. zum letzten Rasenfleck am steinernen Hüttenhügel aufsteigt, weiß schon nach Erreichen der ersten Talstufe, daß nichts mehr zu bereuen ist. Vor der Hütte rastend, umfaßt er dann entzückt die Situation: den gedoppelten Riesenfelszirkus von Kleiner und Großer Wehrgrube, von den Reifhörnern entschieden getrennt, Paradiesböden für hochalpine Landstreicher, still, einsam, rauh. — Man kann das mächtig aus der Großen Wehrgrube aufsteigende Hinterhorn auf zweierlei Weise, in jedem Fall äußerst lohnend, überschreiten. Beide Überschreitungen nehmen von der Schmidt-Zabierow-Hütte aus den Normalanstieg über die Waidringer Nieder, 2372 m, dann über die Bänder und Stufen des langgestreckten Nordostgrates und trennen sich erst am 2504 m hohen Gipfel des Hinterhorns, nach 2½ Std. Anstieg auf bezeichnetem Weg. Die kürzere Überschreitung (mit nur 4stündigem Abstieg) führt am alten (bez.) Südweststeig auf Felsbändern um den Gipfelbau herum, schwenkt dann scharf südlich ab in das winzige Mitterhornkar unter dem auffallenden, doppelgipfligen Felskoloß des »Nackten Hund« und führt uns dann, links unter der Ulricher Grube vorbei, ins Lastal hinab und an die Ufer des Pillersees bei St. Ulrich. Trotz wackeliger Knie wird man von diesem Lastalabstieg entzückt sein! — Die längere Überschreitung (6½ Std. ab Hinterhorngipfel) bezieht die Traversierung der drei Rothörner ein, des Rothörndls und sogar des Ulrichshorns, erst von diesem letzten von sieben Gipfeln steigt man steil zum Pillersee ab: Diese nur für klettergewandte und sehr ausdauernde Bergsteiger mögliche Überschreitung ist durchwegs bezeichnet, klettertechnisch mäßig schwierig — aber hohe Gefahr im Wetterumschlag!

Blick von Osten (aus dem Flugzeug) in den Riesenkalkkessel der Loferer Steinberge. Wir sehen von links: Großes Ochsenhorn, Großes Reifhorn und Kreuzreifhorn, dann rechts oben Hinterhorn und Breithorn. Genau unterm Hinterhorn liegt im besonnten Boden der Großen Wehrgrube die Schmidt-Zabierow-Hütte des Alpenvereins.

80 Birnhorn 2634 m

Über die Kuchelnieder hinauf, übers Melkerloch hinab

TALORTE Leogang, 786 m, bei Saalfelden · Evtl. auch Diesbachmühle, 765 m, an der Staatsstraße Lofer—Saalfelden

STÜTZPUNKT Passauer Hütte, 2033 m, in der Mittagsscharte, DAV (bew.). 3½ Std. ab Leogang, gute 4½ Std. ab Diesbachmühle (Ostweg, siehe »Von Hütte zu Hütte«, Tour 62)

AUFSTIEG Über Kuchelnieder, 2425 m, und die Westflanke des Nordgrates auf bez. Steig, 2½ Std. · Abstieg: Obere Südwandbänder zum Melkerloch, 2193 m, dann Schrofen, 1½ Std. zur Hütte. Trittsicherheit und Schwindelfreiheit Voraussetzung! Der Hüttenanstieg auf der Südflanke ab Leogang sollte tunlichst in der ersten Morgenfrühe angetreten werden, der teilweise gesicherte, oben in den Fels gesprengte Steig ist recht steil und wasserarm! Es sei nochmals besonders auf die hervorragende AV-Karte 1 : 25 000 hingewiesen!

GESCHICHTE 1825 bereits Aufstellung eines trigonometrischen Signals auf dem Gipfel. 1. touristische Besteigung P. C. Thurwieser mit B. Stachelsberger am 2. 9. 1831 (!) über die Kuchelnieder · 1. Begehung der Südwandbänder ab Melkerloch M. Hofer im Jahre 1861

FÜHRER / KARTEN AV Loferer und Leoganger Steinberge/Dürrnberger (Rother) · Hochtourist, Band 2, Purtscheller-Heß (Bibl. Institut) · AV-Karte Leoganger Steinberge, 1 : 25 000 — hervorragend!

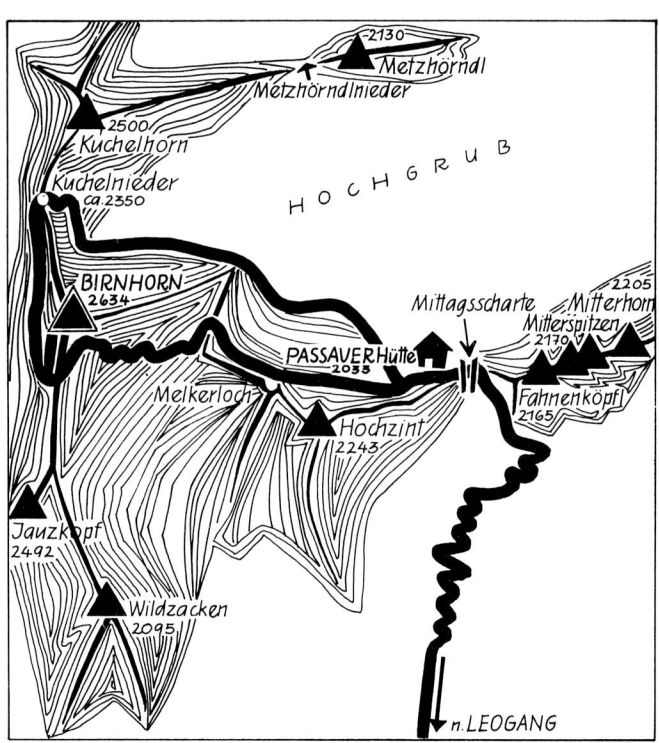

Noch vereinsamter als die Loferer Steinberge entragen die Leoganger Steinberge den sanften Wiesenböden um Saalach und Leoganger Ache: Ihre ungegliederten Flanken wirken abweisend, und weit, 3½ Std., ist's hinauf zur kleinen Passauer Hütte auf der Mittagsscharte. Aber der Nordweg zur Hütte von der Diesbachmühle (an der großen Staatsstraße Lofer — Saalfelden) verlangt gar 4½ Std. und mehr... Freilich, ist man einmal oben, dann entdeckt man sich eine neue Welt und bekommt heiße Lust, sich in einer der ungeheuren Steingruben anzusiedeln: in der verlorenen Wildnis des Hochgrubkares oder noch einsamer drüben im Ebersbergkar oder in der Großen und Kleinen Saugrube, die oben ganz richtig Schneegruben heißen. Ähnlich wie in den Loferer Steinbergen und in der Watzmann-Ostwand hat die gleichmäßige Schrägstellung der ausgewaschenen Kalkschichten alle Hochgipfel mit zahllosen Bändern und Stufen ausgestattet (Bild). Diese Bänder und Stufen benützen wir auf unserer Überschreitung des höchsten Gipfels, des aussichtsreichen Birnhorns. Die Tour verlangt nur Trittsicherheit, Orientierungssinn und Schwindelfreiheit, sonst stellt sie kaum Ansprüche an den etwas erfahrenen und besonnenen Bergsteiger; sie ist, der hohen Hüttenlage wegen, gar noch kurz — 2½ Std. für den Anstieg und 1½ Std. für den Abstieg nimmt man gerne in Kauf für einen Berg, um den eine melancholische, je nach Wolkenstand sogar eine unheimliche Stille weht. — Von der Hütte aus steigen wir quer durch Karrenfelder und nackte Platten nordwestlich aufwärts, lassen die Einschartung des Melkerloches links oben hinterm Hochzint liegen, streifen den Felssockel des Birnhorn-Ostgrates und benützen im obersten westlichen Karwinkel, unter der Wand der Kuchelnieder, Markierung und Drahtseil der Steiganlage, um entlang einer Rinne diese 2425 m hohe Einschartung zwischen Birnhorn und Kuchelhorn zu erreichen: Hier entdecken wir westwärts unter uns das von Kalkwänden ummauerte Ebersbergkar, und weit geht der Blick darüber hinaus... Die Markierung führt uns jetzt in der Westflanke des Nordgrates, logisch die Stufen der Ringbänder nützend, hinauf zum hohen Gipfel: auf die wohl stillste und umfassendste Aussichtsloge gegenüber den Hohen Tauern. Wie in einem Bilderbuch blättert man an klaren Tagen in der verwirrenden Vielfalt der Tauerntäler und -gipfel. Aber auch der Tiefblick, volle 1800 Höhenmeter gerade hinab zu den kapriziösen Schlingen der Ache, ist reizvoll. — Wie beim Anstieg benützen wir auch beim (markierten) Abstieg die Stufen und Bänder der Südwand und kommen so an die Gratfelsen überm Melkerloch und zu diesem Felsentor auf 2193 m Höhe; hier verläßt man den Grat, um ostwärts über Platten, Schrofen und Karrenfelder zur Passauer Hütte zurückzukehren. — Wer die Oberen Südwandbänder scheut, steigt am Aufstiegsweg ab.

166

Blick von Nordosten in den Hauptstock der Leoganger Steinberge. Wir sehen über dem mächtigen Hochgrubkar, von rechts oben: Kuchelhorn, Birnhorn, Hochzint (kleiner Felsknopf am Grat) und die Passauer Hütte in der Mittagscharte, links überragt vom Fahnenköpfl und den Mitterspitzen. Links oben am Horizont glänzt der Glocknerfirn. Rechts unten die »Hintere Schoß«, ein unerreichbares Himmelreich absoluter Einsamkeit, weil vom Saalachufer her nur weglos und steil zu erreichen: ein Himmelreich also nur für Narren und Gemsen.

81 Wagendrischlhorn 2251 m

Stille Kanzeln der Reiteralm

TALORT AP/EP Ramsau bei Berchtesgaden, 670 m (P Hintersee)

STÜTZPUNKT keiner. – Nur bei Variante Traunsteiner Hütte AV, 1557 m, bew. (Abstieg 2½ Std. Schrecksattel–Unterjettenberg)

AUFSTIEG 1 Std. Fußmarsch Hintersee–Engertalm, 959 m, rechts! – 3 Std. Aufstieg steil Schaflsteig–Hochgscheid–Mairbergscharte, 2053 m. Ab hier 1 Std. SO-Grat-Klettersteig auf Wagendrischlhorn. – Nach Abstieg am selben Steig leichte Nordflanke Stadelhorn, dann Übergang Gr. Mühlsturzhorn: 2 Std. · Abstieg leicht NO durch Wagendrischlkar bis »Böslsteig« (Wasserstelle), dann exponierter in die Halsgrube und zum Hintersee, 2–3 Std.

BESONDERER HINWEIS Große Kalktour bei viel reizvoller leichter Kletterei von teilw. Schrofencharakter. Kein Stützpunkt, daher nur bei sicherem Wetter! Evtl. Ausweichen (Abstieg zur Traunsteiner Hütte)!

GESCHICHTE Ersteigung des ersten Reiteralmgipfels durch Alpenpionier Prof. Thurwieser: Stadelhorn, 1825!

FÜHRER / KARTEN Berchtesgadener Alpen Zeller / Schöner (Rother) – Bayr. Land. Vermess. 1:50 000 (L 8542) – Österreich. Karte 1:50 000 Blatt 92, Lofer. – AV-Karte Nr. 10, 1:25 000

BILD Blick aus der Häuslhornflanke zum nahen Stadelhorn, vor dem die wichtige Mairbergscharte verborgen liegt. Die schmale Stadelhorn-Nordflanke ist angenehm getreppt und bietet für erfahrene Bergsteiger einen leichten Anstieg. Links am Bildrand stellt sich das Wagendrischlhorn mit Teilen seiner Westflanke vor.

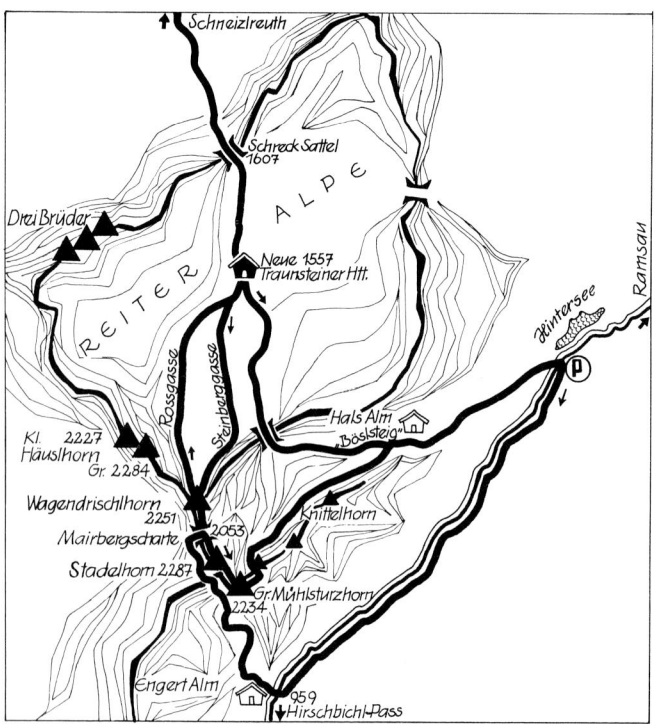

Die »Reiteralm« scheint neben den Berchtesgadener Trümpfen Göll, Watzmann und Hochkalter eine Nebenrolle zu spielen. Aber schon der bescheidene Name täuscht. Denn was da abgelegen vom Autostraßenkreisel und Hotelwirbel wie unnahbar gegen den Himmel ansteigt, verbirgt hinter seinen abschreckend steilen Kalkmauern eine hohe urweltlich verkarstete Tafellandschaft. Erst wer auf einem der bis knapp 2300 m hohen Gipfel des Tafelrandes steht, erkennt das Geheimnis... Zehn Hörner umstehen diese nackte einsame Hochfläche zwischen Loferer Saalachwassern und Ramsauer »Grundübelau«. Drei davon besteigen wir an einem Tage, der um drei Uhr morgens beginnen sollte: Wagendrischlhorn, Stadelhorn und Großes Mühlsturzhorn. – Vom Hintersee (wo unser Wagen steht) bis zur Holzstube und Engert-Alm (rechts der Straße), geht man eine volle Stunde. Aber hier auf 959 m Talhöhe geht es erst richtig los: am »Schaflsteig« einsam, grob, steil und sonnig warm bis zum Hochgscheid, 1784 m, dann unmittelbar unter der Riesenmauer des Stadelhorns weiter zur Mairbergscharte, 2053 m – das kostet seine 3 Std.! Wo wir erlöst rasten, vergeht sogleich aller Unmut. Links über uns das Wagendrischlhorn, rechts das Stadelhorn, beide leichteste Kletteranstiege, am ersten Gipfel ein sogar gesicherter Steig – in 50 Minuten stehen wir dort oben und schauen auf die seltsame Karstwüste der Reiteralm, über ein in Kalkwellen und Kalkrampen zerissenes Hochplateau. Genau im Norden, gegen den Rand des Plateaus zu, entdecken wir die Neue Traunsteiner Hütte – zu der wir vom Gipfel leicht absteigen könnten, um dort zu nächtigen... Aber nach meinem Plan steigen wir lieber den Aufstiegsweg ab zur Mairbergscharte und jenseits (Bild) die reich getreppte Nordflanke zum Stadelhorn hinauf. In 2287 m Höhe betreten wir einen der kostbarsten Aussichtspunkte der Salzburger Alpen! Natürlich legt man Hand an den Fels, aber auch wo wirkliches Klettern gefordert ist, geht es nirgendwo über den Grad II hinaus. Tief unter uns das verlassene grüne Hirschbichltal, drüben auf Atemnähe Watzmann und Kalter und Hochkönig, hier der Dachstein, dort die Loferer und Leoganger Steinberge, am Horizont die Firnblitze von Großglockner und Venediger. Wir sind nun samt Talmarsch 6 Std. unterwegs, müssen aber mit dem felsigen Gratübergang zum Großen Mühlsturzhorn, 2234 m, noch den dritten Gipfel mitnehmen. Dann erst zielen wir nördlich ins leicht erreichbare Wagendrischlkar hinab. Das Klettern liegt hinter uns. Wir flanieren in absoluter Einsamkeit durch eine verlorene Urwelt, bis wir das Knittelhorn passiert haben und die Wasserstelle am »Böslsteig« gewinnen: das ist dann ein richtiger Steig, an dem bei mehreren Kapriolen an Absätzen und Wandgürteln Drahtseile helfen, Leitern und gemeißelte Tritte. Dann kommen bald die Halsgrube, die Halsalm, der Hintersee, die Siegesfeier bei Limonade

82 Hochkalter 2608 m

Übers »Blaueis« hinauf, über den »Schönen Fleck« hinunter

TALORTE Ramsau bei Berchtesgaden, 670 m, bzw. Hintersee, 790 m

STÜTZPUNKT Blaueishütte, 1750 m, im schmalen Eisboden, DAV (bew.), knappe 4 Std. ab Ramsau oder Hintersee über die Schärtenalm

AUFSTIEG Über den kurzen steilen Blaueisgletscher zur Blaueisscharte, 2400 m, und durch die Felsrinnen des Hochkalter-Ostrückens zum Gipfel. Teils mäßig schwierig (—II), nur für Geübte, in 3 Std. · Abstieg über Kleinkalter, 2514 m, Rotpalfen, 2359 m, und den »Schönen Fleck«, also am Normalweg, knapp 2½ Std. zur Hütte

BESONDERE HINWEISE Der »Eisweg« kann nur mit Steigeisen, Seil und Pickel passiert werden. Der Normalweg ist im Auf- und Abstieg leicht für trittsichere Geher, bei Schlechtwetter aber sofort gefährlich!

GESCHICHTE 1. Ersteigung Fürst Schwarzenberg mit Raumsauer Begleitern, 1830 (!), aus dem Kaltergraben · 1. Begehung über »Schönen Fleck« durch P. C. Thurwieser mit A. Wein, 1833 · 1. Begehung über Blaueis und Blaueisscharte E. Richter mit J. Grill, genannt »Kederbacher«, 28. 6. 1874

FÜHRER / KARTEN AV-Führer Berchtesgadener Alpen / Zeller-Schöner · AV-Karte Berchtesgadener Alpen, 1: 50 000 · Topographische Karte, Blatt 93/Ost

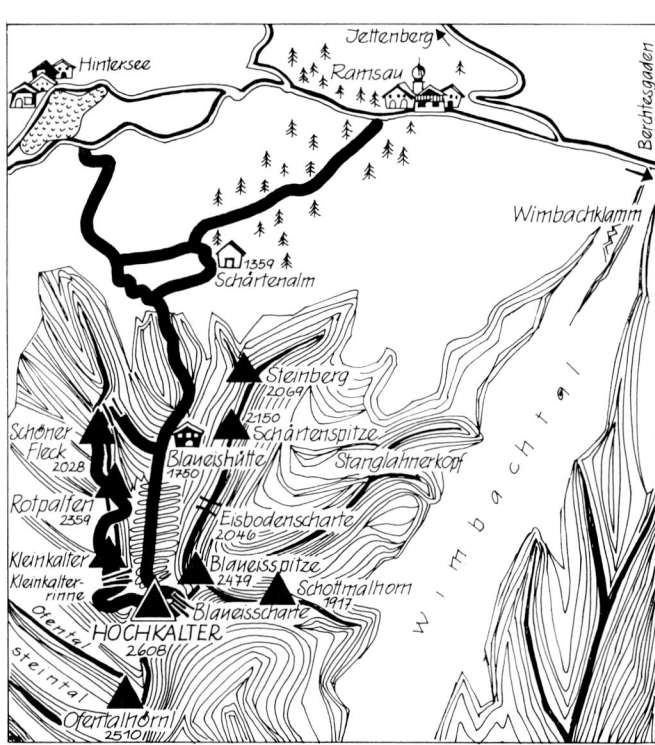

Wer, von Norden kommend, am höchsten Punkt der Queralpenstraße anhält, der erblickt den Hochkalterstock von seiner schönsten Seite: ein enges, hufeisenförmig umschlossenes Hochkar mit dem kleinen steilen Blaueisgletscher inmitten, umstanden von senkrechten Wänden. Dasselbe Bild, nun zur höchsten Wucht gesteigert, bietet sich dem, der oberhalb der Schärtenalm aus Latschengärten plötzlich in den Karboden tritt: links die steilen Kalkplatten an Steinberg und Schärtenspitze, dahinter die Türme der Blaueisspitze, rechts die glatten Wände des Rotpalfen und über dem schillernden Eis der Hochkalter. Die dramatische Ballung dieser Situation ist außerordentlich typisch für die Kalkalpen. Übrigens kann man ähnlich starke Eindrücke am selben Hochkalter haben, wenn man die so brav gleichlaufenden Talschluchten westlich des Gipfels ansteigt: durch die köstlich stillen Gräben von Steintal, Ofental und Kaltergraben. Der geht auf Pioniersfüßen, der dort ansteigt; einzige Gefahr — Jäger und Jagdpersonal . . . Auf der Blaueishütte hausen Raphael Hang und Sohn, bewährte Bergführer, die man um Auskunft bittet über den Zustand des »Eisweges«. Man steige den etwa einen Kilometer langen, aber sich kräftig aufsteilenden Blaueisgletscher nur mit Steigeisen, Pickel und Seil hinan, selbst wenn man sie erst oben an der berüchtigten Randspalte braucht, um (ganz rechts) in die Felsen des Hochkaltersockels überzusetzen. Nicht immer leicht! Aus der dann erreichten Blaueisscharte nimmt man erst die linke kaminartige Rinne, später die gleichlaufende rechte Rinne, um über steilen, aber gutgestuften (manchmal etwas brüchigen) Fels zum Gipfel aufzusteigen: alles zusammen mäßig schwierig (II), Zeit gute 3 Std. — Der Tiefblick ins machtvolle Wimbachgries ist eine Augenweide! Der Firn blinkt vom Hochkönig herüber, die Tauern am Horizont, der Rupertigau draußen vor den Bergen — man steigt mit gesättigtem Auge ab, geht von Steinmann zu Steinmann, oft auf Spuren, oben zwischen Steinbrechpolstern dahin, dann über rasige Schrofen, passiert den Kleinkalter, unterläuft den Rotpalfen und ist bald am »Schönen Fleck«, einer begrünten Felskante über einer Schuttreiße, die genau auf die Blaueishütte zielt. Herrlicher Rastplatz bei Gutwetter! Aber am gleichen Abstiegsweg gab es schon unangenehme Abenteuer und Schlimmeres, wenn unerfahrene Berggänger in Nebel gerieten und in Schneesturm. — Für den klettertüchtigen Bergsteiger führt der schönste Weg zum Hochkaltergipfel natürlich über die klassische »Blaueisumrahmung«, die mit der Nordwand der Schärtenspitze (IV) beginnt und am Zweiten Turm der Blaueisspitze ihre schwierigsten Stellen aufweist (IV): Ab Blaueisscharte verläuft sie wie oben geschildert weiter. Eine neue Schwierigkeit dieser Umrahmung bilden frische Felsstürze sowohl in der Schärtenwand wie am Zweiten Blaueisturm.

Einblick von Norden auf das vom Hochkalterstock eingerahmte Blaueis — den letzten
bundesdeutschen Gletscher, dessen Eisfläche Sorgenspalten trägt. Links Eisbodenschar-
te und Blaueisspitzen, dann über der Blaueisscharte der Hochkalter, und rechts der
Rotpalfenkamm zum »Schönen Fleck« und zur Blaueishütte zurück. Links oben der
Hundstod vom Steinernen Meer, rechts oben die Hohen Tauern um den Großglockner.

83 Watzmann 2713 m

Längsüberschreitung und Ostwand

TALORT AP/EP Ramsau bei Berchtesgaden, 670 m (Bus)

STÜTZPUNKTE Watzmannhaus, 1927 m, auf dem Falzköpfl, DAV (bew.), 3½–4 Std. ab Ramsau-Wimbachbrücke, in gleicher Zeit (schöner) ab Königssee über die Kührointalm · Wimbachgrieshütte, 1327 m, im oberen Wimbachtal, TVN (bew.), ab hier 2 Std. bis Ramsau

AUFSTIEG Normale Überschreitung »Schulter« — Hocheck, 2652 m — Mittelspitze, 2713 m — Südspitze, 2712 m, teilweise Sicherungen, 4 bis 4½ Std. · Abstieg: Vom Südgipfel über das Schönfeld (Kar) ins Wimbachgries und zur Hütte, 2½ Std.

BESONDERE HINWEISE Ausdauer und Schwindelfreiheit erforderlich! Vorsicht beim Abstieg von der Südspitze, an den Spuren bleiben.

GESCHICHTE 1. Längsüberschreitung (ohne Sicherungen): A. Kaindl mit J. Grill, gen. »Kederbacher«, J. Punz und Träger J. Berger, 5. 9. 1868

FÜHRER / KARTEN AV-Führer Berchtesgadener Alpen von Zeller/Schöner · AV-Karte Berchtesgadener Alpen, 1:50 000

BILD Der Watzmann mit seinen drei Gipfeln und der mächtigen, den Königssee um fast 2000 Meter überragenden »Ostwand« — eine Riesenstaffel für ausdauernde und hochalpin erfahrene Bergsteiger. Nicht schwierig, aber lang und anstrengend, und todgefährlich bei Neuschnee oder jedem anderen Wetterumschlag! Links unter dieser düsteren Kalkkulisse appetitlich Wirt und Kircherl St. Bartholomä. Links oben Schönfeldschneid und Steinernes Meer.

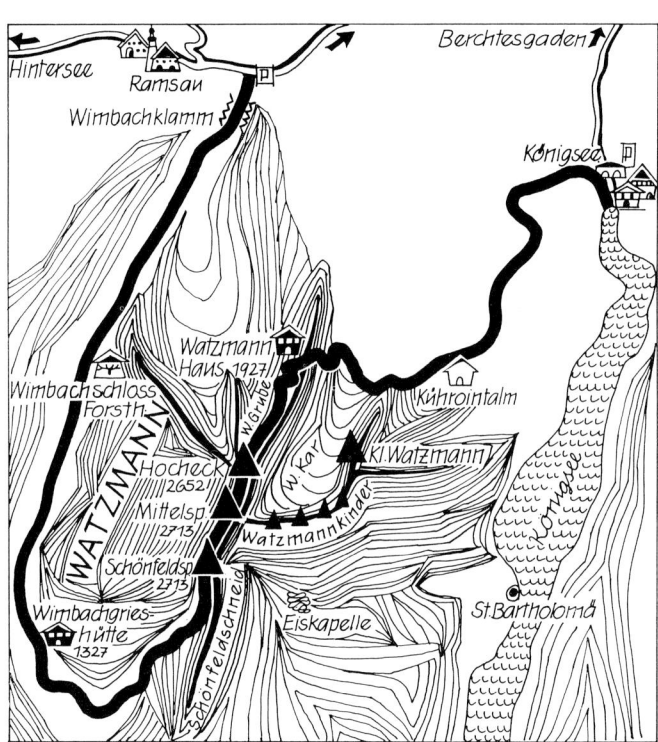

Der Watzmann über dem Tal von Berchtesgaden, von alten Sagen und einer aufregenden Ersteigungsgeschichte ebenso umwoben wie von dem nicht unbegründeten Ruf der Gefährlichkeit, hat neben seiner ungemein stolzen Gestalt noch andere anziehende Attribute zu bieten: den romantischen Königssee und die Riesenfelstreppe seiner berüchtigten Ostwand, mit 1900 Meter Wandhöhe die höchste Felswand der Ostalpen. Der Gipfelgrat des Watzmanns ist eine lange, leicht gekrümmte, scharfe Felsschneide von Nord nach Süd, von der nach links die Ostwand zum Königssee, nach rechts ein kaum minder steiles Plattenschild ins Wimbachgries abbricht. Ganz im Süden grenzt sich dieser Dreigipfelgrat durch den Trischübelpaß vom Steinernen Meer ab. Die Überschreitung des Watzmanns vom Watzmannhaus her, das prachtvoll und gut bewirtschaftet auf dem Falzköpfl liegt, ist bei sicherem Wetter für erfahrene Bergsteiger nicht schwer; Sicherungen im Grat bis nahe an die Südspitze heran erleichtern die an Eindrücken unvergleichlich reiche Traversierung: Freilich, an diesem Grat sind im Wettersturz auch schon beste Münchner Bergsteiger umgekommen. Die Gratgipfelhöhe und die Exposition verlangen, daß, wer von Nebel oder Schlechtwetter überfallen wird, sofort umkehrt und sich nicht »schneidig« ins Verderben kämpft... Auch vor der Blitzgefahr sei ausdrücklich gewarnt! Man verlasse in diesem Falle sofort die Drahtseilsicherungen und suche abseits eine geschützte Position auf. — Dem Anstieg über die »Schulter« und am Grat zum Hocheck, 2652 m, folgt die Gratbegehung mit immer neuen Aussichten, vor allem Einsichten in die Watzmann-Ostwand, die von unseren Füßen weg 2000 m abbricht und mit ihren Riesenbändern wie eine Zyklopentreppe wirkt. Immerzu hat man, während man von der Mittelspitze zur Südspitze klettert, das Steinerne Meer vor Augen und die firnblinkenden Hohen Tauern um Glockner und Kitzsteinhorn. Das Abstiegsgelände vom Südgipfel über teilweise recht steile Schrofen ins »Schönfeld« (ein Hochkar) und weiter ins ungefährliche Wimbachgries ist bei guter Sicht nicht schwierig — Fußspuren erleichtern die Orientierung —, bei Nebel oder Neuschneefall aber, dies sei ausdrücklich bemerkt, haben vom Übergang oder von der Ostwand-Durchsteigung erschöpfte Bergsteiger schon oft biwakieren müssen. Die Ostwand des Watzmanns ist auf dem Kederbacherweg von der Eiskapelle über die steinschlaggefährdete Schöllhornplatte und weiter über die Bänder und die endlose Gipfelschlucht für wirklich erfahrene und trainierte Hochalpinisten keine sehr schwierige Tour, aber eine lange — und bei einem Wetterumschlag eine gefährliche Unternehmung! Der Schwierigkeitsgrad ist im allgemeinen II (mäßig schwierig), nur an der Schöllhornplatte III (schwierig). Dazu kommen kurze heikle Passagen am Steilhang über der Eiskapelle.

84 Hoher Göll 2523 m

Überschreitung Eckerfirst–Torrenerjoch

TALORTE AP Berchtesgaden, 540 m · EP Königssee, 602 m

STÜTZPUNKTE Purtschellerhaus, 1692 m, am Eckerfirst (Nordostkamm), DAV (bew.), 3½ Std. ab Berchtesgaden, 1 Std. ab Eckerfirst (Kfz-Park), 1½ Std. ab Bus Roßfeld · Evtl. am Abstiegsweg Stahlhaus, 1736 m, auf dem Torrenerjoch, ÖAV (bew.), ab hier 2 Std. bis Königssee

AUFSTIEG Nordostgrat am »Salzburger Steig« (Sicherungen), gute 2½ Std. ab Hütte · Abstieg über Großen Archenkopf, 2391 m (unschwierig, etwas ausgesetzt), Hohes Brett, 2341 m, zum Torrenerjoch und über die Königsbachalm nach Königssee, 5–6 Std. ab Göllgipfel!

BESONDERE HINWEISE Bei Wetterumbruch gibt es südwärts des Hohen Gölls nur noch die Fluchtmöglichkeit durchs Alpeltal nach Vorderbrand (bezeichnet, aber bei Nebel im Karstgebiet der »Umgänge« oft schwer zu finden). Für die ganze Überschreitung sind Ausdauer, Bergerfahrung und Schwindelfreiheit wichtige Voraussetzungen. Naturschutzgebiet! Das Stahlhaus steht auf österreichischem Boden, der gesamte Übergang findet auf der Staatengrenze statt

GESCHICHTE 1. touristische Ersteigung V. Stanig, 1801 über den Eckerfirst · 1. Überschreitung H. v. Barth, 26.7.1868, vollständig durch A. Kaindl mit J. Grill (Kederbacher), 1869

FÜHRER / KARTEN AV Berchtesgadener Alpen von Zeller/Schöner · AV-Karte Berchtesgadener Alpen, 1:50 000 · Wanderkarte des Bayerischen Vermessungsamtes, Blatt 94, 1:50 000

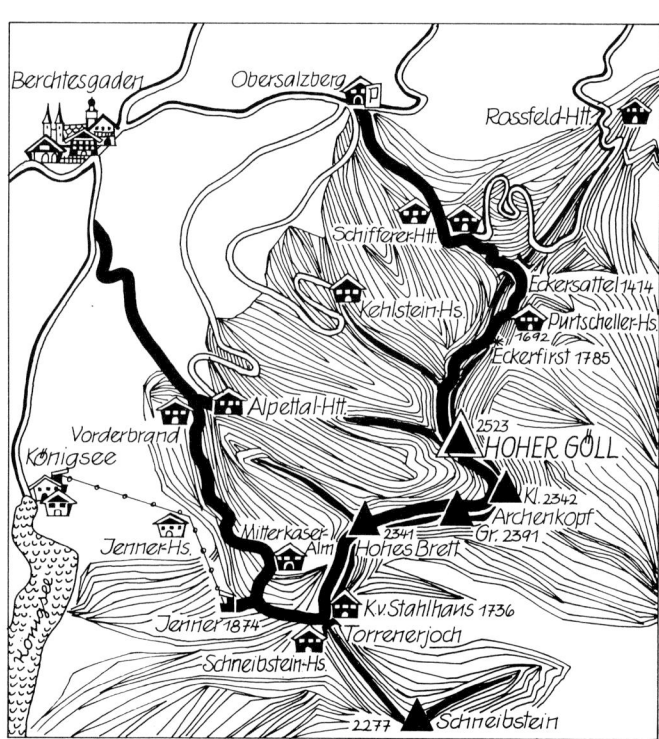

Der Hohe Göll über dem 2000 Meter tiefer liegenden Salzachtal präsentiert sich als umgekehrtes L; er streckt einen gewaltigen Kamm gegen Norden und einen ebenso langen, aber etwas sanfteren Kamm über das Hohe Brett gegen Westen. Im hohen Winkel liegen die weltverlorenen Karrenfelder der »Göllsanden« und der »Umgänge«, dicht darunter aber haben sich die dramatisch von Felswänden umstellten Karwinkel des Endtales und des Alpeltales eingegraben. Der einfachste, aber auch längste Weg über den mächtigen Göllstock zieht vom Purtschellerhaus am Eckerfirst über den keinesfalls ganz harmlosen (wenn auch gesicherten) »Salzburger Steig« – und zwar in zwei unterschiedlichen Varianten, siehe Führer! – zu den »Gölleiten« und zum Gipfel. Die Gratvariante bietet dabei die interessantere, die Ostflankenvariante mit dem eisenstiften- und leiterbewehrten Kamin am Ende die leichtere Anstiegsmöglichkeit (beide unschwierig, I+). Vom Gipfel steigt man am Grat (und keinesfalls vom Weg abweichend!) relativ einfach zur Göllscharte ab. Hier setzt der Notabstieg über die »Göllsanden« und durchs Alpeltal nach Vorderbrand an, der bei Nebel oder Schneefall freilich leicht in die Irre führen kann. Bei Gutwetter aber steigt man von der Göllscharte interessant unterm Kleinen Archenkopf durch, dann durch eine Steilrinne auf den Grat und zum Großen Archenkopf, 2391 m; schließlich über eine etwas schwierige, weil ausgesetzte Stelle weiter zum Brettriedel, 2347 m, und ab- und aufsteigend aufs Hohe Brett, 2341 m. Ab hier kann nicht mehr viel passieren, man sucht sich seinen Weg über steile Grasschrofen und zwischen Latschengärten, immer noch wie von Anbeginn auf der Staatengrenze gehend bis zum Stahlhaus unten am Torrenerjoch. Zwei steilere, kürzere, aber auch interessantere Wege zum Göllgipfel führen a) vom Endstal (Scharitzkehlalm, 1047 m, Kfz-Zufahrt) durch das steile Pflugtal (unten alte Drahtseile), unterm eleganten Pflughörndl hindurch, zu den »Göllsanden« und zur Göllscharte oder b) von der Bergstraße nach Vorderbrand (oberhalb der Alpeltalhütte), etwa 1000 m hoch (Kfz-Anfahrt), durch das grandiose Alpeltal zu den »Göllsanden« und weiter zum Gipfel, je etwa 4–5 Std. Anstieg. – Von den berühmten, freilich sehr und extrem schwierigen Kletteranstiegen von der Scharitzkehlalm durch oder neben dem »Trichter« zum Gipfel wollen wir nicht erst sprechen, aber doch von der kapriziösesten und »schnellsten« Route zum Göllgipfel: Das ist nämlich der gesicherte Klettersteig, der vom Kehlsteinhaus überm Obersalzberg (1834 m hoch, Bus und Aufzug) über die Mannlköpfe zum Nordkamm der Gölleiten und dort weiter zum Gipfel zieht: 2½ Std., von bergerfahrenen Leuten leicht zu machen. Dieser letztere, landschaftlich sehr interessante Klettersteig umgeht die markantesten Grattürme seitlich und macht den Göll zur Tagestour.

Ausblick vom Eckerfirst am Nordostkamm des Hohen Göll. Rechts das Purtschellerhaus des Alpenvereins. Durch die gebänderte Felswand darüber führt der teilweise gesicherte »Salzburger Steig« (mit zwei Varianten) zur Gölleiten und auf den aussichtsreichen Gipfel. Links unten der Wilde Freithof. Im Hintergrund links die Archenköpfe, die wir beim Übergang passieren.

85 Schönfeldspitze 2653 m

Ein Kalkriff über dem Steinernen Meer

TALORTE AP Königssee, 602 m, Bahn und Bus von Berchtesgaden · St. Bartholomä, 602 m, am Königssee, mit Motorboot (keine Nächtigung) · EP Saalfelden, 744 m, im Mitter-Pinzgau, nahe der jungen Saalach (Bus nach Lofer und Reichenhall)

STÜTZPUNKTE Kärlingerhaus, 1620 m, am Funtensee, DAV (bew.), 4 Std. ab St. Bartholomä durch die Saugasse · Riemannhaus, 2177 m, in der Ramseider Scharte, DAV (bew.), 4 Std. von Saalfelden, im Abstieg 2½ Std.

AUFSTIEG Aus der Schönfeldgrube über den Nordgrat (mäßig schwierig, II), 3½ Std. vom Funtensee · Abstieg: auf dem teilweise gesicherten Normalweg der Westflanke (etwas ausgesetzt, doch unschwierig, I), 1½ Std. bis zum Riemannhaus

BESONDERE HINWEISE Die Schönfeldspitze ist ein Kletterberg, absolute Trittsicherheit notwendig! Der zweithöchste Gipfel des Steinernen Meeres steht innerhalb eines Naturschutzgebietes: Nichts abreißen! Grenzpapiere mitführen! Im frühen Sommer leichten Pickel mitnehmen!

GESCHICHTE 1. Ersteigung Friedrich Fürst Schwarzenberg und Peter Carl Thurwieser, 1830 von Südosten · 1. Ersteigung am Nordgrat J. Stüdl und H. Runz mit J. Grill, genannt Kederbacher, 3. 9. 1872

FÜHRER / KARTEN AV-Führer Berchtesgadener Alpen von Zeller/Schöner · AV-Karte Berchtesgadener Alpen, 1:50 000 · FB-Wanderkarte, Blatt 10, Berchtesgadener Alpen, 1:100 000 · Topographische Karte, Blatt L 8542, Königssee, 1:50 000

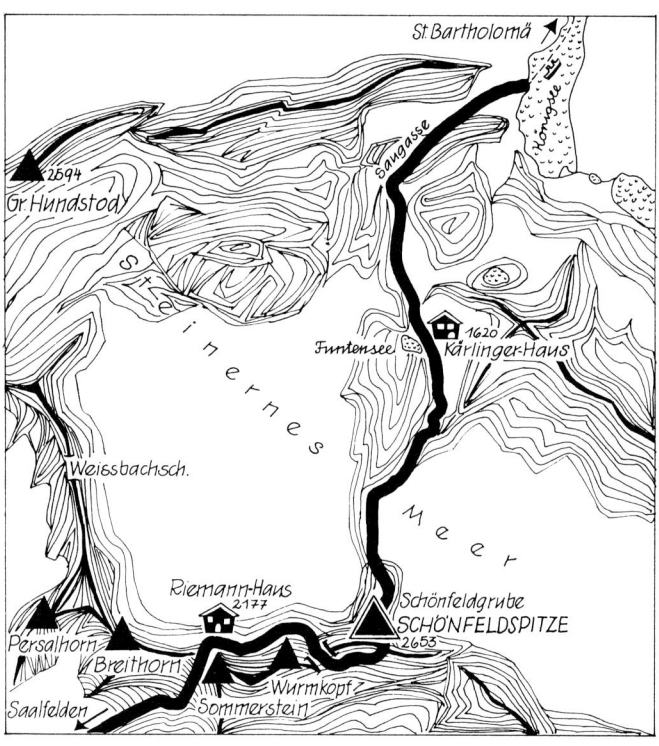

Das Selbhorn ist um zwei Meter höher, aber man steigt natürlich auf die Schönfeldspitze, dieses schon von Königssee aus sichtbare, ungemein edelgeformte Felshorn. Der nur mäßig schwierige Kletterberg steht als südliche Bekrönung nur knapp 400 m über dem mächtigen Kalkplateau, das, nach Norden absinkend, von Tausenden von trockenen, kalkweißen Rinnen, Mulden, Riffen und Karrenschliffen ausgefüllt ist, wahrhaft ein wogendes Meer — und auch gefährlich wie ein Meer, sobald es von Nebel eingehüllt ist. Die Schönfeldspitze, von den Karstwellen an seinem nördlichen Sockel wie ein zierliches, ja elegantes Horn anzusehen, fällt jenseits, kaum zu denken — aber wie alle südlichen Randgipfel des Steinernen Meeres —, mit hellen Wänden 1000 m in grüne Schrofengräben ab und steht insgesamt mehr als 1800 m über dem Saalachufer bei Saalfelden. Wir überschreiten die Schönfeldspitze von Norden her, steigen vom Kärlingerhaus am Funtensee auf dem AV-Weg zum Riemannhaus bis in die »Schönfeldgrube« — einst Zinkgrube genannt, hier weideten bis 1840 noch Kühe! — und erreichen so den Sockel des Nordgrates. Der Grat ist ein wenig verkümmert, Fels mischt sich mit Geröll, und der Kletterer kann sich den besten Weg selber suchen; man folgt im allgemeinen dem Gratverlauf über Stufen und kleine Wändchen, aber auch über viel Geröll bis zum Vorgipfel, den man auf der Ostseite gut umgehen kann: 3 Std. vom Funtensee. Auf dem Gipfel begreifen wir erst die merkwürdige Position dieses Berges und des von ihm beherrschten Kalkmeeres zwischen Übergossener Alm und Hochkalterstock, zwischen Königssee und Pinzgau. Der Blick auf die Großglocknergruppe kann großartig sein! — Beim Abstieg über den Normalweg der Westflanke in Richtung Riemannhaus halten wir uns an die Steigspuren und die gelegentlichen Drahtseile und Stifte; man klettert meist in der Südflanke der Gipfelpyramide, erst sogar einige Schritte in der schrofigen Ostflanke, dann über eine recht exponierte plattige Stufe, die mit Eisenklammern versehen ist. Es folgen Platten, und über ein auffallendes Band der Südflanke steigen wir tiefer, bis wir die Scharte zwischen Wurmkopf und Gipfel erreicht haben; ab hier nordwestlich auf erkennbarem Steig hinab in die Dolinenböden unter dem wuchtigen Sommerstein, an dessen Sockel das Riemannhaus steht. Wer von hier nicht nach Saalfelden absteigen will, geht in gut 2½ Std., meist fallend, zum Kärlingerhaus zurück. Niemand verlasse einen AV-Steig bei Nebel oder Neuschnee! Niemand trete bei Schlechtwetter eine Gipfeltour an, auf der man den Steig verlassen muß. Niemand reiße Blumen ab, hier gedeiht, trotzdem die Vegetationsgrenze erst 200 m unterhalb des Plateaurandes beginnt, eine seltene Alpenflora. — Wer vom Riemannhaus nach Saalfelden absteigen will, muß unbedingt Grenzpapiere bei sich haben.

Blick von Norden auf Steinernes Meer mit Schönfeldspitze. Ganz rechts am Bildrand der turmartige Sommerstein über der Ramseider Scharte, an der das Riemannhaus steht. Unser Aufstieg am Nordgrat und der Abstieg am teilweise gesicherten Westgrat und aus der Scharte vor dem Wurmkopf sind gut einzusehen. Rechts oben im Hintergrund ist die Großvenedigergruppe zu erkennen.

86 Hochkönig 2941 m

Auf dem Birgkarsteig zur Übergossenen Alm

TALORTE Bischofshofen, 547 m, an der Salzach · Mühlbach, 859 m

STÜTZPUNKTE Birgkarhaus, 1379 m, privat (bew.), unter den Südwänden des Hochkönigs. Kfz bis zum Haus, sonst 2 Std. ab Mühlbach · Matrashaus, 2941 m, auf dem Gipfel des Hochkönigs, ÖTK (bew.), 5½ Std. ab Birgkarhaus · Für den Abstieg: Arthurhaus, 1503 m, unter den Manndlwänden (bew.). Für evtl. Rückzug zum Kfz: Sehr schöner Höhenweg Arthurhaus–Birgkarhaus! 2½–3 Std.

AUFSTIEG Vom Birgkarhaus über den teilweise gesicherten Birgkarsteig durch die Südwand zum Gipfel, 5½ Std., stellenweise Firnreste, leichten Eispickel mitführen! · Abstieg: Vom Gipfel (Matrashaus) über das Firnfeld, auf markiertem Steig ins Ochsenkar und im Höllgraben nach Werfen; oder kürzer von der Mitterfeldalm südlich zum Arthurhaus. Gute 5 Std. bis Werfen, 3½ Std. bis Arthurhaus (Bus)

GESCHICHTE 1. touristische Ersteigung P. C. Thurwieser, 1826 m, mit zwei Offizieren und zehn Trägern (Ostseite) · 1. Ersteigung von Süden (Birgkar) C. Kendelbacher, J. v. Lürzer und J. Pirchl, 1860

FÜHRER / KARTEN AV Berchtesgadener Alpen von Zeller/Schöner · AV-Karte Hochkönig 1 : 25 000! FB-Wanderkarte, Blatt 10

BILD Blick aus dem Flugzeug in die obere Südflanke des Hochkönigs über der Übergossenen Alm. Links oben der Gipfel mit dem Matrashaus. Rechts die riesige Plattenwand des Großen Bratschenkopfes. Unser Anstieg von Süden am Birgkarsteig vollzieht sich auf unserem Bild in den gutgestuften Felsen des Vordergrundes.

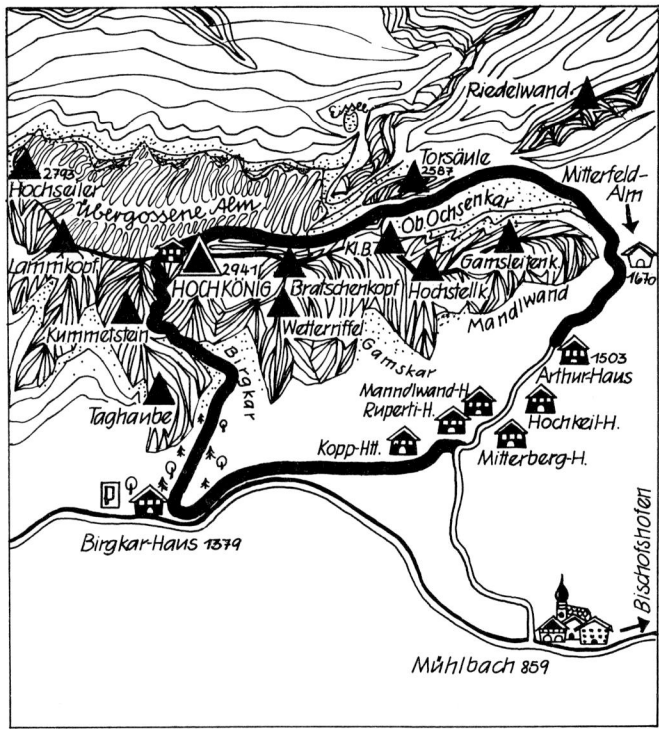

Südöstlich an das Steinerne Meer schließt, kaum getrennt durch die Torscharte, das mächtige Kalkmassiv der Übergossenen Alm an, im obersten Aufbau von einer Eisdecke überzogen, die bis zu allen Gipfeln der Berchtesgadener Alpen und noch bis in die Salzburger Ebene hinab wie ein eisiges Schild erglänzt. Dieser Kalkstock trägt wie das Steinerne Meer nur an seinem Südrand Gipfel: den Hochkönig, mit 2491 m höchster Punkt der Berchtesgadener Alpen, den Hochseiler, 2793 m, und den Großen Bratschenkopf, 2859 m — von diesen Gipfeln stürzen 1000-Meter-Wände steil nach Süden und Südwesten ab. Der Hochkönig wird zumeist vom Arthurhaus her ziemlich mühselig über Mitterfeldalm und Ochsenkar erstiegen — ein langer, trockener Weg. Wir wollen ihn nur für den Abstieg vorsehen, beim Aufstieg aber den um vieles interessanteren, alten, zum Teil gesicherten Birgkarsteig mitten durch die gewaltige Südwand benützen. Diese Südwand senkt sich in drei Hochkare ab, von denen das direkt unter dem Gipfelstock, das Birgkar, das weitaus größte ist: Es ist westlich vom felsigen Taghaubengrat, östlich vom wuchtigen Wetterrifflgrat eingespannt, und unmittelbar an seinem Auslauf liegt auf 1379 m Höhe das Birgkarhaus, unser Ausgangspunkt. Vom Birgkarhaus weg steigen wir durch Wald und über Almböden schnurgerade den Wänden zu, die sich, scheinbar unersteiglich, rings um das Birgkar aufbäumen. Der Einstieg zu unserem Birgkarsteig befindet sich im obersten (nordwestlichen) Winkel des Birgkares, den man, zuletzt fast eben, anpeilt. Der Steig ist rot bezeichnet. Er klettert geschickt durch das steile Gewänd, oft geht es am Drahtseil über Felsstufen und Platten, durch Rinnen und über Geröllabsätze, erstaunlich schnell passiert man den Kummetstein, 2526 m, läßt ihn links über sich liegen, der ja nur ein Gipfelaufbau im Taghaubengrat ist. Hier begegnet man oft noch einem steilen Firnfeld, das mit Vorsicht zu überqueren ist und nach dem man wieder auf Felsen übertritt. Man verliert nie den Steig! Achte auf die rote Markierung! So wird man bald auch das »Fensterl« passieren und kurz darauf den Rand des mächtigen Gipfelfirns — Vorsicht bei Wächtenbildungen im Frühsommer! Jetzt hat man gleich das auf einem Felskopf stehende Matrashaus erreicht und kann sich dort erholen ... Es vergesse niemand vor der Tour, daß er einen Fastdreitausender angeht! Ein Schlechtwettereinbruch kann für den, der für diese Höhe nicht ausreichend gerüstet ist, schlimm enden. — Der Abstieg ist nur bei sichtigem Wetter anzutreten. Hier geht es immer östlich, erst über den Firn, dann durch Felsmulden und am »Kniebeißer« vorbei, auf die elegante Torsäule zu, schließlich aber rechts unter ihr durch ins Ochsenkar und zur Mitterfeldalm. Hier hat man längst wackelige Knie und begrüßt am nahen Arthurhaus gerne den Bus, der uns über Mühlbach ins Salzachtal bringt.

87 Große Bischofsmütze 2455 m

Von der Hofpürglhütte durch die Mützenschlucht

TALORT AP/EP Filzmoos, 1057 m (Bus von Eben und von Radstadt)

STÜTZPUNKT Hofpürglhütte, 1705 m, ÖAV, unter dem Mosermanndl (bew.), 2½ Std. von Filzmoos. Mit Kfz bis Aualm (Mautstraße), dann 1 Std. zur Hütte

AUFSTIEG (wie Abstieg) Südschlucht = »Mützenschlucht« (gut mäßig schwierig, II+), mindestens 2 Std. ab Hofpürglhütte, 1 Std. ab Einstieg. Abstieg 1½ Std. ab Gipfel

BESONDERE HINWEISE Die Große Bischofsmütze ist ein reiner Kletterberg! Von der Hofpürglhütte zum Einstieg gut erkennbares Steiglein. Beim Einstieg im Frühsommer Firnreste und Randkluft!

GESCHICHTE 1. Ersteigung J. Auhäusler und J. Steiner, 28. 6. 1879 (Nordschlucht) · 1. Begehung der Südschlucht am gleichen Tag im Abstieg

FÜHRER / KARTEN AV-Führer Dachstein, End. — Auch Kl. Dachsteinführer / End · Dachsteingebirge, Radio-Radiis · AV-Karte Dachstein, 1 : 25 000 · FB-Wanderkarte, Blatt 28, Dachstein, 1 : 100 000

BILD Ein Kolossalgemälde der dramatischen Gosau-Dachstein-Szene, von Westen gesehen: rechts oben die doppelgipflige Bischofsmütze, deren Scharte wir von Osten durch die »Mützenschlucht« erreichen, um dann, hier sichtbar, am linken Hauptgipfel das Kreuz zu gewinnen. Unten das schaurige Stuhllochkar, darüber die Armkarwand unter dem mächtigen Torstein des Dachsteinstockes.

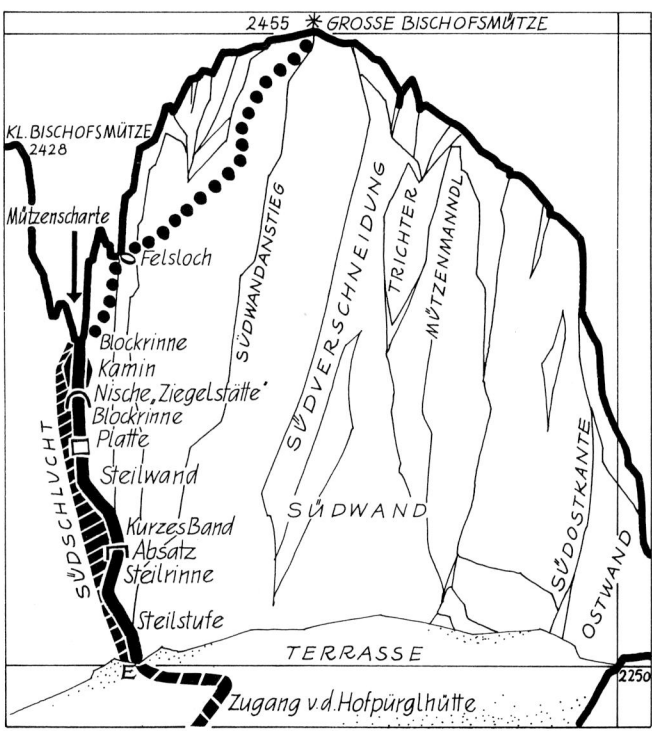

Der Gosaukamm, dem riesigen Dachsteinplateau westlich vorgelagert, ist dessen unvergletscherte Dependance: ein Kletterparadies comme il faut. Beliebtestes Ziel ist die dem Gosaukamm südlich vorgestellte Große Bischofsmütze, 2455 m, die die interessantesten Einblicke ins Gefüge des Dachsteinstockes gewährt und zugleich das mächtige grüne Almengebirge um Filzmoos beherrscht. Sie ist ein reiner Kletterberg, auch die leichteste Route — unser Aufstieg durch die »Mützenschlucht« — ist gut »mäßig schwierig« (II+), also ist Erfahrung im Klettern nötig oder ein tüchtiger Führer. Das Seil ist eine Selbstverständlichkeit. — Hat man erst von der Hofpürglhütte aus, das Mosermanndl links umsteigend, das Eiskarl unter der Mützenschlucht erreicht, dann wird die Mühsal zum blanken Vergnügen: Das Klettern beginnt. Oft bilden Firnschneereste mit einer Randkluft eine letzte Schranke, aber die vielen Begeher haben meist Vorarbeit geleistet, und so kann man am Schluchtausgang, ganz nahe den Felsen der glatten Südwand, einsteigen. Der unterste Steilabbruch wird von rechts nach links oben ansteigend überwunden, dann leiten eine Steilrinne und ein leichtes Band in den Schluchtgrund (zu Schneeresten und Wasser!). Aus diesem Schluchtgrund klettert man an der rechten Begrenzungswand steil aufwärts und gewinnt, einen Felskopf und eine griffarme Platte passierend, gleich abermals die Schlucht, und zwar bei einer rötlichgelben, aus tonhaltigen Schieferplatten bestehenden Nische, die »Ziegelstätte« heißt. Der folgende Steilaufschwung wird entweder links in der Wand umklettert, wobei ein weiter Spreizschritt (»Steinerschritt«) an die Wand führt, oder man erklettert (wenig schwieriger) die Stelle direkt durch einen Kamin. Einige Klemmblöcke passierend, gelangt man wieder rechts in den Schluchtgrund und zur Schluchtausmündung, genau: in die Mützenscharte. Hier reckt sich die Wand zur Kleinen Bischofsmütze fast senkrecht empor, während die Große Bischofsmütze freundlichere Aspekte bietet: Man braucht nur kurz in einen Geröllboden abzusteigen und gleich wieder rechts, in der Westseite der Großen Bischofsmütze, empor, wo ein spitzer Felsturm die Scharte überragt. Durch ein Felsloch (oder es links umkletternd), dann über ein Band, glatte Platten und im gestuften Winkel einer Verschneidung gelangt man zu einem wichtigen Schartl, von dem aus man leicht die Gipfelabdachung erreicht und nicht viel später auch den Gipfel selbst. Wir überschauen die letzte hohe Region der Ostalpen, ehe wir wieder vorsichtig zu dem zackenumkränzten Schartl absteigen, durch den Verschneidungswinkel zur Mützenscharte und weiter — und vorsichtig! — zum Eiskarl hinab. — Von den vielen weiteren, meist sehr schwierigen und extremen Führen kommt für sehr gute, kräftige Kletterer am ehesten die Jahn-Führe durch die Südwand in Betracht.

180

88 Torstein 2947 m

Über Untere Windlucke und Südostgrat

TALORTE Gosau, 779 m, bzw. Gasthaus Klausstube, 933 m, am Vorderen Gosausee (Bus von Steeg und Ischl, Parkplatz für Kfz)

SÜTZPUNKT Adamekhütte, 2196 m, unterm Großen Gosaugletscher, ÖAV (bew.); 5 Std. ab Gasthaus Klausstube

AUFSTIEG (wie Abstieg) Über Untere Windlucke und Südostgrat (mäßig schwierig, II+), 3½ Std. ab Hütte, 2 Std. von der Unteren Windlucke. Abstieg Gipfel–Hütte, 2½–3 Std.

BESONDERE HINWEISE Erfahrung im Eis und Klettergewandtheit Grundbedingung! Die Tour darf nicht unterschätzt werden! Zweithöchster Gipfel im Dachsteingebirge! Wenig besucht, landschaftlich überaus eindrucksvoll. Bei schlechten Verhältnissen mitunter schwierige Passage der Wächte am Südostgrat, dann Steigeisen nötig! Und Seil!

GESCHICHTE 1. Ersteigung J. Buchsteiner, August 1819 (Nordost-Eisrinne) · Südostgrat: 1. Begehung Buchsteiner und Kalkschmied, 1823!

FÜHRER / KARTEN AV-Führer Dachsteingebirge, End · Dachsteingebirge, Radio-Radiis (Artaria) · AV-Karte Dachstein, 1: 25 000 · FB-Wanderkarte, Blatt 28, Dachstein, 1: 100 000 · Literatur: H. Peterka, »Die Ur-Erschließung des Torsteins«, ÖAZ, 1952, S. 101

BILD Der Torstein, zweithöchster Gipfel im Dachsteinmassiv, von Westen eingesehen. Links oben der leichte Nordgrat mit dem Normalweg. Vom Gipfel nach rechts abfallend der berühmte »Windlegergrat«, eine Klettertour von großer Rasse — und Länge.

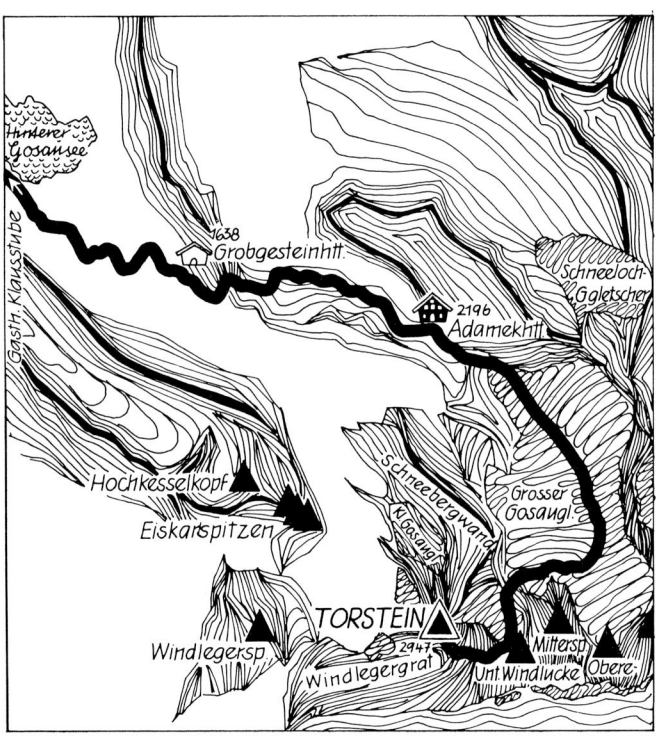

Der Torstein, zweithöchster Gipfel im Dachsteingebirge, stürzt, ähnlich wie der Hohe Dachstein, mit einer gewaltigen, von zahllosen Diagonalbändern geriffelten Südwand in die Schuttkare über dem Torboden ab. Sein zweites Kennzeichen ist der berühmte »Windlegergrat«, der in vielen Stufen mit viel Türmen und Scharten nach Südwesten ins Windlegerkar niederbricht: eine großartige, freilich schwierige, stellenweise sogar sehr schwierige (III bis IV) Klettertour von gut 8 Std. Dauer für eine Zweierseilschaft! — Wir besteigen den mächtigen Eckpfeiler der höchsten Dachsteinregion von der Adamekhütte, also von Norden her, wo der Große Gosaugletscher sein Eis bis dicht unter Obere und Untere Windlucke schiebt und wo die Eisrinne des Erstersteigers von 1819 (!) weit hinauf bis in den Gipfelstock züngelt. Diese hochalpine Tour, mit der langen Begehung des Großen Gosaugletschers beginnend, mit einer zeitweilig heiklen Wächtenpassage an der Ostschulter und mäßig bis (nur bei vereistem Fels!) sehr schwieriger Kletterei am Südostgrat, ist der leichteste Anstieg auf diesen großartigen Berg. Wer unsere Tour unternimmt, wird in der Tat Superlative stammeln! — Schon der Anstieg von den Gosauseen her, wo die sommerlichen Autobusse tagtäglich ein Riesenheer von fotografierenden Bewunderern in die romantische Talenge mit dem herzbewegenden Aufblick zum Hohen Dachstein spülen, verführt uns — trotz 4stündiger Plage! — zur Bewunderung. Die letzte Gehstunde vor der Adamekhütte, auf Atemnähe unter dem Felsbollwerk der Schneebergwand, Torstein und Dachstein vor Augen, kann einem triumphalen Aufzug gleichen: bei Gutwetter. Anderntags steigen wir über den Großen Gosaugletscher so lange gegen die Obere Windlucke auf, bis wir an den Felssockel des Mitterspitz herangekommen sind; hier machen wir einen Bogen nach rechts, umrunden den Mitterspitz und erreichen so, die Eisrinne vor Augen, die Untere Windlucke — deren Südwand jenseits senkrechte 700 Höhenmeter abbricht. Von dem Felssattel nun schräg rechts (westlich) am beginnenden Grat empor, teilweise noch Firndecken benutzend, bis die Ostschulter mit der berüchtigten Wächte erreicht ist. Hängt diese Wächte stark gegen Süden über, dann überwinden wir sie rechts unterhalb der Schneide, waagrecht (mit Steigeisen) über den Firn querend, bis zum unmittelbaren Steilaufschwung des Grates. Ist die Wächte gutartig, das heißt geschmolzen, dann besser südseitig an ihr entlang, gleichfalls zum Südostgrat hinüber. Am Grat wird ein stufenartiges Band in der Südseite gewonnen, von dem ein Kamin bald direkt zum Südostgrat hinaufleitet. Hier nimmt die Steilheit schnell ab, und wir erreichen nach 3½ Std. (ab Hütte) den Gipfel. Sind die Gratfelsen vereist, dann steigen wir vom Band bis zu einer Schuttrinne und durch diese zum Südwestgrat auf!

89 Hoher Dachstein 2996 m
Überschreitung Nordostflanke—Westgrat

TALORTE AP Hallstatt, 511 m (Schiff, Bahn, Kfz). Mit Kfz über Lahn ins Echerntal · EP Gosau, 779 m (Bus nach Steeg)

STÜTZPUNKTE Simonyhütte, 2203 m, unterm Nordrand des Hallstätter Gletschers, ÖAV (bew.), 6 Std. von Hallstatt bzw. 3 Std. von Bergstation Krippeneck · Adamekhütte, 2196 m, unterm Nordwestrand des Großen Gosaugletschers, ÖAV (bew.), 3½ Std. zum Vorderen Gosausee

AUFSTIEG Nordostflanke (Randkluft), gesichert! 3 Std. ab Simonyhütte, 1 Std. ab Einstieg · Abstieg: Westgrat, gesichert, zur Oberen Windlucke und über den Großen Gosaugletscher zur Adamekhütte, 2 Std.

BESONDERE HINWEISE Kein Berg für Ungeübte! Trittsicherheit und Schwindelfreiheit unerläßlich — mäßig schwierig! Ebenfalls Erfahrung im Eis — Spalten! Abwechslungsreiche Bergfahrt in großartiger Landschaft

GESCHICHTE 1. Ersteigung P. Gappmayer, allein, 1832 (Westgrat) · 1. touristische Ersteigung P. K. Thurwieser mit P. und A. Gappmayer, 18. 7. 1834 (Westgrat) · Randkluftanstieg: 1. Beg. J. Ramsauer/F. Linorter

FÜHRER / KARTEN AV-Führer und Kl. Führer Dachstein, End · AV-Karte Dachstein, 1:25 000 · FB-Karte, Blatt 28, Dachstein, 1:100 000 + 1:25 000

BILD Eine hohe Dachsteinszene: Rechts oben am Westgrat, links am Ostgrat, in der vielgestuften Südwand und am höchsten Hallstätter Gletscher —, überall bewegt sich's und eine grandiose Randspalte verschafft zuverlässig Gruseln und sanfte Schocks. Eine vollkommen überflüssige Kabinenbahn hat aus Bergpassion eine peinliche Komödie gemacht.

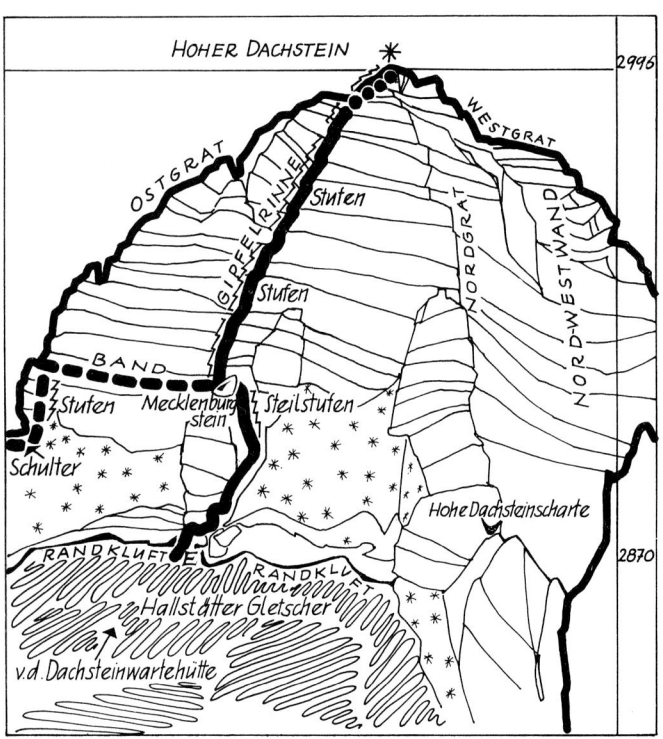

Das Dachsteingebirge zwischen dem Ennstal und den Seen des Salzkammergutes gilt als ein »Mustergebirge« der Nördlichen Kalkalpen. Hier vereinigen sich alle Reize, die man dem Kalk vom Wilden Kaiser bis zum Schweizer Alpstein abgewinnen kann, zu einer ganz dichten und überwältigenden Szene: Der prallen, senkrechten und von Stufenbändern geriffelten Südwand steht nordwärts eine unübersehbare Karrenwüste gegenüber, in deren höchster Zone sich weite Firndecken zwischen kühne Felsgrate drängen. Wie beliebt der Hohe Dachstein — kaum ein Dreitausender! — ist, das zeigt unser Bild: Wie Ameisen krabbeln seine Besucher vom Eis über die Randkluft in den Fels des Gipfelblockes. — Unsere Überschreitung führt vom Taubenriedl an der Simonyhütte absteigend durch die Moräne und dann die weiten Firnböden des Hallstätter Gletschers hinauf (im späteren Sommer oft Blankeisstellen!) südwärts, umgeht die Felsinsel des »Eissteins« östlich und zielt auf die Dirndln zu. Vorher kann man links zur Dachsteinwarte abbiegen, um dort beim Einblick in die schaurig-hohe Südwand das Fürchten zu lernen, man kann aber auch gleich direkt auf den Gipfelstock zusteuern, um, zuletzt über einen steilen Firnhang, die berühmte, im Spätsommer zu Recht gefürchtete »Randkluft« zu erreichen (gute 2 Std. ab Hütte). Am Ansatz der Felsen strebt man zunächst waagrecht nach rechts und übersteigt die Kluft genau dort, wo oberhalb über einer Schuttstufe die Sicherungen mit Eisenzapfen und Ketten beginnen. Über einen vorspringenden Felssockel erst steil, dann in den Blockstufen einer Runse (meist an der rechten Begrenzung) und durch die Gipfelrinne klettert man schließlich zum Gipfel. Schnee oder vereiste Felsen können diesen leichten Anstieg bedeutend erschweren — vor allem dem nicht ausreichend gerüsteten Bergfreund ohne Seil, Pickel und Steigeisen! Bei der Gipfelrast, nur einige Schritte von der 900 m hohen Südwand entfernt, schaut man bei gutem Wetter vom Wiener Schneeberg bis zu den Stubaiern und vom Böhmerwald bis in die Julischen Alpen. Der Abstiegsweg führt über den nur mäßig steilen, mit Drahtseilsicherungen versehenen Westgrat hinab in die Obere Windlucke, 2746 m, wobei ein Steilabbruch in Schlingen wie auf einer Wendeltreppe überwunden wird und wo die letzten steilen Meter vor dem Gosaugletscher Aufmerksamkeit und Trittsicherheit erfordern. Der Firn leitet erst mäßig steil abwärts, dann folgt eine heikle, weil oft blanke und steile Passage (Steigeisen!), und bald ist man am Moränensteig und vor der Adamekhütte. Von ihr geht es über den »Gosauer Reitweg« in gut dreistündigem Abstieg hinab in den romantischen Boden der Gosauseen und zum Bus nach Steeg und Ischl. — Eine Warnung: Die beiden Gletscherbegehungen verlangen im späten Sommer immer Steigeisen oder Grödeln, dazu Eispickel, Seil und — Besonnenheit!

184

90 Traunstein 1691 m

1250 Höhenmeter auf einen schönen Vorberg

TALORT AP und EP Gmunden am Traunsee-Nordende, 440 m

STÜTZPUNKTE Gasthaus Hoisen am See, 440 m (Schiff und Kfz von Gmunden über Traundorf) · Gmundener Hütte, 1661, ÖAV (bew.), auf dem Fahnenkogel, 3½ Std. vom Seeufer · Traunsteinhütte, 1574 m, TVN (bew.), auf dem Traunkirchner Kogel, 30 Min. von der Gmundener Hütte

AUFSTIEG Am »Hans-Hernler-Steig«, rot bezeichnet, Sicherungen, 3½ Std. ab Gasthaus Hoisen zum Gipfel · Abstieg: Durch das Lainautal und am Miesweg zum Gasthaus Hoisen zurück, bez., 3½–4 Std.; am Talende auch Schiffsanlegestelle »Lainaustiege«

HINWEIS Der Traunstein wird viel besucht, da seine Aussicht über Salzkammergut und Dachsteinmassiv berühmt ist. Am »Hernler-Steig« ist Trittsicherheit notwendig! Praktische Anfahrt für Kfz-Besitzer

GESCHICHTE Schon im Mittelalter durch Jäger und Jagdherren erstiegen. Genaue Überlieferungen fehlen

FÜHRER / KARTEN Bergwanderführer »Wienerwald und Salzkammergut« / End · FB-Karte, Blatt 8, Östliches Salzkammergut, und Blatt 28, Dachstein, je 1:100 000 · Karte des Kartografischen Instituts, 1:75 000

BILD Blick auf den Traunstein über dem Traunsee — von 1691 m Gipfelhöhe in nur 440 m Talhöhe. Das schafft erstaunliche, nahezu »hochalpine« 1250 m Höhenunterschied! Alles Übrige ist reizend voralpin. Man sieht oben die Traun einfließen und erkennt darüber die bescheidenen Vorberge des Salzkammergutes, dicht gefüllt mit heiterer Lebensfreude.

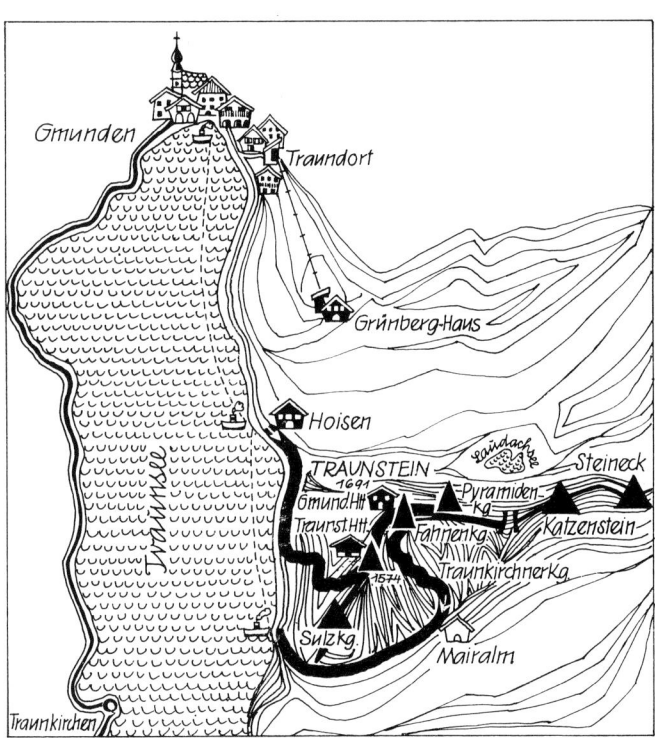

Ein alpiner Anstieg, teils an Drahtseilsicherungen, über viele exponierte Felskanzeln, durch steile Gräben und Furchen, unter Felsgraten und Wänden hindurch und doch zumeist im schattigen Waldbereich bei dreieinhalbstündiger Dauer — das läßt keinen Vorberg von nur 1691 m Höhe vermuten! Aber die geringe Höhe des Traunsteins wird von der abnorm geringen Meereshöhe des Traunseespiegels »ausgeglichen« — denn die beträgt nur 440 m, und so bleiben volle 1250 Höhenmeter übrig. Am Ende steht man auf dem sehr exponiert über See und Vorberge gegen das Flachland vorgeschobenen, breiten Gipfel und genießt eine Aussicht, die einen bei gutem Wetter Stunden an den Gipfel fesselt. Das ist aber nicht schlimm, denn zwei der drei wellenförmigen Erhebungen der Gipfelhochfläche tragen bewirtschaftete Hütten: der Fahnenkogel, 1661 m, die Gmundener Hütte, der Traunkirchner Kogel, 1574 m, die Traunsteinhütte — so wird die schöne Aussicht in mehrerlei Hinsicht genossen!... Die wunderschöne, aber lange Bergtour beginnt am Seeufer beim Gasthaus Hoisen, wohin man mit Schiff oder Kfz fahren kann. Ein kurzes Stück noch südlich marschiert, und schon schicken uns eine Wegtafel und eine Markierung links hinauf zum »Hans-Hernler-Steig«, dem es an nichts fehlt, was man überraschende Tiefblicke und herrliche Aussichten nennt. Auch die Intimität eines schattigen Waldsteiges fehlt ihm nicht. Auf einen tiefen Graben folgt ein Rücken, der sich hoch oben als Verbindungskamm gegen die Wand des Traunkirchner Kogels schiebt. Dieser Kammscheitel bringt uns bis vor eine sperrende Felswand, die wir am Drahtseil überwinden; es folgen der Brandgraben und neue Felspartien, die wir ganz rechts auf einer steilen Rippe überklettern (Sicherungen auch hier): Damit ist der Wandfuß des Fahnenkogels gewonnen, wir steigen um die Wand herum und zum Gipfel auf. Einfach geht es bei freiem Ausblick zum höchsten Punkt von 1691 m am gewaltigen Kreuz auf dem Pyramidenkogel. Die Seen des Salzkammergutes, Höllengebirge, Totes Gebirge, Dachstein und Gosaukamm, um nur wenige Ziele zu nennen, lassen sich bei großer Muße studieren. Auch im Sitzen (und ohne Durst) vor einer Hütte! — Der Abstieg ist einfach: Man wandert zur Traunsteinhütte hinüber, steigt von ihr südwärts zur Maieralmhütte, 800 m, ab und stiefelt dann durch den schattigen Lainaugraben hinaus zum Seeufer an den Anlegeplatz »Lainaustiege« — oder wandert entlang dem Seeufer auf dem landschaftlich einzigartig schönen »Miesweg« zum Wirtshaus Hoisen zurück. — Übrigens ist der ganze schöne Traunstein mit interessanten »Steigen« überzogen: Da gibt es zum Beispiel einen sehr interessanten »Naturfreunde-Steig«, der einen überreichen Szenenwechsel bietet, freilich auch beschädigte Drahtseilsicherungen: Er sollte nur von geübten Bergsteigern begangen werden.

91 Großer Priel 2514 m
Überschreitung vom Stodertal in die Hetzau

TALORTE AP Hinterstoder, 585 m (Bus ab Station Hinterstoder) · EP Grünau, 527 m, am Nordausgang des Almtales (Bahn/Bus nach Wels)

STÜTZPUNKTE Prielschutzhaus, 1420 m, auf der Oberen Polsteralm, ÖAV (bew.), 3 Std. ab Hinterstoder · Welser Hütte, 1815 m, ÖAV (bew.), nördlich unterhalb des Fleischbanksattels auf der letzten, nordöstlichen Stufe der Hochfläche · Almtalerhaus, 714 m, ÖAV (bew.), in der Hetzau, ab hier 2½ Std. bis Grünau; bzw. Bus ab Habernau, 573 m

AUFSTIEG Auf markiertem Steig über die Brotfallscharte, 2370 m (Sicherungen), auf den Großen Priel, 2514 m, 3–3¼ Std. ab Schutzhaus · Abstieg: Auf markiertem Steig nordwestlich über den Fleischbanksattel, 2100 m, in 2 Std. zur Welser Hütte, ab hier 2 Std. zum Almtalerhaus

HINWEISE Unter der Brotfallscharte die »Schutzhöhle«, einziger Bergsteigerstützpunkt bis 1883! Höchster Gipfel des Toten Gebirges mit vielgerühmter Aussicht. Der Übergang ist für trittsichere Geher einfach, für jedermann aber gefährlich bei Nebel oder Schlechtwettereinbrüchen!

GESCHICHTE 1. Ersteigung durch Jäger und Wilderer · 1. touristische Ersteigung am 29. 8. 1817 durch Siegmund Graf v. Engl mit Jägern Hans, Anton, Engelbert und Ferdinand Riedler· 1. Begehung über Brotfallscharte Erzherzog Ludwig v. Österreich unter Führung von Adam Langeder in großer Gesellschaft, am 27. 8. 1819

FÜHRER / KARTEN AV-Führer Totes Gebirge / Krenmayr (Rother), AV-Karte Totes Gebirge, mittl. Blatt, 1 : 25 000! FB-Wanderkarte, Blatt 8, Östliches Salzkammergut, 1 : 100 000 · Wanderkarte des Österreichischen Vermessungsamtes, Blatt 97 und 98, 1 : 50 000

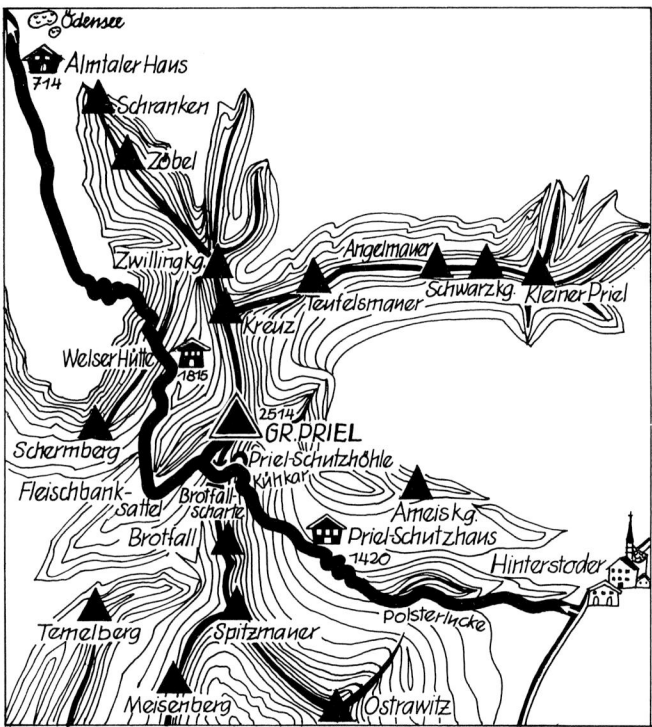

Der Große Priel ist der höchste und zugleich der letzte östliche Hochgipfel des mächtigen Kalkplateaus, das man zu Recht »Totes Gebirge« nennt. Er erhebt sich gegenüber der Spitzmauer aus der großen Ostabdachung des Plateaus, hoch über dem Stodertal, das ein so bedächtiger Bergfreund wie Anton von Ruthner zum »schönsten Talkessel der gesamten Nördlichen Kalkalpen« erklärte. Ein großes Wort! Aber der Glückliche hat immer recht. Wir ersteigen diesen schönen Berg, der nach Süden einen zerhackten Klettergrat entsendet und nach Nordwesten mit einer 700-Meter-Steilwand abbricht, aus der Polsterlucke über das Prielschutzhaus. Der Spitzmauer-Nordwand gelten die längsten Blicke all derer, die am frühen Morgen durchs Kühkar hinauf unter die Brotfallscharte steigen — rechts den Priel-Südgrat, links den Brotfall-Südgrat passierend. Die letzten Meter zur tiefeingerissenen Felsscharte werden an Drahtseilsicherungen zurückgelegt, nachdem man vorher, im obersten linken Winkel des Kühkares, ein Schneefeld überstiegen hat. An der Brotfallscharte betritt man den Hochrand des Toten-Gebirgs-Plateaus; dann leitet der Steig über Blöcke, Karrenschrofen und Platten erst zur Vereinigung mit dem Welserhüttenweg (10 Min.), dann hindernislos zum riesigen Gipfelkreuz (½ Std. von der Scharte: im Frühsommer Vorsicht an Wächten!). — Der Gipfel des Großen Priels, der sich wie ein hoher Dom über seine Grate und Steilwände wölbt, überhöht die Täler um volle 1900 Meter — das macht ihn, dem weit in den Sommer hinein letzte Schneedecken einen kühl schimmernden Halskragen anlegen, zu einem von überallher bestaunten Bergriesen. Von dem 8 m hohen Gipfelkreuz schaut man — man bedenke! — bis in die bayerische Hochebene hinaus, doch gleichzeitig bis zu den Karawanken und vom Kaisergebirge bis zu den letzten Alpengipfeln vor Wien! Daneben liegt die Hochfläche des Toten Gebirges wie eine traurige Landkarte vor unseren Augen. — Der Abstiegsweg führt über den Gipfelkamm nordwestlich zurück unter die Brotfallscharte und von da über Schrofen hinunter zum Fleischbanksattel, 2100 m. Jenseits steigt man vorsichtig über Felsstufen und Schneelager durch eine mit Seilsicherungen ausgestattete Felswand, die von rechts oben nach links unten gequert wird. Dicht darunter fährt man (nur bei Weichschnee) über ein Firnfeld zu den »Teicheln« ab, einem flachen Hochboden mit Quelle. Dann führt der Weg über eine zweite Felsstufe hinab zur bereits sichtbaren Welser Hütte. Der folgende Abstieg in die Hetzau durchzieht auf markiertem Steig die östlichste Flanke der Schermberg-Nordwand, deren Zentrum eine reine Wandhöhe von 1400 m aufweist; dann ist man am Boden der grünen Hetzau und trinkt am Almtalerhaus die wohlverdienten Limonaden ... Denn hier liegt ein achtstündiger, Körper und Geist erschöpfender Übergang hinter uns!

188

Der Große Priel, östliches Bollwerk des Toten Gebirges, mit seinem schönen Südgrat (rechts). Im Vordergrund, diagonal das Foto überspannend, der Südgrat des Brotfall (Gipfel links oben vor der kleinen schwarzen Brotfallscharte) — eine klassisch schöne Kalkführe bietend. Das Kühkar in der Mitte birgt das Priel-Schutzhaus und schickt uns nach rechts unten, zurück in das liebliche Stodertal, zur Quelle der Steyr.

92 Spitzmauer 2446 m

Das Felstrapez über dem Stodertal

TALORT AP und EP Hinterstoder, 585 m, im oberen Stodertal (Bus vom Bhf. Hinterstoder, Kfz)

STÜTZPUNKT Prielschutzhaus, 1420 m, ÖAV, auf der Oberen Polsteralm, genau östlich unter Spitzmauer und Großem Priel (bew.), 3 Std. ab Hinterstoder

AUFSTIEG (wie Abstieg) Über Klinserscharte, 2046 m, Weitgrube, Meisenberg- und Spitzmauersattel, 2200 m, auf blau bez. Weg, 4½ Std. ab Prielschutzhaus · Abstieg 2–2½ Std. zum Haus, gute 4 Std. ins Tal

HINWEIS Ausdauer und Trittsicherheit erforderlich! Unterhalb des Spitzmauersattels sind im Frühsommer oft steile Firnfelder zu begehen. Der zweithöchste Gipfel des Toten Gebirges gilt als formenschönste Berggestalt der Stoderer Berge überhaupt; die gewaltigen Wände und Grate gegen Osten und Norden sind mit einem Dutzend schwieriger bis extremer Kletterführen überzogen

GESCHICHTE Erste Ersteigungen durch Jäger und Wilderer · 1. touristische Ersteigung durch C. Stelzer und H. Langeder mit Führer Harrschlager am 23. 7. 1858

FÜHRER / KARTEN AV-Führer Totes Gebirge / Krenmayr, AV-Karte Totes Gebirge, mittl. Blatt, 1: 25 000 · FB-Karte, Blatt 8, Östliches Salzkammergut, 1: 100 000 · Wanderkarte des Österreichischen Vermessungsamtes, Blatt 97 und 98, Mitterndorf/Liezen, 1: 50 000

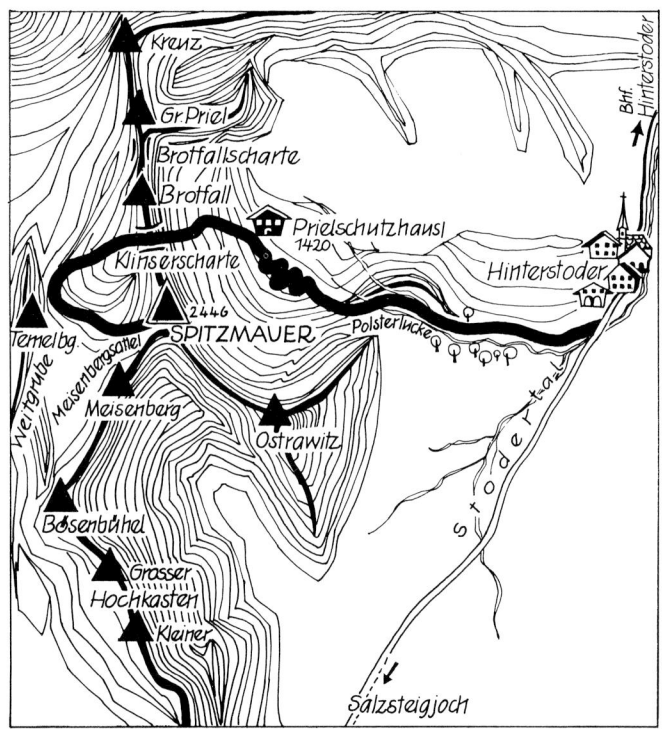

Daß Lobpreisungen aus dem Mund begeisterter Bergsteiger relativ zu werten sind, erweist sich, wenn sie aus den »gewaltigen« Regionen des Urgesteins in ein echtes Kalkgebirge zurückkehren. Zum Beispiel ins Stodertal unter die mächtigen Ostabstürze des Toten Gebirges um Großen Priel, Brotfall und Spitzmauer: Auch hier entfährt ihnen sofort das gefährliche Lob »gewaltig«. Und in der Tat, die Ost- und Nordabstürze dieser hellen Kalkberge wirken im unmittelbaren Gegensatz zu der idyllischen Wald-, Bergwasser-, Wiesen- und Blütenzone dicht darunter nicht anders als eben »gewaltig«. Vielleicht wird man hier schneller als im Urgestein zum Liebhaber einer »Bergheimat« — obwohl es nur sprödes, um 1000 Meter niedrigeres Kalkgebirge ist, das uns hier bezaubert. — Das Prielschutzhaus unter den genannten drei Bergen, die alle drei prächtige Kletterführen aufweisen, erreicht man auf einem nahezu idealen Anstiegsweg: Aus dem märchenhaften Talgrund der Polsterlucke steigt man vorbei an rauschenden Bergwassern und durch steilen Hochwald hinaus in die Sonne der Unteren Polsteralm, über der die plattengepanzerte Ostwand der Spitzmauer phantastisch kühn in den Himmel steigt. Durch Buchen geht es weiter hinauf zum Schutzhaus, man studiert die Genußklettereien an den Südgraten von Großem Priel und Brotfall, und wer anderntags zur Spitzmauer will, schaut westwärts hinauf gegen die Klinserscharte. Dorthin zieht anderntags ein gutartiges Weglein durch Latschenhänge, das nach einem Steilstück in die Klinserschlucht führt, einen engen Blockgraben, über dem links die Spitzmauer-Nordwand und rechts die Brotfall-Südwand aufsteigen: Für Dramatik ist gesorgt. Leichter geht es oben in der Grabensohle höher, die Klinserscharte ist hinter uns, direkt dem Felsklotz des Temelberges entgegen (2329 m), dessen Ostwand aus der Weitgrube aufsteigt. Das mächtige Hochkar der Weitgrube auf dem östlichen Plateaurand des Toten Gebirges ist gefüllt von Karrenfeldern, Kalkplatten, Kalkrillen, Gletscherschliffen, Spalten und Schneetöpfen. An tiefen Dolinen vorbei zieht der Weg südostwärts, der Nordwestausläufer der Spitzmauer liegt bald hinter uns, und schon steigen wir am linken Hang über Schrofen, Schutt und Firnreste zum Meisenbergsattel und gleich darauf zum wenig höheren Spitzmauersattel auf: Hier sehen wir den Gipfel zum erstenmal wieder vor uns. Wir erreichen ihn nach der Querung einer Blockhalde über treppenartig gestufte Felsbänke auf einfache Weise. Die Aussicht bei gutem Wetter geht zunächst weit über das riesige nackte Felsplateau des Toten Gebirges hin gegen Westen; das ist ein melancholischer Ausblick auf eine gespenstisch stille, arme und öde Hochwelt. Der Name dieses Gebirges wird zum gesicherten Begriff. Aber man schaut auch sehr gern darüber hinaus ins Gesäuse und zum Dachstein.

Ausblick vom Südgrat des Großen Priel gegen Süden auf die Spitzmauer (links oben). Unten rechts das zur Brotfallscharte emporziehende Kühkar, darüber Klinserscharte und Brotfallsockel.

93 Kleiner Buchstein 1994 m

Kleine Kletterei vor dem Gesäuse

TALORTE AP/EP Groß-Reifling, 428 m (Station), oder St. Gallen, 513 m (von Bahnhof Weißenbach–St. Gallen 1 Std., auch Bus)

STÜTZPUNKT Wirtshaus »Eisenzieher« an der Buchauerstraße (1 Std. von St. Gallen, einfache Nächtigung, für Kfz Parkplatz)

AUFSTIEG (wie Abstieg) Mühlgraben und Nordkamm, dann Nordanstieg (II), 5 Std. ab Groß-Reifling, 4 Std. ab »Hackenschmiede« an St. Gallener Straße. – Vom WH »Eisenzieher« durch Kiengraben und Kiengrabensattel, 1294 m, zum Nordkamm, 4 Std. (beide Zugangswege gelb bezeichnet). Einstieg–Gipfel ½ Std.

BESONDERE HINWEISE Leichte Kletterei! Mäßig schwierig (II). Schwindelfreiheit wegen der gelegentlichen Exposition erforderlich!

GESCHICHTE 1. Ersteiger des nordöstlichen Gipfelzackens: H. Heß und G. Gerstenberg mit A. Rodlauer, 29. 8. 1877; des höchsten Zackens: L. Friedmann und E. Zsigmondy, 14. 4. 1884, über den nordöstlichen Zacken

FÜHRER / KARTEN Gesäuseführer, Heß/Pichl (Holzhausen) · AV-Karte Gesäuseberge, 1: 25 000 · FB-Wanderkarte, Blatt 6, Ennstaler Alpen

BILD Der exponierte Gipfelblock des Kleinen Buchstein in den Ennstaler Alpen, der aus der Scharte (unten links im Bild) erklettert wird. Dies ist zugleich die schwierigste Stelle der an sich kurzen Kletterei, gesehen vom Nordostgipfel. Im Hintergrund rechts das noch verschneite Gipfelplateau des Großen Buchstein mit dessen höchster Erhebung

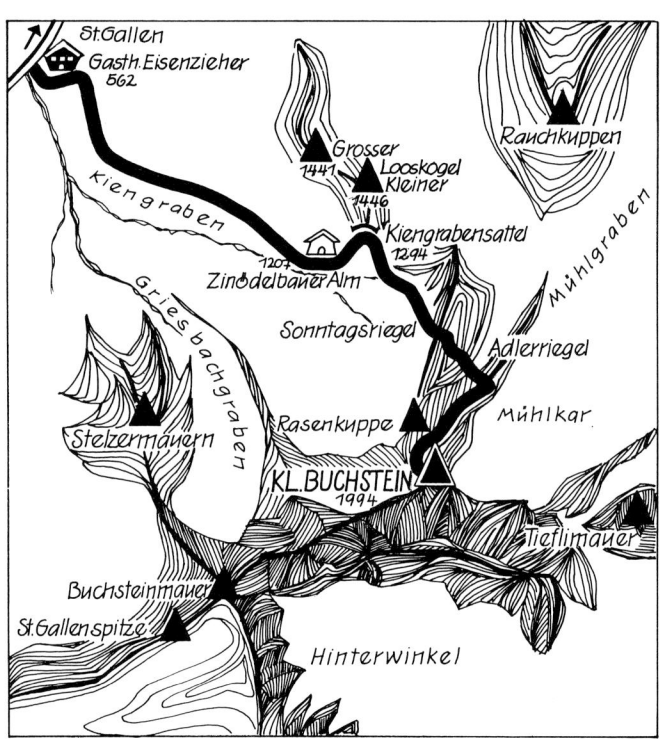

Wo in den östlichen Ostalpen der Kalkfels die absolute Herrschaft über das Urgestein angetreten hat, weit östlich noch von Dachstein und Totem Gebirge, baut sich im großen Bogen der Enns — genau gegenüber der berühmten Kalkmauer von Planspitze, Hochtor und Ödstein — die Kalkkette zwischen Großem und Kleinem Buchstein bis zum Tamischbachturm auf, 2172 m, 1994 m und 2035 m hoch. Hier, in einer weithin unbekannten, sozusagen tiefalpinen Provinz, warten echte Bergsteigerfreuden. Das Gebirge ist spröde, rauh, und die Zugänge sind lang. Gute 4 Std. Anstieg plus 3 Std. Abstieg für einen Zweitausender verlangen viel Selbstlosigkeit oder uralte alpinistische Disziplin ... Der Kleine Buchstein, genau nördlich über Gstatterboden, dem »Hauptbahnhof« aller Gesäuseberge, ist ein schlanker wilder Geselle, dessen Ersteigung einst als »Kabinettstück für Kletterer« galt, wobei man freilich nur an den Übergang vom Nordost- zum Hauptgipfel dachte (siehe Bild). Dieser Hauptgipfel ist nämlich eine kühne, wie aus Riesenblöcken gezimmerte Kalkpyramide, die sich zwar durch viele Blitzschläge etwas verändert hat, aber doch immer noch Kletterkünste abfordert — also Klettergenüsse gewährt. Von der schmalen Zinne aus, mehr als eine Seilschaft hat hier nicht Platz, hat man den allerschönsten Umblick: vor allem ins Ennstal und auf die hohen Gesäuseberge gegenüber. — Zwei Zugangswege zum Nordkamm des Kleinen Buchstein, an dem erst die Kletterei beginnt, stehen zur Auswahl; von Groß-Reifling her der Mühlgraben ab Hackenschmiede, von St. Gallen her über das Wirtshaus Eisenzieher, der Brunnriedel, Kiengrabensattel und Otterriedel. Von der Höhe des Zugangskammes steigt man durch Latschen bis nahe an den felsigen glatten Bergkörper heran, hier vermittelt eine Nische den Einstieg in die nicht sehr hohe Nordwand des Nordostgipfels. Aus der Nische klettert man nach links an guten Griffen über einen Überhang hinweg, gelangt in einen Riß und muß aus diesem links zu einem Band ausweichen, das etwa 20 m weit nach links verfolgt wird. Dort beginnen gleich oberhalb unschwierige Rasenstufen, die aufwärts zu einer Geröllterrasse leiten. Auf dieser Terrasse nach rechts oben und dort, wo kurz vorher der Hauptturm sichtbar geworden ist, also vom höchsten Geröllfleck aus, nach links in einen seichten Riß, der steil zum Ostgrat emporführt. Hier wird mit wenigen Schritten der Nordostgipfel erreicht. Gegenüber der scharf eingeschnittenen Scharte erhebt sich der schroffe Hauptgipfel (Bild), er wird aus der Scharte (rechts haltend) über zwei mäßig geneigte Platten, am besten an deren rechtem Rand, erstiegen. Beim Abstieg genau am Aufstiegsweg bleiben: sonst größte Schwierigkeiten! — Der Kleine Buchstein bietet neben mehreren Varianten des Normalweges noch einen Westgrat (II +), den Ostgrat (II +) und die Nordostkante (II +) an.

94 Hochtor 2365 m
Überschreitung Peternpfad—Roßkuppengrat—Gugelgrat

TALORT AP/EP Gstatterboden, 580 m, im Ennstal (Bahnstation)

STÜTZPUNKTE Haindlkarhütte, 1135 m, ÖAV, im Haindlkar (bew.), 1½ Std. von Gstatterboden · Heßhütte, 1687 m, ÖAV, auf dem Ennsecksattel, 3½ Std. nach Gstatterboden über Kummerbrücke (Haltestelle)

AUFSTIEG Peternpfad zur Peternscharte, 2057 m (Kletterei, keine Steiganlage!), Farbzeichen, 3 Std. von der Haindlkarhütte; dann Gratanstieg über Roßkuppe, 2154 m, zum Hochtor (Roßkuppengrat), weitere 2½ Std. von der Peternscharte (Kletterei) · Abstieg: Am Gugelgrat, gesichert, grün markiert, 2 Std. bis Heßhütte, dann Talabstieg über Wasserfallweg, gesichert und markiert, nach Kummerbrücke—Gstatterboden, 3½ Std.

BESONDERE HINWEISE Klettergewandtheit Grundbedingung! Nichts für zaghafte oder ängstliche Bergfreunde! Aber überwältigende Felslandschaft! Nächtigung in beiden Hütten notwendig. Seilgebrauch am Platze!

GESCHICHTE 1. touristische Ersteigung J. Frischauf und F. v. Juraschek, 10. 8. 1871, über den Gugelgrat · Peternpfad: 1. Begehung H. Heß mit A. Rodlauer am 11. 6. 1877

FÜHRER / KARTEN Gesäuseführer, Heß/Pichl (Holzhausen, Wien, 1954) · AV-Karte Gesäuseberge, 1: 25 000 · FB-Wanderkarte, Blatt 6

BILD Ausblick vom Peternpfad im Gesäuse auf Roßkuppe (links vorne), das glatte Dachl und das Hochtor. Rechts in der Tiefe das Haindlkar. Rechts vom Hochtor die Nordwestwände unter Haindlkarturm und Ödsteinkarturm. Links und oben der ganze Gipfelgrat, den wir überschreiten.

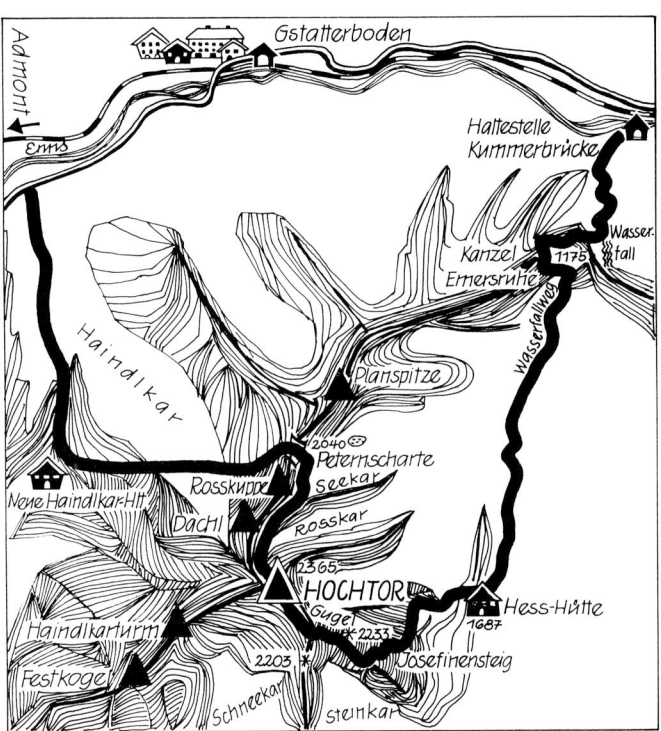

Der Aufblick aus dem Gesäuse vom Ufer der reißenden Enns zu den Riesenmauern von Planspitze, Hochtor und Ödstein hält den Vergleich mit dem Blick auf die Lalidererwand oder dem auf die Dachstein-Südabstürze durchaus stand: Die Pioniere von einst und jeder Heutige, der Großem mit Ehrfurcht zu begegnen sich nicht schämt, werden dem zustimmen. Daß der Bergwanderer von jenem Standpunkt aus die hier empfohlene Überschreitung für undurchführbar hält, ist begreiflich. Dennoch ist zu ihrer Durchführung nichts weiter notwendig als große Ausdauer, Erfahrung im Fels, etwas Mut und Orientierungssinn. Die kleine moderne Haindlkarhütte, ein wahres Juwel unter AV-Hütten und in einem Felszirkus ohnegleichen liegend, entläßt uns auf den berühmten »Peternpfad«, der das Unmögliche möglich macht und uns in einem beinahe hindernislosen Aufstieg bis hinauf in die Peternscharte führt. Am Wandfuß der Roßkuppe wird eine nicht ungefährliche Erdrinne passiert, und hier, an einer kleinen Schulter, beginnt die eigentliche Kletterei. Ein Einstiegszeichen führt in die linke Wand des vorgeschobenen Pfeilers, in der nach kurzem Anstieg ein Quergang zu einer Blockhöhle mit einer eiskalten Quelle folgt. Rechts weiter über einen Riesenblock auf einen Schuttboden, hier links unter der Nordwand der Roßkuppe durch, auf schmalem Band weit hinaus zu einer schrägen Terrasse und endlich zum schwierigen »Ennstalerschritt«, einem großen Spreizschritt von links nach rechts! Starke Exposition würzt diese Stelle, gute Griffe erleichtern sie. Bald ist die Peternscharte erreicht und das Ende der Farbzeichen; der erste Grataufbau wird nun links umgangen, dann ersteigen wir die Roßkuppe linksseitig über eine hohe Platte und gelangen absteigend zum First des »Dachl«. Das ist eine kannelierte Riesenplatte, die den Grat sperrt. Profilgummisohlen helfen aber heute leicht darüber hinweg. Über das »Hochschütt« wird nun das Massiv des Hochtorgipfels erreicht und über Schichtbänder bezwungen. 1800 Meter über dem Ennstalufer erleben wir eine unvergeßliche ostalpine Gipfelrast, dann steigen wir am markierten und gesicherten Gugelgrat zur Heßhütte ab, wo wir uns — nach meist gut 7- bis 8stündiger Kletterei! — eine ausgiebige Jause gestatten dürfen. Talwärts benützen wir den landschaftlich großartigen »Wasserfallweg«, der unterhalb der Ebnesangeralm, 1483 m, beginnt und mittels freistehender Eisenleitern und vieler Sicherungen romantische Empfindungen auslöst — jedenfalls aber sicher an die Wasser der Enns führt. Eine Warnung: Die hier empfohlene Gratwanderung in Verbindung mit der Begehung des Peternpfades darf ohne Übertreibung als eine der großartigsten Bergwanderfahrten in den Nördlichen Kalkalpen bezeichnet werden. Freilich — die klettertechnischen Schwierigkeiten (mäßig schwierig, II) und die Länge der Tour dürfen niemals unterschätzt werden!

95 Pfaffenstein 1871 m

Südwandsteig und »Markussteig«

TALORT AP/EP Eisenerz, 694 m (am steirischen Erzberg)

AUFSTIEG Südwandsteig (»Schrabachersteig«) durchwegs Sicherungen (Drahtseile, Eisenleitern), 2¼ Std.

ABSTIEG »Markussteig« (Normalweg), einfacher Steig; nur an der mäßig absteigenden Querung der Nordwand des Westgrates hintereinander Drahtseilsicherungen zu 5, 40 und 10 Meter Länge, 2½ Std.!

BESONDERE HINWEISE Der Südwandsteig (»Schrabachersteig«) ist heute durchwegs ein Klettersteig, versichert mit Seilen. Der Abstieg auf dem ebenfalls versicherten »Markussteig« ist leichter. — Für beide sind Trittsicherheit und Schwindelfreiheit nötig!

GESCHICHTE Erste Ersteiger nicht bekannt · 1. Begehung der Westwand: Wolf v. Glanvell und K. Prodinger, 21. 5. 1899

FÜHRER / KARTEN Bergwanderführer »Wienerwald/Salzkammergut« / End/Rother. — Evtl. Gesäuseführer Heß/Pichl. — Österreich. Vermessungskarte, Blatt 101, Eisenerz, 1:50 000. Freytag-Berndt-Karte, Blatt 6, Ennstaler Alpen, 1:100 000

BILD Ausblick vom Beginn des »Markussteiges« auf den Westgratsockel des Pfaffenstein und über das Tal der Großen Fölz hinweg auf den Kaiserschild, 2085 m (ganz rechts). Hinter ihm noch sichtbar der Zeiritz-Kampel als letzter Urgesteinsberg der Ostalpen.

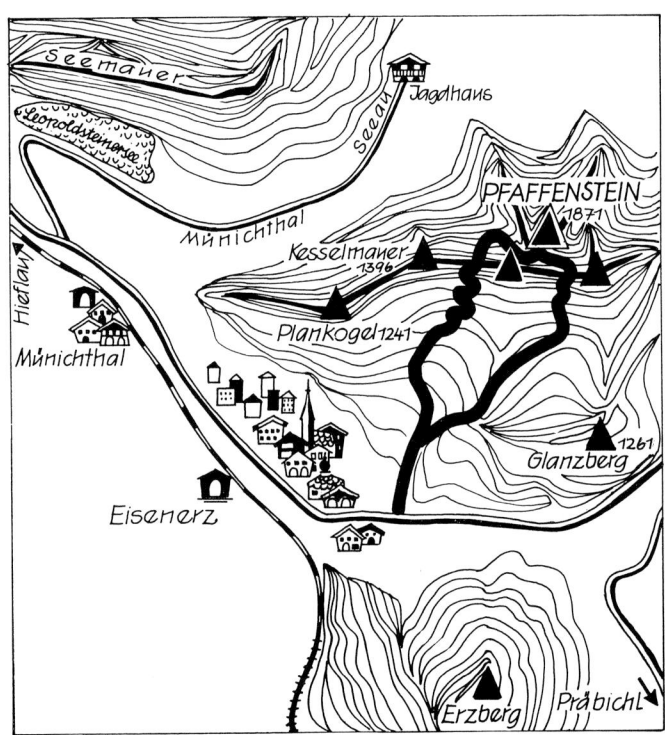

Hoch über dem steirischen Erzberg mit seinen Hochöfen und Fabriken baut sich der Pfaffenstein auf, einst »Leichenstein« genannt, weil er wie ein Riesensarkophag auf grünen Schultern schwebt, ein mächtiger Kalkleib, dessen Teile man heute noch mit »Kopf«, »Bauch« und »Fuß« bezeichnet. Diesen kleinen Kalkberg, der das schon den Römern wohlbekannte Erztal um immerhin 1100 Höhenmeter überragt, ist seinerseits nördlich, östlich und südlich von auffallenden Kalkzinnen umstanden, oft nahezu zierlichen Kalkmauern, die für die steirischen Bergfreunde ergiebige Klettergärten darstellen: Kalte Mauer, Böse Mauer, Frauenmauer, Griesmauer und viele andere. Jenseits des Eisenerzer Tales steht der Kaiserschild und, dicht hinter den Terrassen des abgebauten Erzberges, der Eisenerzer Reichenstein. Diese Gegend der kleinen Zweitausender ist also interessant und aller Hingabe wert, wenn der starke Eindruck auch nur aus tausend kleinen Geheimnissen und rührenden Bildern besteht. Also auf zum Pfaffenstein — und einmal nicht mit aller Welt über den Präbichl zum Polster! — Diesmal erlauben wir uns in diesem interessanten Kalkgebirge eine kapriziöse Überschreitung, nämlich die des zwar nur 1871 m hohen, aber vom Felsleib her doch recht eleganten Pfaffenstein. Wir steigen am »Schrabachersteig« (Südwandsteig) auf, begehen den Gipfelgrat bis zum großen Kreuz und klettern dann am sogenannten »Markussteig« in Westgratnähe ab . . . Also von Eisenerz her nordöstlich hinauf zum Waldrand gestiegen — hier links Abzweigung zum »Markussteig«! — und in gleicher Richtung weitergegangen durch Wald, bis wir endlich rechts des Bergrückens durch eine Rinne zur Südwand gelangen. Hier, an deren östlichem Teil, führt in einer Reihe interessanter Steilrinnen der »Schrabachersteig« empor und entläßt uns erst in dem Sattel links vom Ostgipfel auf 1835 m Höhe. Die Gesamtlänge der uns auf diesem Südwandsteig zuverlässig sichernden Drahtseile beträgt 180 bis 200 m! Dieser Anstieg ist interessant und verhältnismäßig kurz, was die erforderliche Zeit betrifft. — Nun steigen wir entlang den Südwandabstürzen hinüber zum Westgipfel, 1865 m, mit seinem großen Gipfelkreuz. Das Gipfelbuch liegt für Interessenten 100 Meter weiter am westlichen Gratende! . . . Nun an den Abstieg auf dem »Markussteig«: wir steigen vom Gipfel nördlich hinab zu einem schmalen Kamm, hier geht es links herum und an der Nordwand recht exponiert immer schräg abwärts bis zum Sattel am Westgratsockel. Wieder helfen uns hier einige fixe Seile: 5, 40 und einmal 10 Meter lang! — Vom Westgratsockel steigen wir später links des Zackengrates entlang abwärts und laufen im Wald, ziemlich steil zuweilen, südlich hinab bis nach Eisenerz. Die links oben genannten Kletterführer, auch der Hochschwabführer (Rother), ermöglichen noch Dutzende ähnlich genußreicher Kletterein.

96 Ötscher 1893 m

Über den »Rauhen Kamm« und durch die »Ötschergräben«

TALORTE AP Gösing, 890 m · EP Wienerbruck, 796 m. Beide Orte an der Mariazellerbahn, Bus nach St. Pölten

STÜTZPUNKTE Gasthof Sommerer im Erlaufboden, 535 m (priv., bew.), 1¼ Std. auf bezeichnetem Weg von Gösing · Ötscher-Schutzhaus, 1418 m, am Südwesthang des Ötscher, ÖTK (bew.), (Sessellift nach Lackenhof, 810 m, Bus nach Kienberg—Gaming)

AUFSTIEG Nordostgrat »Rauher Kamm« (teils Sicherungen) über Bärenlackensattel, 944 m, 3½—4 Std. vom Erlaufboden (bezeichnet) · Abstieg: Normalweg zum Ötscher-Schutzhaus, dann über den Riffelsattel, 1284 m, und durch die Ötschergräben ins Tal (bezeichnet), 3—4 Std.

BESONDERE HINWEISE Lange, anstrengende Tagestour! Abkürzung bzw. Nächtigung im Ötscher-Schutzhaus empfehlenswert. Für den »Rauhen Kamm« Trittsicherheit und Schwindelfreiheit erforderlich!

GESCHICHTE Seit altersher bestiegen, durch Hofbotaniker Ch. de l'Ecluse schon 1574 erreicht

FÜHRER / KARTEN »Bergwanderführer Wienerwald-Salzkammergut« / End · Führer durch die Mariazeller Berge, Hauser (Leykam) · FB-Wanderkarte, Blatt 3, Ötscher-Mariazell-Karte

BILD Blick auf unseren Aufstiegsweg am »Rauhen Kamm« des Ötscher: Das ist der Nordostgrat, der einige leichte Sicherungen trägt und aus dem Erlaufboden erstiegen wird. Rote Markierung, Trittsicherheit notwendig.

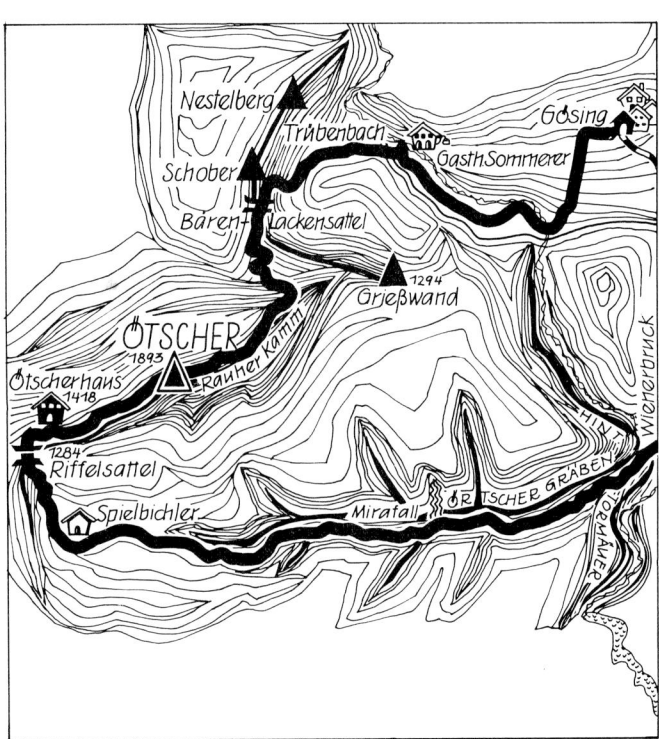

Der Ötscher, zweithöchster Gipfel von Niederösterreich, überragt seine Nachbarschaft zwischen Ybbs und Traisen wie ein Felsdom. 1574 schon bestieg der Hofbotaniker Charles de l'Ecluse den sagenumwobenen Gipfel, im Jahre 1820 folgte ihm Schuhmacher Schöggl aus Lackenhof, weil er daran zweifelte, daß es »am Ötscher nie Nacht wird«. Es wurde Nacht, aber Schöggl wurde ein berühmter Bergführer und besuchte mehr als 800mal den Ötschergipfel. Übrigens ließ schon Kaiser Rudolf II. 1591 im »Geldloch« nach dem sagenhaften Gold forschen, und Kaiser Franz I. tat es ihm 1747 nach: beide ohne Ergebnis. Das Gold bestand aus Eiskaskaden. Heute hat man dem Ötscher vom Westen her (Lackenhof) einen Sessellift angehängt, und auch auf die Gemeindealpe, 1626 m, die letzte Bergschulter im großen Ötscherbogen, führt von Mitterbach bei Mariazell her ein Lift. Das tut unserem Unternehmen nicht den geringsten Abbruch: Wir besteigen diesen relativ »gewaltigen« Berg über den einsamen »Rauhen Kamm«, und zwar von Gösing her über das Gasthaus Sommerer bei Trübenbach und über den Bärenlackensattel. Der »Rauhe Kamm« (rot bezeichnet und mit einigen sichernden Eisenstiften versehen) ist eine zerfurchte Felsschneide, die an einem Krummholzsattel ansetzt und sich mit einigen Felshöckern und Türmen am Ende kühn wie eine Felswand zum höchsten Punkt aufschwingt. Der Gang ist luftig, da gibt's keinen Zweifel, und durchaus nicht für jedermann geeignet: Kinder (ab 12 Jahren) nimmt man selbstverständlich an eine Reepschnur. Auch manche liebe Frau wird sich nicht dagegen wehren, solchermaßen am Bandl geführt zu werden. Wer früh genug dran und richtig neugierig ist, der muß wie weiland die kaiserlichen Goldsucher südwärts ans »Geldloch« steigen, ein amüsanter Abstecher, und in den Höhlen dort nach Gold suchen oder nach einer teuren Hand. Der Ötschergipfel schenkt eine Aussicht, die reizend auf tausend grüne Verstecke weist und nicht viel weniger Superlative auf die Lippen zwingt als mancher hochgerühmte Viertausender. Hat man absteigend das Ötscher-Schutzhaus hinter sich, dann steigt man über das zeitweilig bewirtschaftete Spielbichler-Gasthaus hinab zum Ötscherbach und von ihm hinaus in die »Ötschergräben«, die für Romantiker den eigentlichen Gipfel der Ötscherwanderung darstellen. Denn da geht's zwischen Steilgewänd dahin, und Gumpe folgt auf Gumpe, Wasserfall auf Wasserfall, und schmale Stege, blinkende Wasser, Forellenschatten und Klammengen unterhalten uns ohne Pause. Wenn dann ein schmaler Strahl goldenen Sonnenlichtes wie aus Scheinwerfern in den schwarzen Schluchtschatten fällt, dann hat man den Lohn aller Mühe in der Hand. (Siehe Bild von Tour 99 aus Pause/Wandern bergab.) Wem unsere Tour zu lang ist, der fahre zur Gemeindealpe auf, 1626 m, und steige durch die Ötschergräben ab.

97 Montasch 2751 m

Am »Wolkenthron« Julius Kugys

TALORT Raibl (Cave del Predil), 900 m, südlich von Tarvis (Tarvisio)

STÜTZPUNKT Brazza-Hütte CAI (neu), 1660 m, oberhalb der Pecolalmen, von dort in ¾ Std. erreichbar. Idealer Stützpunkt! — Mit Pkw vom Neveasattel zur Neveahütte, 1142 m, und weiter zur Pecolalm!

AUFSTIEG UND ABSTIEG »Brazza-Anstieg« in der Südflanke, 2½ Std. ab Brazza-Hütte, 2 Std. im Abstieg

BESONDERE HINWEISE Schwindelfreiheit und Trittsicherheit unerläßlich! Zahlreiche Spuren aus dem Ersten Weltkrieg (italienischer Stellungsbauten und Kavernen), daher stammt auch die 60 m hohe Metalleiter. Diese »Drahtseilleiter« befindet sich direkt am Anstieg und leitet in die Verde-Scharte, nicht zum Gipfel, der von der Scharte noch weit entfernt ist.

GESCHICHTE 1. Ersteigung H. Findenegg mt A. Brussofier, 18. 8. 1877 (Südseite und Südwestbänder) · 1. Begehung des Südanstieges Graf G. di Brazzà mit A. Siega und F. Marcon, 1882. Sicherungsanlage 1882!

FÜHRER / KARTEN Julische Alpen (Schöner) · Hochtourist, Band 8, Purtscheller, Heß (Bibliographisches Institut) · FB-Karte, Blatt 14, Julische Alpen, 1: 100 000 — Planinska karta, Julijske Alpe, 1: 50 000

BILD Ausblick vom Montasch-Südostgrat, also vom Normalanstieg von Süden her ab Brazza-Hütte. Unten im Vordergrund die wichtige »Verdescharte«, rechts läuft der Grat zur Cima Verde weiter, links zum Montaschgipfel. Im Hintergrund steht der Wischberg, links vom Großen Nabois attachiert. Darüber im Dunst die Kuppe des Mangart.

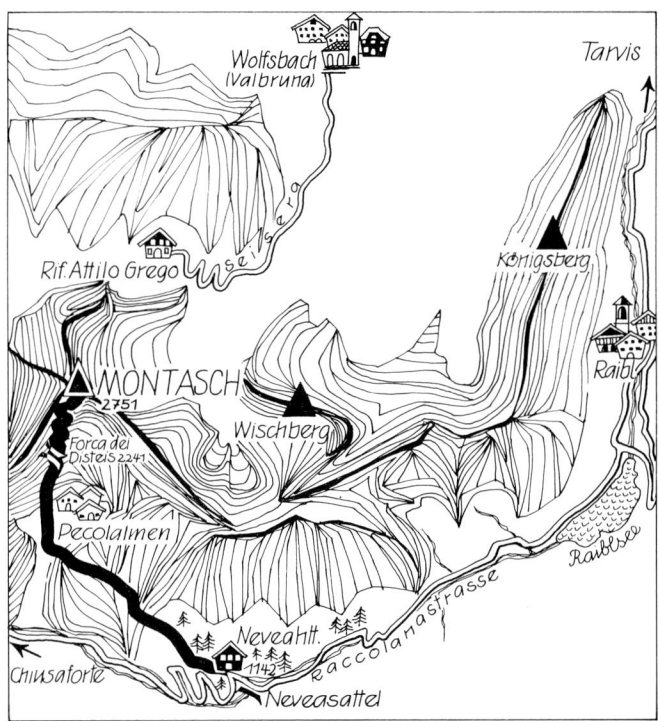

Die Julischen Alpen, zweigeteilt durch die Staatsgrenze Italien—Jugoslawien, brauchen den Vergleich mit den bedeutendsten Gruppen der Nördlichen Kalkalpen — beispielsweise mit dem Karwendel — nicht zu fürchten. Ihre Hauptgipfel sind Bergriesen, und ihr höchster Gipfel, der Triglav, 2863 m, überragt Savetal und Mojstrana um mehr als 2200 m! Auch der Montasch in den westlichen Julischen Alpen überragt Wolfsbach und die Seisera um volle 1900 m. Der Neveasattel, an dem unsere Ausgangshütte steht, trennt die südliche Caningruppe von der nördlichen Montasch-Wischberg-Gruppe. Wer den Montasch je von Norden, etwa aus dem Seiseratal gesehen hat, wird sich seiner gewaltigen Nordwand erinnern — und unsere Südwand dagegen reichlich brav finden. Aber diese Südwand überragt einen riesigen Almenboden, der einem unendlichen Blumenteppich gleicht: Wer dies entdeckt, ist bald versöhnt. Wir wandern über jene herrlichen Böden zu den Pecolalmen und weiter zur Brazzahütte. Von dieser aufwärts, zuletzt ziemlich steil, in das in Fallinie des Montaschgipfels — unter seiner Südwand — befindliche Hochkar. Am linken Rande liegt die Forca dei Disteis . . . 2241 m, die allgemein als Frühstücksplatz erkoren wird. Dort, im breiten Sattel unter der Südwand des Montasch, haben wir den firnumlagerten Monte Canin gegenüber, hinter dem der Isonzo in einem nur 200 m hohen Tal, an Tolmein vorbei, zur Adria rennt. Von diesem schönen Platzerl aus wenden wir uns rechts zum Einstieg des »Brazza-Anstieges« und betreten über einem großen Schutthang (oft Schneefeld mit Tropfwasser) den Fels, der mit einer Steiganlage beginnt. Erst über leichte Stufen, dann immer mehr durch steile Schrofen windet sich der Steig hinauf, zuletzt auf schwankender, 60 Meter hoher Drahtseilleiter und über einige Schrofenstufen auf den langen Gipfelgrat (Ostgrat) der nahe links der Verdescharte (verde = grüne Schrofen) betreten wird: Und schon packt uns der neue Ausblick — 1900 m stürzt die jenseitige Wand in die Seisera ab, und die Karnischen Alpen stehen uns unmittelbar gegenüber. Ein harmloses Band führt uns sicher um einen Gratzacken nördlich herum, der folgende Grat ist gestuft, zwei luftige Passagen mit eingehauenen Tritten führen zu Bändern und neuen Stufen. Bald ist der Gipfelfirst erreicht. Er ist, wenn Julius Kugy wieder mal recht hat, ein wahrer Thron zwischen Himmel und Erde, und nun entdecken wir auch Wischberg, Triglav, Jalovec, und wie sie alle heißen, die vielgerühmten Gipfel im letzten südöstlichen Winkel der Alpen — und sehen bei gutem Wetter auch die Poebene und, als feinen hellen Streifen an der Kimme des Horizonts, sogar die ferne Adria. Wer von weither kommt, nehme die FB-Wanderkarte Blatt 14 mit, um wenigstens mit den Augen in diesem Alpenwinkel heimisch zu werden.

98 Wischberg 2668 m

Felspyramide über der Seisera

TALORT   Raibl (Cave del Predil), 900 m, südlich von Tarvis

STÜTZPUNKT   Rifugio Guido-Corsi (früher Wischberg-, dann Findenegghütte), 1854 m, auf der Südseite des Wischbergmassivs, CAI (bew.); 3 Std. ab Fahrstraße im Seebachtal bei Chiusa Forte, 990 m

AUFSTIEG (wie Abstieg)   Südflanke, Normalweg. Leichter, exponierter, aber teilweise gesicherter Steig. 2½ Std. ab Hütte. Abstieg 1½ Std.

BESONDERE HINWEISE   Der mit ungeheuren Wänden nach Norden und Westen abstürzende Wischberg kann auf gutem Steig durch die Südwand erstiegen werden. Trittsicherheit erforderlich! In Gipfelnähe Kavernen aus dem Ersten Weltkrieg. Vorsicht beim Steigen, keinen Steinschlag verursachen!

GESCHICHTE   1. Ersteigung A. Wenzel und Förster Langer um 1850 · 1. touristische Ersteigung G. Jäger mit A. Exl und T. Oman, 17. 9. 1871

FÜHRER / KARTEN   Julische Alpen, Schöner (Rother) · Hochtourist, Band 8, Purtscheller-Heß (Bibliogr. Institut) · FB-Wanderkarte, Blatt 14, Julische Alpen, 1: 100 000. — Paninska karta – Julijska Alpe, 1: 50 000!

BILD   Der Wischberg, Hauptgipfel der italienischen Wischberggruppe innerhalb der westlichen Julischen Alpen, mit seiner mächtigen, aus Dolomitkalken gebauten Nordwand. Diese Wand wird von mehreren, teils extrem schweren Kletterrouten durchzogen, während der Gipfel von Süden her auf einem gesicherten Steig leicht zu bezwingen ist.

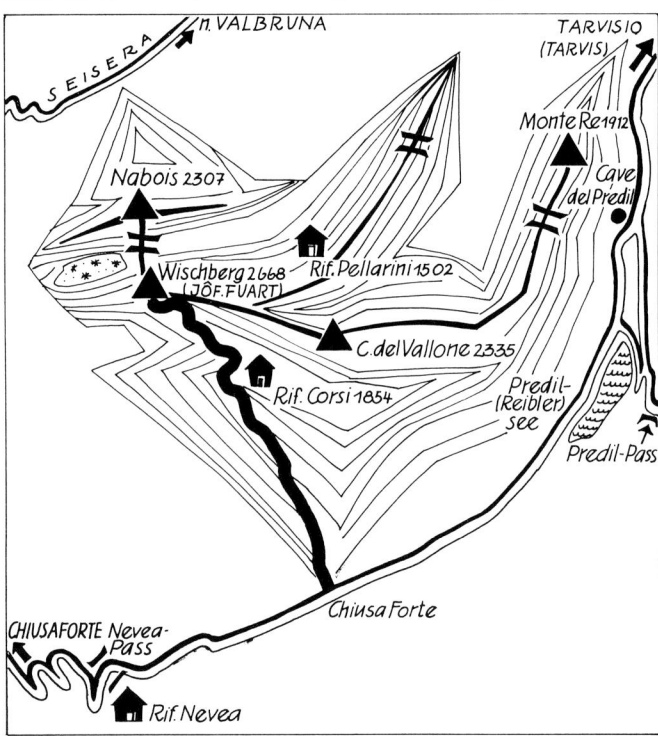

Wer die nordwärts von den Karawanken, ostwärts von den Steiner Alpen und im Westen von den Karnischen Alpen umschlossenen Julischen Alpen einmal besucht, wird rasch begreifen, warum große europäische Bergsteiger wie Julius Kugy, Sir David Humphrey und Tom Longstaff — Präsident des Alpine Club — dieses Gebirge verehrt und seine wilde Schönheit gepriesen haben. Dort mischt sich auf engstem Raum das Strenge und Herbe mit dem Schönen und Lieblichen, und wer dem Karwendel verfallen ist, dem Dachsteingebirge oder den Allgäuer Bergen, der kann auch dort glücklich werden. Man sehe nur unser Bild an, den Wischberg mit seiner mächtigen, in die Seisera abfallenden Nordwand: Welcher Freund des Kletterns im Kalkgestein spürt da nicht die herrlichen Führen, das feste, rauhe Gestein und den süßen Ruch von tief unten aus den Latschenzügen!... Dieser Wischberg ist unter extremen Kletterfreunden gut bekannt. Wer nicht extrem klettert, muß sich hier an die Südseite halten, über die von der Guido-Corsi-Hütte her ein gesicherter Steig führt. Zuerst wandert man von der Hütte aus auf eine große hohe Kalkwand zu und sorgt sich schon, wo da ein Steig Platz hat; und bereits nahe der Wand im hintersten Felskessel, über dem sich auch die Südmauern des Gamsmuttergrates aufrichten, zweifelt man noch an einer Möglichkeit. Erst an den kühnen Stufen, die an den untersten Abbrüchen der Wischbergflanke beginnen, entdeckt man an Sicherungen, Drahtseilen und ausgeschlagenen Tritten, daß man nicht umsonst gekommen ist: der Steig beginnt mit einer eindrucksvollen 25-Meter-Stelle, führt durch eine Höhle in die folgende steile Plattenrinne, windet sich geschickt von Stufe zu Stufe. Die Wand löst sich auf, die Schrofen mehren sich. Je höher man kommt, desto harmloser wird der Anstieg, aber die Ausgesetztheit bleibt! Und die Gefahr des Steinschlages. Nach 2½ Std. steht man auf dem höchsten Punkt dieser wunderbaren Kalkpyramide, 1150 Meter über der kleinen Pellarinihütte tief im Norden und 1800 Meter über dem Boden der Seisera, und es öffnet sich ein Blick auf die Julischen Alpen wie von keinem anderen Standort besser: Hier stehen sie alle zur Parade, die berühmten, geliebten Berge, ob auf italienischem Boden wie der benachbarte Montasch, wie Gamsmutter und Monte Canin, oder auf jugoslawischem Boden wie Triglav, Skrlatica, Mangart, Jalovec oder Razor... Man kann sich kaum satt schauen. Neben uns verfallen Kavernenbauten aus dem Ersten Weltkrieg, dicht nebenan ziehen die breiten »Götterbänder« um die Nordflanke des Gamsmuttergrates, und neben dem Caninstock blicken wir gar in das Tal des jungen Isonzo... ein Fluß, an dem sich die alten europäischen Völker die vorletzte blutige Schlacht vor ihrer endlichen Einigung geliefert haben. Das war in den Jahren 1915/17...

99 Jalovec 2643 m

Zwischen Trenta- und Planicatal

TALORTE AP/EP Bovec (Flitsch), 483 m, oder an der Nordseite Kranjska Gora (Kronau), 810 m, am Beginn der Vršičpaßstraße

STÜTZPUNKTE Zavetišče pod Spičko, 2010 m, südlich des Jalovec. SB (bew.); 6 Std. von Bovec, aber Straße bis ins Ende des Bavšicatales (dann 4 Std.). — Kfz-Zufahrt bis Vršič-Paß, 1611 m, dann Steig, rot markiert, unter dem Kamm Mojstrovka-Travnik durch in 3 Std. (vom Vršič-Paß ausgehend)

AUFSTIEG Von der Hütte kleiner Abstieg, dann zu den Ozebnikfelsen hinauf. Darin aufwärts zum zerscharteten Südgrat und über ihn auf den Gipfel, 3½ Std., bezeichnet, teils gesichert (mäßig schwierig, II) · Abstieg wie Aufstieg · Übergang zum Vršičpaß (Tičarjev dom) 3 Std.

BESONDERE HINWEISE Einzigartige schöne Bergfahrt inmitten der wuchtigen Julischen Alpen auf einen ihrer schönsten Gipfelgestalten. Klettergewandtheit und Trittsicherheit Grundbedingung! Wetterschutz!

GESCHICHTE 1. touristische Besteigung C. Wurmb mit M. Cernutta und A. Štergulc, 2. 8. 1874 (Koritnicatal) · 1. Begehung der Jerezcaschlucht und des Südgrates (von der Trentaalm) K. Blodig, 16. 9. 1878

FÜHRER / KARTEN Julische Alpen, Schöner · Hochtourist, Band 8, Purtscheller·Heß (Bibliogr. Institut) · FB-Wanderkarte, Blatt 14

BILD Der Jalovec in den Julischen Alpen, aus dem Trentatal gesehen. Er beherrscht in der Form eines wilden Felshorns das Planicatal, als plattige Pyramide aber auch das Trenta- und das Koritnicatal.

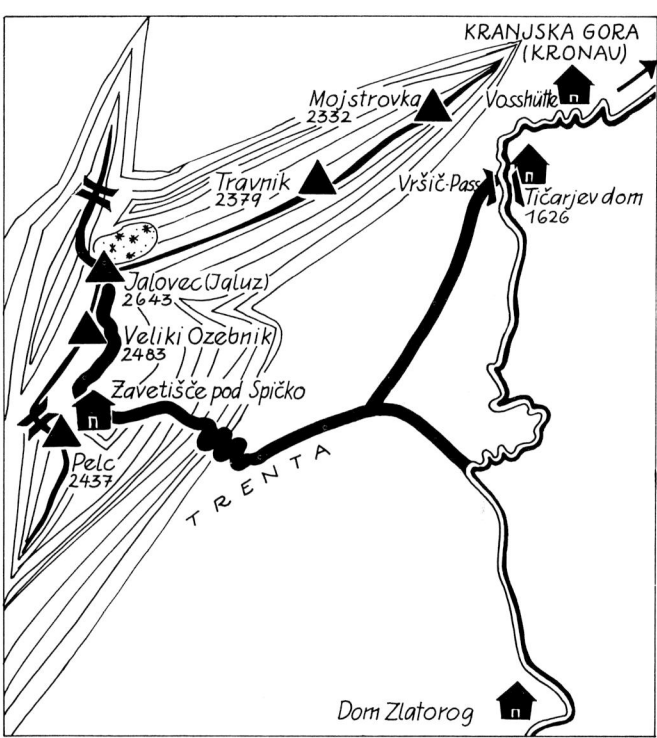

Als kühnes Felshorn steht der Jalovec mit seiner düsteren Nordwand über dem Planicatal, steinschlagbedrohte Riesenfirnrinnen flankieren den Felskeil seiner Nordostkante, ein Koloß von Berg sieht auf uns herab — abschreckend und anziehend zugleich. Nicht so drohend, doch ebenfalls mit großartigen Plattenwänden, zu Kalkfestungen geballt, sieht man denselben Berg vom Wiesenkessel der Trenta aus, dem die Quellen des Isonzo (Soča) entspringen. Nicht wenig Schaulustige fahren heute in Omnibussen in diesen herrlichen Alpenwinkel, und doch: keine halbe Gehstunde weit, man ist allein, Romantik flutet — ein einziger Blick in die düstere Kerbe der Jezercaschlucht zwischen Jalovec und Ozebnik über uns befreit uns von allen Zivilisationslüsten. Der Jalovec beherrscht mit seinen niedrigeren Trabanten Travnik und Mojstrovka die zweite jener vier parallel von Südwest nach Nordost laufenden Bergketten, die den jugoslawischen Teil der Julischen Alpen ausmachen; er beherrscht damit zugleich die drei Täler von Trenta, Planica und Koritnica. Der Gipfel sitzt auf der Jezercaterrasse auf, die fast bis zum Travnik hinüberreicht, noch die Mojstrovka trägt und dann zum Vršičpaß absinkt: Velika Dnina wird der Kamm heute genannt. An ihm führt ein Steig entlang, der zwei Hütten verbindet, so daß der Bergsteiger nicht in die Trenta absteigen muß, wenn er den Gipfel von Nordosten erreichen will. Die eigentliche Jezercaschlucht in der Taltiefe ist oft bis in den Hochsommer hinein mit Firnresten gefüllt und obendrein steinschlaggefährdet; ohne derlei Hemmnisse geht man am Latschensteig vom Vršičpaß dahin und ebenso am Hüttenweg aus dem Koritnicatal zur Hütte Zavetišče pod Spičko. Von hier wie von dort gewinnen wir gut die berühmte Jezercaterrasse, überschauen klar das weitere Gelände und steigen über Schuttbänder in die ersten Kessel ein, die unter den Graten liegen. Aus diesen Kesseln gewinnen wir dann leicht den türmereichen Südgrat, der uns zum Gipfel leitet. Wer die Karte zur Hand nimmt, kann sich vorstellen, welchen dominierenden Platz dieser Jalovec innerhalb des Zentrums der Julischen Alpen einnimmt und welche instruktiven Einblicke man in dieses Gebirge gewinnt. Man ist hier oft an das zentrale Karwendel erinnert, und doch ist alles noch um einen Grad wilder, mehr noch von den Elementen zerschlagene Urwelt. Julius Kugy, der große Freund und Werber für die Julischen Alpen, dessen Denkmal heute in Erz gegossen an der Vršičpaßstraße steht, war der zweite Bergsteiger, der diesen stolzen Gipfel erreicht hat. Jetzt blickt er vom Paß zu ihm auf, zu seinem ehrwürdigen »Jalouc«. — Wer den Jalovec besucht und die Karten angesehen hat, wird wissen, daß es hier — im Zentrum der Julischen Alpen — herrliche und gutmarkierte Übergänge von Hütte zu Hütte gibt, auch hinüber über den Razor bis zum Triglav . . .

100 Skuta 2532 m

Über dem östlichsten Gletscher der Alpen

TALORTE AP Jezersko (Oberseeland), 903 m (Bus von Kranj) · AP Vrtačnik bei Kokra (Unterseeland), 590 m (Bus nach Kranj)

STÜTZPUNKTE Tschechische Hütte (Češka koča), 1543 m, unter dem Ravnikar, SB (bew.), 2½ Std. von Jezersko · Zoishütte (Cojzova koča), 1791 m, SB (bew.), am Kankersattel, 2½ Std. nach Vrtačnik

AUFSTIEG Westgrat über den Langkofel, 2454 m, und Ravnikarsteig (Sicherungen), bezeichnet, 3½–4 Std. · Abstieg wie Aufstieg, jedoch ab Langkofelscharte, 2358 m (Mlinarsko sedlo) zum Kankersattel, 1791 m, nach Süden, bezeichnet, 2½ Std. ab Gipfel

BESONDERE HINWEISE Sehr früher Aufbruch empfehlenswert! Nur für trittsichere und schwindelfreie Bergwanderer! Kühne Sicherungsanlagen! Am Ravnikarsteig zur Langkofelscharte Firn und Randkluft!

GESCHICHTE 1. Ersteigung durch A. von Pavich mit A. Kalan, 29. 7. 1875 · Grat Langkofel-Skuta: J. Frischauf, J. Berschnig, 1875

FÜHRER / KARTEN Hochtourist, Band 8, Purtscheller-Heß (Bibliogr. Institut) · FB-Wanderkarte, Blatt 47, Steiner Alpen, 1: 100 000 · Planinska karta, Julijske Alpe, 1:50 000

BILD Unsere Skuta verbirgt sich ganz hinter dem Langkofelmassiv (vorne), das wir deshalb auf einer Steiganlage bis nach rechts oben in die Scharte durchsteigen müssen. Es folgt dann Querung oder Überschreitung des Langkofel bis zum Gipfelsockel der Skuta. Im Bild links vom Langkofel vorschauend die Steirische Rinka.

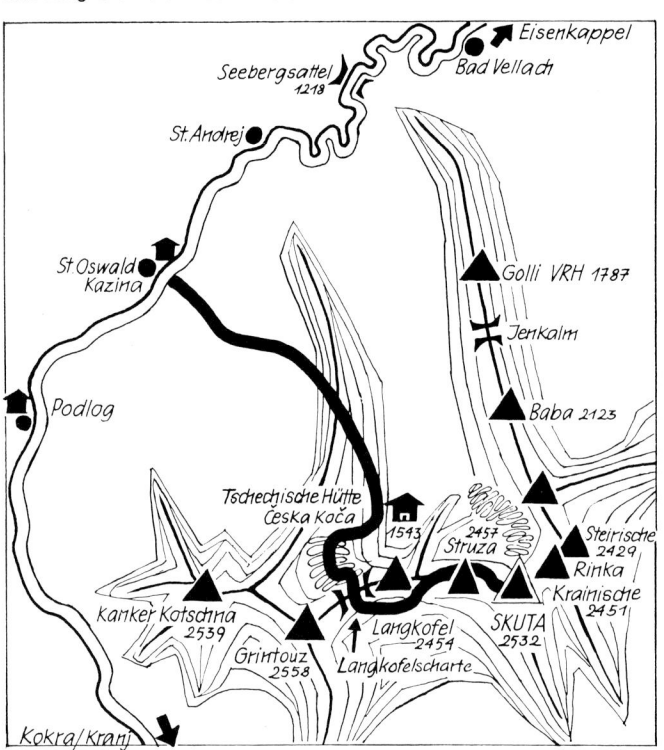

Die Steiner Alpen im Südosten der Kärntner Seenplatte sind die letzte Bastion der Südlichen Kalkalpen — und zugleich die letzte Berggruppe der Ostalpen. Ähnlich den Julischen Alpen bezwingen sie durch die Vielfalt der Erscheinungen und Strukturen... Die auf jugoslawischem Gebiet liegenden Steiner Alpen zeichnen sich für den Bergwanderer durch mehrere, teilweise kühne Steiganlagen aus mit zahlreichen Sicherungen — vielleicht mit allzu vielen, denn der passionierte Kletterer wünschte sich oft weniger. Die Skuta (skuta = die Einsame), der zweithöchste Gipfel der Gruppe nach dem Grintavec (der Grimmige), steht in dem beherrschenden Hauptkamm, der von West nach Ost zieht und nur unbedeutende Arme, hauptsächlich gegen Norden, ausstreckt. Wir verfolgen von der Tschechischen Hütte aus das Schuttsteiglein in das Ravnikar (³/₄ Std.), dessen ebener Firnboden durchschritten wird. Etwas gegen links zieht bald ein kurzer Steilhang vom Firn weg. Achtung: Randkluft! — auf ein großes Schuttband! — Einstieg am Langkofelsockel — hoch über uns die wichtige Langkofelscharte für den weiteren Übergang zur Skuta! In Fallinie des aus der Wand vorspringenden Felsturmes zum ersten markanten Firnfeld. Hier links hinüber — Drahtseil! — in die steile Wand und auf ebenfalls steiler Rampe schräg (s. Bild) empor. Dann wieder links ums Eck: Drahtseil. Jetzt auf schmalen Bändern weit nach links oben, an einer markanten Höhle vorbei, zu einem Absatz. Man sieht immer Spuren. Hinauf in die erste Wandbucht, am Drahtseil weiter in die nächste, nun über gestuften Fels (anfangs Drahtseil) gerade hinauf unter die senkrechte Gipfelwand und schräg rechts über Schutt und Platten in die Langkofelscharte. (Bild, oben rechts.) Wer viel Zeit hat, kann jetzt vom Sattel aus in 1¹/₄ Std. auf bezeichnetem Steig den Grintavec, 2558 m, mitnehmen! Normalerweise steigen wir von der Langkofelscharte aus östlich zum Westgrat und über ihn — mit großartiger Aussicht nach beiden Seiten — zum Langkofel-Gipfel. Die zahlreichen Türme und Scharten am Weg schaffen trotz guter Sicherungen immer wieder interessante Situationen, und bald stehen wir am Gipfelfirst der Štruca, 2457 m, die wir freilich auch südwärts umgehen können. Ein schwieriger Stufenbau, mit Eisenstiften besetzt, leitet schließlich in die firnige Hochmulde zwischen Štruca und Skuta, und rechts haltend wird über große Blöcke der Gipfel erreicht (knappe 4 Std. ab Tschechischer Hütte ohne Grintavec). — Absteigend gehen wir nur bis auf die Schneide zwischen Štruca und Langkofel zurück und steigen dann südlich (Wegabzweigung) über karstige Trümmerhänge in den »Pod-Podeh«-Kessel ab und von da am Steig über Platten und Bänder zum »Kleinen Törl« (Mala Vratca) und zum Kankersattel mit der Zoishütte (2/¹₂ Std.). Der weitere Abstieg führt nach Vrtačnik zum Bus nach Kranj oder Jezersko.

Bergsteigen im Kalkfels der Alpen

Kommentare, Ratschläge und Hinweise

Die Schwierigkeitsgrade der 100 Touren

Im Obertitel aller 100 Touren werden nur **drei** Schwierigkeitsgrade angewendet. Sie decken sich **nicht** mit den Wertungen der offiziellen Alpenskala (I–VI), da sie nicht nur die klettertechnischen Anforderungen berücksichtigen, sondern auch die Relativität der Verhältnisse, was Höhe, Länge der Tour und Exposition des Weges betrifft. Diese eigene Bewertungsformel ist folgendermaßen zu verstehen:

F 1 = **leicht,** meist Bergwanderung auf markiertem Weg oder auf gesichertem Felssteig (nach der Alpenskala für Klettern nie über I = »unschwierig«)

F 2 = **mäßig schwierig,** fast nur solche Kletterführen, die nach der Alpenskala mit »mäßig schwierig« (II) bis höchstens II+ einzustufen sind, aber auch exponierte Steiganlagen oder Felstouren von besonderer Länge

F 3 = **ziemlich schwierig,** dies sind nur Kletterführen, die nach der Alpenskala mit »schwierig« (III) einzustufen sind (also –III bis III+)

FE 1 = **leichte** Bergwanderung mit kurzer Gletscher- oder Firnstrecke

FE 2 = **mäßig schwierige** Felskletterei mit Gletscherbegehung, meist in größere Höhen führend

FE 3 = **ziemlich schwierige** Bergtour mit Gletscherbegehung

Beispiele aus diesem Buch:

F 1 = Grand Muveran, Piz Beverin, Sulzfluh, Marchreisenspitze, Alpspitze, Ellmauer Halt – Normalweg, Großer Priel, Sass Rigais, Spitzkofel usw.

F 2 = Mont Aiguille, Schächentaler Windgälle, Tinzenhorn, Piz Plavna Dadaint, Wetterspitze, Dreitorspitze, Totenkirchl, Schönfeldspitze, Cima Canali, Daint de Mesdi, Civetta, Monte Duranno (auf Normalwegen!)

F 3 = Kingspitz, Piz Ela, Piz Pisoc, Höfats, Sass Maor, Zwölferkogel, Fünffingerspitze, Fenneda

FE 1 = Cima Brenta, Hochkalter (Eisweg)

FE 2 = Tour Sallière, Windgälle, Campo Tencia, Hochkönig, Langkofel, Dachstein, Monte Cristallo, M. Pelmo, Cima Brenta.

FE 3 = nicht enthalten

Bei **jeder** Klettertour ist auch der Schwierigkeitsgrad der offiziellen Alpenskala mit angegeben. – Von den 100 Kalktouren hat man bei 14 Touren relativ kurze Gletscherbegehungen in Kauf zu nehmen, also den Eispickel mitzuführen und das Sicherungsseil.

Du mußt vorher wissen, was dir im Hochgebirge bevorsteht

Das Hochgebirge ist wie das Meer eine extreme Landschaft. Noch vor 150 Jahren wurde es von den Menschen gefürchtet und gemieden. Heute gilt es als interessantes Ferienparadies für jedermann. Seine Gefährlichkeit wird gröblich verkannt. Unkenntnis der alpinen Gefahren und bodenloser Leichtsinn fordern jedes Jahr eine große Zahl an Todesopfern. Wer deshalb die besonderen Freuden einer Hochgebirgswanderung haben will, der muß auch deren besondere Gefahren kennen und zu meistern lernen. Wer jung ist, sollte grundsätzlich in die klassische Schule einer Alpenvereins-Sektion gehen. Dort kann er im Kreise erfahrener Bergfreunde das Abc des Bergwanderns und Bergsteigens am gründlichsten und am angenehmsten erlernen: durch regelmäßige Vorträge, durch Teilnahme an Führungstouren, durch die Lektüre der dort empfohlenen alpinen Literatur.

Man fährt nicht ahnungslos in einem Faltboot auf das hohe Meer, und man steigt nicht ahnungslos in Halbschuhen auf das Matterhorn. Beides rächt sich.

Das Bergwandern verlangt außer einem gesunden, widerstandsfähigen Körper auch einen gesunden und hellwachen Geist. Das ist wichtiger als heillose Begeisterung. Umsicht, Geistesgegenwart, zuweilen eine gewisse Kaltblütigkeit sind im Hochgebirge unerläßlich. Der Geist soll sich schon vor Antritt der ersten Bergwanderung mit dem Phänomen des Hochgebirges beschäftigen. Man muß den Führer und die Karte studieren, man soll über das Gebiet, in dem man Touren macht, Bescheid wissen. Die alpine Literatur ist reich, die spezielle Führer-Literatur auf der Höhe. Was man nicht beim Buchhändler findet, kann man – als Mitglied – meist bei einer Alpenvereinsbücherei entleihen.

Du mußt für die schlechtesten Umstände ausgerüstet sein

Man wähle stets die Bekleidung, die schlechtem Wetter entspricht! Dazu gehören auf Bergwanderungen (bis in Höhen von 1800 bis 2800 m): Gute, hohe Schuhe mit moderner Profilgummisohle. Niemals Halbschuhe! Dazu gehört ein guter Wollpullover, ein wetterfester Anorak, ein Paar gute Handschuhe, Kniehosen aus besonders widerstandsfähigem Stoff (von Cord ist abzuraten, weil er zu schnell Wasser saugt), ein Woll- oder Flanellhemd, eine Wollmütze zum Überziehen, dazu unbedingt gute ausreichende Unterwäsche.

In der Firn- und Eisregion sind außerdem vonnöten: Eine Ersatzgarnitur trockener Unterwäsche, Segeltuchhandschuhe zum Überziehen, Schneebrille, Labiosan für die Lippen, keine Fettcreme, sondern SOBRAGEL für die Haut, ein zweiter, etwas dünnerer Pullover, Ersatzstrümpfe. In diese Höhe nimmt man auch nicht den kleinen Tourenrucksack mit, sondern den größeren, am besten den Tauernrucksack.

Zur Ausrüstung im Bergwandergelände (das trifft für 5 unserer 100 Touren zu) gehört ferner eine 10 bis 20 m lange Reepschnur. Sie kann im Schrofengelände, in Rinnen und auf gefrorenem Schnee unschätzbare Dienste leisten. Außerdem ist ein eiserner Bestand an Lebensmitteln unerläßlich. Am besten hat man immer bei sich: Knäckebrot (wird nicht trocken), Dörrobst, Nüsse, Schokolade, Traubenzucker und Speck.

In großen Höhen, also über 2800 m, und im Gletschergebiet braucht man zusätzlich: ein Perlonseil von 30 m Länge zur Sicherung, einen leichten Eispickel, leichte Steigeisen, eine Bussole

(Kompaß). Auch sollte man bei langen Übergängen und in großen Karstlandschaften stets einen modernen Perlon-Zeltsack zum
Überstülpen bei sich haben, er wiegt nur 500—600 Gramm. Er hat
schon vielen vom Unwetter überraschten Bergwanderern das
Leben gerettet. Auch eine feste Sturmhaube hat man bei sich.

Du mußt genau wissen, mit wem du gehst

Der Anfänger darf im Hochgebirge nie und nimmer allein wandern. Wer keinen Gefährten hat, vertraue sich einem Bergführer
an. Man sucht sich keinen fremden Bergwanderer als Zufalls-
gefährten. Ein Begleiter, dessen Erfahrung und Fähigkeiten
man nicht kennt, kann oft nachteiliger sein als gar keiner.
Man gehe auch nicht hinter fremden Seilschaften und Gruppen
her, um sich solchermaßen »schwarz« einer Führung zu versichern. Das ist unfair, denn man ladet dabei fremden Menschen
eine Verantwortung auf.
Auch der vielerfahrene Bergsteiger kann im Hochgebirge durch
Wetterumschlag, Absturz, Verletzungen oder Unwohlsein in Gefahr kommen. Ist er allein, so kann die Gefahr tödlich werden.
Mit einem Begleiter ist meist Hilfeleistung und Rettung möglich.
Wer mit einer Frau oder mit jüngeren Gefährten wandert, richte
Schwierigkeiten der Tour und Tempo nach deren Leistungsver-
mögen. Im übrigen versteht es sich von selbst, daß eine Gruppe
oder eine Seilschaft niemals einen einzelnen Mann allein zurück-
läßt (weil er verletzt, erschöpft oder willenlos geworden ist) —
auch wenn die eigene Rettung dadurch gefährdet erscheint, muß
wenigstens ein Kamerad bei dem Zurückbleibenden ausharren.

Du mußt rechtzeitig auf das Wetter achten

Bergwandern führt meist in einsame, entlegene Urlandschaft, wo
man dem Wetter ausgesetzt ist, wie es kommt. Die Beobachtung
des Wetters gehört deshalb zu den wichtigsten Aufgaben des
Bergfreundes. Sehr oft kann eine einmal begonnene große Tour,
etwa eine lange Gratwanderung, unterwegs nicht mehr abgebro-
chen werden: dann sitzt man im Wettersturz wie in einer Mause-
falle.
Wetterstürze im Gebirge sind, vor allem im Frühsommer, zahl-
reich und stets gefährlich. Die Temperatur verringert sich auch
im Hochsommer auf je tausend Höhenmeter um 10—20 Grad! Das
wird immer wieder vergessen. Dabei sehen die Leute, wie es im
August oft bis in die Almregion herab schneit.
Abendhimmel, Frühhimmel, die Farbe des Sonnenlichtes, das
Wolkenbild geben dem erfahrenen Mann stets Aufschluß über
die Wetteraussichten. Wer in den Wolken nicht zu lesen versteht,
frage Führer, Hüttenwirte oder Almhirten nach den Wetteraussichten. Bei bevorstehenden Wetterstürzen bleibe man in der
Hütte oder im Tal. Dagegen soll man schlechtes Wetter nicht einfach fürchten, im Gegenteil: wir werden mit der Natur erst eins,
wenn wir ihre Elemente auch in ihrer schaurigen Schönheit begreifen. Erst Sonne und Wolken verzaubern die Urlandschaft zum
Reich der Götter.

Du mußt objektiven Gefahren mit Besonnenheit begegnen

Objektive Gefahren nennt man, was durch die Gebirgsnatur be-
dingt ist: Steinschlag, Lawinen, Kälte, Nebel, Gewitter, Sturm,
Sonnenstrahlung, Gletscherspalten.
Gegen Steinschlag hilft nur Vorsicht. Vorsicht in Rinnen und

Schluchten, vor allem bei Regen und Sturm. Möglichst auf Rippen und Grate ausweichen. Den Kopf schützen durch gepolsterte
Mütze oder übergestülpten Rucksack.
Neuschneelawinen gibt es auch im Hochsommer. Hier hilft nur
Erfahrung und doppelte Vorsicht. Man meide gefährliche Hänge.
Muß man sie anschneiden, dann nur einzeln, in großen Abständen und an ihrem oberen Ende.
Die Kälte ist der gefährlichste Feind des Bergwanderers, vor
allem in Verbindung mit Wind und Sturm. Hier hilft nur Vor-
sorge. Eine Ersatzgarnitur trockener Unterwäsche kann ein Leben retten. Denn erst Erschöpfung und dazukommende Unter-
kühlung sind gefährlich. Wer durch Verirren oder Wettersturz
zur Freinacht gezwungen ist, kann mit einem Perlonzeltsack
leicht davonkommen — ohne ihn nur schwer. Muß man ohne Zelt-
sack und Schneehöhle biwakieren, dann ist Bewegung alles: Nicht
stillsitzen, ständig turnen, bis der Morgen kommt.
Bei Nebel ist Umkehr stets das Beste. Im Nebel, vor allem in
großen Höhen und auf Eis, findet nur der erfahrene Mann
zurecht, der den Kompaß richtig bedient und die Karte zu lesen
weiß. Niemals eine Gruppe trennen! Stets zusammenbleiben!
Gewitter, vor allem Blitze, sind zu fürchten. Die Gefahr erhöht
sich auf Graten und Gipfeln. Man meide Seilsicherungen, eiserne
Gipfelkreuze und Verspannungsdrähte, man meide einzelne
Bäume und wasserführende Rinnen und Kamine! Metallteile,
Eispickel usw. muß man in einiger Entfernung deponieren. Auf
freien Flächen lege man sich auf den Boden. Für den Sturm gilt,
was bei der Kälte gesagt wurde.
Die Gefahren der Sonne werden von Anfängern immer unterschätzt. Man geht in Höhen über 2000 Meter nicht mit nacktem
Oberkörper, auch nicht mit nackten Armen. Man trägt die Schutz-
salbe vor dem Verlassen der Hütte auf, nicht, wenn man bereits
den Schaden spürt.
Gletscherspalten überwindet man nur mit einem Führer, mit
höchster Vorsicht, niemals allein, nur mit Seilsicherung.

Du mußt subjektive Gefahren gewissenhaft ausschalten

Subjektive Gefahren sind nicht in der Bergnatur, sondern stets
im Menschen begründet. Sie heißen: mangelnde körperliche Leistungsfähigkeit, mangelndes Training, mangelnde Beherrschung
der alpinen Technik, Nichtbeachtung alpiner Erfahrungsgrund-
sätze, Leichtsinn durch Unkenntnis der Gefahr, durch Übermut,
Begeisterung, falschen Ehrgeiz.
Die schlimmste Gefahr wird heraufbeschworen, wenn das eigene
Können überschätzt wird. Gegen die subjektiven Gefahren helfen
nur Besonnenheit, Gewissenhaftigkeit und Fairneß. Man muß
die Schule der Berge Rang für Rang absolvieren, um sie gründ-
lich kennenzulernen und ihre Gefahren meistern zu können. Eines
Tages werden die Berge zum Freund. dann haben sie einen dazu
erzogen, ihrer Natur mit Demut zu begegnen.

Du mußt Wächten, Firnfelder und Schrofen fürchten

Wächten können jahrelang den stärksten Stürmen standhalten,
eines Tages brechen sie unter der geringsten Belastung ab. Meide
Wächten! Betritt sie niemals ohne Seilsicherung!
Eine große Unsitte ist es, über steile Firn- und gefrorene Schnee-
felder abzufahren. Oft werden von oben unsichtbare Felsabstürze
übersehen, oft wird das eigene Standvermögen überschätzt und
man landet schwer verletzt im Geröll. Niemals sitzend — immer
stehend abfahren! Nur abfahren, wenn das Gelände völlig zu

209

übersehen ist! Am besten ist es, gar nicht abzufahren, sondern in Stufen abzusteigen.

Schrofengelände gilt als leicht. Deshalb passiert dort am meisten. Schrofen sind grasdurchsetzte Felsabsätze und Sockel, sie führen oft in anscheinender Harmlosigkeit über großen Abbrüchen dahin. Bei Nässe sind sie stets gefährlich! Hier hilft nur Vorsicht und ein gutes Auge.

Du mußt das alpine Notsignal kennen

Den SOS-Ruf der Bergsteiger wendet nur an, wer sich in absoluter Gefahr befindet: Wer sich verstiegen hat, verirrt, verletzt. Das Signal besteht aus sichtbaren oder hörbaren Zeichen, je nach Sicht, Witterung und Örtlichkeit. Man ruft, schreit, pfeift sechsmal in der Minute in regelmäßigen Abständen, wartet eine Minute, dann wiederholt man das Signal. Oder man schwenkt ein Tuch, ein Hemd, man gibt Blinkzeichen mit einer Lampe oder einem Feuerbrand — aber auch hier gilt die Regel: sechsmal in einer Minute, dann eine Minute Pause, dann abermals das Signal, und so fort.

Die Antwort, bestehend aus drei regelmäßigen Zeichen binnen einer Minute, soll dem Verirrten oder Verunglückten zeigen, daß seine Rufe verstanden worden sind.

Gibt jemand das alpine Notsignal und weiß er sich dann doch noch aus eigener Kraft zu retten, bevor die Bergungsmannschaft kommt, dann hat er sofort die Hütten bzw. die Talstationen zu verständigen.

Du mußt wissen, wie man zulänglich Erste Hilfe leistet

Oft kann sofortiges Eingreifen die Folgen eines Bergunfalles abschwächen. Was muß man auch als Anfänger schon wissen? Bergkrankheit, durch mangelnden Sauerstoff entstanden, äußert sich durch Atemnot, Kopfschmerzen, Brechreiz und Erschöpfung.

Erste Hilfe: Ruhe, viel Getränke, aber keinen Alkohol, Abstieg nach erster Besserung.

Gegen schwere Erschöpfung hilft meist leicht verdauliche Nahrung, Schokolade und Traubenzucker.

Sonnenbrand wird mit Lebertransalbe und Puder begegnet. Niemals Blasen öffnen, sondern austrocknen. Gegen Hitzschlag (Hitzestau im Körper) hilft nur schnelles Abkühlen, evtl. Wind mittels **ausgezogener Kleidungsstücke. Keinen Alkohol verabreichen!** Erfrierungen, die man immer erst merkt, wenn sie bereits eingetreten sind, werden nicht mit Schnee eingerieben, sondern mit Frostheilsalbe massiert. Die Massage muß sehr lange fortgesetzt werden. Die Auskühlung des Körpers ist gefährlicher als eine örtliche Erfrierung. Die Erfrierung wird durch langsame Erwärmung geheilt, die Auskühlung durch schnelle Erwärmung.

Blutende verletzte Glieder senkrecht in die Höhe halten und Druckverband auflegen. Keine Wunde mit den Fingern berühren, keine Wunde mit Wasser auswaschen. Ein kleines steril verpacktes Verbandspäckchen hat jeder Bergsteiger im Rucksack.

Wer regelmäßig in die Berge geht, besorge sich aus der alpinen Literatur einschlägige Bücher (Eidenschink / Richtiges Bergsteigen), in denen auch Erste Hilfe und Rettung aus Bergnot behandelt werden.

Du mußt selber ein Stück Bergnatur werden

Du mußt die Gefahren der Berge nicht fürchten, sondern respektieren. Solange du ihnen nicht gewachsen bist, mußt du ihnen ausweichen. Du mußt aber auch wissen, daß es kein schöneres Bewußtsein gibt als das des bergerfahrenen Menschen, der die Gefahren meistert, wie sie ankommen, und der gerade in der ständigen Begegnung mit der Gefahr das größte Glück findet. Einsamkeit, Stille, Aussicht, heroische oder auch innig-romantische Landschaftsbilder zu genießen, ist schön, den Kampf aber aufzunehmen gegen die Fährnisse der großen Urlandschaft und gegen die eigenen Schwächen, das erst führt auf den höchsten Gipfel der Bergfreude. Bergsteigen ist eine Lebensschule.

Erklärung der Zeichen und Abkürzungen

🏠	= Hütte, bewirtschaftet	ÖAV	= Österreichischer Alpenverein
		CAI	= Club Alpino Italiano
⬠	= Hütte, unbewirtschaftet	CAF	= Club Alpin Français
		TVN	= Touristenverein Naturfreunde
▲	= Gipfel	AP	= Ausgangspunkt
		EP	= Endpunkt
〰	= Gletscherstrecke	FB-Karte	= Wanderkarte Freytag & Berndt (Wien)
		TCI-Karte	= Kartenwerk Touring Club Italiano
		ÖTK	= Österreichischer Touristenklub
SAC	= Schweizer Alpen-Club	AACB	= Akad. Alpen-Club Bern
DAV	= Deutscher Alpenverein	bew.	= bewirtschaftet

Fotonachweis

Die Nummern beziehen sich auf die Touren

Ernst Baumann, Bad Reichenhall 82, 84

Albert Baumgartner, München 55

Dr. Rolf Bucher, Stuttgart 11, 44

Willi End, Baden bei Wien 45, 53, 58, 61, 70, 73, 76, 88, 89, 90, 91, 92, 94, 95, 96, 97

Wenzel Fischer, Garmisch-Partenkirchen 33, 36

Werner Friedli, Brüttisellen 9

Romano Gabbi, Trient 47

L. Gensetter, Davos 14

Foto Ghedina, Cortina 62, 64, 65, 66, 69

Erich Grießl, München 98

Foto Guler, Thusis 15

Foto Gyger, Adelboden 8

Fritz Heimhuber, Sonthofen 27, 28, 31, 48, 56, 68, 71

Werner Heiss, München 54, 63

Foto Klopfenstein, Adelboden 4, 5, 6

Alfred Kloske, Augsburg 30

Robert Löbl, Bad Tölz 99

Alfons Meier, Augsburg 51

Franz Nussbaumer, Innsbruck 49

Walter Pause, Irschenhausen 1, 2

Hubert Peterka, Wien 93, 100

Dölf Reist, Interlaken 7

Foto Risch-Lau, Bregenz 20, 24

Hans Schmied, München 38

Toni Schneiders, Lindau 57

Franz Thorbecke, Lindau 12, 13, 16, 17, 18, 19, 21, 22, 23, 25, 26, 29, 32, 34, 35, 37, 39, 40, 41, 42, 43, 50, 72, 74, 75, 77, 78, 79, 80, 83, 85, 86, 87

Hans Volkart, Buchs 10

Jürgen Winkler, Wolfratshausen 3, 46, 52, 59, 60, 67

Hans Wunderle, München 81

Pause-Bücher für

Bergwanderer

Von Hütte zu Hütte

100 alpine Höhenwege und Übergänge

Ein alpines, leichte wie strenge Übergänge umfassendes Buch, der Beliebtheit nach zum klassischen Bestand der Bergbücher von heute zählend. Die Gippfel warten am Wege, wenn man von Hütte zu Hütte wandert und dabei stets einen »Gipfel« an starker, stiller Daseinsfreude passiert.
20. Auflage, 211 Seiten, 100 Fotos, davon 48 von Franz Thorbecke, 100 Tourenskizzen

Münchner Hausberge

84 Sommertouren um München

Das beliebte Wanderbuch vieler Münchner Familien und Sommergäste Oberbayerns: amüsant schon als Lektüre, lustig und doch genau. Einfache bis mittelschwere Wanderungen, Bergtouren und Genußklettereien.
13. Auflage, 181 Seiten, 84 Fotos, davon 29 von Franz Thorbecke, 84 Tourenskizzen

Berg Heil

100 schöne Bergtouren in den Alpen

Das Hauptbuch der Pause-Serie — völlig neu gestaltet und neu geschrieben. Eine neue Auswahl unter den schönsten und lohnendsten Bergwanderungen und Bergtouren zwischen Grenoble und Wien. Dieses Buch hat Tausende bewegungshungriger Städter zum Bergsteigen angeregt.
23. Auflage, 211 Seiten, 100 ganzseitige Fotos, 100 Tourenskizzen.

Skiläufer

Skiparadies Schweiz

Die großen Skistationen

Die beliebte Kombination aus kritischem Text, informativer Panoramadoppelseite der Skizentren, faszinierender Luftaufnahmen von Franz Thorbecke und tabellarischer Übersicht über Bahnen, Lifte und Pisten.
2. Auflage, 211 Seiten, 24 zweiseitige farbige Übersichtskarten, 82 Luftaufnahmen von Franz Thorbecke

Ski Heil

100 schöne Skiabfahrten in den Alpen

Für alle Freunde schneller und schöner Skipisten eine qualifizierte Auswahl aus den ganzen Alpen — das reine Pistenbuch.
19., völlig neubearbeitete Auflage, 211 Seiten, 100 Fotos, davon 69 neue von Franz Thorbecke, 100 Abfahrtsskizzen

Abseits der Piste

100 stille Skitouren in den Alpen

Hier ist der Kronschatz der klassischen Skitouren dargestellt — die großartigsten Touren zwischen Dauphiné und Dachstein. Für alle, die Skiglück abseits des Rummels in stillen Karen, auf Gletschern und Firngraten suchen.
11. Auflage, 211 Seiten, 100 Fotos, davon 85 von Franz Thorbecke, 100 Tourenskizzen

Münchner Skiberge

86 Skiberge zwischen Salzach, Lech und Inn — zur Hälfte Pisten, zur Hälfte Skitouren. Bekannte und unbekannte Skitourenziele, doch alles an einem Sonntag oder Wochenende mühelos erreichbar.
183 Seiten, 86 Fotos, davon 82 von Franz Thorbecke, 86 Tourenskizzen

Hochalpinisten

Im extremen Fels

100 Kletterführen in den Alpen

Die mit einem Halbhundert extremer Kletterer diskutierte Auswahl dieser Spitzentouren des V. und VI. Grades kann als souverän gelten. Der Band vereinigt alle hohen Ziele der europäischen Kletterer-Elite von heute: vom Kalkfels des Dachstein und Gesäuse bis zum Granit von Dauphiné und Montblanc.
208 Seiten, 94 Fotos von Jürgen Winkler, 6 Fotos von Franz Thorbecke, 100 Anstiegsskizzen

Klassische Alpengipfel

in Eis und Urgestein

Diese 100 Gipfeltouren im Granit, Gneis und Firn des Alpenhauptkammes bedeuten die 100 Traumziele jedes Alpenfreundes. Unter diesen »Normalwegen« sind 22 relativ leicht, 60 weniger und nur 18 wirklich schwierig.
6., neubearbeitete Auflage, 211 Seiten, 100 Fotos, davon 53 von Franz Thorbecke, 100 Tourenskizzen

Schöne Bilder und amüsante Texte finden Sie in

Walter Pause's ab 1977 wieder erscheinendem Bergkalender!

BLV Verlagsgesellschaft München

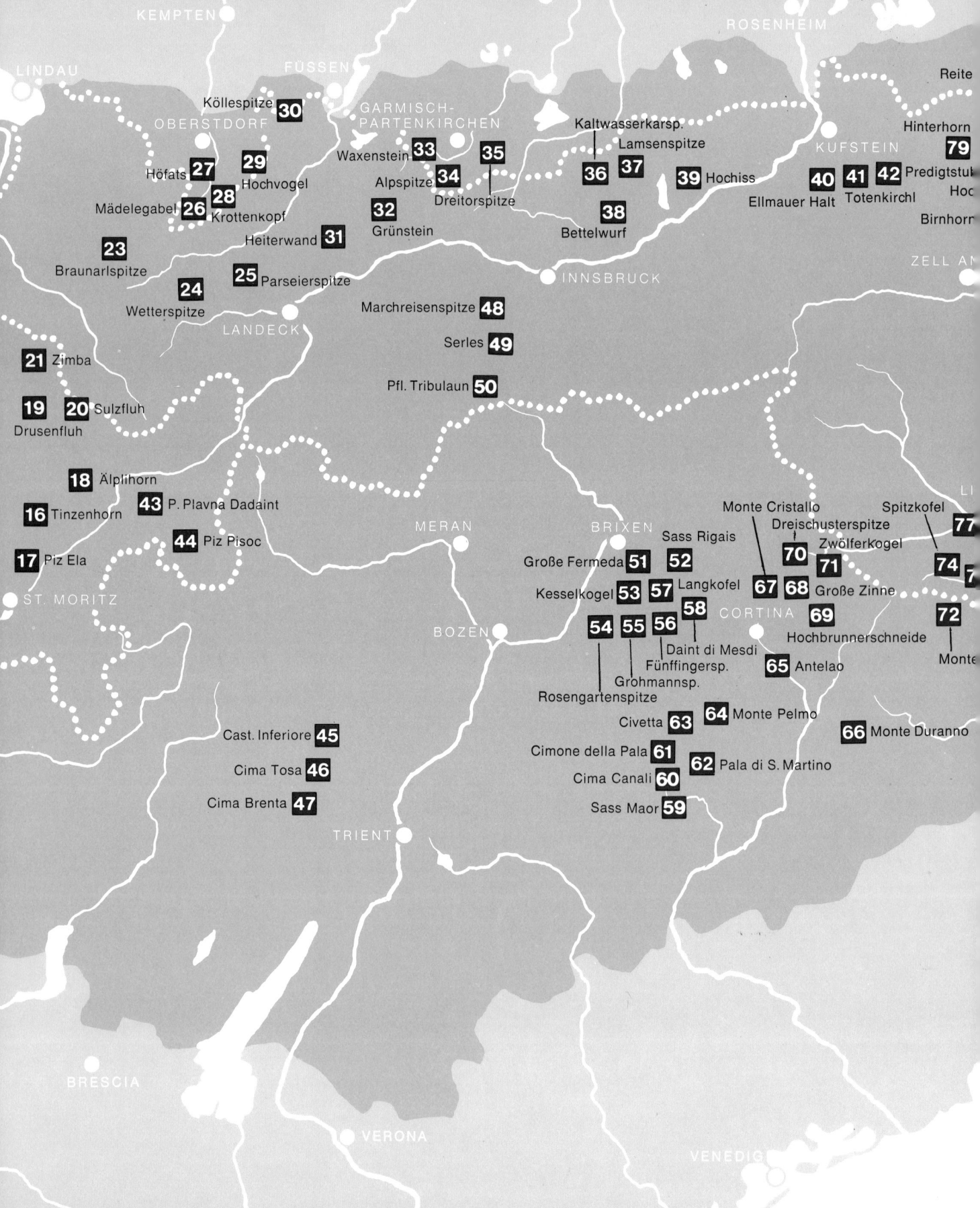

KEMPTEN

ROSENHEIM

LINDAU

FÜSSEN

Reite

Köllespitze **30**

GARMISCH-
PARTENKIRCHEN

Kaltwasserkarsp.

Hinterhorn

OBERSTDORF

Lamsenspitze

KUFSTEIN

79

Höfats **27** **29** Hochvogel

Waxenstein **33**

35

36 **37**

Predigtstu...

40 **41** **42**

28

Alpspitze **34**

39 Hochiss

Mädelegabel **26** Krottenkopf

Dreitorspitze

Hoc

Totenkirchl

Ellmauer Halt

Birnhorn

32

38

Heiterwand **31**

Grünstein

Bettelwurf

ZELL A...

Braunarlspitze **23**

25 Parseierspitze

INNSBRUCK

24

Wetterspitze

Marchreisenspitze **48**

LANDECK

Serles **49**

Zimba **21**

Pfl. Tribulaun **50**

Sulzfluh

19 **20**

Drusenfluh

Monte Cristallo

Spitzkofel

LI

Älplihorn **18**

Dreischusterspitze

43 P. Plavna Dadaint

Zwölferkogel

77

Tinzenhorn **16**

BRIXEN

Sass Rigais

70

71

74

Piz Pisoc **44**

MERAN

7

Piz Ela **17**

Große Fermeda **51** **52**

Große Zinne

ST. MORITZ

67 **68**

Kesselkogel **53** **57** Langkofel

CORTINA

69

72

54 **55** **56** **58**

Hochbrunnerschneide

Monte

BOZEN

Daint di Mesdi

Fünffingersp.

65 Antelao

Grohmannsp.

Rosengartenspitze

Cast. Inferiore **45**

Civetta **63** **64** Monte Pelmo

Cima Tosa **46**

Cimone della Pala **61**

66 Monte Duranno

62 Pala di S. Martino

Cima Brenta **47**

Cima Canali **60**

Sass Maor **59**

TRIENT

BRESCIA

VERONA

VENEDIG